D1664360

Liebe Leserin, lieber Leser,

SAP PRESS ist eine gemeinschaftliche Initiative von SAP und Galileo Press. Ziel ist es, Anwendern qualifiziertes SAP-Wissen zur Verfügung zu stellen. SAP PRESS vereint das fachliche Know-how der SAP und die verlegerische Kompetenz von Galileo Press. Die Bücher bieten Expertenwissen zu technischen wie auch zu betriebswirtschaftlichen SAP-Themen.

Jedes unserer Bücher will Sie überzeugen. Damit uns das immer wieder neu gelingt, sind wir auf Ihre Rückmeldung angewiesen. Bitte teilen Sie uns Ihre Meinung zu diesem Buch mit. Ihre kritischen und freundlichen Anregungen, Ihre Wünsche und Ideen werden uns weiterhelfen.

Wir freuen uns auf den Dialog mit Ihnen.

Ihr Florian Zimniak
Lektorat SAP PRESS

Galileo Press
Gartenstraße 24
53229 Bonn

florian.zimniak@galileo-press.de
www.sap-press.de

SAP PRESS

SAP PRESS wird herausgegeben von
Bernhard Hochlehnert, SAP AG

Pfaff, Skiera, Weiss
Financial Supply Chain Management
2004, 380 Seiten, geb.
ISBN 3-89842-249-6

Roland Fischer
Unternehmensplanung mit SAP SEM
Operative und strategische Planung mit SEM-BPS
2003, 456 Seiten, geb.
ISBN 3-89842-318-2

Günther Färber, Julia Kirchner
SAP Bank Analyzer 3.0
Gesamtbankinfrastruktur, IAS- und Basel II-Lösung der SAP
2004, 613 Seiten, geb.
ISBN 3-89842-479-0

Norbert Egger
Praxishandbuch SAP BW 3.1
2. Auflage 2004, 600 Seiten, geb.
ISBN 3-89842-527-4

Uwe Brück
Praxishandbuch SAP-Controlling
Einführung in sinnvolles und effizientes Controlling
2003, 539 Seiten, geb.
ISBN 3-89842-319-0

Aktuelle Angaben zum gesamten SAP PRESS-Programm finden Sie unter
www.sap-press.de.

Cedric Read, Hans-Dieter Scheuermann
und das mySAP Financials Team

CFO – Die integrative Kraft im Unternehmen

Galileo Press

Die Deutsche Bibliothek verzeichnet diese Publikation in der
Deutschen Nationalbibliografie; detaillierte Bibliografische Daten sind
im Internet über http://dnb.ddb.de abrufbar.

ISBN 3-89842-424-3

© Galileo Press GmbH, Bonn 2004
1. Auflage 2004

Die englische Originalausgabe erschien bei
John Wiley & Sons Ltd, Chichester, und trägt
den Titel: The CFO as Business Integrator
(ISBN 0-470-85149-X)

Der Name Galileo Press geht auf den italieni-
schen Mathematiker und Philosophen Galileo
Galilei (1564–1642) zurück. Er gilt als Grün-
dungsfigur der neuzeitlichen Wissenschaft
und wurde berühmt als Verfechter des modernen, heliozentrischen Weltbilds. Legendär ist
sein Ausspruch **Eppur se muove** (Und sie be-
wegt sich doch). Das Emblem von Galileo
Press ist der Jupiter, umkreist von den vier Ga-
lileischen Monden. Galilei entdeckte die nach
ihm benannten Monde 1610.

Übersetzung Lemoine International GmbH,
Köln, und Uwe Nonnenmacher, SAP AG **Lek-
torat** Florian Zimniak **Einbandgestaltung** de-
partment, Köln **Herstellung** Vera Brauner **Satz**
Typographie & Computer, Krefeld **Druck und
Bindung** ColorDruck, Leimen

Inhalt

4 Auf dem Weg von Shared Services zu Managed Services 107

5 Die Verknüpfung von Strategie und operativem Geschäft 155

6 Analytische Anwendungen: Von Daten zu Taten 199

7   Die globale Zusammenarbeit im Unternehmensportal   247

8   Managementherausforderung immaterielle Werte (Intangible Assets)   283

9   Integration fördert Integrität   317

Vorwort

Mit dem Buch *CFO – Die integrative Kraft im Unternehmen* verfolgen wir ein einfaches, aber ehrgeiziges Ziel: Wir wollen dem CFO einen Leitfaden für eine neue Art der Integration des Finanz- und Rechnungswesens in seinem Unternehmen an die Hand geben. Führungskräfte, das hat uns die Arbeit an diesem Buch gezeigt, fühlen sich einerseits von den Möglichkeiten der Informationstechnologie überwältigt, sind andererseits aber auch bestrebt, deren Vorteile zu nutzen. Sie möchten Einfachheit statt Komplexität, aber sie brauchen einen klaren und verständlichen Wegweiser durch den Integrationsprozess. Wir sind der Überzeugung, dass das vorliegende Buch ein verlässlicher und praktischer Ratgeber sein kann, der dazu beiträgt, die Vision einer neuen Rolle des CFO im Unternehmen Wirklichkeit werden zu lassen: die des CFO als integrativer Kraft.

Das Buch, dessen deutsche Ausgabe Sie in den Händen halten, ist das dritte einer Reihe, die sich mit der Zukunft des Finanzwesens befasst. Im ersten, lediglich in englischer Sprache erschienenen Buch der Reihe, *The CFO: Architect of the Corporation's Future*[1], haben wir gezeigt, dass CFOs zunehmend in die strategische Planung und die Strategiedefinition zur Schaffung von Shareholder Value eingebunden werden. Im zweiten Buch, *eCFO: Sustaining Value in the New Corporation*[2], haben wir den Einfluss des E-Business auf das Finanzwesen untersucht. Mit zunehmender Bedeutung von immateriellen Werten – Marken, Patenten, Kundenbeziehungen, Image, Fachwissen der Mitarbeiter – wird der CFO zum unternehmenseigenen »Venture Capitalist«, der die Entwicklung neuer Geschäftsmodelle unterstützt, deren Umsatzerwartungen kritisch überprüft und »seine« Investitionen als eine Wahl zwischen unterschiedlichen Möglichkeiten begreift und steuert.

Was hat sich seit Erscheinen der beiden Bücher verändert? Nach dem Ende der Dotcom-Ära müssen CFOs nun das entwirren, was wir als »Systemsalat« bezeichnen – eine komplexe, aus vielen kleinen Teilen bestehende Kombination aus traditionellen Systemen und modernen Softwarelösungen auf Internetbasis. Die Folge? Unternehmen müssen diese Systeme integrieren, was eine zunehmend komplexe und kostspielige Aufgabe darstellt. Das Internet beschleunigt die Globalisierung und trägt damit zum Anwachsen der Komplexität von Prozessen und Systemen bei.

---

1 PricewaterhouseCoopers Financial and Cost Management Team: *CFO: Architect of the Corporation's Future*. Wiley 1997/1999.
2 PricewaterhouseCoopers Financial and Cost Management Team: *eCFO: Sustaining Value in the New Corporation*. Wiley 2001.

Was hat sich noch geändert? Wir haben Zugang zu technischen Errungenschaften mit ungeahnten Möglichkeiten. Moderne ERP-Systeme, elektronische Marktplätze, Portale und Middleware bieten jede Menge Spielraum für wirkliche Integration, gemeinsame Nutzung von Wissen sowie schnellere und effizientere Entscheidungen.

Das Buch *CFO – Die integrative Kraft im Unternehmen* wurde aus drei Gründen geschrieben: erstens, um komplexe Unternehmensstrukturen überschaubarer zu machen, zweitens, um Ihnen zu helfen, die Vorteile integrierter Systeme besser zu nutzen, und drittens, um Ihnen zu zeigen, wie das Finanz- und Rechnungswesen so gestaltet werden kann, dass es Ihnen ermöglicht, Investitionen effizienter zu steuern und dadurch Wettbewerbsvorteile zu erlangen.

Der CFO ist die zentrale Figur dieser Integrationsbemühungen, da er die entscheidenden Prozesse im Unternehmen miteinander verknüpfen kann und muss. Er ist für viele Dinge verantwortlich: Integration, Strategie, Risiken, Kontrolle, Analyse und die Wirtschaftlichkeit der Geschäftsprozesse. Dazu gehört neuerdings auch die Einbindung externer Partner. Das Finanzwesen ist heute wesentlich schlanker und leistungsfähiger. Dennoch muss der CFO die Kontrolle haben, um die Unternehmensstrategie im Finanzbereich durchsetzen zu können. Die unterschiedlichen Anspruchs- und Interessensgruppen (Stakeholder) verlangen zudem ein hohes Maß an Transparenz.

Als Titelsymbol für dieses Buch haben wir ein Tor gewählt. Es verkörpert Langlebigkeit, architektonische Eleganz und gewährt einen Blick von außen nach innen. Der Torsturz symbolisiert die immateriellen Vermögenswerte als wichtigste Quelle des Shareholder Value. Die linke Säule steht für die Financial Supply Chain, die rechte für die Information Supply Chain. Für den Zusammenhalt sorgt die Integration, und als Ergebnis stellt sich vollständige Transparenz ein – von innen nach außen und umgekehrt.

Der Weg zur praktischen Umsetzung wird in diesem Buch anhand von Fallstudien, praktischen Erfahrungen und Interviews mit den CFOs namhafter Unternehmen erläutert. Ein Großteil der hier beschriebenen Untersuchungen und Einblicke stammt vom Produktmanagement für mySAP Financials – qualifizierte Experten, die in enger Zusammenarbeit mit Unternehmen aller Branchen Software-Lösungen auf der tragfähigen SAP NetWeaver-Infrastruktur entwickeln und dadurch eine effektivere Nutzung von IT-Investitionen ermöglichen. Dieses Team hat durch seinen ständigen Dialog mit den Kunden und seine innovative Grundhaltung sehr viel dazu beigetragen, diesem Buch die notwendige Breite und Tiefe zu verleihen.

Besonderer Dank und Anerkennung gelten den Visionären unter den CFOs, die ihre Erfahrungen und Ideen in großzügiger Weise für dieses Buch zur Verfügung stellten: Phil Bentley (Centrica), Thomas Buess (Zurich Financial Services), Jim Daley (EDS), Steve Davis (ExxonMobil), Gary Fayard (Coca-Cola), Manfred Gentz (DaimlerChrysler), Inge Hansen (Statoil), Hiroshi Kanai (Bridgestone), Jochen Krautter (Henkel) und Wolfgang Reichenberger (Nestlé).

Aus dem SAP-Team danken wir für Unterstützung durch fachlichen Rat und Erfahrung: Michael Sylvester (Kapitel 2), Reiner Wallmeier (Kapitel 3), Stephen Burns (Kapitel 4), Marcus Wefers, Karsten Oehler und Sheree Fleming (Kapitel 5), Jochen Mayerle (Kapitel 6), Markus Kuppe und Ariane Skutela (Kapitel 7), Jürgen Daum (Kapitel 8), Kraig Haberer und Barbara Dörr (Kapitel 9). Für ihre Unterstützung und Förderung bei diesem Projekt gilt unser Dank Henning Kagermann, Claus Heinrich, Werner Brandt und Werner Sinzig.

Weiter danken wir unserem Team für seinen unschätzbaren Beitrag zum Gelingen dieses Projekts: Karin Abarbanel, Sue Bishop, Stephanie Eger und Ines Luther.

1 Von der Komplexität zur Einfachheit

Durch Optimierung der Geschäftsprozesse zum Branchenbesten

Steve Davis, Vice President, Downstream Business Services
ExxonMobil Corporation

ExxonMobil ist die größte privatwirtschaftliche Erdölgesellschaft der Welt. Der Konzern hat einen Börsenwert von rund 250 Milliarden Dollar. Mit einem Gewinn von 15,3 Milliarden Dollar und einer Kapitalrendite von 18 Prozent war die Gesellschaft im Jahr 2001 das rentabelste Unternehmen der USA.

Die strategischen Prioritäten des Konzerns beschreibt Steve Davis, Vice President für Downstream Business Services bei ExxonMobil, so:

»Unser finanzielles Ziel ist vor allem die Steigerung des Shareholder Value. Wir orientieren uns an folgenden Geschäftsprinzipien:

▶ ethisch einwandfreies Handeln und strenge Geschäftskontrollen

▶ konsequente Integration der einzelnen betrieblichen Prozesse

▶ disziplinierter und effizienter Kapitaleinsatz

▶ kontinuierliche Fokussierung auf das Kostenmanagement

▶ Entwicklung und Förderung hoch qualifizierter und motivierter Mitarbeiter unterschiedlicher Backgrounds

▶ Streben nach Technologieführerschaft

In den vergangenen fünf Jahren haben wir Investitionen von mehr als 65 Milliarden Dollar getätigt. Die Grundlage unseres zukünftigen Erfolgs werden Investitionen in die Erschließung neuer Rohstoffquellen sowie in die Erhöhung unserer Kapitalproduktivität bilden.«

Die Synergien aus der Zusammenführung der beiden Unternehmen Exxon und Mobil haben sich mittlerweile größtenteils eingestellt. In geografischer Hinsicht gab es überraschend wenige Überschneidungen zwischen den beiden Unternehmen. Daher konnten die Mitarbeiter im Anschluss an die Fusion mit einem Gefühl persönlicher Sicherheit und einer optimistischen Grundhaltung ein umfassendes Integrationsprogramm umsetzen. In der Managementphilosophie von ExxonMobil haben die Menschen, die für das Unternehmen arbeiten, einen besonderen Stellenwert – bei weltweit fast 98 000 Mitarbeitern ein Muss. Die persönlichen Entwicklungsmöglichkeiten jedes Mitarbeiters werden gezielt gefördert. Der langfristige finanzielle Erfolg von ExxonMobil ist zudem eng an die guten Beziehungen zu Lieferanten, Kunden und den Regierungen der Länder geknüpft, mit denen

ExxonMobil zur Erschließung strategisch wichtiger Öl- und Gasvorkommen zusammenarbeitet. Davis weiter:

»Aktuell definieren wir unsere Rolle im Finanzwesen neu: weg von der Transaktionsverarbeitung, hin zur Entscheidungsunterstützung, dem Decision Support. Wir spielen damit zunehmend die Rolle eines stark engagierten Kapitalgebers. Wir werden frühzeitig in Vertragsverhandlungen einbezogen, strukturieren sie, arbeiten mit den Regierungen der Konzessionsgeberländer zusammen und überprüfen detailliert die Risiken und Vorteile für den Shareholder Value. Sache der Finanzabteilung ist nicht die ›hohe Schule der Verhandlungsführung‹, sondern die nüchterne Analyse der Realität mit Blick auf die bestmöglichen finanziellen Ergebnisse für die Aktionäre. Im Grunde fungieren wir als interner Risikokapitalgeber.«

Aufgabe der Finanzvorstände von ExxonMobil ist es, mögliche Kritikpunkte herauszuarbeiten und das Geschäft aus ganzheitlicher Unternehmenssicht zu beurteilen. Der Erfolg eines solchen Finanzwesens hängt davon ab, wie gut es mit den operativen und technischen Geschäftsbereichen zusammenarbeitet und deren Interessen miteinander vereint. Davis beschreibt einige zentrale Initiativen für das Finanzwesen:

»Nach der Fusion, vor ungefähr drei Jahren, legten wir zunächst kurzfristige Initiativen fest. Dabei ging es uns nicht nur um Kostenersparnis durch die Zusammenlegung zweier Finanzbereiche, sondern auch um die Vereinfachung und Standardisierung der betrieblichen Abläufe. Derzeit führen wir beispielsweise weltweit einheitliche E-Procurement-Tools in unserer Kreditorenbuchhaltung ein. Darüber hinaus sind wir bestrebt, möglichst viele Nebeneffekte und zusätzliche Wertschöpfungsmöglichkeiten zu nutzen, die sich aus diesen Initiativen ergeben. Und wir sind ständig bemüht, unser internes Berichtswesen und die Konsolidierung zu verschlanken, um den allgemeinen Verwaltungsaufwand so weit wie möglich zu reduzieren.«

Als Nächstes wollen wir den IT-Service der Finanzabteilung durch ein Beratungsangebot ergänzen. Es soll helfen, unsere weltweiten ERP-Systeme von SAP besser zu nutzen. Allein im Downstream-Geschäft arbeiten mehr als 35 000 ERP-Anwender mit diesen Systemen. In den vergangenen zwei Jahren haben wir an der Datenübernahme, an Tests und an der Stabilisierung der Systeme gearbeitet. Obwohl mittlerweile ein Großteil der gesamten Transaktionen über SAP-Systeme läuft, besteht weiterhin großes Verbesserungspotenzial, was die Standardisierung und optimale Nutzung der unternehmensweiten IT-Plattform betrifft. Ein wichtiger Vorteil unserer ERP-Investition: Sie erlaubt es, unser Modell standortübergreifender Dienste (Shared Services) auszubauen. So können wir die vielen unterschiedlichen Buchungs- und Erfassungsstandorte durch eine wesentlich geringere Anzahl großer Business-Support-Centers ablösen. Der Umfang unserer Shared-Services-

Initiativen reicht vom Kundendienst über die Beschaffung und Hauptbuchhaltung bis zum Personalwesen und dem IT-Anwendungssupport.

Wie viele Unternehmen betrachten wir die Globalisierung eher als Evolution denn als Revolution. Wir wägen Risiken und Vorteile ab und gehen bei den Veränderungen mit einem Tempo vor, das mit den Ressourcen und der Kultur unseres Unternehmens vereinbar ist. Wir verfügen seit der Fusion über ein wesentlich größeres Potenzial für Shared-Services-Centers – sowohl innerhalb unseres Unternehmens als auch über seine Grenzen hinaus. So sehen wir beispielsweise die Möglichkeit einer stärkeren Ausprägung des Shared-Services-Gedankens zwischen Downstream- und Upstream-Geschäft. Es ist erkennbar, dass immer mehr Unternehmen zu Modellen globaler Business-Services-Centers tendieren, insbesondere, wenn sie eine globale Unternehmenssoftware wie die von SAP einsetzen.

Wie hoch ist das Einsparpotenzial? Es liegt in der Regel zwischen 15 und 30 Prozent, unter bestimmten Umständen auch darüber. Unsere Shared-Services-Initiative läuft seit etwas mehr als zwei Jahren, und wir gehen davon aus, dass die Services immer noch verbessert werden können. Unser Ziel haben wir erst dann erreicht, wenn wir die Shared-Services-Centers reibungslos, mit verbessertem Leistungsniveau und bei minimalen Kosten für unsere internen Kunden betreiben. Wichtige Punkte sind außerdem die Festlegung klar definierter Messgrößen zur Überwachung der Serviceerbringung sowie eine strenge Ergebniskontrolle.«

Soll das Shared-Services-Modell erfolgreich sein, muss die Balance zwischen zentral gesteuerten Bereichen und denjenigen Bereichen stimmen, die aufgrund des dort vorhandenen Wissens über geschäftliche Abläufe auf lokaler Ausführungsebene belassen werden. ExxonMobil arbeitet daran, die Shared-Services-Centers effizienter zu gestalten: durch zunehmende Standardisierung und den Ausbau der Beziehungen zu externen Partnern mit entsprechender Kompetenz, beispielsweise Geschäftsbanken. So gliedert das Unternehmen gegenwärtig verschiedene Aufgaben aus den Bereichen »Steuern«, »Leistungen für Mitarbeiter« und »Technische Dienstleistungen« aus. Grundprinzip von ExxonMobil ist es, zunächst das interne Optimierungspotenzial zu nutzen und Dienste nur dann auszulagern, wenn dies aus Kosten- oder Kompetenzgründen wirklich sinnvoll ist.

Die IT spielt mittels EDI und elektronischen Marktplätzen – etwa bei der Beschaffung, dem Kreditmanagement, der Devisen- und Vertragsabwicklung – sowie in Form von Portalen eine wichtige Rolle bei der Integration der Geschäftsbereiche. Davis erläutert:

»Wir haben für das gesamte Unternehmen ein gemeinsames Portal mit einheitlichem ›Look and Feel‹ entwickelt. Unsere IT-Integrationsstrategie besteht im Wesentlichen aus zwei Schritten:

► **Schritt 1**

Wir rationalisieren unsere Systemlandschaft, indem wir sie auf eine kleine Zahl einheitlicher IT-Plattformen reduzieren. So bringen wir beispielsweise Logistik und Finanzwesen auf SAP-Standard und führen einheitliche Desktop-Anwendungen ein. Wir investieren nur in Software, die eine überzeugende Investitionsrentabilität garantiert und deren Funktionalität für unsere Anforderungen optimal geeignet ist.

► **Schritt 2**

Die verbleibenden IT-Bausteine werden konsequent weiterentwickelt. Dies betrifft die Standardisierung von Middleware, Data Warehousing, Wireless-Anwendungen, Collaborative Tools (Groupware) und, was aus der Finanzperspektive besonders wichtig ist, die analytischen Anwendungen. Mithilfe analytischer Anwendungen segmentieren wir unsere Daten in kleinste Einheiten. Dabei nutzen wir unsere Investitionen in das Data Warehousing und verbessern unsere Informationsbeschaffung. Außerdem stellen wir in Form flexibler Managementberichte ergänzende Analysen bereit.

Als konkretes Beispiel dieses Integrationsprogramms für das Finanzwesen sei zunächst die interne Steuerung genannt. Die verschiedenen Standorte arbeiten per Intranet zusammen und tauschen auf diesem Weg ihre Erfahrungen und die Ergebnisse der internen Geschäftssteuerung aus – etwa zur Mittelbeschaffung und -verwendung. Wir teilen unser Wissen zu Rechnungslegungsrichtlinien und -verfahren und versuchen, durch die Umsetzung dieser Standards eine globale Vereinheitlichung zu erzielen. Darüber hinaus behalten wir stets die Weiterentwicklung des Internet im Auge. Dabei betrachten wir das E-Business nicht als ein neues Geschäftsprojekt, sondern als Mittel zum Zweck. Webanwendungen im Finanzwesen (etwa für Kreditbewertung und -genehmigung) und interne Portale für den gemeinsamen Datenzugriff können einen akzeptablen ROI liefern, da die direkten Supportkosten über Funktionen und Standorte hinweg gesenkt werden können.«

Was den Decision Support betrifft, legen Steve Davis und sein Finanzteam die Messlatte für die Prozessoptimierung in ihrem Bereich sogar noch höher. Obwohl bereits Investitionen in Prozesse, Systeme und Daten getätigt wurden, bleibt noch viel zu tun. Auf die Frage nach der künftigen Bedeutung des Finanzwesens antwortet Davis:

»Die Funktion des Finanzwesens wird sich grundlegend ändern. Unser Schwerpunkt wird sich stärker in Richtung Dienstleistungskompetenz und effiziente Bereitstellung von Services für Standardtransaktionen durch unsere Business-Support-Centers verschieben. Darüber hinaus ist das Finanzwesen in der vorteilhaften Lage, Entscheidungen beeinflussen zu können, die sich auf das gesamte Unternehmen auswirken.

Finanzmanager sollten bei wichtigen Unternehmensentscheidungen ihre Ansichten und Beurteilungen einbringen und sich hierbei ihr technisches Fachwissen und ihre Berufserfahrung zunutze machen. Bei ExxonMobil legen wir großen Wert darauf, dass unsere Finanzexperten in ihrer beruflichen Entwicklung schon frühzeitig Erfahrungen im operativen Geschäft sammeln können, um so an die Entscheidungsprozesse im Unternehmen herangeführt zu werden. In einer Branche wie der unseren ist es wichtig, sich nicht zu früh zu spezialisieren, sondern aufgeschlossen zu bleiben, sich neuen Situationen zu stellen, viel zu reisen und verschiedene Kulturkreise kennen zu lernen. Ich bin überzeugt, dass wir aufgrund unserer Finanzkompetenz hervorragend als integrative Kraft im Unternehmen wirken können – als Brücke, die das reale Unternehmen von heute mit der Vision des Unternehmens von morgen verbindet.«

Die Herausforderungen, denen ExxonMobil sich gegenübergestellt sieht, unterscheiden sich wahrscheinlich nicht sehr von den Herausforderungen, mit denen auch Ihr Unternehmen derzeit konfrontiert ist. In den neunziger Jahren lag der Fokus vieler multinationaler Konzerne auf der Implementierung von ERP-Systemen und der globalen Standardisierung. Die Notwendigkeit, veraltete Systeme zu ersetzen und die Jahr-2000-Problematik zu meistern, rechtfertigte diese Investition.

Heute stellt sich die Finanzwelt jedoch völlig anders dar. Aufstieg und Fall der »New Economy« sind uns noch sehr gut in Erinnerung. Wir haben erlebt, wie das Internet als wirklich verändernde Kraft zu wirken begann. Erst vor kurzem wurden wir Zeugen des Untergangs des Unternehmens Enron und erlebten, wie das Vertrauen von Anlegern und Aktionären fundamental erschüttert und ein schwer wiegender Abschwung der Weltwirtschaft ausgelöst wurde.

Der CFO steht heute so stark wie vielleicht nie zuvor im Zentrum von Chaos und Veränderung – und der sich hieraus ergebenden Möglichkeiten und Chancen. Es waren die zuverlässigen CFOs, die ihre Unternehmen im Verlauf des New-Economy-Booms mit klarem Blick auf Kurs hielten. Und es waren dieselben CFOs, die die Bruchstücke wieder zusammenfügten, nachdem die ersten manipulierten Unternehmensbilanzen aufgedeckt worden waren. Die Aktionäre riefen nach jemandem, dem sie vertrauen konnten – und sie vertrauten dem CFO. Dieses Vertrauen ist sowohl eine große Herausforderung als auch eine große Chance.

1.1   Aktuelle Herausforderungen für den CFO

Bei der Vorbereitung dieses Buches führten wir lange und intensive Gespräche mit CFOs weltweit führender Unternehmen. Auch wenn sich deren Branchenzugehörigkeit, ihre Hintergründe und ihre Prioritäten oft unterscheiden, wurden in diesen Gesprächen doch drei Gemeinsamkeiten deutlich:

▶ **Transparenz und Vertrauen besitzen nach wie vor oberste Priorität.**
Heute legen CFOs aller Branchen sehr großen Wert auf Professionalität, Disziplin im Finanzwesen und ein strenges Risikomanagement. Das nach den letzten Buchführungsskandalen durch neue Gesetze in Gang gebrachte Streben nach Transparenz führte zu Initiativen für neue Reporting- und Rechnungslegungsstandards. Die fortlaufende Information externer Stakeholder über interne Unternehmensabläufe gilt heute mehr denn je als eine der entscheidenden Aufgaben des CFO.

▶ **Das Streben nach Vereinfachung führt zu Struktur- und Prozessveränderungen.**
Die Verringerung der Unternehmenskomplexität gilt als wichtige – und umsetzbare – Notwendigkeit. Wie Unternehmen diese Aufgabe angehen, zeigt sich an der Reduktion der Geschäftsbereiche, Marken und unterschiedlichen IT-Systeme. Unsere Befragung ergab, dass viele CFOs verstärkt zur Implementierung von Shared Services, einem schnelleren Periodenabschluss (Fast Close) und einfacheren Budgetierungsprozessen übergehen. Es herrscht außerdem ein wieder erwachtes Interesse an der Zusammenlegung und Auslagerung wichtiger operativer Aufgaben des Finanzwesens.

▶ **Das Streben nach einem verbesserten IT-ROI gibt Investitionsentscheidungen mehr Gewicht.**
Viele große IT-Vorhaben, die noch vor kurzem problemlos genehmigt worden wären, werden nun zunächst auf Eis gelegt. Investitionen erfolgen nur noch, wenn ihre schnelle Rentabilität glaubhaft belegt werden kann.

In ihrem Streben nach fortgeschrittener Automatisierung setzen die CFOs führender Konzerne einerseits auf vorhandene ERP-Systeme und andererseits auf eine Kombination der besten Softwareprodukte für ein bestimmtes Teilgebiet (so genannte *Best-of-Breed-Lösungen*). Neu sich entwickelnde IT-Anwendungen werden dabei stets im Auge behalten. Der Schwerpunkt des Finanzwesens verlagert sich immer mehr von der Transaktionsverarbeitung auf die Entscheidungsunterstützung (Decision Support).

Die Auswahl an IT-Lösungen und -Einsatzmöglichkeiten wächst schneller als je zuvor. Viele Unternehmen haben daher mit einem Sammelsurium von Systemen zu kämpfen, die nur ungenügend zusammenarbeiten – einem »Systemsalat«. Obwohl sich CFOs auf der Suche nach klareren Integrationsstrategien meist an ihre CIOs wenden, befinden sie sich häufig in der Situation, die Vorgaben letztlich selbst machen zu müssen. Der Grund hierfür ist in erster Linie darin zu sehen, dass die Unternehmensintegration eben nicht nur Sache der IT ist. Vielmehr geht es auch um die Vereinfachung komplexer Modelle, die Rationalisierung von Geschäftsprozessen und die Einrichtung eines echten Decision Support. Die Vorteile einer solchen

Integration sind enorm, doch erfordert es konsequente Entscheidungen, um dieses Ziel zu erreichen. Und immer häufiger ist es der CFO, der diese Entscheidungen zu treffen hat.

Eine der wichtigsten Aufgaben des CFO besteht darin, die Wünsche der Kunden und die Erwartungen der Aktionäre miteinander in Einklang zu bringen. Die Verknüpfung von Shareholder Value, Customer Value und immateriellen Werten (Intangible Assets) sowie das Einbetten dieser Werte in die Finanzmanagement-prozesse des Unternehmens erfordern eine umfassende Neuorientierung. Das traditionelle Geschäftsmodell ist stark an den traditionellen Rechnungslegungsmethoden ausgerichtet, in deren Zentrum die rückwärtsgewandte Bewertung des Sachanlagevermögens steht. Zweifellos ist die administrative Funktion des CFO und seiner Mitarbeiter weiterhin wichtig. Doch die Aufgaben des Managements sehen heute völlig anders aus. Bedeutsam sind nun nicht mehr die Leistungen, die in der Vergangenheit erbracht wurden, sondern die zukünftigen Ergebnisse, die sich aus den immateriellen Werten erzielen lassen.

Ein großer Ölkonzern formuliert seine Vision vom Finanzwesen der Zukunft so:

»Unser Finanzwesen soll folgende Anforderungen erfüllen:

▶ **Es soll übersichtlicher und intelligenter gestaltet sein.**
Die Schaffung neuer Geschäftszweige soll genauso unterstützt werden wie die Integration vorhandener Geschäftsbereiche.

▶ **Die manuelle Transaktionsverarbeitung soll abgeschafft werden können.**
Über das Internet sollen die Geschäftsabläufe integriert und automatisiert werden.

▶ **Das Finanzwesen soll wie der Kontrollraum einer Raffinerie wirken.**
Enorme Transaktionsströme werden überwacht; gesteuert wird hingegen nur das Wesentliche (Kontrolle nach dem Ausnahmeprinzip).

▶ **Es sollen Webinformationsportale verwendet werden.**
Auf diese Weise können wir intelligente Entscheidungen zum richtigen Zeitpunkt treffen.«

Wie ist diese Vision bislang durch die Finanzteams verwirklicht worden? Die meisten CFOs würden sagen, dass ihre Transaktionsverarbeitung wesentlich effizienter geworden ist. Auch sind sie mit der weltweiten Standardisierung durch den Einsatz von ERP-Systemen und mit der Implementierung von Shared Services gut vorangekommen. Daher möchten wir in diesem Kapitel einen genaueren Blick auf die momentanen Aktivitäten einzelner Unternehmen werfen und die zugrunde liegenden Geschäftsmodelle auf ihre bisherigen Umstrukturierungen und Ergebnisse untersuchen. Die folgenden Fallstudien belegen, dass sich die Vorteile der IT-Investitionen zwar deutlich bemerkbar machen, dass aber dennoch nur sehr wenige

Unternehmen – selbst unter den globalen Marktführern – mit der Qualität ihrer Decision-Support-Infrastruktur zufrieden sind.

⛩ Fallstudie
Die Umstrukturierung des Finanzwesens bei United Biscuits

Der britische Konsumgüterhersteller United Biscuits initiierte ein unternehmensweites Programm zur Verbesserung der Wertschöpfung aus seinen Produkten und zur Steigerung der Unternehmensrentabilität. Stein des Anstoßes war eine unabhängige Untersuchung, die ergeben hatte, dass das Finanzwesen des Unternehmens der Geschäftsstrategie nicht länger gewachsen war. Der neue CFO Ian Cray startete ein entsprechendes Umgestaltungsprogramm. Cray erläutert: »Im Finanzwesen musste sich unbedingt etwas ändern. Wir konnten die Anforderungen der neuen Geschäftsstrategie nicht erfüllen und waren zu teuer. Unsere Mitarbeiter arbeiteten einfach nicht profitabel. Es mangelte an klaren Regeln und der nötigen Disziplin für einheitliche Leistungsberichte, und die Rechnungslegungs- und Transaktionsprozesse in unserem SAP-System waren nicht auf die neuen Anforderungen abgestimmt worden. Dies hatte zur Folge, dass Tätigkeiten mehrfach ausgeführt wurden und Finanzprozesse in Dissonanz mit dem Rest des Geschäftsbetriebs standen. Gleichzeitig war uns allen klar, welch wichtige Rolle das Finanzwesen im Rahmen der Corporate Governance spielt. Daraus ergab sich die eindeutige und unumstößliche Notwendigkeit einer Umstrukturierung größeren Ausmaßes.«

Innerhalb von zwölf Monaten reduzierte das Unternehmen unter Leitung des neuen CFO die Mitarbeiterzahl im Finanzwesen um rund ein Drittel. Die Implementierung von Shared Services bewirkte, dass nun weniger Mitarbeiter mit der Transaktionsverarbeitung beschäftigt sind und man sich verstärkt auf den Decision Support konzentrieren kann. Die Vorteile für United Biscuits lassen sich wie folgt zusammenfassen:

▶ **Verbesserte Planungsprozesse**
Die Budgetvorbereitung und der Budgetgenehmigungszyklus wurden rationalisiert.

▶ **Verbessertes Berichtswesen**
Das Reporting erfolgt nun zentral und einheitlich.

▶ **Fehlervermeidung**
Die Transaktionsfehlerraten wurden halbiert.

▶ **Fast Close**
Die Buchhaltung ist nun bereits drei Tage nach Monatsende abgeschlossen.

▶ **Höhere Effizienz in der Transaktionsverarbeitung**
Es besteht Potenzial, die Kosten der Transaktionsverarbeitung um weitere 40 Prozent zu senken.

Darüber hinaus hat Ian Cray seinen Mitarbeitern die Aufgabe gestellt, die für den tatsächlichen Decision Support aufgewendete Zeit zu verdoppeln. Ziel des Finanzwesens ist es, zum kompetenten Beratungspartner zu werden. Das Umgestaltungsprogramm des Finanzbereichs war dabei mit anderen internen Umstrukturierungsprozessen koordiniert.

Dazu bedurfte es eines disziplinierten und durchdachten Ansatzes. Bridget Grenville-Cleave, bei United Biscuits für das Controlling des Umgestaltungsprogramms im Finanzwesen verantwortlich, berichtet:

»Die Planung und Umsetzung des Umgestaltungsprogramms – zunächst in Großbritannien, dann in ganz Europa – erforderte ein umfassendes und professionelles Projektmanagement. Neben den Projektverantwortlichen auf Geschäftsführungsebene bezogen wir auch zahlreiche an vorderster Front stehende Finanzkräfte in das Programm ein.«

Große Aufmerksamkeit galt der reibungslosen Kommunikation zwischen den für den Erfolg verantwortlichen Projektbeteiligten. Genaue Terminpläne halfen bei der Erzielung messbarer Ergebnisse. Mithilfe von acht gezielt organisierten Arbeitsabläufen wurden die beiden Kernbereiche in Angriff genommen:

▶ **Das eigentliche Programm**
Es umfasst Initiativen zur Neugestaltung des Berichtswesens, der Geschäftsplanung, der Transaktionsabwicklung und der Organisationsstruktur.

▶ **Der Programmrahmen**
Er bestimmt die Umsetzung des Programms und skizziert Initiativen für die vier Aspekte »Werte«, »Kommunikation«, »Technologie« und »Richtlinien«.

Der Personalentwicklung wurde besondere Priorität eingeräumt. So lag beispielsweise einer der Schwerpunkte auf einem Programm zur Steigerung der Kompetenz von Mitarbeitern des Finanz- und Rechnungswesens bei gleichzeitiger Verbesserung von Motivation und Arbeitsmoral. In Untersuchungen wurde die Akzeptanz der Maßnahmen gemessen. Bei allen durchgeführten Initiativen kann der Nutzen damit eindeutig nachvollzogen werden. Leistungsindikatoren und Projektmeilensteine werden vierteljährlich kontrolliert.

Bei der Transaktionsverarbeitung besteht sicherlich noch Optimierungsbedarf, doch Ian Crays ganze Aufmerksamkeit gilt nun dem Decision Support:

»Die Initiative umfasst die gesamte Wertschöpfungskette. Die Verantwortlichkeit für Produktkategorien ist entscheidend für uns. Wir konzentrieren uns beim Decision Support besonders auf organische Wachstumsstrategien für unsere Marken und auf Kosteneinsparung in der Supply Chain. Alle unsere Geschäftsentscheidungen werden zunächst im Hinblick auf etwaige Risiken sowie auf Möglichkeiten zur Gewinnmaximierung überprüft.

In Zukunft werden meine Mitarbeiter statt nackter Zahlen verwertbare Analysen und Einblicke liefern. Sie werden sich dazu im gesamten Unternehmen derselben Tools, Techniken und Erkenntnisse bedienen. Aus reinen Buchhaltern werden auf diese Weise ernst zu nehmende Geschäftspartner. Wenn wir heute im Finanzwesen von Best Practices sprechen, dann geht es dabei meiner Meinung nach nicht mehr nur darum, relativ willkürliche Kosteneinsparungen von beispielsweise einem Prozent des Umsatzes zu erzielen. Es geht vielmehr darum, dem Finanzwesen eine entscheidende Rolle bei der Umgestaltung des Unternehmens als Ganzes zu ermöglichen.«

United Biscuits muss nun beweisen, dass die eingeleiteten Maßnahmen die erwartete Wirkung zeigen. Das Finanzwesen hat, eingebettet in ein unternehmensweites Umgestaltungsprogramm, erhebliche Einschnitte im eigenen Bereich vorgenommen. Weitere Änderungen werden schwieriger umzusetzen sein, denn wenn sich die neue Organisationsform erst etabliert hat, sind die leicht und schnell zu erreichenden Erfolge bereits erzielt. Unternehmen, die diese Entwicklungsphase erreicht haben, ziehen daher zunehmend den Einsatz neuer Informationstechnologien in Betracht, um die Entwicklung weiter voranzutreiben.

Abbildung 1.1 zeigt die Nutzenpyramide des Umstrukturierungsprogramms eines Pharma-Konzerns. Das Unternehmen nutzte neueste Technik für Portale, Anwendungsintegration und automatisierte Transaktionsverarbeitung. Auffällig ist die geplante Geschwindigkeit der Umsetzung: die 60-Tage-Meilensteine und die bereits nach 360 Tagen erwarteten Ergebnisse.

Die Untersuchungen für dieses Buch ergaben, dass diejenigen Unternehmen die besten Ergebnisse erzielen, die die Umgestaltungsprogramme für ihr Finanzwesen sorgfältig strukturieren und die Ziele nicht zu eng definieren. Solche Programme lassen sich in der Regel in eine der folgenden drei Kategorien einordnen:

1. **Programme zur Änderung der Unternehmenskultur**
   Die tief greifenden Veränderungen dieser Kategorie werden in der Regel vom Vorstandsvorsitzenden (CEO) und seinen Vorstandskollegen durch die Vision einer radikalen Unternehmensumstrukturierung angestoßen. Große Kosteneinsparungen, schnelle Veränderungen und die Einstellung neuer Führungspersönlichkeiten zeichnen diesen Programmtyp aus. Der CFO muss hier durch eine radikale Überarbeitung des Finanzwesens mit gutem Beispiel vorangehen, wie die United-Biscuits-Fallstudie zeigt.

2. **ERP-Programme**
   Hier handelt es sich vorrangig um die unternehmensweite Vereinfachung und Standardisierung von Geschäftsprozessen mithilfe von Informationstechnolo-

gie. Das Finanzwesen ist grundlegender Bestandteil der Systemveränderung. Die meisten global agierenden Unternehmen haben entweder vor kurzem ERP-Systeme eingeführt oder arbeiten gerade an dieser Einführung. Verbesserungen der Transaktionsverarbeitung bilden hier einen der Hauptvorteile. Das Unternehmen Microsoft wird in unserer nächsten Fallstudie hierfür ein typisches Beispiel liefern.

3. **Geschäftspartnerprogramme**

Unternehmen in dieser Kategorie benötigen keine radikale Umgestaltung und haben üblicherweise die Einführung eines ERP-Systems bereits abgeschlossen. Geschäftspartnerprogramme sind anspruchvoll, da durch sie der Charakter des Finanzwesens grundlegend neu definiert wird und keine Einzelsystemlösung möglich ist. Evolution, nicht Revolution, heißt hier die Devise. Dem CFO obliegt dabei die schwierige Aufgabe, die Kompetenzen seiner Abteilung umzuformen, das Finanzwesen in das übrige Unternehmen zu integrieren und dessen Aufgaben mit den Anforderungen externer Geschäftspartner zu koordinieren. Die tief greifenden Auswirkungen einer solchen Entwicklung werden wir Ihnen in diesem Kapitel am Beispiel des Konsumgüterherstellers Diageo vorstellen.

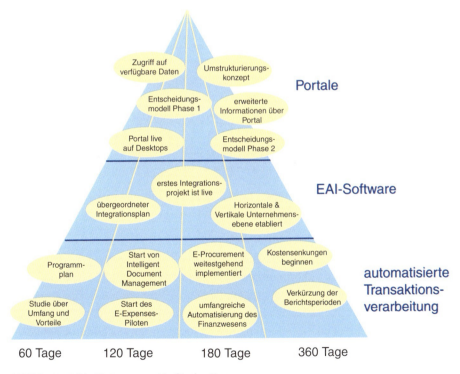

Abbildung 1.1 Die Nutzenpyramide für das Finanzwesen

1.2 Best Practices im Finanzwesen – was kommt als Nächstes?

Ganz gleich, mit welchem Typ von Umgestaltungsprogramm Sie es als CFO zu tun haben, die gegenwärtig dringendste Frage lautet: Wie kann die Leistungsfähigkeit von Informationstechnologie am besten genutzt werden? Und wie können Verbesserungen vorangetrieben werden, ohne das Unternehmen zu gefährden? Das Streben nach Effizienz um der Effizienz willen muss hier mit Kontrolle und Risikomanagement abgestimmt werden.

Häufig wird der Finanzbereich eines Unternehmens als »Trojanisches Pferd« für Veränderungen betrachtet. Einer der befragten CFOs kommentierte dies treffend: »Ändern Sie das Finanzwesen, und Sie verändern das gesamte Unternehmen.« In Wirklichkeit kann das Finanzwesen für Veränderungen ein Hindernis sein, denn die traditionellen Richtlinien für Rechnungswesen und Controlling reflektieren eher die alten als die neuen Verhältnisse. Die folgende Fallstudie über Veränderungen im Finanzwesen des Unternehmens Microsoft veranschaulicht viele der gängigen Probleme und Herausforderungen.

Fallstudie
Das Finanzwesen – der integrative Unternehmensfaktor bei Microsoft

Das US-Unternehmen Microsoft hat Niederlassungen auf allen Kontinenten. Der Schwerpunkt der Tochtergesellschaften liegt neben Vertrieb und Marketing in der Beratung. Weltweit verfügt das Unternehmen lediglich über drei größere Produktionsstätten. Vor fünf Jahren führten die Tochtergesellschaften ein zentrales Lager- und Distributionsmodell ein. Die Kundendienste in den einzelnen Ländern wurden aufgelöst, ihre Aufgabe von einigen wenigen Kundenservicezentren übernommen.

Claude Changarnier, europäischer CFO bei Microsoft, beschreibt die Herausforderungen für den Bereich Finanzen:

»In der Vergangenheit bestand unser größtes Problem darin, dass wir mit zu vielen Systemen arbeiteten. Die Systeme waren wenig integriert und verursachten relativ hohe Entwicklungs- und Wartungskosten. Außerdem waren wir recht unflexibel. Reaktionsschnelligkeit gehörte nicht gerade zu unseren Stärken. Durch arbeitsintensive Geschäftsprozesse, uneinheitliche Geschäftsregeln und buchstäblich Dutzende unterschiedlicher Papierformulare je Standort litten wir unter erheblicher Unwirtschaftlichkeit. Wir standen damals wirklich nicht besonders gut da.«

Bei der Neustrukturierung des Finanzwesens durchlief Microsoft verschiedene Stufen – vom reinen Rechnungswesen (vor 1993) über ein Programm zur Umgestaltung und Automatisierung von Geschäftsprozessen (Mitte bis Ende der neunziger

Jahre) bis zur heutigen vollständigen Unternehmensintegration. Abbildung 1.2 veranschaulicht diesen Entwicklungsprozess.

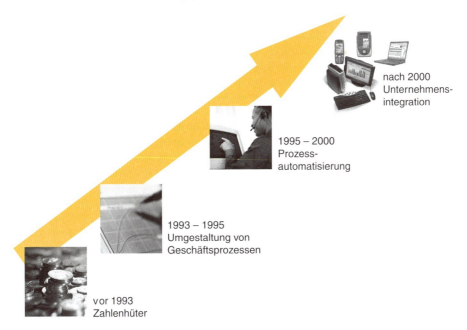

nach 2000
Unternehmens-
integration

1995 – 2000
Prozess-
automatisierung

1993 – 1995
Umgestaltung von
Geschäftsprozessen

vor 1993
Zahlenhüter

Abbildung 1.2 Entwicklung des Finanzwesens bei Microsoft

Bei Microsoft entwickelte sich der Finanzbereich in drei Phasen weiter:

▶ In Phase 1 wurde ein standardisiertes, entscheidungsorientiertes Rechnungswesen mit dazugehörigen Prozessen entwickelt, das sich enger am operativen
Geschäft orientierte. Aufgaben und Zuständigkeiten des Finanzwesens wurden
eindeutiger definiert.

▶ In Phase 2 wurde in betriebswirtschaftliche Standardsoftware investiert. Man
entschied sich für ein ERP-System von SAP mit einer zentralen Datenbank. Es
wurden weltweit einheitliche Datenaufbereitungsverfahren und ein einheitliches Reportingsystem eingeführt. Dazu nutzte das Unternehmen in großem
Umfang sein Intranet, insbesondere dessen Self-Service-Funktionen.

▶ Phase 3 sieht vor, die Standardsysteme weiterzuentwickeln und auf branchen-
üblches Niveau zu bringen. Die Berichtssysteme müssen dazu allerdings noch
flexibler werden. Auch wenn das Unternehmen noch einiges vor sich hat, sind
bereits jetzt klare Fortschritte zu erkennen, die sich in den Unternehmenszahlen
deutlich niederschlagen.

Mittlerweile hat Microsoft ein zentrales Hauptbuch und einen einheitlichen Kontenplan. Für jeden Geschäftsbereich gibt es Standardvorlagen für das Reporting

nach Standort, Produkt und Vertriebskanal. Das Rechnungswesen arbeitet mit Standarddefinitionen, -taxonomien und -hierarchien, die wichtigsten finanziellen und operativen Parameter stehen in Echtzeit zur Verfügung. Hierzu zählen:

▶ Ertrag und Bestand, geordnet nach Produkt, Kunde, Standort und Vertriebskanal

▶ Personalbestand des Unternehmens und persönliche Daten der Mitarbeiter

▶ weltweite Transaktionskosten

Sämtliche Finanzberichte werden innerhalb von vier Tagen nach Abschluss der Buchungsperiode elektronisch ausgegeben. Zusätzlicher IT-Aufwand entsteht durch die Erstellung und Verteilung der Berichte kaum. Die einzelnen Prozesse greifen nahtlos ineinander.

Die Kosten des Rechnungswesens betragen bei Microsoft mittlerweile weniger als ein Prozent des Ertrags. Von den insgesamt 50 000 Mitarbeitern sind nur 1 050 in diesem Bereich tätig, und die Transaktionskosten konnten drastisch gesenkt werden. Hierfür einige Beispiele:

▶ Die Kosten der Auftragsabwicklung wurden von 60 auf 5 Dollar pro Auftrag gesenkt.

▶ Die Transaktionskosten im Einkauf wurden von 30 auf 5 Dollar pro Rechnung reduziert.

▶ Die Kosten für die Verarbeitung von Reise- und Bewirtungsrechnungen wurden von 21 auf 3 Dollar pro Spesenabrechnung gesenkt.

Das Finanzwesen von Microsoft steht nun vor der Aufgabe, Geschäftspartnerschaften zu etablieren, die Produktivität zu analysieren und neue Ertragsquellen zu ermitteln. Zu diesem Zweck investiert das Unternehmen verstärkt in IT-Systeme für die Bereiche Business Intelligence, Geschäftsanalyse und Datenqualitätsmanagement. Changarnier führt dies näher aus: »Wir glauben, dass wir unser Ziel, die Transaktionsverarbeitung auf Best-Practice-Niveau zu bringen, hauptsächlich durch unser Standardisierungsprogramm erreicht haben. Wir haben unsere Kernprozesse isoliert und versuchen, die Anzahl der erforderlichen Informationssysteme weiter zu senken. Obwohl zwischen Vertrieb, Marketing und Finanzwesen klare Aufgabentrennung herrscht, wollen wir bei der Einstellung von Personal im Finanzwesen in Zukunft darauf achten, dass unser Geschäft als Ganzes verstanden wird. Um kommende Herausforderungen zu meistern, muss der Finanzbereich als die integrative Kraft im Unternehmen agieren.«

Was wird im Finanzwesen heute unter *Best Practices* verstanden? CFOs von Unternehmen wie Microsoft suchen nach Benchmarks, um ihren eigenen Fortschritt besser einschätzen zu können. Dennoch hat bislang kein Unternehmen alle verfügbaren Best Practices in allen Geschäftsbereichen realisieren können. In den meisten Unternehmen werden Best Practices eher schrittweise umgesetzt.

Quantitative Messgrößen beziehen sich im Allgemeinen auf die Effizienz der Transaktionsverarbeitung. Eine solche Messgröße ist der Prozentsatz des Ertrags, der für Rechnungswesen und Finanzverwaltung aufgewendet wird. Da Kosten und Ertrag von Unternehmen zu Unternehmen und von Branche zu Branche unterschiedlich definiert werden, lassen sich allgemein gültige Benchmarks nur schwer finden. Auf der Prozessebene – beispielsweise in Form von Kosten pro verarbeiteter Rechnung – stehen dagegen ausreichend aussagekräftige Vergleichsdaten zur Verfügung.

Qualitative Definitionen der optimalen Vorgehensweise bei der Transaktionsverarbeitung sind schwieriger zu fassen. Vor allem im Decision Support mangelt es an nützlichen Vergleichskriterien und Daten. Darüber hinaus verschieben sich die Kriterien dessen, was als optimal gilt, immer wieder. Abbildung 1.3 zeigt einige der am häufigsten verwendeten Benchmarks. Die Abbildung stellt zudem die gegenwärtigen Best Practices im Finanzwesen dem gegenüber, was in Zukunft möglich sein wird.

	heutiger Durchschnitt	zukünftiges Optimum
Kosten für das Finanzwesen in % vom Umsatz	1,5	weniger als 1
Verarbeitungsorte	mehr als 3	1
Systeme je Prozess	2 bis 3	1
Rechnungsperiode	4 bis 6 Monate	weniger als 2 Monate
Abschlussperiode	8 bis 11 Tage	weniger als 2 Tage

Abbildung 1.3 Best Practices im Finanzwesen – heute und in Zukunft

Die meisten CFOs betrachten die Umsetzung von Best Practices eher als einen evolutionären Weg denn als revolutionären Umbruch. Nur wenige Unternehmen können beispielsweise schon für sich beanspruchen, über ein wirklich globales Shared-Services-Center zu verfügen, obwohl viele führende Unternehmen unterschiedlichster Branchen dies als Priorität formuliert haben.

Die Umwandlung der Transaktionsverarbeitung von einem Teilbereich des Finanzwesens in einen eigenständigen Geschäftsbereich, der wie ein Unternehmen agiert, wird gegenwärtig vielerorts angestrebt. Das erklärte Ziel ist es, das Finanzwesen an der Wertschöpfung zu beteiligen und einen höheren Investitionsrücklauf zu generieren, indem neue Werkzeuge und Prozesse voll ausgeschöpft werden. Eine radikale Verbesserung des Decision Support und die Erweiterung seines Einflusses auf alle Geschäftsbereiche und Mitarbeiter sind weitere Zielsetzungen, an denen CFOs derzeit arbeiten. Dazu müssen neue Wege beschritten, neue Fähigkeiten erlangt und neue Erkenntnisse gewonnen werden.

1.3 Die neue Rolle des Finanzwesens

Die meisten der für dieses Buch interviewten CFOs gaben an, dass das Finanzwesen als eine Art Geschäftspartner der Fachabteilungen fungieren sollte. Auf die Frage, was dies in der praktischen Umsetzung bedeutet, fiel es vielen Interviewpartnern jedoch schwer, die neue Rolle genauer zu beschreiben. Dies ist nicht wirklich überraschend, da das Konzept eines Decision Support, der den Unterbau für eine solche Geschäftspartnerschaft bildet, bislang nicht klar definiert ist. Der Begriff *Decision Support* kann sich auf nahezu alles beziehen: von der Bewertung strategischer Investitionen über Geschäftsplanung und Performance-Management mithilfe von Performance Scorecards bis hin zu einfachen Kostenanalysen. Da verwundert es kaum, dass die Identifizierung von Best Practices und Benchmarks in diesem Bereich schwierig ist.

Jede Branche versteht unter Best Practices etwas anderes. Beispielsweise wird in der Telekommunikationsbranche ein besonderes Augenmerk auf die Analyse des langfristigen Kundenkapitalwerts (*Customer Lifetime Value*, CLV) gelegt. In der Pharma-Industrie hingegen werden Portfolio-Investitionen in Forschung und Entwicklung mithilfe von Methoden zur Realoptionsbewertung (*Real Options Valuation*, ROV) analysiert. In der Kreditwirtschaft wiederum sind die Kundenbindung und die Wirtschaftlichkeit von Vertriebskanälen wichtige Leistungsindikatoren.

Die verschiedenen Ansätze können Verwirrung stiften. Doch es kristallisiert sich allmählich eine Lösung heraus. Um die Begriffe Shareholder Value und wertorientierte Unternehmensführung entwickeln sich neue Lernstrukturen. Traditionelle Prozesse wie die Budgetierung werden systematisch durch neue Prozesse ersetzt, etwa durch dynamische rollierende Prognosen, Realoptionsbewertung und die Modellierung von Ursache-Wirkungs-Beziehungen zur Verknüpfung der wichtigsten Leistungsindikatoren. Die Erfahrung zeigt, dass diese neu entstehenden Instrumente auch branchenübergreifend anwendbar sind.

In der folgenden Fallstudie beschreibt der CFO des britischen Unternehmensbereichs von Diageo die wichtigsten Faktoren in der Konsumgüterindustrie. Viele der beschriebenen Konzepte können auch für Ihr Unternehmen und Ihre Branche von Bedeutung sein.

Fallstudie
Search and Spin bei Diageo

Diageo entstand 1997 aus der Fusion von Guinness und GrandMet und ist gegenwärtig der weltweit größte Hersteller von Markenspirituosen. Zu den Marken des Konzerns zählen Smirnoff (Wodka), Johnnie Walker (Whisky) und Guinness (Bier). Die Fusion gilt als erfolgreich: Synergien wurden realisiert, und das Unternehmen weist alljährlich ein beeindruckendes Wachstum auf.

Ray Joy, CFO der britischen Gesellschaft Guinness UDV, arbeitet seit einigen Jahren für Diageo. Die auf die Fusion folgenden Herausforderungen für das Finanzwesen definiert er folgendermaßen:

»Viele Konsumgüterhersteller tun sich schwer mit Entscheidungen über die Höhe der Investitionen in die Entwicklung ihrer Marken. In der Tat existieren dafür keine vorgefertigten Lösungen oder gar Geheimformeln. Bei uns gibt es stattdessen eine Initiative, die wir ›Search and Spin‹ nennen. Dabei handelt es sich um einen Prozess, in dem wir nach Ideen suchen (›Search‹), die anschließend in der gesamten Unternehmensgruppe verbreitet werden (›Spin‹). Wir sind ein globaler Konzern, und unsere betrieblichen Prozesse können an den verschiedenen Standorten durchaus unterschiedlich ausgeprägt sein. Daher sind oft auch individuelle Lösungen notwendig. Wir haben beschlossen, dass sich unser Finanzwesen darauf konzentrieren soll, gemeinsam mit Marketing und Vertrieb herauszufinden, wie Gewinn und Wachstum erzielt werden können.

Beispielsweise hatten wir großen Erfolg mit der Erweiterung unseres Markensortiments um Mixgetränke wie ›Smirnoff Ice‹ und ›Archers Aqua Apple‹ – sowohl auf gesättigten Märkten als auch auf Wachstumsmärkten. Marketing und Finanzwesen arbeiten eng zusammen und tauschen sich auf globaler Ebene über den Erfolg von Werbekampagnen aus. Wir haben Instrumente zur Bewertung der Werbeeffizienz entwickelt und versuchen, diese Informationen so Gewinn bringend wie möglich im gesamten Unternehmen einzusetzen.«

Diageo ist eines der Unternehmen, die die traditionelle Budgetierung zugunsten eines Performance-Management aufgegeben haben, das auf der Auswertung von Scorecards wichtiger Indikatoren basiert. Bei Diageo messen diese Indikatoren den Markenstatus, den Marktwert und den Marktanteil. In der Vergangenheit wurden die Mitarbeiter der Finanzabteilung durch Verwaltungsaufgaben von der Förderung des Unternehmenswachstums abgelenkt. Deshalb hat Diageo die Transaktionsverarbeitung in Shared-Services-Centers verlagert. Die einzelnen Unternehmen führen zudem einheitliche SAP-Systeme ein.

Nach Ansicht Ray Joys befindet sich das Finanzwesen in einem Umorientierungsprozess: Es konzentriert sich zunehmend auf die Steigerung des Shareholder Value und die Verbesserung der Unternehmensleistung.

»Während wir die Kosten senken und die Effizienz der Transaktionsverarbeitung verbessern, investieren wir verstärkt in die Entscheidungsunterstützung. Unsere Decision-Support-Teams werden größer und leistungsfähiger und die Mitarbeiter vielseitiger einsetzbar. Natürlich werden nicht alle Buchhalter mit dem Vertrieb und der Marketingabteilung zusammenarbeiten. Das Finanzwesen wird auch weiterhin vorrangig für die Bewertung von Investitionen und das Risikomanagement zuständig sein.

Dennoch werden Finanzmanager zunehmend Einfluss auf operative Geschäftsentscheidungen nehmen. Bei einzelnen Werbekampagnen bieten wir unseren Mitarbeitern beispielsweise völlig neue Möglichkeiten zur Weiterentwicklung. Mit unseren Marktanalysen haben wir uns einen Namen gemacht, so dass Mitarbeiter bereits von der Konkurrenz umworben werden. Unsere bisherigen Systeme und Prozesse waren den neuen Anforderungen nicht mehr gewachsen. Auch jetzt müssen wir das Umfeld der Reporting- und Analyseprozesse noch verbessern. Auf die bisher erzielte ROI-Steigerung bin ich dennoch stolz.

Unsere Arbeit hat einen wichtigen Beitrag zur Effizienzsteigerung hinsichtlich der Zusatzausgaben und zur Gesamtsteigerung des Kapitalwerts unserer Marken geleistet. 2001 starteten wir ein Projekt im Rahmen unserer globalen Brandbuilding-Initiative. Wir bestimmten folgende vier Bereiche, in denen unser Finanzpersonal enger mit dem Marketingpersonal zusammenarbeiten sollte:

▶ Ressourcenzuordnung
▶ Effektivität von Werbekampagnen
▶ ökonometrische Modellierung
▶ Verbesserung von Geschäftsprozessen

Dieses Projekt hat Disziplin, Einheitlichkeit und Wissenstransfer im Decision Support erheblich verbessert. Wir messen die erzielte Investitionsrentabilität in Form von Absatzsteigerung, Kosteneinsparung und Änderungen im Produktmix. Die enge Zusammenarbeit des Finanzwesens mit der Produktentwicklung ist wichtig, damit wir besser zwischen kurzfristigen Betriebsergebnissen und langfristigen Investitionen abwägen können.

Bei der Einführung einiger neuer Marken mussten wir auch Rückschläge hinnehmen. In manchen Fällen waren wir einfach zu erfolgreich: Die Nachfrage war so groß, dass wir sie nicht befriedigen konnten. Versuchen Sie einmal, den Wachstumsplan einer neuen Getränkemarke zu budgetieren, von der innerhalb eines Jahres bis zu zehn Millionen Kästen abgesetzt werden können! Wir stellen unsere Mitarbeiter gezielt vor solche Probleme, und es ist vor allem diese Philosophie des stetigen Dazulernens, die bislang unserer Wachstumskurve ihren erfolgreichen Verlauf gegeben hat.«

Unternehmen wie Diageo sind weltweit führend in Performance-Management und Decision Support. Doch auch Diageo erkennt, dass es weiterer Anstrengungen bedarf, um Strukturen zu schaffen, in denen sich Neues und Bewährtes dauerhaft gegenseitig befruchten.

Gegenwärtig durchlaufen viele Unternehmen die Entwicklung zum *Value-Based Management* (VBM), bei dem die Finanzstrategie eines Unternehmens auf die Verbesserung des Shareholder Value ausgerichtet ist. Diageo beispielsweise formuliert die langfristigen finanziellen Ziele in Form von *Total Shareholder Return* (TSR) und motiviert die Geschäftsführung mit Shareholder-Value-Benchmarks von Mitbewerbern und dreijährig rollierenden Economic-Profit-Zielen.

Das Konzept des Value-Based Management ist mittlerweile vollständig entwickelt. Nun muss es in Geschäftsprozesse für den Decision Support implementiert werden. Viele Unternehmen sind bereit, einige ihrer dabei gewonnenen Erfahrungen für ein externes Benchmarking zur Verfügung zu stellen. Bei den Recherchen für dieses Buch fanden wir eine Vielzahl von Best Practices, die zusammengefügt einen Prozessrahmen für den Decision Support bilden, den wir *Von der Planung zur Leistung* (Plan to Perform) genannt haben. Dieser dynamische Ansatz wird in Abbildung 1.4 im Detail veranschaulicht.

Abbildung 1.4 Prozessbeschreibung

Der Prozesszyklus beginnt mit der Einschätzung und Modellierung strategischer Initiativen. Im zweiten Schritt wird die Bewertung mit Geschäftsanalysen untermauert. Um beispielsweise den Customer Lifetime Value zu bemessen, kann sich die

Geschäftsanalyse auf die Bewertung der Risiken und der Effektivität von Werbemaßnahmen stützen.

Der folgende Schritt besteht in der Verknüpfung strategischer Initiativen und dazugehöriger Analysen mit der kurzfristigen Planung und Prognose für das Unternehmen. In der Regel sind diese Prozesse getrennt, was zu Unwirtschaftlichkeit und irreführenden, ja sogar widersprüchlichen Aussagen führt, die sich durch die gesamte Unternehmensstruktur ziehen können. Als Nächstes müssen Planung und Prognose mit dem Rechnungswesen und der Konsolidierung abgestimmt werden. Häufig gibt es in Unternehmen unterschiedliche Prozesse und Systeme für die Managementplanung und die Erstellung von Finanzberichten. Dies kann zu Irritationen und unnötigen Behelfslösungen führen.

Im weiteren Verlauf des Zyklus werden die Prozesse zur Erstellung von Finanzberichten mit den Balanced Scorecards und Performance-Reports verknüpft. Dabei werden Scorecards für verschiedene Unternehmensebenen entwickelt.

Auf der letzten Stufe des Prozesses *Von der Planung zur Leistung* liegt der Schwerpunkt auf Erfahrungsgewinn und Feedback, den wichtigsten Elementen des Zyklus. Ein institutionalisierter Performance-Dialog, der sich an den wichtigsten Leistungsindikatoren (*Key Performance Indicators*, KPIs) orientiert, die wiederum an eine bestimmte Strategie geknüpft sind, gilt heute als Best Practice.

Die Unterstützung von Erfahrungsgewinnung und Feedback durch Systeme und Strukturen für den Wissenstransfer, durch Webschulungen und gemeinschaftliche Online-Entscheidungsfindung sind die Best Practices der Zukunft.

Das Implementierungsproblem der meisten Unternehmen besteht darin, dass die Prozesse für strategische Planung und betriebliches Performance-Management vergleichsweise zerstückelt und unkoordiniert sind. Der nächste Schritt wird daher einen ganzheitlichen Ansatz zur Prozess- und Systemintegration beinhalten müssen.

1.4   Integration: Die Bedeutung für Sie als CFO

Das Thema dieses Buches ist die Rolle des CFO als integrative Kraft im Unternehmen. Das Vorhaben einer verbesserten Integration setzt auf zwei unterschiedliche Kräfte:

1. **Transparenz**
   Nach den Aufsehen erregenden Finanzskandalen bei Enron und Worldcom werden der CFO und das gesamte Finanzwesen so kritisch wie noch nie unter die Lupe genommen. Der Ruf nach Veränderungen ist deutlich zu vernehmen. Zum Teil liegt die Lösung im Befolgen ordnungsgemäßer Rechnungslegungsrichtli-

nien. Dies reicht jedoch nicht aus. Wie bereits angeklungen ist, ändern sich die Werttreiber in der Unternehmenswelt. Diese Veränderungen müssen nicht nur intern, sondern auch gegenüber Investoren und anderen Stakeholdern dargestellt werden.

2. **Informationstechnologie**

Die meisten Unternehmen haben ERP-Systeme aufgebaut und wollen aus dieser Investition den größtmöglichen Nutzen ziehen. Viele CFOs möchten zudem ihre Programme zur Vereinfachung und Standardisierung der Transaktionsverarbeitung fortführen. Nun soll auch der Decision Support ausgebaut werden. Im Rahmen des Technologiebooms der letzten Jahre haben zahlreiche Unternehmen in Best-of-Breed-Systeme zur Geschäftsabwicklung über das Internet investiert. Systeme für Customer Relationship Management, E-Procurement und Supply-Chain-Optimierung sind Beispiele für solche Investitionen. Mittlerweile gibt es technische Möglichkeiten zur Integration dieser Best-of-Breed-Lösungen in ERP-Systeme: Portale, elektronische Marktplätze und Software zur Anwendungsintegration. Sie werden im Rahmen dieses Buches diskutiert. Alle diese Möglichkeiten sind starke Integrationstreiber; ihre Wirkkraft entspricht dabei der Reihenfolge ihrer Nennung.

Als Reaktion auf diese Phänomene ändert sich die Gestalt des Finanzwesens. Im Buch *CFO: Architect of the Corporation's Future*[1] wurde aufgezeigt, wie sich die Rolle des CFO von der eines Zahlenhüters in die eines Strategen wandelte. Der CFO gestaltet die Zukunft des Unternehmens mittels der am Shareholder Value orientierten grundlegenden betriebswirtschaftlichen Konzepte. Abbildung 1.5 zeigt die Entwicklung des Finanzwesens in den letzten beiden Jahrzehnten.

Die Abbildung zeigt das Finanzwesen der achtziger Jahren als relativ großvolumige Pyramide mit Schwerpunkt auf der Transaktionsverarbeitung und einem geringeren Gewicht auf der Entscheidungsunterstützung. Das Finanzwesen der neunziger Jahre setzte auf ERP-Systeme und ist kleiner dargestellt, wobei die Transaktionsverarbeitung weniger und das Performance-Management bereits mehr Raum einnimmt.

In den späten neunziger Jahren gewann das Internet zunehmend an Bedeutung. Das zweite Buch unserer Reihe, *eCFO: Sustaining Value in the New Corporation*[2], sah den CFO im Zentrum eines Netzes aus Beziehungen. Das Finanzwesen war fragmentiert, da die Transaktionsverarbeitung im Shared-Services-Center erfolgte oder mitunter ganz ausgelagert war. Der Decision Support war in Geschäftseinheiten

---

1 PricewaterhouseCoopers Financial and Cost Management Team: *CFO: Architect of the Corporation's Future*. Wiley 1997/1999.
2 PricewaterhouseCoopers Financial and Cost Management Team: *eCFO: Sustaining Value in the New Corporation*. Wiley 2001.

eingebettet. Der Erfolg dieses fragmentierten Modells war stark von der Fähigkeit des CFO abhängig, die Integrität von Prozessen und Systemen aufrechtzuerhalten. Die Einheitlichkeit des Berichtswesens sowie die Datenerfassung und -zuverlässigkeit wurden zu wichtigen Themen.

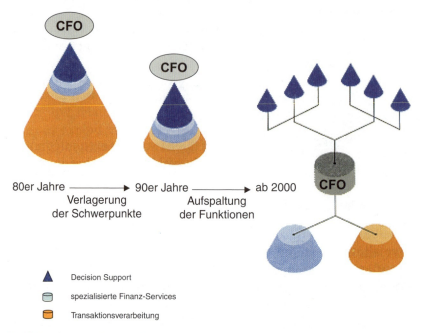

Abbildung 1.5 Der Wandel des Finanzwesens im Unternehmen

Im vorliegenden Buch stehen nun die Themen Integration und Einheitlichkeit im Mittelpunkt. Als Titelsymbol haben wir ein japanisches Tor gewählt. Dieses Tor soll Prinzipien des Finanzwesens im vor uns liegenden Jahrzehnt symbolisieren:

▶ **Transparenz**
Das Tor als solches repräsentiert ein Unternehmensportal. Es bietet externen Stakeholdern Einblick in das Unternehmen und dem Management die Möglichkeit zur internen Kommunikation und zum Blick nach draußen.

▶ **Stabilität**
Die linke Säule des Tors steht für die *Financial Supply Chain* mit Schwerpunkt auf der Transaktionsverarbeitung. Aus einer großvolumigen Pyramide ist eine schlanke, stabile Säule geworden. Die Transaktionsverarbeitung ist kleiner und effizienter, bleibt jedoch eine wichtige Komponente, die im Unternehmen selbst verbleiben oder ausgelagert werden kann. Die rechte Säule des Tors repräsentiert die *Information Supply Chain*. Sie beinhaltet Entscheidungsunterstützung und Berichtswesen, dient der Information der Stakeholder und stellt die Ver-

bindung zwischen Strategie und Tagesgeschäft her. Beide Säulen haben für die Zukunftsfähigkeit und langfristige Stabilität des Unternehmens die gleiche Bedeutung.

▶ **Strukturelle Integrität**
Der Torsturz soll die Werttreiber darstellen: die Kompetenzen und Fähigkeiten, die den heutigen und zukünftigen Shareholder Value des Unternehmens ausmachen und für Cashflow sorgen. Meist handelt es sich dabei um *Intangible Assets* wie Marken, Kunden und Innovationsfähigkeit.

Wie sich die einzelnen Elemente zu einem integrierten Finanzwesen zusammenfügen, zeigt Abbildung 1.6.

Abbildung 1.6 Das integrierte Finanzwesen der Zukunft

Die Integration des Finanzwesens bringt Veränderungen der Finanzprozesse, der Unternehmensstruktur und der Anforderungen an die Mitarbeiter mit sich. Um die Vorteile dieser Umgestaltung in vollem Umfang nutzen zu können, sind Investitionen in eine zielgenau ausgerichtete Integrationstechnologie erforderlich.

Das mySAP Financials Team ist allerdings nicht der Meinung, dass Technologie allein die gewünschten Resultate liefern wird. Die Erfahrung in Finanzabteilungen auf der ganzen Welt zeigt, dass ein solcher Wandel immer auch prozessorientiert erfolgen muss. Genau dies wird daher ein stets wiederkehrendes Thema dieses Buches sein.

In **Kapitel 2** beschäftigen wir uns mit dem effizienten Einsatz von ERP-Investitionen und untersuchen, warum viele Unternehmen derzeit mit einem »Systemsalat« zu kämpfen haben. Einige Unternehmen, etwa DaimlerChrysler, setzen ihre Produkt-, Dienstleistungs- und Kundenstrategien mithilfe integrierter ERP-Software auf SAP-Basis um. Andere haben den Best-of-Breed-Ansatz gewählt, der zum Systemsalat geführt hat. Wir werden erläutern, inwieweit sich solche Unternehmen auf den effizienten Einsatz neuer Integrationstechnik vorbereiten müssen, um neue Möglichkeiten der unternehmensübergreifenden Zusammenarbeit zu fördern und bislang ungenutzte Vorteile auszuschöpfen.

Kapitel 3 beschäftigt sich besonders mit der Zusammenarbeit innerhalb der Financial Supply Chain, so etwa mit der Verbesserung der Finanzprozesse für Zahlung, Rechnungsstellung, kurzfristige Liquiditätssteuerung und unternehmensinterne Bankleistungen durch weitere Automatisierung.

Wie sich die inner- und überbetriebliche Zusammenarbeit durch Einführung von Shared Services und Managed Services verbessern lässt, ist Thema von **Kapitel 4**.

In den darauf folgenden Kapiteln werden die neuesten Denkmodelle zur Information Supply Chain vorgestellt. **Kapitel 5** beschäftigt sich mit der strategischen Unternehmensführung (Strategic Enterprise Management, SEM). Wir zeigen, wie Strategie und Performance-Management durch Umgestaltung der Prozesse für Unternehmensplanung, Budgetierung, Reporting und Leistungsmessung miteinander in Einklang gebracht werden können. SEM umfasst dabei auch das Risikomanagement.

In **Kapitel 6** werden neue Anwendungen für Analyse und Entscheidungsunterstützung beschrieben. So schließen wir die Lücke zwischen IT-Anwendungen wie ERP und Data Warehousing und der strategischen Unternehmensführung.

Mit Schwerpunkt auf dem Aspekt Transparenz zeigt **Kapitel 7**, wie Unternehmensportale zur Verbesserung der Produktivität, des Wissenstransfers und der internen und externen Zusammenarbeit beitragen können.

Die Wertschöpfung eines Unternehmens ist heute zum größten Teil an immaterielle Werte gebunden. Auf der Grundlage dieser Erkenntnis fordert **Kapitel 8** das traditionelle Rechnungswesen heraus. Hier bieten wir Ihnen neue Denkanstöße und Ideen für das Management von Kundenwert und Innovationen. Weiter wird untersucht, inwiefern sich Unternehmen inzwischen als Teil von Wertschöpfungsnetzen betrachten und welchen Weg das Value-Based Management beschreitet.

Das Buch schließt mit einer Zusammenfassung aller Best Practices für die Unternehmensintegration. Dabei liegt der Schwerpunkt auf dem Fast Close als hervorragend geeignetem Integrationsmechanismus für Finanzprozesse und -systeme. In **Kapitel 9** wird die Vision des mySAP Financials Team für die Entwicklung des Finanzwesens vorgestellt.

Den Abschluss bildet ein **Nachwort** mit einem Blick auf das Finanzwesen der Zukunft.

CFO-Checkliste

▶ **Setzen Sie Ihre ERP-Investitionen wirksam ein.**
Untersuchen Sie, welche Vorteile Ihre Systemlandschaft »beyond ERP« bietet. Entwirren Sie den Systemsalat. Strukturieren Sie Ihr Finanzwesen neu. Entwerfen Sie eine »Beyond-ERP«-Architektur.

▶ **Optimieren Sie die Financial Supply Chain.**
Ermitteln Sie versteckte Kosten und Probleme in Ihrer Financial Supply Chain. Suchen Sie nach Einsparmöglichkeiten. Versuchen Sie, das Working Capital um ein Viertel zu reduzieren. Beziehen Sie Ihre wichtigsten Handelspartner in diesen Prozess ein. Bilden Sie abteilungsübergreifende Teams, und richten Sie entsprechende Schulungen auf die Cashflow-Optimierung aus.

▶ **Vollziehen Sie den Schritt von Shared Services zu Managed Services.**
Finden Sie heraus, welche Aktivitäten nicht zu Ihrem Kerngeschäft gehören. Vergleichen Sie Ihre eigenen Methoden mit den besten und erfolgreichsten Methoden innerhalb und außerhalb Ihrer Branche. Führen Sie Shared Services auch in Bereichen jenseits der Transaktionsverarbeitung ein, wenn möglich, weltweit. Ziehen Sie Insourcing ebenso in Erwägung wie Outsourcing und Managed Services. Erweitern Sie Umfang und Funktionstiefe der Dienste, die über Internet zur Verfügung gestellt werden.

▶ **Verknüpfen Sie Ihre Strategie mit operativen Prozessen.**
Investieren Sie in SEM-Initiativen, die einen spürbaren Mehrwert bringen. Bereichern Sie das Performance-Management durch einen lebendigen Dialog im gesamten Unternehmen. Entwickeln Sie Schlüsselkennzahlen zur Messung des Erfolgs Ihrer Wachstumsstrategien. Verknüpfen Sie das Risikomanagement mit anderen SEM-Komponenten.

▶ **Setzen Sie Daten mithilfe analytischer Anwendungen in Taten um.**
Analysieren Sie die Wertschöpfungskette auf ihrer gesamten Länge. Entscheiden Sie sich für eine bestimmte Analysestrategie. Nutzen Sie Investitionen in Software für Customer Relationship Management. Analysieren Sie die Innovationspipeline und den Produktlebenszyklus. Richten Sie eine Infrastruktur für analytische Anwendungen ein, bei der formale und nicht formale Elemente aufeinander abgestimmt sind.

▶ **Wickeln Sie die inner- und überbetriebliche Zusammenarbeit über ein Unternehmensportal ab.**
Setzen Sie sich an die Spitze des Portalprojekts, und schaffen Sie Sichtbarkeit in der Organisation. Analysieren Sie die Kosten der Integration von ERP-Systemen, Exchange-Infrastruktur und Data Warehousing. Nutzen Sie vorkonfigurierte Inhalte. Versuchen Sie, immer wieder kurzfristigen Erfolg zu erzielen.

- ▶ **Erkennen Sie den Wert Ihrer Intangible Assets.**

  Identifizieren Sie Ihre stillen Reserven – die immateriellen Werte. Suchen Sie nach verpassten Gelegenheiten für Cross-Selling. Balancieren Sie das Verhältnis von materiellen und immateriellen Werten aus. Überwachen Sie Ihre Intangibles mithilfe einer Scorecard. Verwandeln Sie Wertschöpfungsnetze in Value Centers.

- ▶ **Werden Sie sich Ihrer neuen Rolle als integrative Kraft im Unternehmen bewusst.**

  Entwickeln Sie globale Richtlinien zur Wahrung der Unternehmensintegrität. Fördern Sie Transparenz – von innen nach außen und umgekehrt – beim Finanzreporting und im Risikomanagement. Denken Sie an die unternehmensweiten Vorteile eines schnelleren Periodenabschlusses. Blicken Sie zehn Jahre nach vorn. Betrachten Sie die Transaktionsverarbeitung im Finanzwesen als eigenständigen Geschäftsbereich. Konzentrieren Sie sich beim Decision Support auf die neuen Rollen und Kompetenzen, die für eine langfristige Wertschöpfung erforderlich sind.

2 Die effiziente Nutzung der ERP-Investitionen

Wie die Integration nach einer Großfusion vorangetrieben werden kann

Manfred Gentz, Finanzvorstand
DaimlerChrysler

DaimlerChrysler ist eines der größten Industrieunternehmen der Welt und einer der Marktführer in der Automobilindustrie. Ende der neunziger Jahre erwarb der deutsche Konzern Daimler-Benz im Rahmen einer der größten Fusionen der Industriegeschichte den US-Konzern Chrysler. Das fusionierte Unternehmen DaimlerChrysler verfügt heute über Fertigungsstandorte in 37 Ländern und verkauft seine Produkte in 200 Ländern.

Finanzvorstand Manfred Gentz beschreibt die globale Ausrichtung seines Unternehmens folgendermaßen: »Unsere Strategie basiert auf vier Säulen: Die erste Säule ist die geografische Präsenz. Wir wollen in allen wichtigen Regionen der Welt vertreten sein. Die zweite Säule ist unsere Produktpalette. Wir verfügen über eine breite Auswahl an Fahrzeugen, vom ›Smart‹ bis zum Schwertransporter. Unsere dritte strategische Säule ist die Technologie. Wir sind der festen Überzeugung, dass uns gerade unsere kontinuierliche Investition in Spitzentechnologie zu einem der Marktführer in der Automobilindustrie gemacht hat. Die vierte Säule unserer Strategie ist die Markenentwicklung. Marken wie Mercedes-Benz haben eine überragende Marktposition. Wir achten daher darauf, dass es nicht zu Überschneidungen kommt, sondern unsere Marken ihre individuellen Ausprägungen behalten.«

Aufgrund der Größe der beteiligten Unternehmen stellte die Zusammenführung von Daimler und Chrysler einen gewaltigen Kraftakt dar. Von höchster Priorität war dabei die Steigerung der Rentabilität – insbesondere im Chrysler-Unternehmensbereich in den USA. Mittlerweile operiert das Unternehmen nach der Fusion störungsfrei und expansionsorientiert. So wurden beispielsweise kürzlich durch Gründung von Joint Ventures mit Hyundai und Mitsubishi umfangreiche Investitionen im asiatisch-pazifischen Raum getätigt.

Die Steigerung des Stakeholder Value steht in der strategischen Planung von DaimlerChrysler an erster Stelle. Gentz erläutert die Investitionspolitik seines Unternehmens: »Wir werden weiter massiv in die Marke Mercedes-Benz und ebenso in unsere Mitarbeiter, unsere Technologie und unsere Kunden- und Lieferantenbeziehungen investieren. Investitionen in die Fertigungsinfrastruktur spielen dabei eine ebenso große Rolle wie Investitionen in immaterielle Werte. Den ›Smart‹

haben wir in nur vier Jahren zur Marktreife gebracht – erheblich schneller als in der Automobilindustrie üblich. Dennoch: Der Aufbau einer neuen Marke kostet Zeit und kann sehr kostspielig sein. Investitionen in Marken und Produkte bedingen immer auch Investitionen entlang der gesamten Wertschöpfungskette. Unsere materiellen Vermögenswerte dürfen wir also auch nicht vernachlässigen.«

Ziel sämtlicher Integrations- und Standardisierungsbemühungen bei Daimler-Chrysler ist die Steigerung der Gesamtleistung des Unternehmens. Gentz beschreibt die diesbezügliche Strategie folgendermaßen: »Nach unserer Erfahrung ist das, was für das eine Unternehmen richtig ist, nicht unbedingt auch gut für das andere. Als wir nach der Fusion grundlegende Unterschiede zwischen den Geschäftsmodellen unserer Vorgängerunternehmen feststellten, war uns klar, dass wir die Systeme der beiden Unternehmen einander anpassen mussten. Es war jedoch nicht einfach, zu entscheiden, welche Richtung wir dabei einschlagen sollten.

Wir begannen mit der Standardisierung von Prozessen, die das Zusammenwachsen der beiden Unternehmen beschleunigten und uns gleichzeitig ermöglichten, die Kontrolle über das Tagesgeschäft zu behalten. Das gelang uns relativ schnell. Länger dauerte es, herauszufinden, wo sich Chrysler und Daimler so grundlegend unterscheiden, dass eine Standardisierung nicht sinnvoll ist. Unterhalb der Konzernebene gibt es Prozesse und Systeme, die für einzelne Geschäftsbereiche spezifisch sind und nicht verallgemeinert werden können. In diesen Fällen mussten wir notgedrungen von unserer Politik der konzernweiten Standardisierung abweichen. Letztlich ist vieles eine Frage der Zeit: In zehn Jahren wird unsere vertikale Standardisierung wesentlich weiter fortgeschritten sein als heute.«

Es war vorhersehbar, dass das Gemeinschaftsunternehmen viele IT-Systeme von seinen Vorgängern übernehmen würde. Seit der Fusion verfolgt der Konzern die Strategie, ERP-Standardsoftware durch Spezialprodukte für bestimmte Aufgaben zu ergänzen. Ein Beispiel hierfür ist die elektronische Abwicklung von Beschaffungsprozessen. Gentz über die Integration von Zulieferern: »Es ist ein Fehler, kurzfristig alles standardisieren zu wollen. Bei der Einbindung von Zulieferern in unsere Prozesse haben wir durchaus Fortschritte gemacht und Einsparungen erzielt. Oft handelte es sich jedoch nur um Einmaleffekte.

Nachhaltige Veränderungen lassen sich nicht von heute auf morgen erreichen, sondern nur durch kontinuierliche Investitionen. Mittlerweile haben wir nicht nur die Direktlieferanten, sondern unsere gesamte Zulieferkette bis auf die vierte und fünfte Ebene hinunter in unsere Prozesse eingebunden, und dennoch liegt noch ein weiter Weg vor uns. Das Einsparpotenzial durch elektronische Marktplätze wie ›Covisint‹ beurteile ich skeptisch. Dennoch werden wir mit diesen Marktplätzen arbeiten müssen, damit uns kein Wettbewerbsnachteil entsteht. Bei der Beschaffung gibt es auch weiterhin Einsparmöglichkeiten. Für die Zukunft sehen wir jedoch das größere Potenzial in der Integration unseres Vertriebsnetzes bis hin zum Endabnehmer. Obwohl Mercedes-Benz immer sehr stark im Großhandelsgeschäft vertreten war, investieren wir mittlerweile im Rahmen der EU-Richtlinien auch verstärkt in unser Einzelhandelsnetz.«

Die Integration der physischen Supply Chain von der Beschaffung bis zum Vertrieb hat DaimlerChrysler bereits erhebliche Produktivitätsverbesserungen erbracht. Optimierungspotenzial besteht noch beim Working Capital und bei der Financial Supply Chain. Gentz dazu: »Eines meiner Ziele ist die Reduzierung des Working Capital und die Optimierung der Prozesse zur kurzfristigen Liquiditätssteuerung. Das Finanzwesen muss in die betrieblichen Prozesse einbezogen werden und in der Lage sein, die treibenden Kräfte hinter dem Working Capital zu erkennen. Wir wollen unser Finanzwesen besser in das Gesamtunternehmen integrieren. Wir treiben mehrere Projekte voran, die sich mit Shared Services befassen. In Deutschland haben wir damit früh begonnen, indem wir Konzernfunktionen in den Zentralen vieler Fertigungsstandorte zusammengeführt haben. Ähnliche Initiativen haben wir in unseren Vertriebsorganisationen und im Treasury gestartet, insbesondere in Nordamerika, wo die Treasury Shared Services vollständig implementiert sind. Gegenwärtig führen wir solche Programme auch in Asien ein – zuerst in einzelnen Ländern, später in länderübergreifenden Regionen.«

Für DaimlerChrysler ist die Reduzierung des Working Capital ein schwieriger Balanceakt. Es geht darum, möglichst umfassende Unternehmensvorteile zu erzielen, ohne dabei wertvolle Kunden- und Lieferantenbeziehungen aufs Spiel zu setzen. Gentz meint dazu: »Wir kooperieren mit unseren Zulieferern bei der Konstruktion und Entwicklung und arbeiten gemeinsam an der Senkung der Kosten im Produktionsprozess, ohne jedoch unsere hohen Standards hinsichtlich der Funktionalität und Qualität einzelner Komponenten aufzugeben. Wir müssen die Interessen unserer Lieferanten wahren. Wir verlassen uns auf sie, und sie müssen umgekehrt mit einem angemessenen Gewinn rechnen können.«

In den letzten drei Jahren haben der Finanzvorstand und sein Team erfolgreich das auf SAP R/3 basierende ›New Accounting and Costing System‹ (NACOS) eingeführt. Es dient der Bereitstellung von Finanzdaten zu einzelnen Geschäftsfeldern über geografische Grenzen und die Grenzen von Konzerngesellschaften hinweg. Darüber hinaus wurde der zeitliche Rahmen für das Berichtswesen erheblich verkürzt. Gentz: »Was das Unternehmensreporting in Europa betrifft, sind wir auf der Höhe der Zeit. Die Qualität hat unter der Verkürzung des Abschlussprozesses nicht gelitten. Sie hat sich im Gegenteil durch die Einführung des Fast Close verbessert. Unsere Transaktionsverarbeitung ist mittlerweile kostengünstiger und effizienter. In Zukunft muss sich das Finanzwesen auf seine immer wichtigere Rolle als Geschäftspartner konzentrieren.«

Das Finanzwesen von DaimlerChrysler sieht sich heute mit zwei großen Herausforderungen konfrontiert: Erstens muss das Programm zur Prozessstandardisierung fortgesetzt werden, wobei sich das Unternehmen auf diejenigen Prozesse konzentrieren muss, bei denen die Einführung globaler Standards sinnvoll ist. Zweitens sind die Risikomanagementprozesse bei DaimlerChrysler zu verbessern. Gentz dazu: »Die Risikokontrolle ist nicht nur für das Finanzwesen, sondern für unser gesamtes Unternehmen ein Thema. Sie hat Auswirkungen auf unsere Geschäftskultur, auf unser Auftreten und auf die weitere Entwicklung unseres Konzerns.«

Seit Mitte der neunziger Jahre haben Konzerne wie DaimlerChrysler, ExxonMobil und Colgate-Palmolive die geschäftsbereichs- und standortübergreifende Integration von Prozessen und Daten zu einem Unternehmensgrundsatz erhoben und von dieser Entscheidung enorm profitiert. Zurückzuführen ist dieser Erfolg auf die rigorose Umsetzung von Maßnahmen zur Prozessverbesserung und Kosteneinsparung. Hierzu zählen die Zentralisierung der Datenhaltung, die Umstrukturierung von Geschäftsprozessen, die Bestandsreduzierung sowie Maßnahmen zur Verbesserung der Liefertermintreue, der Servicequalität und des Cashflows. Und das Ende ist noch nicht erreicht. Colgate-Palmolive beispielsweise erwartet nach Abschluss des globalen Integrationsprogramms Gesamteinsparungen von mehr als 600 Millionen US-Dollar – eine enorme Leistung.[1]

Obgleich in den neunziger Jahren in vielen Branchen ERP-Systeme eingeführt wurden, bewegen sich viele Unternehmen erst ansatzweise in Richtung des Ziels, das DaimlerChrysler bereits nahezu erreicht hat: eine konzernweite, vollständig integrierte ERP-Lösung. Die wenigen Unternehmen, die die visionäre Kraft und das Engagement von DaimlerChrysler besitzen, genießen bereits heute umfangreiche und dauerhafte Vorteile:

▶ bessere Informationen über Kunden, Lieferanten und andere Geschäftspartner

▶ präzisere Daten und ein effizienterer Datenfluss zu wichtigen Ansprechpartnern

▶ engere Verbindungen zu Kunden, verbesserter Service und höhere Kundenzufriedenheit

▶ substanzielle geschäftsbereichsübergreifende Einsparungen

Das grundlegende Prinzip von ERP-Systemen besteht darin, sämtliche Geschäftsprozesse und Informationen eines Unternehmens in einem einzigen integrierten System zu steuern und zu verwalten. Das Ergebnis: bessere Koordination und höhere Transparenz, Effizienz und Flexibilität. ERP-Systeme sind klassische Beispiele für den Netzwerkeffekt: Der Nutzen steigt proportional zur Anzahl der beteiligten

---

1 SAP: *e-Business Solutions help Colgate clean up.* Annual Report, 2001.

Geschäftsbereiche und Benutzer und zur Qualität der Vernetzung. Je mehr Prozesse integriert werden, desto mehr Vorteile werden erzielt.

Wie bei DaimlerChrysler werden auch in anderen Unternehmen Systeme und Prozesse entwirrt, vereinheitlicht, entschlackt und vernetzt. Hinter all diesen Bemühungen steckt die Suche nach Möglichkeiten zur Kostensenkung. Doch obwohl die Vorteile der Integration weltweit erkannt werden, erweist sich deren reale Umsetzung als schwierig.

Die zunehmende Komplexität betrieblicher Strukturen und Prozesse erweist sich als Integrationshemmnis. Treibende Faktoren dieser Entwicklung sind Globalisierung, Branchenkonsolidierung und Spezialisierung. Nicht zum Kerngeschäft gehörende Geschäftsbereiche werden immer öfter abgestoßen oder ausgelagert. Ein vermehrter Kommunikationsbedarf ist die Folge – sowohl unternehmensintern als auch mit Geschäftspartnern.

Angesichts der Geschwindigkeit, mit der sich die internen und externen Rahmenbedingungen ändern, neigen Unternehmen dazu, nach der Best-of-Breed-Methode zu verfahren und ERP-Systeme aus oftmals inkompatiblen Komponenten verschiedener Hersteller zusammenzustückeln oder überstürzt E-Business-Lösungen für einzelne Geschäftsbereiche einzuführen, für die doch eine organische Verbindung mit der gesamten Betriebsinfrastruktur wesentlich sinnvoller wäre. Nimmt man all dies zusammen, ergibt sich ein Rezept zur Zubereitung eines gigantischen und kostspieligen »Systemsalats«. Was sich jedoch nicht einstellt, ist eine Vereinfachung.

Die ERP-Systeme der ersten Generation wurden in den vergangenen zehn Jahren erheblich weiterentwickelt. Ohne diese leistungsfähigen Produkte wären die umfangreichen Kostensenkungen und Prozessverbesserungen vieler Konzerne nicht möglich gewesen. Doch zunehmende Komplexität und immer umfangreichere IT-Anforderungen machen neue Lösungsansätze erforderlich. Es stellen sich folgende Fragen:

▶ Wie kann die Flexibilität erlangt werden, die zur Weiterentwicklung von Geschäftsmodellen bei gleichzeitiger Bewahrung ihrer Integrität erforderlich ist?

▶ Wie lässt sich der Systemsalat in den Griff bekommen und Integration verwirklichen?

▶ Wie nimmt man Änderungen an ERP-Systemen so vor, dass die IT-Landschaft beherrschbar bleibt?

▶ Wie können unter Einsatz geringerer Ressourcen die Kosten gesenkt und der Service verbessert werden?

▶ Wie kann die neueste Integrationstechnologie wirksam eingesetzt werden?

Konzerngesellschaften, die früher getrennt operierten, kommunizieren und kooperieren heute enger denn je miteinander. Wichtige Informationen und Prozesse werden gemeinsam genutzt. Um die Zusammenarbeit zu intensivieren, benötigt das heutige dynamische Geschäftsumfeld eine neue Generation von IT-Infrastruktur aus kleinen, kostengünstigen, unabhängigen und dennoch vollständig integrierten Softwareanwendungen – die Enterprise-Services-Architektur.

CFOs müssen heute die IT-Entwicklung treiben, ausgehend von isolierten Altsystemen über ERP-Standardsoftware hin zu integrierten, aber offenen Lösungslandschaften. Die neuen Systeme versprechen nicht nur Integration, sondern auch Flexibilität. Wir bewegen uns also nicht nur in Richtung von ERP-Systemen, die miteinander kommunizieren, sondern auch in Richtung eines ausbaufähigen ERP-Geschäftsmodells, bei dem sich herkömmliche Unternehmensgrenzen öffnen, um letztlich ganz zu verschwinden.

In diesem Kapitel beschreiben wir, wie sich die Systemlandschaft für den CFO verändert. Wir stellen zentralisierte und dezentralisierte IT-Modelle vor und zeigen die Vorzüge einer neuen Generation von ERP-Systemen. Da diese Systeme sehr viel mehr leisten als traditionelle ERP-Software, verwenden wir dafür den Begriff *»Beyond ERP«* (»mehr als ERP«). Wir geben zudem konkrete Hinweise, wie sich vor dem Hintergrund dieser Entwicklung die optimale Strategie für ein Unternehmen bestimmen lässt.

2.1 Welche Anforderungen bringt Integration für den CFO mit sich?

Viele Unternehmen stecken in einem ewigen Dilemma: Das Streben des CEO nach Kreativität und Flexibilität bei der Suche nach neuen Gelegenheiten für Wachstum soll mit den Forderungen des CFO nach Sicherheit, Struktur und Transparenz in Einklang gebracht werden. Der CIO wiederum legt Wert darauf, dass die IT-Systeme up to date, standardisiert und beherrschbar sind. Abbildung 2.1 veranschaulicht diese gegensätzlichen Anforderungen.

Einige der ambitioniertesten und erfolgreichsten Re-Engineering-Programme von Unternehmen wurden mithilfe von ERP-Software umgesetzt. ERP-Software unterstützte den Wandel vom starren, abteilungsorientierten, schwer zu integrierenden Unternehmen hin zum geschäftsbereichsübergreifend arbeitenden, prozessgesteuerten Unternehmen. Weltmarktführer wie IBM, Kodak und Chevron haben diese tief greifende interne Umstrukturierung bereits realisiert.

Viele Unternehmen haben zudem ihre ERP-Kernsysteme um zusätzliche Anwendungsbereiche erweitert. Beispiele hierfür sind die Planung und Optimierung der Supply Chain bei Colgate-Palmolive und Procter & Gamble, das E-Procurement bei

Lockheed Martin und Quaker Oats, die Unternehmensportale von Nestlé und BOC sowie das Product Lifecycle Management bei Aventis und Bayer.

Abbildung 2.1 Das strategische Dilemma

Nach unserer Erfahrung haben diejenigen Unternehmen, die ERP erfolgreich einsetzen, die gleiche strategische Entscheidung getroffen: Sie haben entschieden, dass ERP-Systeme die Grundlage ihrer Konzerninformationssysteme bilden sollten. Diese Konzerne verfügen in der Regel über verlässliche und erfahrene Spitzenmanager mit einer klaren IT-Vision, die während der gesamten Projektdauer Präsenz zeigten und Einfluss auf die Umsetzung nahmen. Abbildung 2.2 zeigt den Weg, den diese Unternehmen beschritten haben: von vertikalen zu vernetzten, funktional integrierten Unternehmensstrukturen.

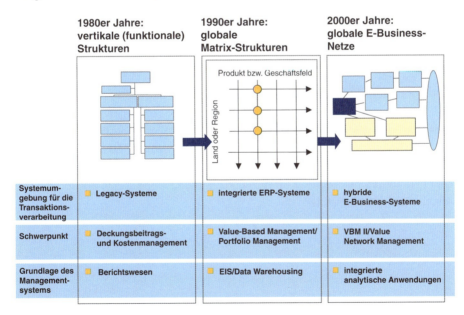

Abbildung 2.2 Entwicklung von Geschäftsstrukturen und -systemen

An dieser Stelle lohnt es sich, einmal ausführlich auf den Begriff Integration einzugehen. Er wird im Kontext betriebswirtschaftlicher Softwareanwendungen häufig falsch verwendet. Bei Informationssystemen bezeichnet Integration in der Regel die *Daten-* und *Prozessintegration* – auch wenn die zunehmende Einführung von Portalen eine Form der Anwendungsintegration auf der Ebene der Benutzeroberfläche darstellt.

Grundlage der Datenintegration ist normalerweise ein gemeinsames Datenmodell beziehungsweise Datenformat. Unterschiedliche Anwendungen können dieses Datenmodell oder -format interpretieren und darauf zugreifen. So hat beispielsweise ein Produkt in einem CRM-System dieselbe Formatdefinition und dieselben Attribute wie ein Produkt in einem Fertigungssystem.

Standarddatenformate wie XML (*Extensible Markup Language*) vereinfachen die Übermittlung von Produktdatenstammsätzen und Transaktionsbelegen (etwa eines Kundenauftrags für ein bestimmtes Produkt) zwischen unterschiedlichen Systemen (etwa einem CRM-System und einem Fertigungssystem). Dennoch wird durch diese *Datenintegration* dem empfangenden System nicht zwangsläufig mitgeteilt, was mit dem übermittelten Kundenauftrag geschehen soll, da möglicherweise keine *Prozessintegration* stattgefunden hat.

Moderne ERP-Systeme sind so konzipiert, dass sowohl Daten als auch Prozesse integriert sind. Ein Kundenauftrag aus dem CRM-System löst beispielsweise automatisch folgende Prozessschritte aus: eine Kreditprüfung in der Debitorenbuchhaltung, eine Bestandsprüfung im Materialwirtschaftssystem, einen Fertigungsauftrag und einen erwarteten Zahlungseingang im Cash Forecast System.

In Tabelle 2.1 sind die grundlegenden Merkmale und Vorteile vollständiger Integration zusammengefasst.

Viele Unternehmen haben von der Vereinfachung und Standardisierung durch ERP-Systeme in Form von niedrigeren Transaktionskosten, Mitarbeiterzahlen, Working-Capital-Investitionen, IT-Entwicklungs- und Wartungskosten sowie von größerer Transparenz profitiert. Gleichzeitig waren sowohl CFOs als auch CIOs gezwungen, sich mit einer schmerzlichen neuen Realität anzufreunden: Die Faktoren, die die unternehmensweite IT-Strategie bestimmen, haben sich in den letzten Jahren von Grund auf geändert.

Merkmale	Vorteile
Datenintegration: einheitliche Lieferanten-, Produkt- und Kundendaten im gesamten Unternehmen	Alle Benutzer im Unternehmen greifen auf dieselben Datensätze zu, wobei die Datensätze abhängig von der jeweiligen Benutzerrolle unterschiedlich angezeigt werden.
Prozessintegration: nahtlose Übergabe einmal erfasster Daten von einem Prozess an den anderen	Informationen werden in Echtzeit an die Geschäftsprozesse weitergegeben. Während einer Transaktion kann das Erfassen einer einzelnen Information Belegflüsse in mehreren Prozessen auslösen.
vertikale und geschäftsprozessübergreifende Transparenz von Informationen	Es besteht die Möglichkeit, Informationen im Detail zu betrachten (»Drill-Down«), um die ursprüngliche Transaktion und alle relevanten Belege analysieren zu können.
ereignisgesteuerte Geschäftsprozessflüsse	Geschäftsprozesse oder Workflows können abhängig vom Status oder Wert eines Informationselements ausgelöst werden.

Tabelle 2.1 Merkmale und Vorteile der vollständigen Integration

2.2 Den Systemsalat entwirren

Warum sind CFOs der Ansicht, dass ihre ERP-Investitionen mehr Rendite bringen sollten? Warum sind neue Best-of-Breed-Anwendungen in die einst so klar strukturierten ERP-Landschaften hineingewachsen? Warum mangelt es Unternehmen weiterhin an der so dringend benötigten Entscheidungsunterstützung? Wie können CIOs die vorhandene ERP-Software an Veränderungen im Unternehmen und neue IT-Trends anpassen? Wie können sie Geschäftspartner in ihre Systeme einbinden?

ERP-Systeme müssen sowohl an interne Umstrukturierungen als auch an veränderte Wirtschaftsbedingungen angepasst werden:

1. **Interne strukturelle Veränderungen**
   Neue betriebliche Strukturen erfordern Anpassungen der Prozess- und Datenkonfiguration, wobei die Prozessintegration von der Datenintegration abhängig ist. Änderungen der Managementphilosophie, etwa eine Verschiebung des Verhältnisses zwischen Zentralisierung und Dezentralisierung, haben Auswirkungen sowohl auf die physische ERP-Installation (die Instanz) als auch auf die logische ERP-Installation (Customizing und Konfiguration).

2. **Von außen getriebene Veränderungen**
   Neupositionierungen, Fusionen und Übernahmen, Firmenverkäufe, Branchenumstrukturierungen, geänderte rechtliche Bestimmungen, technische Neue-

rungen und E-Business-Initiativen, etwa zur Anbindung von Lieferanten und Kunden über das Internet, können die Einführung völlig neuer Geschäftsmodelle erforderlich machen.

Ergebnis all dieser Veränderungen ist nicht selten ein Systemsalat. Abbildung 2.3 stellt dar, was man sich darunter vorzustellen hat.

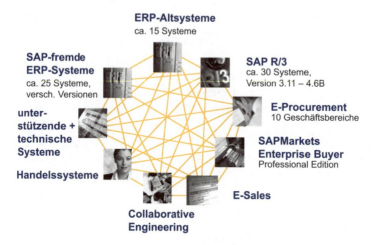

Abbildung 2.3 Typische IT-Landschaft eines Unternehmens: Systemsalat

Unabhängig davon, wie sehr sie sich auch um Vereinfachung und Integration bemühen: Die meisten Unternehmen sind permanent damit beschäftigt, zahlreiche Systeme verschiedener Hersteller zu verwalten, deren Funktionen zu koordinieren und die Systeme möglichst schnell an die sich ändernden Markt- und Wettbewerbsbedingungen anzupassen.

Der folgenden Fallstudie liegen die Erfahrungen eines weltweit operierenden Konzerns zugrunde. Sie zeigt, vor welch gewaltiger Herausforderung man steht, wenn man in Richtung eines stärker fokussierten Integrationsmodells zu migrieren beabsichtigt. Da das betreffende Unternehmen erst kurz zuvor eine große Fusion vollzogen hatte, war diese Aufgabe besonders schwierig: Man sah sich mit zwei komplexen ERP-Systemlandschaften konfrontiert, die jeweils unterschiedliche Eigenschaften, Vorteile und Einschränkungen aufwiesen.

 **Fallstudie**
Die Entwicklung einer neuen Integrationsstrategie nach einer Mega-Fusion

Die Ausgangslage: Ein weltweit operierender Chemiekonzern hatte in den USA, in Europa und in Lateinamerika länderübergreifende ERP-Systeme von SAP installiert: ein R/3-System für Beschaffungswesen und Produktion und ein weiteres für Vertrieb und Finanzwesen. Insgesamt waren in SAP R/3 knapp 200 globale Geschäftsprozesse konfiguriert worden, für die ein beträchtlicher Support durch internes und externes Personal erforderlich war. Der Umstand, dass Elemente des Beschaffungs- und Produktionssteuerungssystems und des Vertriebs- und Finanzsystems ineinander griffen, vergrößerte den Wartungsaufwand zusätzlich.

Dennoch konnte das Unternehmen viel versprechende Anfangseinsparungen erzielen. Es sollten daher weitere SAP-Funktionen implementiert werden. Dies wurde jedoch dadurch erschwert, dass SAP-fremde Lösungen in die IT-Landschaft eingebracht wurden. Ein Systemsalat war die Folge. CFO und CIO standen vor der Aufgabe, den funktionalen Umfang der Kernsoftware zu erweitern und gleichzeitig die Organisations-, System- und Prozesskomplexität zu reduzieren.

Nun fusionierte der Konzern mit einem anderen Unternehmen ähnlicher Größe, das ein völlig anderes ERP-System verwendete. Dieses System war relativ kostengünstig, beschränkte sich jedoch auf Standardfunktionen. Es war zudem nicht zentralisiert, sondern wurde von den einzelnen Niederlassungen in Eigenregie betrieben. Die Integrationsanforderungen änderten sich damit schlagartig. Die Aufgabe bestand nun in der Zusammenführung der zentralisierten ERP-Systeme des ersten Unternehmens mit den dezentralen Systemen des zweiten Konzerns zu einem sinnvollen Ganzen.

Im Vorstand der neuen Unternehmensgruppe tat sich zunächst eine Kluft auf. Die Vorstandsmitglieder des ersten Unternehmens hielten streng am SAP-Einsatz im Beschaffungswesen und der Produktion fest. Es wurde beschlossen, die SAP-Einführung zumindest an Standorten besonderer Wichtigkeit zunächst fortzusetzen. Der CIO der neuen Unternehmensgruppe, der im übernommenen Unternehmen für die ERP-Installation zuständig gewesen war, war nur zögerlich bereit, die fortschrittlichere Lösung einzuführen. Der CFO des neuen Gesamtkonzerns vertrat jedoch die Ansicht: »Wir müssen beginnen, durch Synergieeffekte Einsparungen in allen Bereichen zu erzielen – auch im Finanzwesen.«

Wie Abbildung 2.4 veranschaulicht, waren die ERP-Systeme des neuen Konzerns so komplex geworden, dass ihre Integration zu einem wahren IT-Albtraum geworden war.

Folgende Ziele hatte der CIO zu erreichen:

▶ vollständige Integration und Realisierung maximaler Synergieeffekte

▶ Weiternutzung bisheriger IT-Systeme (Investitionsschutz)

▶ Optimierung der Supply-Chain-Prozesse, der Vertriebsprozesse und der Finanzprozesse

▶ Berücksichtigung von E-Business-Entwicklungen der Branche (elektronische Marktplätze)

▶ Einführung von SAP R/3 im Beschaffungswesen und der Produktion des übernommenen Unternehmens

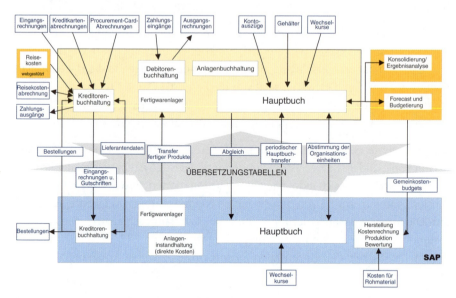

Abbildung 2.4 Übersetzung von Daten und Prozessen zwischen zwei unterschiedlichen ERP-Systemen

Zwei Optionen zur Verbindung der ERP-Systeme der beiden Unternehmen schienen sich anzubieten:

▶ **Option 1:** ein eigenständiges Beschaffungs- und Produktionssystem mit zugehörigem Vertriebs- und Finanzsystem für das übernommene Unternehmen und einfach gehaltenen Schnittstellen zu den entsprechenden Systemen des ersten Unternehmens

Nachteil: unzureichende Integration

▶ **Option 2:** Trennung der Systeme in miteinander kompatible Prozesse und Datenströme und Einrichtung präziser Prozess- und Datenverbindungen zwischen den Systemen

Vorteil: weniger Reibungsverluste zwischen den Systemen

Nachteil: teuer und komplex

Der CIO entwickelte zwei Gegenvorschläge:

▶ **Vorschlag A:** ein »Integration Hub«, der über Middleware mit den beiden Systemen kommuniziert

Vorteile: weniger komplex, leichter einzurichten, kostengünstiger

Nachteile: Duplizierung von Anwendungen und Daten, dadurch Mehraufwand im laufenden Betrieb; Behandlung der Symptome, nicht der Ursachen

▶ **Vorschlag B:** Trennung der Systeme (wie in Option 2) in Verbindung mit einer zentralen Stammdatenverwaltung

Vorteile: einheitliche Datenstandards, Flexibilität durch Trennung von Prozess und Daten, frei wählbarer Grad der Prozessstandardisierung

Das Unternehmen entschied sich für eine Kombination aus Vorschlag A und B: einen Integration Hub in Verbindung mit einer zentralen Stammdatenverwaltung.

Die Komplexität und der Systemsalat, mit denen das hier beschriebene Unternehmen zu kämpfen hatte, sind nicht ungewöhnlich. Managementteams, die an Fusionen beteiligt sind oder versuchen, ERP-Systeme an neue Märkte und die Realität des Wettbewerbs anzupassen, sind mit solchen Problemen und Konflikten bestens vertraut. Eine Standardlösung für dieses Problem gibt es nicht. Dazu sind die Umstände in den einzelnen Unternehmen zu verschieden. Es kann jedoch hilfreich sein, objektive Kriterien anzusetzen, um den Entscheidungsfindungsprozess nicht unnötig zu emotionalisieren und um zu verhindern, dass Projektinitiativen zum Stillstand kommen und eine Art »Analyse-Lähmung« einsetzt.

Wir stellen hier einige Grundregeln für CFOs auf, die mit Systemsalat zu kämpfen haben:

▶ **Standardisieren und globalisieren Sie Ihre Systemlandschaft.**
Standardisierung führt automatisch zur Rationalisierung. Mit jeder Geschäftseinheit und jeder Landesgesellschaft, in der Sie den Standard einführen, vergrößern Sie diesen Effekt.

▶ **Verwandeln Sie lokale Systementwicklungsinitiativen in ein global koordiniertes Programm.**
Legen Sie unternehmensweite Datenverarbeitungsstandards in der Konzernzentrale fest.

▶ **Steuern Sie große Projekte in Ihren Niederlassungen von zentraler Stelle aus.**

▶ **Vereinheitlichen Sie Ihre Geschäftsprozesse.**
Wenn die Geschäftsprozesse nicht einheitlich sind, können Sie auch keine einheitlichen IT-Standards implementieren.

▶ **Arbeiten Sie einen klaren Bauplan für die Prozess- und Systemarchitektur aus.**
Legen Sie verbindliche, aber realistische Zeitpläne und Meilensteine fest.

Abbildung 2.5 zeigt die Entwicklungsstadien der Prozess- und Datenintegration, die viele Unternehmen derzeit durchschreiten: Systemübergreifende Prozesse laufen über einen Integration Hub. Direktverbindungen zwischen einzelnen ERP-Systemen werden dadurch überflüssig. Eine zentrale Stammdatenverwaltung sorgt für einheitliche Daten in allen darauf zugreifenden Systemen. Noch bessere Wertschöpfungsmöglichkeiten bieten Maßnahmen zur unternehmensweiten Anwendungsintegration (*Enterprise Application Integration*) und unternehmenseigene elektronische Marktplätze (*Private Exchanges*), denen sich der folgende Abschnitt widmet.

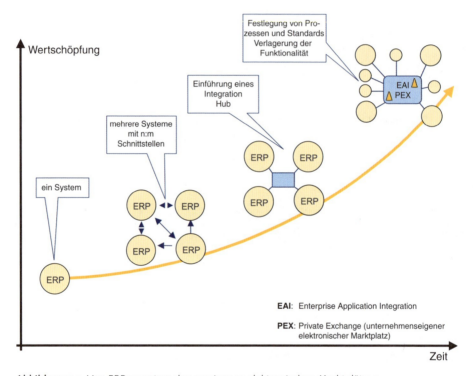

Abbildung 2.5 Von ERP zu unternehmenseigenen elektronischen Marktplätzen

2.3 Beyond ERP

Unternehmen erkennen zunehmend die Notwendigkeit unternehmensübergreifender Zusammenarbeit.[2] Über Internet können Menschen und Systeme heute ebenso unmittelbar miteinander kommunizieren wie vor einigen Jahren nur in firmeneigenen Datennetzen. Geschäftsprozesse, die bislang auf das Intranet und dessen Benutzer beschränkt waren, werden zunehmend ins Internet verlagert.

---

2 SAP: *Exchange Infrastructure: Process-centric Collaboration.* Whitepaper, Version 1.1, 2001.

Der erste Schritt zur geschäftsbereichs- und unternehmensübergreifenden Zusammenarbeit besteht in der Automatisierung von Prozessen wie Supply-Chain-Planung, Bezugsquellenermittlung und Bedarfsprognose. Ist dies geschehen, können mit relativ geringem Aufwand geschäftsbereichsübergreifende Kommunikationsschnittstellen zwischen diesen Prozessen eingerichtet werden, etwa in Form eines Integration Hub. Für umfassende Upgrades oder gar komplette Systemwechsel fehlt meist schlichtweg die Zeit.

Der nächste Schritt ist die Einführung unternehmensübergreifender Prozesse und die Ablösung der Batch-Verarbeitung durch Echtzeit-Verarbeitung. Diese übergreifenden Prozesse stellen an die Integrationsinfrastruktur weitaus höhere Anforderungen als herkömmliche Prozesse.

Elektronische Marktplätze bieten Unternehmen und ihren Geschäftspartnern die Möglichkeit, Geschäftsprozesse effizient Schritt für Schritt zu automatisieren, so dass vorhandene IT-Systeme weiter genutzt werden können. Die Infrastruktur elektronischer Marktplätze ermöglicht die Verwendung verschiedenartiger und in unterschiedlichen Systemen betriebener Komponenten einer Vielzahl von Herstellern. Werden Prozesse über einen elektronischen Marktplatz integriert, können sie das Wissen über Standard-Schnittstellen-Vereinbarungen nutzen. Dies reduziert die Zahl der Direktverbindungen über Peer-to-Peer-Schnittstellen und vereinfacht die Einbindung neuer Komponenten in die IT-Landschaft, da diese nur an die Marktplatz-Infrastruktur angeschlossen werden müssen. Dadurch wird das System besonders zukunftsfähig. Noch wichtiger für den CFO: Elektronische Marktplätze verursachen geringere Integrationskosten als Direktverbindungen.

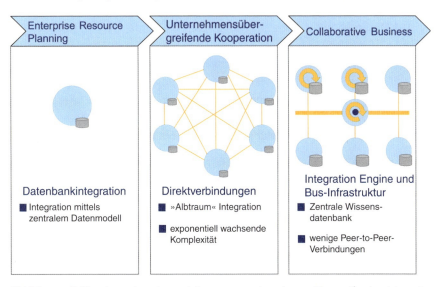

Abbildung 2.6 Von der unternehmensinternen zur unternehmensübergreifenden Integration

Abbildung 2.6 zeigt drei Stufen der Integrationsentwicklung: von der ursprünglichen ERP-Integration mittels eines zentralen Datenmodells über eine exponentiell wachsende Zahl von Verbindungen in unternehmensübergreifenden Kooperationslandschaften hin zu gemeinsamen Geschäftsszenarien unter Verwendung einer Infrastruktur zur Anwendungsintegration.

In der Vergangenheit mögen individuelle Peer-to-Peer-Verbindungen angesichts des damaligen Transaktionsvolumens und der operativen Anforderungen gerechtfertigt gewesen sein. Heute müssen nicht nur größere Transaktionsvolumina beherrscht werden, sondern die Abwicklung muss auch schneller und mit vielen Partnern vonstatten gehen. Automatisierte und standardisierte Prozesse sind daher unumgänglich. Unternehmensübergreifende Geschäftsszenarien müssen die Geschäftspartner in einem einzigen gemeinsamen Prozess miteinander verknüpfen, der wiederum mit den dazugehörigen Abwicklungsfunktionen im Hintergrundsystem verbunden ist.

Die ersten elektronischen Marktplätze waren öffentlich. Inzwischen dominieren private, unternehmenseigene Marktplätze, denn nicht alle Unternehmen sind bereit, Technik und Prozesse mit ihren Mitbewerbern zu teilen.

Elektronische Marktplätze bilden ohne Zweifel das Herzstück des E-Business. In den neunziger Jahren waren die Hauptthemen des Topmanagements die Globalisierung und die innerbetriebliche Integration und Koordination von Ressourcen und Geschäftsprozessen. Heute beeinflussen hauptsächlich E-Business-Initiativen und die überbetriebliche Zusammenarbeit mit Kunden, Lieferanten und Partnern die IT-Entscheidungen.

Bei vielen Unternehmen haben sich durch diesen Wandel der IT-Strategie Aufmerksamkeit und Ressourcen von der Implementierung und Wartung von ERP-Systemen zu Projekten wie der Einführung von E-Procurement-Systemen verlagert. Unglücklicherweise führen viele dieser Anstrengungen nicht zum erhofften Ergebnis, da sie von einer umfassenden Integration in ERP-Systeme ausgehen, die noch gar nicht vollständig implementiert sind. Ohne ein ERP-Fundament können jedoch keine E-Business-Anwendungen bereitgestellt werden.

Eine enorme Marktdynamik bestimmt die neuen Anwendungskategorien im E-Business. Diese Anwendungen nutzen das Internet und andere neue Techniken und machen dadurch innovative Geschäftsmodelle möglich. Doch viele Unternehmen neigen dazu, die Komplexität und die Kosten der Echtzeit-Schnittstellen zu unterschätzen, die Voraussetzung für diese Geschäftsmodelle sind.

Ein Unternehmen, das auf elektronischem Weg und in Echtzeit Geschäfte mit Kunden oder Lieferanten abwickeln möchte, muss diesen Geschäftspartnern Zugang zu den eigenen Informationssystemen gewähren. Dazu ist eine komplexe bidirektionale Daten- und Prozessintegration zwischen den eigenen Systemen und denen der Geschäftspartner erforderlich. Obgleich der Einsatz von Best-of-Breed-Lösungen kurzfristig vorteilhaft sein kann, schafft nur eine vollständig integrierte Systemumgebung tatsächlichen Mehrwert. Mit der zunehmenden Zahl an Internettransaktionen wird auch ein stark integriertes System, das die Informationen für Planung, Fertigung, Bestand und Finanzen verwaltet, unverzichtbar.

Der Bedarf an Integrationsmaßnahmen nimmt also durch neue E-Business-Anwendungen weiter zu. Beginnen Unternehmen, ihre Systeme für Kunden-, Lieferanten- und Partnerprozesse zu öffnen, kann es passieren, dass das Transaktionsvolumen und die Anforderungen an die Geschwindigkeit der Transaktionsverarbeitung sprunghaft ansteigen. Kunden erwarten einen einheitlichen Zugang zu allen Produkten und Standorten eines Lieferanten sowie Echtzeitzugriff auf Informationen über Preise, Verfügbarkeit, Lieferoptionen und Auftragsstatus. Ein Unternehmen, das ins E-Business einsteigen will, kann sich keine größeren logistischen Störungen oder unzufriedene Kunden leisten, nur weil das ERP-System teilweise nicht einsatzbereit oder die IT-Landschaft aus inkompatiblen Altsystemen zusammengestückelt ist.

2.4 Die Komplexität verringern

Bei Ihren Bemühungen um den Abbau von Komplexität in Ihrem Unternehmen sollten Sie genau abwägen, wo globale Standardisierung sinnvoll ist und wo Sie lokale Flexibilität benötigen. Betrachten wir als Beispiel die Pharma-Industrie, in der sich gegenwärtig ein nie da gewesener Wandel vollzieht. Wie in vielen im Umbruch befindlichen Branchen wird der Wandel auch hier von folgenden Faktoren bestimmt:

▶ **Zunehmende Globalisierung**
   Zusammenschlüsse und Fusionen, sich ändernde Geschäftsbeziehungen, aufgehobene Handelsschranken, globaler Wettbewerb

▶ **Wandel der Kundendynamik**
   Verbraucherschutz, Managed Care (in den USA), Internet und E-Business

▶ **Preisdruck und neue gesetzliche Bestimmungen**
   Kostenstrukturen, Änderungen bei der Produkthaftung, Gesetze zum Schutz geistigen Eigentums

▶ **Produktinnovation**
   Technische Neuerungen, neue wissenschaftliche Erkenntnisse, zunehmender Wettbewerb, steigende ROI-Erwartungen, innovative Mitarbeiter

Angenommen, Ihre Branche wird durch ähnliche Faktoren geprägt: Welches Verhältnis zwischen Zentralisierung und Dezentralisierung ist dann für Ihr Unternehmen das beste? Das zentralisierte Unternehmen besteht aus global integrierten Gesellschaften mit einer gemeinsamen strategischen Steuerung, gemeinsamen Kunden, gemeinsamen Produkten und gemeinsamen Prozessen. Das dezentralisierte Unternehmen dagegen ist als Holding strukturiert und umfasst eigenständige Geschäftseinheiten mit unterschiedlichem Kundenstamm und unterschiedlichen Märkten, Vertriebskanälen, Produkten und Prozessen. In der pharmazeutischen Industrie[3] ist Bristol-Myers Squibb ein Beispiel für ein eher zentralisiertes Unternehmen. AstraZeneca hat ein gemischtes Geschäftsmodell, in dem Zentralisierung und Dezentralisierung nebeneinander existieren. Johnson & Johnson ist noch stärker dezentralisiert.

Das IT-Modell eines Unternehmens sollte dessen Geschäftsmodell entsprechen. Ein typisches IT-Modell beinhaltet eine oder mehrere physische Instanzen – identische Exemplare der ERP-Datenbank und der dazugehörigen Anwendungen. Die physischen Instanzen wiederum können mehrere logische Systeme (auch Client-Systeme genannt) umfassen – ERP-Umgebungen für Unternehmensgruppen, die Daten gemeinsam nutzen oder als integrierte Supply Chain am Markt aktiv sind. Innerhalb eines Clients können verschiedene Organisationseinheiten existieren, zum Beispiel juristische Personen, Sparten oder Kostenstellen, die eine Konzerngesellschaft oder Geschäftseinheit repräsentieren.

Es haben sich drei verschiedene IT-Modelle für Unternehmen herausgebildet:

1. **Extreme Zentralisierung**

   Ein zentraler Server unterstützt globale Prozesse und Datenstandards. Ein zentralisiertes IT-Modell sollte ein einheitliches Design haben, aus einer einzigen Installation bestehen und einheitliche Standards einhalten. Bei diesem Modell gibt es nur eine physische Instanz und einen Client mit mehreren Organisationseinheiten.

2. **Halbautonomes Modell**

   Hier gibt es ein auf Vorlagen basierendes zentrales Systemdesign, mehrere Installationen, verschiedene gemeinsame Regeln, aber auch lokale Flexibilität. Das halbautonome Modell sollte aus mehreren Instanzen bestehen. Jede Instanz würde dabei über einen eigenen Client verfügen, alle Clients würden jedoch zum Zweck der globalen Einheitlichkeit auf einer gemeinsamen Designvorlage basieren.

3. **Extreme Dezentralisierung**

   Ein vollständig dezentralisiertes IT-Modell verfügt über mehrere Designs, mehrere Instanzen, einen eigenständigen Client für jede Instanz und vollständige Autonomie.

---

3   Stedman, Paul (SAP UK): *Global Deployment Strategies in the Pharmaceutical Industry for open e-Business Integration.* 2001.

Viele Unternehmen haben ihre ERP-Systeme zunächst dezentral eingerichtet und arbeiten nun an der Standardisierung und Zentralisierung, um die Systeme wirtschaftlicher zu machen. Es ist jedoch wesentlich einfacher, mit einem zentralisierten Modell zu beginnen und nach und nach kontrolliert zu dezentralisieren, als verteilte Systeme nachträglich zu einem Zentralsystem zusammenzufügen.

Zu den wichtigsten Faktoren, die die Entscheidung eines Unternehmens für ein zentralisiertes oder ein dezentralisiertes Modell beeinflussen, gehören der Globalisierungsgrad des Unternehmens, die interne betriebliche Dynamik und der technische Entwicklungsstand. So kann etwa bei einem internationalen Pharma-Konzern die Entscheidung für einen zentralisierten Ansatz im Fertigungsprozess und die damit verbundene Integration der globalen Logistikkette positive Auswirkungen auf die Kosten von Hardware und Systemverwaltung sowie auf die Nutzung von Fachwissen haben.

Wenn dagegen Finanzwesen und Vertrieb einzelnen Geschäftseinheiten zugeordnet sind (dezentralisierter Ansatz), könnte das der Ausgangspunkt für die Entwicklung länderspezifischer IT-Systeme sein. Daraus können allerdings Kostennachteile entstehen, die sich aus Softwareupgrades, der Unterstützung unterschiedlicher Sprachen und Zeitzonen und aus Schnittstellen zu Altsystemen und Systemen anderer Anbieter ergeben.

Abbildung 2.7 zeigt ein zentralisiertes, ein halbautonomes und ein dezentralisiertes Geschäftsmodell mit den Implikationen für die entsprechenden IT-Modelle.

Die Entscheidung für einen bestimmten Zentralisierungsgrad der ERP-Infrastruktur wirkt sich wie folgt aus:

▶ Das am stärksten zentralisierte IT-Modell besteht aus einem einzigen Client-System mit einem zentralen Datenbankserver.

▶ Ein gewisser Grad an Dezentralisierung kann mithilfe eines unternehmensweiten Templates oder durch Verwendung eines proprietären Systems für das Management verteilter Informationen erreicht werden.

▶ Der Grad der Dezentralisierung ist abhängig von mehreren Faktoren, die mit dem Geschäftsbetrieb, der geografischen Lage und der Technologie zusammenhängen.

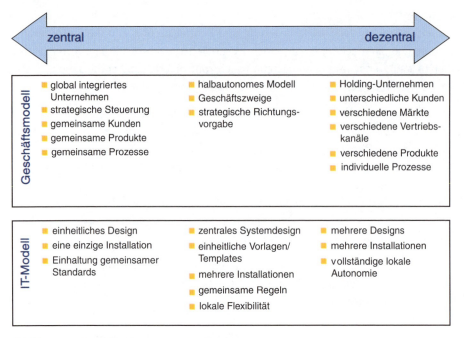

Abbildung 2.7 Zentralisierung versus Dezentralisierung

Sie haben also folgende Optionen:

1. Implementierung eines einheitlichen globalen ERP-Systems

2. Implementierung eines Client-Server-Systems für die Stammdaten

3. Implementierung eines »EAI-Hub«

Ein EAI-Hub ist eine Softwarekomponente. Seine Aufgabe ist es, die Kommunikation anderer Softwarekomponenten untereinander zu erleichtern – sowohl innerhalb von Unternehmen als auch unternehmensübergreifend. Man spricht deshalb auch vom EAI-Backbone, vom »Rückgrad« der unternehmensweiten Anwendungsintegration (*Enterprise Application Integration, EAI*). Der EAI-Hub fungiert zudem als Datenspeicher für gemeinsam genutzte Stammdaten. Er ist also eine Kombination aus Integration Hub und zentraler Stammdatenverwaltung. Er ist zuständig für die Abbildung von Codenummern (Mapping) und die Weiterleitung von Workflows zwischen den Systemen (Routing).

Abbildung 2.8 zeigt, wie Sie das für Ihr Unternehmen am besten geeignete IT-Modell bestimmen können. Tragen Sie in die erste Spalte (gelbe Zahlen auf weißem Grund) ein, wie wichtig Ihnen die genannten Aspekte sind. Multiplizieren Sie diesen Wert mit den Gewichtungsfaktoren in Spalte zwei bis vier (weiße Zahlen auf blauem Grund). Addieren Sie nun die Zwischensummen der drei Spalten. Die höchste Punktzahl zeigt Ihnen, welches Modell für Sie das richtige ist. Im Beispiel ist es das zentralisierte Modell.

Kriterien   **Modell**

	Kriterien	zentral		halbautonom		dezentral	
5	Integrationsgrad	5	= 25	3	= 15	1	= 5
5	finanzielle Transparenz	5	= 25	3	= 15	1	= 5
4	niedrige Kosten	5	= 20	4	= 16	2	= 8
3	lokale Flexibilität	2	= 6	4	= 12	5	= 15
3	gemeinsame Geschäftsprozesse	4	= 12	3	= 9	2	= 6
4	Systemstabilität	1	= 4	3	= 12	3	= 12
	Punktzahl	**92**		**79**		**51**	

Wichtigkeit — 5 1 — hoch niedrig

Potenzial — 5 1 — hoch niedrig

Abbildung 2.8 Die Bestimmung des geeigneten IT-Modells

2.5   Eine Vision für die Zeit nach ERP

Die ERP-Systeme und die Integrationsinfrastruktur haben die IT-Komplexität reduziert, doch bleiben Systemsalate und Systembeschränkungen weiterhin bestehen. Der Hauptgrund hierfür ist, dass bei ERP-Systemen die Prozessintegration auf der Datenintegration basiert. Das bedeutet, dass Prozesse auf der Grundlage einer einzigen standardisierten Datenversion arbeiten. Der EAI-Hub erleichtert zwar die Kommunikation zwischen verschiedenen Systemen, die Abgrenzung der einzelnen ERP-Instanzen voneinander eliminiert er jedoch nicht.

Wie Abbildung 2.9 veranschaulicht, kommen die Vorteile von ERP-Systemen erst dann wirklich zum Tragen, wenn die Grenzen zwischen Systemen und Prozessen wie Supplier Relationship Management (SRM), Product Lifecycle Management (PLM) und Supply Chain Management (SCM) durchbrochen werden. Eine bloße Verknüpfung dieser Systeme reicht nicht aus. Um die Systemgrenzen tatsächlich zu durchbrechen, ist eine Integration auf drei Ebenen erforderlich: Bei den Mitarbeitern (über Portale), bei den Informationen (durch das Mapping und Routing von Daten via EAI-Hub und Middleware sowie durch Reporting und Analyse in einem Data Warehouse) und – dies ist die wichtigste Ebene – bei den Prozessen (über einen EAI-Hub oder einen elektronischen Marktplatz). Durch die Entbündelung der ERP-Prozesse und ihre Neugruppierung mithilfe eines EAI-Hub wird nicht nur eine umfangreiche Flexibilität erzielt, sondern vor allem die optimale Integration erreicht – und zwar »beyond ERP«.

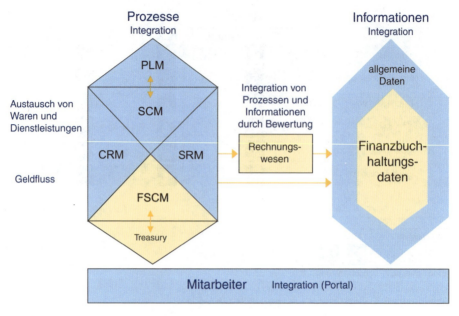

Abbildung 2.9 Integration von Mitarbeitern, Informationen und Prozessen

Die in Abbildung 2.9 dargestellte Integration ist Voraussetzung für Rentabilität, Effizienz und einen stabilen Informationsfluss. Bisher war es erforderlich, das bereits vorhandene ERP-Lösungspaket an jedem neuen Standort separat einzuführen und es anschließend neu zu konfigurieren, damit es den funktionalen Anforderungen des Standorts gerecht werden kann.

»Beyond ERP« bietet alle gegenwärtig verfügbaren ERP-Anwendungsmöglichkeiten, erlaubt aber die Aufteilung der Pakete in kleinere Einheiten. Diese können den jeweiligen Anforderungen entsprechend verändert und miteinander kombiniert werden. So entsteht ein offenes und dennoch integriertes System, das kein gemeinsames Coding und keine gemeinsamen Datenbanken benötigt. »Beyond ERP« bietet also eine größere Flexibilität, ohne dass die immensen Integrationsvorteile verloren gehen, die ERP-Systeme so wertvoll machen. Unternehmen, die ERP-Pakete in kleinere Einheiten zergliedern, haben beispielsweise die Möglichkeit, Zahlungsvorgänge zu verarbeiten, ohne dass sie eine vollständige Finanzbuchhaltungssoftware installieren müssen. Bildlich gesprochen: Sie müssen kein Sechs-Gänge-Menü ordern, wenn sie eigentlich nur ein Dessert haben wollen.

Zudem vereinfacht »Beyond ERP« die Anbindung von Lieferanten, Kunden und Partnern. Einer der echten Vorteile von »Beyond ERP« ist, dass Prozesse, die ihrem

Wesen nach überbetrieblich sind, von Buchhaltungsprozessen im Back-Office getrennt und stattdessen dem Front-Office oder dem Außendienst zugeordnet werden, zu dem sie eigentlich gehören.

So steht beispielsweise bei Kundenzahlungen nicht die Fakturierung, sondern die Kundenbeziehung im Vordergrund. Collection Management als Angebot »beyond ERP« ermöglicht die Trennung dieses Prozesses vom Back-Office und seine Integration in ein CRM-System. Dies ist wichtig, da die Funktion von CRM nicht nur darin besteht, Kundenbestellungen zurückzuverfolgen, sondern auch darin, zu prüfen, ob der Kunde die Ware erhalten und bezahlt hat. Alle diese Informationen sind Bestandteil eines Kundenprofils.

Die Herausforderung für den CFO besteht darin, dass er die Prozess- und Systemlandschaft erst einmal entwirren muss, um sie anschließend flexibler und effizienter neu gestalten zu können. Technisch gesehen bedeutet dies die Aufgliederung eines riesigen ERP-Pakets mit Komponenten für Fertigung, Personalwirtschaft, Buchhaltung und viele andere Aufgabenbereiche in wesentlich kleinere Elemente, die nicht »fest verdrahtet«, sondern durch einen Integration Hub miteinander verbunden sind. Die so entstehende Flexibilität erleichtert inner- und überbetriebliche Initiativen wie Shared-Services-Center und E-Business-Projekte.

Wir wollen nun die Vorteile des »Beyond ERP«-Konzepts untersuchen:

▶ **Vorteile für die strategische Entscheidungsfindung**

  ▶ keine Bindung an die Transaktionsverarbeitung, daher Möglichkeit zur Offline-Planung und -Simulation von Geschäftsszenarien

  ▶ flexible Reaktion auf Veränderungen in der Unternehmensstruktur, beispielsweise solchen, die sich auf die Konsolidierung oder Zwischengewinn-Eliminierung auswirken

  ▶ Möglichkeit zum gezielten Aufbau immaterieller Werte, etwa durch Forschung und Entwicklung

  ▶ vollständiges Bild der Geschäftsvorfälle in Echtzeit

▶ **Vorteile für betriebliche Prozesse**

  ▶ Zusammenarbeit mit externen Partnern (unser ERP mit ihrem ERP, unser Rechnungsausgang mit ihrem Rechnungseingang)

  ▶ innerbetriebliche Zusammenarbeit, zum Beispiel in Form von Shared Services (Rechnungsprüfung, Reklamationsbearbeitung, interne Fakturierung) und geschäftsbereichsübergreifenden Prozessen (Prognose, Preisfindung)

  ▶ Zentralisierung der Transaktionsverarbeitung, Dezentralisierung von Analyse und Reporting und umgekehrt (zentrale Buchhaltung, dezentrale Organisation von Vertrieb und Logistik)

▶ Vorteile für das Informationsmanagement

  ▶ bei strategischen Entscheidungen

  ▶ bei betrieblichen Entscheidungen

  ▶ bei finanziellen und buchhalterischen Entscheidungen

▶ Vorteile für die Integrationsinfrastruktur

  ▶ Workflowmanagement zwischen unterschiedlichen Systemen (Routing)

  ▶ Abgleich von Daten zwischen unterschiedlichen Systemen (Mapping)

  ▶ gemeinsame Nutzung derselben Daten in unterschiedlichen Systemen (zentrale Stammdatenverwaltung)

Die Aufgliederung der ERP-Software in Einzelkomponenten macht es möglich, ausschließlich die Software zu implementieren, die an einem bestimmten Standort auch tatsächlich benötigt wird. Diese Aufgliederung versetzt Unternehmen in die Lage, administrative Aufgaben zu zentralisieren und auf ein Minimum zu reduzieren und gleichzeitig andere Bereiche wie etwa die Fertigung aufzuteilen.

 Fallstudie
Wie man die zum Aufbau eines Shared-Services-Centers erforderliche Flexibilität gewährleistet

Ein US-Hightech-Konzern hatte mehrere kanadische Unternehmen übernommen. Da jedes dieser Unternehmen eigene IT-Systeme in den Zusammenschluss einbrachte, entstand ein Softwaremix aus 35 unterschiedlichen Lösungen. Die Verschiedenartigkeit der Anwendungen behinderte unter anderem die personelle Umstrukturierung des Konzerns: Jeder Wechsel eines Mitarbeiters in eine andere Konzerngesellschaft machte fast zwangsläufig die Einarbeitung in eine neue Software erforderlich. Bisherige Versuche, die Systeme der Konzerngesellschaften miteinander zu verbinden, scheiterten, weil die notwendige Prozessstandardisierung unterblieben war. Nun entschloss man sich zur Einführung eines Shared-Services-Centers, an das im Laufe von fünf Jahren nahezu alle Finanzverwaltungs- und Buchhaltungsaufgaben des Konzerns übertragen werden sollten. Als Pilotprozess wurde die Rechnungsprüfung der Kreditorenbuchhaltung ausgewählt. Hierfür sprachen folgende Gründe:

▶ Die Vorgehensweisen und Qualitätsmaßstäbe der einzelnen Gesellschaften bei der Rechnungsprüfung sind höchst unterschiedlich und bedürfen dringend der Vereinheitlichung.

▶ Die Rechnungen werden größtenteils manuell im Computer erfasst. Gleichzeitig ist die Fluktuation unter den Mitarbeitern hoch. Die Einarbeitung neuer Mitarbeiter in die Erfassungssoftware verursacht daher erhebliche Kosten.

Im Shared-Services-Center sollten die Rechnungen elektronisch erfasst und mit den Wareneingangsdaten der dezentralen Systeme abgeglichen werden. Nach der Genehmigung der Rechnungen würden die dezentralen Systeme dann zur Zahlung und zur Verbuchung des Rechnungsbetrags in den Hauptbüchern veranlasst. Um diesen Ablauf zu ermöglichen, wollte der Konzern eigene Rechnungseingangs- und -prüfungsprozesse programmieren, die über einen Integration Hub mit den 35 verschiedenen Systemen verknüpft werden sollten.

Die Probleme, vor denen man bei der Umsetzung dieser Vorgabe stand, waren gewaltig. Schließlich musste die neue Eigenentwicklung mit allen 35 vorhandenen Systemen kompatibel sein. So waren beispielsweise Lieferantennummern, Sachkontennummern und die Struktur offener Posten zu berücksichtigen, die in allen Systemen unterschiedlich waren. Jede Änderung in einem der zugrunde liegenden Systeme würde auch eine Änderung der neuen Software erforderlich machen, wodurch die Systempflege auf Dauer zu einem großen Problem werden würde.

Da die Einsparungen nahezu 90 Millionen US-Dollar betragen sollten, war das Unternehmen dennoch bereit, 35 Millionen US-Dollar in das Pilotprojekt zu investieren. Im Anschluss an das Pilotprojekt sollten die Shared Services voraussichtlich um die Erstellung von Finanz- und Managementberichten und möglicherweise auch um die Verarbeitung von Vertriebsrechnungen erweitert werden. Allerdings sollte die Eigenentwicklung mittelfristig durch eine Standardlösung ersetzt werden.

Die Botschaft dieser Fallstudie lautet: Der Do-it-yourself-Ansatz führt nicht immer zu einer rationellen Lösung. Das Unternehmen wollte eine eigene Anwendung zur Bearbeitung von Kreditorenrechnungen entwickeln. Die Risiken und Kosten waren jedoch so hoch, dass man sich schließlich nach einer Standardlösung umsah. Was in solchen Fällen tatsächlich gebraucht wird, ist die Fähigkeit, einzelne Prozessbestandteile getrennt voneinander zu verarbeiten. Darüber hinaus wird ein EAI-Backbone benötigt.

Der EAI-Backbone ist der Werkzeugkasten, mit dem Sie eine eigene integrierte Lösung aufbauen können. Verwenden Sie die Werkzeuge, die Sie unbedingt brauchen (Routing, Mapping, Stammdatenverwaltung), aber rühren Sie die Werkzeuge zur Anwendungserstellung nicht an. Widerstehen Sie der Versuchung, Teilprozesse aus Anwendungen herauszulösen und mithilfe von Eigenentwicklungen miteinander zu verknüpfen. Und verfolgen Sie keine Best-of-Breed-Strategie, da sich dadurch die Komplexität nur erhöht. Wählen Sie stattdessen standardisierte Komponenten eines Softwarepartners, der einen umfassenden Überblick über Ihre Geschäftsprozesslandschaft hat.

Es gibt unzählige Geschäftsabläufe, die von einer größeren Flexibilität profitieren. Die Reklamationsbearbeitung beispielsweise ist ein umfangreicher Prozess, der in herkömmlichen ERP-Systemen in der Debitorenbuchhaltung angesiedelt ist. Es kann sinnvoll sein, die Reklamationsbearbeitung aus der Debitorenbuchhaltung geschäftsbereichsspezifischer ERP-Systeme herauszulösen und der zentralen Kundenbetreuung zuzuordnen. Abbildung 2.10 veranschaulicht die damit einhergehende Verlagerung der Aktivitäten vom Intranet ins Internet und von der innerbetrieblichen zur überbetrieblichen Abwicklung.

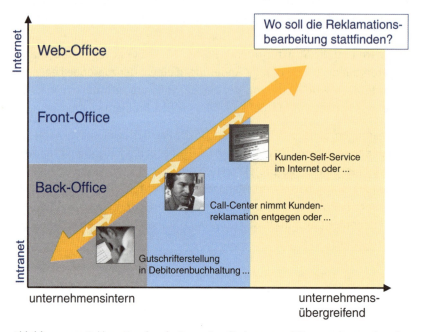

Abbildung 2.10 Reklamationsbearbeitung: Ausgliederung und Neuzuordnung eines Prozesses

Die Trennung von Prozess und Daten, wie sie charakteristisch für das »Beyond ERP«-Konzept ist, ermöglicht es, Prozesse flexibel und bedarfsorientiert einzurichten. So können beispielsweise mehrere Prozesse gemeinsam ein Back-Office nutzen. Umgekehrt können Prozesse aber auch in Shared-Services-Centern zentralisiert werden und mit mehreren Back-Offices kommunizieren.

Einige Tipps: Setzen Sie auf EAI-Middleware. Aber basteln Sie nicht einfach die vorhandenen Prozesse mithilfe einer selbst entwickelten Anwendung und unter Einsatz von Middleware zusammen! Was wird sonst passieren? Die zugrunde liegenden Anwendungen werden sich ändern, was automatisch Änderungen an Ihrer neuen, selbst gebauten Anwendung nach sich ziehen wird. Der Support wird zum Albtraum. Wagen Sie »Beyond ERP«. Stellen Sie sicher, dass die zugrunde liegenden Anwendungen prozessorientiert (also verwaltbar), unabhängig und dialogfähig sind, das heißt, dass sie mit anderen prozessorientierten Anwendungen verknüpft werden können.

Fallstudie
Neuordnung des Rechnungswesens bei einem Finanzdienstleister

Die dezentralen Wertpapierhandelssysteme einer europäischen Großbank waren auch für die Buchführung über die gehandelten Papiere zuständig. Nun wollte die Bank neue Rechnungslegungsverfahren einführen. Unter Beibehaltung des aktuellen IT-Modells hätten dazu rund 80 verschiedene Systeme angepasst werden müssen. Erschwerend kam hinzu, dass einige der Systeme fast 30 Jahre alt waren. Obwohl sie noch gute Dienste leisteten, wusste niemand, wie sie modifiziert werden konnten. Die Bank entschloss sich daher, das Rechnungswesen von den Handelssystemen abzukoppeln und zu zentralisieren. So müssen die neuen Rechnungslegungsverfahren nur einmal im zentralen Rechnungswesen implementiert werden. Die Handelssysteme bleiben davon unberührt.

Darüber hinaus fördert die Zentralisierung Einheitlichkeit und Transparenz. In der Vergangenheit musste die Bank beispielsweise noch mit zahlreichen verschiedenen Methoden der Zinsberechnung arbeiten. Vergleiche wurden dadurch unnötig erschwert.

Die Quintessenz dieser Fallstudie: Es ist sinnvoll, einige Funktionen zentral und andere Funktionen lokal abzuwickeln.

Wie Integration zum Erfolg wird

Der folgende Integrationsfahrplan zeigt Ihnen, was Sie als CFO unternehmen müssen, um die lähmende Komplexität und den Systemsalat zu überwinden.

▶ Schritt 1:
  Ermitteln Sie das Wertschöpfungspotenzial möglicher IT-Projekte und priorisieren Sie Ihre Investitionen dementsprechend. Geben Sie Ihrer »Beyond ERP«-Initiative einen strategischen Geschäftsfokus (zum Beispiel Kundenbetreuung, Forschung und Entwicklung, Logistik oder die Rationalisierung von Tätigkeiten, die nicht zum Kerngeschäft gehören).

▶ Schritt 2:
  Überprüfen Sie die Prozesse in Ihrem Unternehmen, gruppieren Sie sie um, und gestalten Sie sie Ihren Zielen entsprechend neu (zum Beispiel besserer Kundenservice, schnellere Markteinführungen, maximale Kostensenkung bei minimaler Beeinträchtigung betrieblicher Abläufe).

▶ **Schritt 3:**
Reformieren Sie Ihre Organisationsstruktur: rationalisiert, vereinfacht, mit weniger Hierarchien, auf Wertschöpfung ausgerichtet, vorausschauend, mit Shared Services und Kundenservice-Center und Business-Support über das Internet.

▶ **Schritt 4:**
Bestimmen Sie die Rahmenbedingungen der Integration:

▶ Bilden Sie die zu integrierende Systemlandschaft ab (Ist- und Sollzustand).

▶ Definieren Sie Ihre Geschäfts- und IT-Architektur.

▶ Wählen Sie eine Kombination aus gebündelten und entbündelten Komponenten für Prozessabwicklung, Datenhaltung, Reporting, Entscheidungsfindung und die dafür notwendige technische Infrastruktur.

▶ Bestimmen Sie einen geeigneten Implementierungspartner und folgen Sie einem strukturierten Implementierungsprogramm. Achten Sie dabei auf die nötige Flexibilität, damit Sie technische Neuerungen jederzeit aufnehmen können.

Wie geht es weiter?

Wir rekapitulieren zunächst kurz, wie sich die Datenverarbeitung in Unternehmen verändert hat, und erörtern dann, was als Nächstes zu tun ist.

▶ **Gestern**
Wir haben Berichte aus verschiedenen Systemen entnommen, Daten in Tabellenkalkulationsblätter eingegeben, wir mussten Abstimmungen vornehmen und Fehler beheben. All dies war zeitaufwändig und teuer.

▶ **Heute**
Wir haben Data Warehouses installiert, um manuelle Aufgaben zu automatisieren. Dadurch sind zahlreiche unserer ehemaligen fehleranfälligen Vorgänge obsolet geworden. Wir haben jedoch ein Integrationsproblem: Wir behandeln die Symptome und nicht die Ursache. Und wir haben Systeme, die verschiedene Sprachen sprechen. Diesen Mangel müssen wir mit Notlösungen wie dem Mapping von Datenstrukturen in Data Warehouses beheben.

▶ **Morgen**
Wir werden eine Integrationsinfrastruktur einrichten, die uns von Anfang an die gemeinsame Nutzung häufig verwendeter Daten ermöglicht. Wir werden weitere Vorteile aus unseren Investitionen in ERP-Systeme und Data Warehouses ziehen, die Komplexität verringern und uns auf die Wertschöpfung konzentrieren. Entscheidungsunterstützung, Simulation und Analyse werden an die Stelle von Data Mapping treten. Alle betrieblichen Prozesse werden von Beginn an integriert sein.

Auf welche Schritte müssen wir uns nun konzentrieren?

▶ **Prozesse**

Wir müssen die Prozessinfrastruktur entbündeln und sie neu konfigurieren, Shared-Services-Center und Mechanismen zur inner- und überbetrieblichen Zusammenarbeit einführen, Prozesse von Daten trennen.

▶ **Portale**

Wir müssen Informationen aus verschiedenen Systemen für den Benutzer einheitlich präsentieren und so deren Komplexität verbergen.

▶ **Rohdaten**

Wir müssen eine Datenbasis »Staging Area« für die Rohdaten des Rechnungswesens einrichten. Die Daten der Staging Area werden immer abgestimmt, einheitlich, zeitgerecht und präzise sein. So bilden sie die Grundlage für eine optimale Entscheidungsfindung.

Der Detailreichtum der Rohdaten soll erhalten bleiben, für Analysezwecke müssen sie jedoch verdichtet und aufbereitet werden, und zwar für Finanz- und Managementberichte jeweils unterschiedlich. Wird zwischen die Prozesse und die Daten in der Bereitstellungszone eine »*Accounting Engine*« geschaltet, lassen sich unterschiedliche Fortschreibungen (etwa nach verschiedenen Rechnungslegungsstandards) für unterschiedliche Zwecke (etwa für die Bilanz oder die Ermittlung der Produktrentabilität) erstellen. Die Accounting Engine (siehe Abbildung 2.11) ist ein neues Konzept, bei dem Prozessdaten in Buchhaltungsdaten umgewandelt werden. Mit ihrer Hilfe können viele Probleme, mit denen die CFOs multinationaler Konzerne zu kämpfen haben, in einem Zuge gelöst werden.

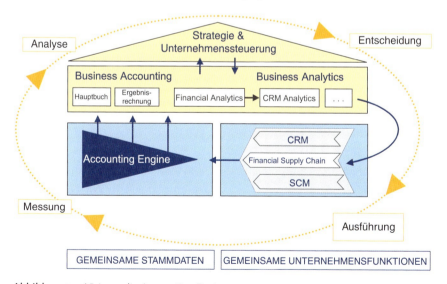

Abbildung 2.11 Vision – die Accounting Engine

Bei diesem Konzept stehen die Daten in der Datenbasis für die Rohdaten des Rechnungswesens verschiedenen Anwendungen im Data Warehouse zur Verfügung – mit vordefinierten Datenwürfeln für das Hauptbuch und Anwendungen zur Berechnung der Produktrentabilität, die ihrerseits als Grundlage für weitere Analysen dienen können. Wir verfügen jetzt über ein physisches – kein logisches – ERP-System, dessen Systemgrenzen offen sind.

CFO-Checkliste

▶ **Holen Sie mehr aus Ihren ERP-Investitionen heraus.**
Definieren Sie die Vorteile, die Sie durch Verbesserung der Transaktionsverarbeitung, durch inner- und überbetriebliche Zusammenarbeit über das Internet, bessere Managementinformationen und eine weitere Standardisierung und Umstrukturierung erzielen wollen.

▶ **Machen Sie eine Bestandsaufnahme.**
Bilden Sie Ihre vorhandene Prozess- und Systemlandschaft ab, und zwar mit all ihrer störenden Komplexität.

▶ **Restrukturieren Sie Ihr Finanzwesen.**
Gestalten Sie neue Finanzprozesse, indem Sie sich alle bewährten Elemente der vorhandenen Prozesse zunutze machen. Ziehen Sie Vorteile aus der gewonnenen Freiheit, die Ihnen die neue Generation der ERP-Systeme zu bieten hat. Vergessen Sie nicht, dass die Wirtschaftlichkeit bei allen weiteren IT-Investitionen oberste Priorität hat.

▶ **Nutzen Sie technische Neuerungen.**
Um langfristig Kosten zu sparen und den Umsatz zu steigern, muss die Zusammenarbeit mit externen Geschäftspartnern und intern im gesamten Unternehmen intensiviert werden. Es gibt viele neue Integrationswerkzeuge: elektronische Marktplätze für Prozesse, Middleware für Daten, Portale für Information und Kommunikation. Nutzen Sie sie.

▶ **Vereinfachen Sie Prozess- und Systemstrategien.**
Überlegen Sie sich, welche Prozesse, Instanzen und Installationen Sie weltweit standardisieren wollen und wo landes- oder geschäftsbereichsspezifische Besonderheiten dominieren sollen.

▶ **Formen Sie die neue »Beyond ERP«-Architektur.**
Reißen Sie die Mauern zwischen Mitarbeitern, Informationen und Prozessen ein. Entwickeln Sie einen »Beyond ERP«-Prototyp, der diese drei Ressourcen zusammenführt. Wählen Sie für das Pilotprojekt diejenigen Geschäftsbereiche, bei denen schnelle Erfolge wahrscheinlich sind. Erwägen Sie beispielsweise die Implementierung einer Accounting Engine.

▶ **Schaffen Sie eine Integrationsvision.**
Gestalten Sie Ihr Unternehmen durch Rationalisierung, Vereinfachung und Hierarchieabbau neu. Konzentrieren Sie sich auf die Wertschöpfung. Implementieren Sie Shared Services. Stellen Sie Ihre künftige Integrationslandschaft grafisch dar. Testen Sie sie: Ist sie einfacher? Ist sie billiger? Fördert sie die interne und externe Zusammenarbeit?

3   Die Optimierung der Financial Supply Chain

Wie man die Kosten globaler Finanztransaktionen senken kann

Inge Hansen, Vice President und CFO
Statoil

»Wir bezeichnen uns selbst als ›Energiequelle‹. Statoil ist einer der weltweit größten Rohölproduzenten und der größte Erdgaslieferant Europas. Das Unternehmen ist in mehr als 20 Ländern aktiv, beschäftigt 16 500 Mitarbeiter und hat eine Marktkapitalisierung von 18,5 Milliarden US-Dollar.

Was mir schlaflose Nächte bereitet, sind Gefahren wie die einer großen Umweltkatastrophe. Solche Unfälle ereignen sich glücklicherweise eher selten. Hinzu kommt, dass wir unser Geschäft gut im Griff haben. Unser Handelsrisiko habe ich jedoch stets im Blick. Da wir jeden Tag rund 2,5 Millionen Barrel Öl in Long-Position haben, arbeiten wir mit strengen Auflagen, um dieses Risiko abzudecken.

Meines Erachtens ist es die Aufgabe des CFO, sich auf langfristiges Wachstum und nicht auf kurzfristige Performance zu konzentrieren. Wir sind ein Technologiekonzern mit einer einzigartigen Kombination aus Ressourcen und Fähigkeiten. Eine dieser Fähigkeiten besteht darin, mit dem rauen Klima der Nordsee umgehen zu können, eine andere in unserer Kompetenz, die Ölförderung durch so genannte intelligente Bohrlöcher und Gas-Wasser-Injektion zu verbessern. Wir verfolgen zwei Hauptziele: die internationale Erweiterung unseres Kerngeschäfts und die Befriedigung der Wünsche unserer Aktionäre. Meine eigene Aufgabe sehe ich jedoch nicht darin, den Investmentanalysten zu sagen, wie sie unser Unternehmen bewerten sollen. Das ist und bleibt deren Aufgabe. Ich finde, dass Unternehmen nicht zu Sklaven der Börse werden sollten. Wir sollten uns vielmehr auf den Geschäftsbetrieb konzentrieren und durch einen jährlichen Produktionszuwachs (gegenwärtig vier Prozent im Jahr) und das Auffüllen unserer Öl- und Gasreserven ein langfristiges Wachstum erreichen. Unsere Ziele legen wir hierbei durch den Vergleich mit wichtigen Wettbewerbern wie TotalFinaElf und ENI fest. Darüber hinaus arbeiten wir daran, die Rendite des investierten Kapitals zu steigern und die Kosten dauerhaft zu senken.

2003 haben wir die Reduzierung von Working Capital zum Schwerpunkt unserer Kostensenkungsaktivitäten gemacht. Wir setzen unsere Vision eines zentralen Finanzwesens in die Tat um. Den Anfang bildeten Schlüsselfunktionsbereiche wie die Abwicklung des konzerninternen Zahlungsaufkommens (Inhouse Cash), das Treasury Management und das Marktrisikomanagement. Diese Initiativen halfen uns bei der Zentralisierung der Daten und ermöglichten eine effektivere Verwaltung und Ausführung der unternehmensinternen Zahlungsvorgänge. So konnten wir das Volumen der physischen Zahlungsströme im gesamten Konzern senken. Wir verfügen nun über ein einziges Shared-Services-Center für das Treasury und unsere Bankgeschäfte. Auf diese Weise haben wir viel Geld gespart. Unsere konzerneigene Bank arbeitet schneller und stärker automatisiert, und wir haben die Anzahl externer Banken, mit denen wir in den verschiedenen Ländern zusammenarbeiten, ebenso senken können wie die Anzahl der Schnittstellen, die wir zu diesen Banken unterhalten. Nach unseren Berechnungen sparen wir durch diese Initiative 3,5 Millionen US-Dollar pro Jahr bei einer Projektamortisationszeit von anderthalb Jahren.

Die operativen Geschäftseinheiten sind auf verschiedene Ländern verteilt und arbeiteten daher auf den internationalen Finanzmärkten mit zum Teil unterschiedlichen Währungen. So hatte etwa die eine Geschäftseinheit einen Dollar-Überschuss, während eine andere Kredite in Dollar aufnehmen musste. Unsere Vision ist ein Treasury als zentrale Instanz für alle Bankgeschäfte, Finanzierungen und Zahlungen. Wir verfügen bereits über eine vollständig integrierte Prozess- und Systemlösung, mit deren Hilfe Cash Management, Cash-Prognose und Treasury Management beziehungsweise Finanzbuchhaltung in Echtzeit miteinander kommunizieren können. Darüber hinaus haben wir unsere internen Bankkonten zusammengelegt und mithilfe einer ›Payment Engine‹ Zahlungsvorgänge zentralisiert. Die Kosten für diese zentralen Dienste verrechnen wir aufwandsabhängig mit den konzerninternen Leistungsnehmern. Alle diese Prozesse werden auf einer ERP-Plattform ausgeführt, die in der gesamten Statoil-Gruppe als Standard verwendet wird.

Was kommt als Nächstes? Die nächste Entwicklungsphase bringt uns Cashflow-Prognosen (insbesondere Fremdwährungsberichte und -kontrollen), die Anpassung unseres Berichtswesens an US-GAAP und einen konzernübergreifenden Ansatz für das Kreditrisikomanagement. Wir benötigen sowohl verbesserte Prozesse bei der Aufrechnung von Forderungen und Verbindlichkeiten zwischen den Unternehmenseinheiten als auch finanzielle Transparenz in unserer gesamten Supply Chain. Da 90 Prozent unseres Geschäfts auf einer einzigen SAP-Client-Installation abgewickelt werden, haben wir unseren Abschlussprozess verbessern und beschleunigen können. Die Abstimmungsprozesse laufen jetzt nahezu reibungslos. Unser Hauptziel ist es nun, unsere betriebskapitalrelevanten Ziele – insbesondere im Ölgeschäft – zu erreichen. Hierzu sind bereits verschiedene Initiativen geplant.

Verbessern können wir nach wie vor unseren Purchase-to-Pay-Prozess, also die Abwicklung von der Beschaffung bis zur Bezahlung. Obwohl ein Großteil unserer Zahlungen bereits vollautomatisiert ist – wir verwenden eine intelligente Dokumentenverwaltungssoftware, um manuelle Eingriffe so weit wie möglich zu vermeiden –, gibt es noch Probleme bei der praktischen Umsetzung. Noch nicht zufrieden sind wir mit den aktuellen Bestätigungsroutinen für Bestellungen und den Wareneingang. Hier müssen wir dafür sorgen, dass für eine größere Zahl von Rechnungen eine ordnungsgemäße Bestelldokumentation angelegt wird. Darüber hinaus müssen wir – möglicherweise mithilfe eines Portals – den Systemzugriff vereinfachen, um die Dreifach-Prüfung ›Bestellung, Wareneingang und Preisstellung‹ zu erreichen.

Wir profitieren bereits von unseren Investitionen in ›Trade Ranger‹, den elektronischen Marktplatz der Ölindustrie, und sind im Moment sogar das aktivste Mitglied des ›Trade Ranger‹-Konsortiums. Wir wickeln so viele Beschaffungsvorgänge wie möglich über diesen Marktplatz ab, da wir dort durch Einkaufsbündelung unsere globalen Größenvorteile am besten ausschöpfen können. In Verbindung mit unserem Streben nach Shared Services (zu denen auch die Beschaffung zählt) führt dieser Ansatz zu einer größeren Vereinheitlichung, niedrigeren Kosten und weiterer Möglichkeiten zur Optimierung der Financial Supply Chain. Da die unternehmensübergreifende Zusammenarbeit in unserer Branche ein erfolgsentscheidender Faktor ist, arbeiten wir eng mit Regierungen, Wettbewerbern, Kunden und Lieferanten zusammen. Wenn unsere physische Supply Chain straff organisiert ist, können wir auch die Financial Supply Chain optimieren und unsere gemeinsamen Projekte noch effektiver gestalten.

Was mich am meisten motiviert? Ganz einfach: in genau dieser Branche zu arbeiten. Die Zukunftsaussichten sind sehr positiv, und wir sehen ein erhebliches Wachstumspotenzial sowohl für das Angebot als auch für die Nachfrage. Wir sind bestrebt, diese relativ sichere Position zu unserem Vorteil zu nutzen. Das Potenzial wirklich auszuschöpfen, das ist eine große und spannende Aufgabe.«

Dass sich der CFO von Statoil heute Herausforderungen wie der Synchronisierung von Geschäftsprozessen in Joint Ventures, dem Risikomanagement und der Planung der Geschäftschancen sowie der Überwachung der elektronischen Beschaffung gegenübersieht, verdeutlicht die rapide Veränderung, die sich in den letzten 10 bis 15 Jahren im Finanzwesen vollzogen hat. Unter dem Einfluss des Internet hat sich das Finanzwesen seit Ende der neunziger Jahre mindestens ebenso stark weiterentwickelt wie alle anderen internen Unternehmensbereiche.

Aus großen Finanzabteilungen wurden mehrere kleine. Die Transaktionsverarbeitung, bisher eine zentrale Aufgabe des Finanzwesens, wird heute von standortunabhängigen Shared-Services-Gruppen übernommen oder teilweise oder gar vollständig ausgelagert. Heute sind die Entscheidungsunterstützung, die Wertsteigerung, die Planung neuer Geschäftsaktivitäten und die Betreuung der

Systementwicklung und -integration die zentralen Aufgaben, denen sich das Finanzwesen stellen muss und an denen seine Leistung gemessen wird.

3.1 Was ist die Financial Supply Chain?

Der CFO steht im Zentrum komplexer interner und externer Beziehungen, die intelligent miteinander verknüpft werden müssen. Als integrierende Kraft des Unternehmens muss er zudem alle Einzelaspekte der Financial Supply Chain (FSC) betreuen. Diese Kette umfasst alle Prozesse und Transaktionen, die einen direkten Einfluss auf Cashflow und Working Capital haben. Wie Abbildung 3.1 veranschaulicht, beginnt die Financial Supply Chain mit der Auswahl der Geschäftspartner und wird mit dem Zahlungsprozess, der Erstellung von Berichten und Analysen sowie den Cashflow-Prognosen fortgesetzt.

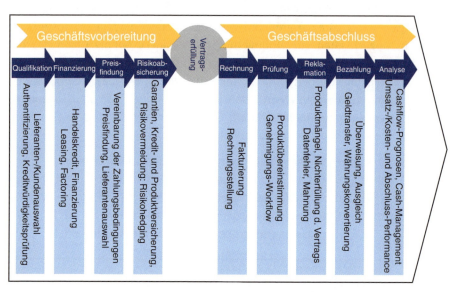

Abbildung 3.1 Die Struktur der Financial Supply Chain (nach einem Konzept der Aberdeen Group)

Die physische Supply Chain, die Logistikkette, ist ein fest etabliertes Geschäftsinstrument, dessen Abläufe äußerst transparent sind. Bei der Financial Supply Chain handelt es sich um ein für die Unternehmensleistung ebenso wichtiges, aber relativ neues Konzept, dessen Umsetzung sich nicht immer einfach gestaltet. Es ist hauptsächlich von zwei immateriellen Werten abhängig: von Beziehungen und von der Transaktionsqualität. Die Dynamik der Financial Supply Chain zu beherrschen, stellt also einerseits den CFO vor neue Herausforderungen, eröffnet ihm aber andererseits auch neue Möglichkeiten. Damit optimale Ergebnisse erzielt werden können, muss die Financial Supply Chain eines Unternehmens mit anderen Supply Chains abgestimmt werden. Dies ist keine einfache Aufgabe, da die Abläufe der Financial Supply Chain in die der Fertigung, der Lieferanten, der Handelspartner, der Finanzinstitute und der Kundenbetreuung eingebunden und mit ihnen synchronisiert werden müssen.

3.2 Vorteile effektiv nutzen

Ein effektives FSC-Management kann für den CFO ein großer Segen sein, da Debitoren, Finanzprognosen und Working Capital positiv beeinflusst werden können. Zu den Vorteilen, die eine erfolgreiche FSC-Planung Ihrem Unternehmen bieten kann, zählen:

▶ Verbesserung der Bestandsüberwachung und des Cashflow-Managements

▶ Senkung des Working Capital um 20 Prozent oder mehr

▶ niedrigere Finanzierungsraten für benötigtes Working Capital

▶ frühe Identifizierung von Problemen bei Geschäftstransaktionen

▶ effizientere, automatisierte Finanzsysteme

Durch eine konsequente FSC-Strategie kann der CFO die Wertschöpfung im gesamten Unternehmen steigern. Laut Killen & Associates[1] könnten die 500 größten Unternehmen der USA durch Optimierung von Bearbeitungsabläufen und Working-Capital-Investitionen in der FSC zusammen fast 110 Milliarden Dollar einsparen. Bis vor kurzem wurden die einzelnen Finanzfunktionen von den CFOs in der Regel nicht unter dem Aspekt einer zusammenhängenden Supply Chain, sondern eher getrennt voneinander betrachtet. Ein integrierter Ansatz ermöglicht eine bessere Ressourcensteuerung und eine bessere Anpassung der Financial Supply Chain an die operativen Anforderungen. Ein solcher Ansatz bietet dem CFO folgende Vorteile:

▶ exaktere Ertragsprognosen durch aktuellere und präzisere Informationen über Debitoren

▶ bessere Nutzung des Working Capital und Vermeidung eines teuren Working Capital Float

▶ größere Aufrisstiefe von Finanzberichten

▶ schnellere und effizientere Lösung von Zahlungsproblemen

▶ umfassenderer Überblick über Geschäftspartner

▶ bessere Unterstützung der strategischen Planung

Nicht zuletzt beschleunigt eine integrierte Financial Supply Chain die Prozesse zwischen Lieferant und Kunde – in der heutigen kurzlebigen Wirtschaftswelt ein ent-

---

1 Killen & Associates, Inc.: *Optimizing the Financial Supply Chain.* 2000.

scheidender Wettbewerbsfaktor. Tabelle 3.1 vergleicht die Dauer eines Verkaufs-prozesses von der Bestellung bis zum Zahlungseingang in den sechziger Jahren mit den heute üblichen Zeitfenstern.

	1960er Jahre	2000
Auftrag	4–7 Tage	am selben Tag
Lieferung	14–21 Tage	am nächsten Tag
Rechnungsstellung	4–7 Tage	am selben Tag
Zahlung	45–60 Tage	45–60 Tage

Tabelle 3.1 Vergleich von Transaktionsgeschwindigkeiten (Quelle: Killen & Associates)

Während sich die Effizienz der Fertigungs-Supply-Chain erhöht hat, hat die zur Transaktionsverarbeitung erforderliche Zeit stetig und deutlich abgenommen. Die Verbesserung der FSC-Prozesse führt zu einer schnelleren Zahlungsabwicklung, zur Verkürzung der Zeit bis zum Zahlungseingang (*Days Sales Outstanding*, DSO) sowie zur Beschleunigung des Informationsflusses zu und von Lieferanten, strategischen Partnern und anderen externen Mitspielern.

Viele Finanzmanager sind der trügerischen Meinung, hoch entwickelte Buch-führungs- und ERP-Systeme seien mit einem effektiven FSC-Management gleich-zusetzen. Ein Irrtum: ERP-Systeme liefern zwar präzise Daten über interne Unter-nehmenstransaktionen, sie sind jedoch meist nur sehr begrenzt in der Lage, diese Daten gemeinsam mit externen Partnern zu analysieren und zu nutzen.

Eine gut funktionierende Financial Supply Chain hingegen versetzt das Unterneh-men in die Lage, Daten im gesamten Netz seiner Geschäftspartner zu sammeln und zu verteilen. Dies ist in einem dynamischen Geschäftsumfeld von enormem Vorteil, da hierdurch beispielsweise die Reklamationsrate von gegenwärtig durchschnitt-lich 20 Prozent auf fast null gesenkt werden kann.

Moderne FSC-Prozesse ermöglichen unter anderem:

▶ die Synchronisierung von Finanztransaktionen mit Transaktionen der physischen Supply Chain

▶ die Bereitstellung konsistenter Daten, damit die Geschäftspartner ohne Ände-rung von Format oder Struktur Informationen austauschen können

▶ das Rückverfolgen von Finanzbelegen vom Auftragseingang bis zur Kontenab-stimmung (einschließlich Änderungsaufträgen, Reklamationen und Retouren)

- die Problemvermeidung, beispielsweise indem durch uneinheitliche Rechnungsformate verursachte Zahlungsverzögerungen vorhergesehen und unterbunden werden
- die vorausschauende Bereitstellung von Informationen und die Unterstützung der Zusammenarbeit und Kommunikation zwischen internationalen Geschäftspartnern

Aktuelle FSC-Systeme bieten einen weiteren Vorteil: präzise Echtzeit-Daten zum Cashflow und Liquiditätsstatus eines Unternehmens. Mithilfe dieser Daten kann der CFO noch präzisere Prognosen erstellen, Risiken und Optionen detaillierter erkennen und Finanzstrategien besser planen. Abteilungs- und unternehmensübergreifende Financial Supply Chains geben den Geschäftspartnern die Möglichkeit, zeitraubende Störungen und Fehler zu vermeiden, die zu Supply-Chain-Engpässen führen und den Cashflow behindern. Abbildung 3.2 veranschaulicht die Wechselbeziehungen zwischen Käufer und Verkäufer und die Rolle, die Intermediäre in der FSC spielen können.

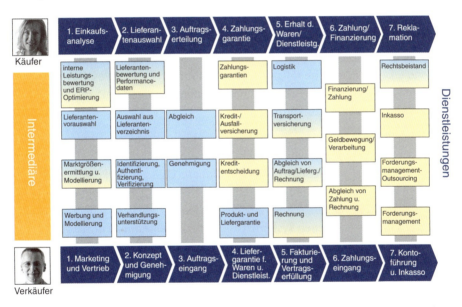

Abbildung 3.2 Dienstleistungen entlang der Financial Supply Chain: Wechselbeziehung zwischen Käufer und Verkäufer (Dun & Bradstreet)

Das Outsourcing von FSC-Dienstleistungen an externe Intermediäre bietet Möglichkeiten zur Kosteneinsparung und zur Steigerung der Prozesseffektivität. Ein gutes FSC-Programm hat positive Auswirkungen auf die gesamte Palette der Kerngeschäftsfunktionen des Unternehmens — von den betrieblichen Abläufen und dem Kundendienst bis zum Marketing und Vertrieb:

▶ **Verbesserung der betrieblichen Effizienz**
Die Geschäftspartner eines Supply-Chain-Netzes können FSC-Systeme verwenden, um ineffiziente Abläufe zu identifizieren und effizienter zu machen, beispielsweise solche, denen fehlerhafte Auftragseingangsinformationen zugrunde liegen. Mithilfe von FSC-Werkzeugen können Verzögerungen und Reklamationen bis zu einer bestimmten Niederlassung oder Abteilung zurückverfolgt werden, Fehler können behoben und Prozesse vorbeugend optimiert werden.

▶ **Unterstützung von Marketing, Vertrieb und Logistik**
Eine gute FSC-Software stellt leistungsstarke Analysewerkzeuge für Vertrieb, Kreditorenmanagement und andere wichtige Prozessbereiche bereit. Marketing und Vertrieb können beispielsweise Kunden anhand von Kaufmustern, Kreditprofilen und Herkunftsort präzise analysieren; Preisfindungsprogramme können kundenspezifisch zugeschnitten werden. Auf diese Weise können FSC-Systeme die Finanzierung und Performance der Vertriebskanäle überwachen.

▶ **Optimierung des Kundendienstes**
Ein hoch entwickeltes FSC-System ist ein leistungsfähiges Instrument zur Verbesserung der Kundenbeziehung. Es unterstützt erstens reibungslose, konfliktfreie Zahlungsverhandlungen zwischen Käufern und Verkäufern. Es erzeugt zweitens die Daten, die für eine schnelle und sachliche Lösung von Kundendienstproblemen benötigt werden. Und drittens versetzt es die Mitarbeiter in die Lage, sich auf den Aufbau von Kundenbeziehungen statt auf die Bearbeitung von Problemen zu konzentrieren.

Wie erwähnt, wurden klassische ERP-Systeme für unternehmensinterne Prozesse und nicht zum Verknüpfen von Partnern innerhalb eines arbeitsteiligen Netzes aus Financial Supply Chains entwickelt und optimiert. Dies hat zur Folge, dass Unternehmen beim Versuch, Informationen aus ERP-Systemen gemeinsam mit Geschäftspartnern zu nutzen, schnell an Grenzen stoßen: Sie haben Schwierigkeiten, Daten aus unterschiedlichen Systemen in einem gemeinsamen Format zu erfassen und so zu konfigurieren, dass sie gemeinsam geprüft und analysiert werden können. Kollaborative Abstimmungen haben sich bisher als zeitaufwändig und wenig effektiv erwiesen, da die weltweit operierenden Geschäftspartner nicht in Echtzeit auf die gewünschten Daten zugreifen konnten.

Gegenwärtig werden unternehmensübergreifende FSC-Prozesse nur selten elektronisch verarbeitet. Das klassische Supply Chain Management (SCM) hat Lagerplanung und Lieferzeit mithilfe entsprechender Softwareanwendungen optimiert. Das Financial Supply Chain Management (FSCM) konnte mit dieser Entwicklung bislang nicht Schritt halten. Neue FSCM-Software wird diese Lücke schließen. Ihr Ziel ist die Optimierung interner und unternehmensübergreifender Cashflows und damit die Erreichung desselben Effizienzniveaus, das durch die Verbesserung der physischen Supply Chain erzielt wurde. Die neuen FSC-Softwarelösungen decken fünf Bereiche ab:

▶ Zahlungsverkehr des Konzerns und der Tochtergesellschaften (Inhouse Cash), Banking und Customer Relationship Management

▶ Verkaufsprozesse vom Auftrag bis zum Zahlungseingang (Order-to-Cash) sowie elektronische Rechnungsstellung und Bezahlung (*Electronic Bill Presentment and Payment*, EBPP)

▶ Einkaufsprozesse von der Bestellung bis zur Bezahlung (Purchase-to-Pay)

▶ Rechnungskonsolidierung (Biller Consolidator)

▶ elektronische Finanzierung und Abrechnung (E-Finance und E-Settlement)

Diese fünf Bereiche werden in den folgenden Abschnitten detailliert behandelt.

3.3 Inhouse Cash und Banking

Die Entscheidungsträger der Financial Supply Chain sind stark von Informationen und Dienstleistungen der Banken abhängig. Bei ihrer Interaktion mit Geschäftsbanken stoßen Unternehmenseinheiten häufig auf Probleme wie Medienbrüche oder kostspielige Verzögerungen, die den Informationsfluss hemmen und den Echtzeitfinanzstatus verhindern.

Die von den Banken bereitgestellten Dienstleistungen treffen genau den neuralgischen Punkt, an dem die verschiedenen Bereiche eines Unternehmens Financial-Supply-Chain-Informationen austauschen. Die Daten fließen von den Unternehmenseinheiten über die Banken zu den Geschäftsfunktionen. Führungskräfte treffen dort Entscheidungen auf funktionaler Ebene, die dann über die Banken zurück in die Unternehmenseinheiten transportiert werden. Aber auch Daten, die zwischen Zentralabteilungen des Konzerns und Geschäftseinheiten fließen, passieren die Banken. Häufig treten Probleme genau in diesem Bereich des Datenaustauschs auf.

Das globale Bankwesen wird nach wie vor von zwei Trends beeinflusst: der Branchenkonsolidierung und der immer größeren Bedeutung von Finanzdienstleistern, die keine Banken sind. Mit der Verstärkung dieser Trends wird der Bedarf an Vermittlungsleistungen zum Finanzmarkt abnehmen. Die Kreditbeschaffung wird kurzfristig schwieriger werden. Ein effektives Bankbeziehungsmanagement wird daher eine immer wichtigere Rolle spielen.

Unterbrechungen und Verzögerungen bei Bankgeschäften hindern die Finanzmanager der Konzernzentren daran, die tatsächlichen Abläufe in den Geschäftseinheiten zu erkennen und zeitgerecht darauf zu reagieren. Dies ist insbesondere ein Problem für Unternehmen, die aus einer Vielzahl von Geschäftseinheiten bestehen, in vielen Ländern aktiv sind, mit mehreren Währungen arbeiten, mehrere Zahlungsarten und Zahlungsbedingungen verwenden und zahlreiche Bankbeziehungen unterhalten. Solchen Unternehmen entstehen zudem hohe Kosten durch Floats, manuelle interne Prozesse, mangelnde Transparenz der Liquiditätslage und Bankgebühren.

Laut Killen & Associates[2] können die wichtigsten Probleme der Großkonzerne wie folgt beschrieben werden:

▶ **Konzernbuchhaltung und Bankbuchhaltung sind nicht synchron.**
In den Buchhaltungsberichten von Unternehmen werden Ein- und Ausgänge zum Zeitpunkt der Buchung verzeichnet, in den Bankberichten dagegen erscheinen sie erst bei der Verrechnung. Dadurch kann der Barbestand in beiden Berichten stark voneinander abweichen.

▶ **Nicht alle Transaktionen werden tatsächlich verrechnet.**
Es kann Wochen dauern, ehe Banken Informationen zu verzögerten Transaktionen liefern. Dadurch kann es zu Ungenauigkeiten und weiteren Verzögerungen kommen.

▶ **Die Banken sind nicht gut genug organisiert, um den Kunden die Liquiditätslage melden zu können.**
Die Einzelgesellschaften von Bankkonzernen arbeiten unter Umständen mit unterschiedlichen Prozessen und Systemen und haben unterschiedliche Kommunikationsstrukturen. Darunter leidet die Präzision von Informationen.

▶ **Der federführenden Bank fehlen zeitgerechte Informationen.**
Partnerbanken liefern Informationen verspätet, weil ihre auf Telefon, Fax, EDI, E-Mail und Briefpost gestützten Prozesse ineffizient sind. So kann es passieren, dass Manager in der Zentralbank bis zu zehn Tage benötigen, um herauszufinden, welche Ein- und Ausgänge von den Partnerbanken verrechnet wurden. Die Unfähigkeit, diese Informationen zeitgerecht bereitzustellen, kann in den Berichten zum verfügbaren Barbestand zu Abweichungen von bis zu 60 Prozent führen.

▶ **Die Banken haben Schwierigkeiten, Informationen über den Barbestand zu verdichten.**
Selbst wenn lokale Banken Informationen zum Barbestand noch am Tag der Anforderung bereitstellen, dauert es meist eine ganze Woche, bis diese Informationen zusammengeführt und ausgewertet sind, da die Banken nur unzureichend mit IT-Systemen und modernen Prozessen ausgestattet sind.

Einige Banken arbeiten mit Unternehmen mittels *Treasury Workstations* zusammen, um bessere und schnellere Berichte zur Liquiditätslage zu erstellen. Obwohl dies

---

2 Killen & Associates, Inc: *Renewed Focus on Cash/Opportunities for CFOs and Treasurers in the FSC.* 2001.

ein Schritt in die richtige Richtung ist, geht er nicht weit genug. Bankengruppen müssen ihre Rolle in der Financial Supply Chain neu bestimmen, um Kontostände, den internationalen Zahlungsverkehr, unternehmensinterne Geldflüsse, interne Systeme und Prozesse, unvollständige oder fehlerhafte Rechnungsanweisungen, fragmentierte Technikkomponenten und länderspezifische Unterschiede reibungslos handhaben zu können.

Falls Ihr Unternehmen, wie die meisten anderen Konzerne der neuen, globalen Wirtschaft, über einen multinationalen Kundenstamm und eine steigende Anzahl von Unternehmensgruppen verfügt, werden Sie vermutlich eine starke Zunahme der konzerninternen und -externen Zahlungen sowie der verwendeten Bankkonten festgestellt haben – ganz zu schweigen von den beträchtlichen Kosten, die im internationalen Zahlungsverkehr anfallen. Um sich einen Wettbewerbsvorsprung zu verschaffen, ist ein effizientes Management der Zahlungsflüsse und der damit verbundenen Risiken unerlässlich. Mithilfe von *Inhouse Cash*, der Abwicklung des *konzerninternen* Zahlungsaufkommens, können Sie die Verarbeitungskosten gruppeninterner und -externer Zahlungstransaktionen senken und gleichzeitig die Anzahl der externen Bankkonten und der internationalen Zahlungen reduzieren.

Inhouse Cash übernimmt die Funktion einer konzerninternen Bank und ermöglicht die zentrale Verwaltung der Konten von Tochtergesellschaften in beliebigen Währungen. Für Tochtergesellschaften automatisiert Inhouse Cash die konzerninternen Zahlungstransaktionen (interne Zahlungen), die Zahlungen von Konzerngesellschaften an externe Partner (zentrale Zahlungen) sowie die bei Tochtergesellschaften eingehenden Zahlungen externer Partner, die zunächst den Hausbankkonten der Zentrale gutgeschrieben werden (zentral eingehende Zahlungen). Darüber hinaus unterstützt Inhouse Cash die Berechnung und Belastung von Zinsen und anderen Kosten, die Gewährung von Überziehungen des Kontokorrents, die Steuerung von Limits und die Erstellung von Bankauszügen angegliederter Unternehmen.

Diese Lösung aus konzerninterner Bank und globaler Abrechnung füllt die Dienstleistungslücke zwischen den Konzernzentralen und den Geschäftseinheiten einerseits sowie zwischen den Zentralen und den Banken andererseits. Hoch entwickelte Anwendungen ermöglichen eine neue Art von Treasury, von Zahlungen, Kommunikationsschnittstellen, Berichterstellung, Kreditgewährung und Fakturierungsdiensten, die Barmittel aus ineffizienten Prozessen herauslösen. Darüber hinaus unterstützen diese Anwendungen den Konzern beim effektiveren Einsatz der Barmittel. Abbildung 3.3 zeigt die Interaktionen innerhalb einer Unternehmensgruppe zwischen Geschäftseinheiten, die über eine konzerninterne Bank zu externen Banken durchgeführt werden. Die konzerninterne Bank macht feste Peer-to-Peer-Verbindungen zwischen den einzelnen Konzernbereichen und anderen Interessensgruppen überflüssig.

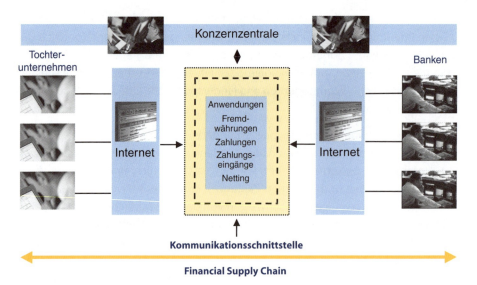

Abbildung 3.3 Konzerninterne Banklösung

Verbesserte Bankprozesse ergeben sich in der Regel aus drei Implementierungs-phasen: In der ersten Phase wird eine zentrale Zahlungsabwicklung eingerichtet, in den darauf folgenden Phasen erfolgt das Netting von Zinsforderungen und -ver-bindlichkeiten sowie von offenen Fremdwährungspositionen.

⛩ Fallstudie
Entwicklung einer Inhouse-Cash-Lösung

Der CFO eines global operierenden Automobilherstellers sah sich mit mehreren anspruchsvollen, wenn auch nicht unüblichen Anforderungen konfrontiert: Das Management forderte die Einführung von Systemen, die eine bessere Bewertung der Risiken und Unwägbarkeiten und zugleich eine Working-Capital- und Kosten-reduzierung ermöglichen sollten. Darüber hinaus erhielt die Synchronisierung der Financial Supply Chain eine sehr hohe Priorität. Als der CFO begann, nach ent-sprechenden Lösungen zu suchen, war das Shared-Services-Center des Konzerns für die konzerninterne Zahlungsabwicklung zuständig.

Der Konzern setzte schließlich einen höchst effizienten, integrierten Drei-Phasen-Plan zur Verbesserung seiner Bankgeschäftsprozesse um. Der Plan zielte auf die Einrichtung einer integrierten Financial Supply Chain, die die Cash-Management-Überwachung und die Integration der Treasury-Aktivitäten mit ERP-Finanztrans-aktionen beinhaltete.

Phase 1 der Umsetzung konzentrierte sich auf die zentralen Zahlungen und führte zu zentralisierten Formaten, höherer Sicherheit, vereinheitlichten Bankbeziehungen und beträchtlichen Einsparungen bei den Bankgebühren. Der Fokus von Phase 2 lag auf dem Netting (interne Bank) und ermöglichte Zinseinsparungen, zusätzliche Einsparungen bei den Bankgebühren sowie eine höhere Datenqualität. In Phase 3 ging es um das Währungsnetting und die Wechselbeziehung zwischen US-Dollar und Euro; diese Phase verminderte das Währungsrisiko und brachte weitere Zinseinsparungen.

Das Herzstück der Konzernlösung ist das Inhouse-Cash-Center, das als Dienstleistungsabteilung fungiert und die finanziellen Interessen der Gruppe wahrt. Zusätzlich zu dieser Aufgabe übernimmt das Inhouse-Cash-Center die Rolle einer virtuellen Bank für die Konzerngesellschaften, und es verwaltet für jede Tochtergesellschaft des Unternehmens ein oder mehrere Kontokorrentkonten. Für die Tochtergesellschaften stellt das Inhouse-Cash-Center eine zusätzliche Bank dar, die Konten in allen Währungen führen kann. Daneben bietet das Inhouse-Cash-Center sehr flexible Kontoverwaltungsfunktionen für die Berechnung und Belastung von Zinsen und Kosten, die Genehmigung von Kontoüberziehungen, die Konfiguration der Merkmale und Bedingungen aller Konten und die Erstellung von Bankauszügen für sämtliche Tochtergesellschaften des Konzerns.

Das Inhouse-Cash-Center steuert die automatisierten Prozesse für konzerninterne Zahlungstransaktionen (interne Zahlungen), die Zahlungen von Konzerngesellschaften an externe Partner (zentrale Zahlungen) sowie die bei Tochtergesellschaften eingehenden Zahlungen externer Partner, die zunächst den Hausbankkonten der Zentrale gutgeschrieben werden (zentral eingehende Zahlungen).

Durch die Verwaltung der internen und externen Konzernzahlungen kann das Inhouse-Cash-Center die Kosten der Verarbeitung konzerninterner und -externer Transaktionen reduzieren.

Welche Ergebnisse können erzielt werden? Die Zahl externer Bankkonten und internationaler Zahlungen kann reduziert werden. Daneben erzielen Sie beträchtliche Einsparungen durch die optimierte Nutzung der Barreserven. Die Inhouse-Cash-Funktionen[3] bieten Ihnen eine verbesserte Steuerung der Zahlungstransaktionen auf regionaler und globaler Ebene, unterstützen die Konzernstrukturen und tragen den durch Fusionen, Ausgliederungen und Neuorganisationen verursachten Strukturänderungen Rechnung.

Nicht alle Unternehmen sind gegenwärtig in der Lage, ihre Zahlungsprozesse zu zentralisieren. Auch Ihr Unternehmen ist derzeit vielleicht dezentralisiert und besteht aus einzelnen Konzernunternehmen, die die Zahlungstransaktionen mit ihren

---

3   SAP: *mySAP Financials Corporate Finance-Management*. Whitepaper, 2001.

Geschäftspartnern unabhängig von der Zentrale verarbeiten. Oder Sie arbeiten mit einem gemischt zentralisierten und dezentralisierten Modell, wobei Zahlungen über lokale Banken und Firmenzentralen abgewickelt werden. Unabhängig davon, welches System Sie derzeit verwenden, bietet Ihnen der Inhouse-Cash-Ansatz große Flexibilität. Er gibt Ihnen die Möglichkeit, Ihre Zahlungsprozesse zu zentralisieren und von den sich hieraus ergebenden Kosteneinsparungen zu profitieren. An den einzelnen Zahlungsprozessen sind hierbei folgende Organisationseinheiten beteiligt:

▶ Tochtergesellschaften

▶ Inhouse-Cash-Center und Finanzbuchhaltung in der Zentrale

▶ Hausbanken der Konzernzentrale

▶ externe Geschäftspartner und ihre Partnerbanken

Die folgenden Szenarien beschreiben die verschiedenen Zahlungsprozesse, die mit der Inhouse-Cash-Lösung abgewickelt werden können.

Automatisierte konzerninterne Zahlungstransaktionen

Der Prozess der Verrechnung von Forderungen und Verbindlichkeiten zwischen Tochtergesellschaften wird als *interner Zahlungsausgleich* bezeichnet. Ein Beispiel: Tochter 1 leistet eine Zahlung an Tochter 2. Um ihre Verbindlichkeiten zu verrechnen, führt Tochter 1 das Zahlungsprogramm in ihrem eigenen System mit dem Inhouse-Cash-Center als zahlender Bank aus. Das Inhouse-Cash-Center empfängt den Zahlungsauftrag und bucht die entsprechenden Positionen auf die Kontokorrentkonten von Tochter 1 und 2. Nach einem zuvor festgelegten Zeitraum erzeugt das Inhouse-Cash-Center automatisch Bankauszüge und sendet diese an die beiden Tochtergesellschaften. Die Systeme der Tochtergesellschaften importieren die Bankauszüge und verrechnen die betreffenden Posten automatisch.

Da zum Verrechnen der Zahlungsposten interne Konten verwendet werden, werden keine Barmittel physisch übertragen, die liquiden Mittel verbleiben innerhalb der Gruppe. Auf diese Weise entstehen keine Verluste aufgrund von Verzögerungen bei der Wertstellung von Zahlungen oder durch Gebühren für externe Banküberweisungen.

Automatisierte Ausgangszahlungen

Um Beträge zu verrechnen, die von den Tochtergesellschaften zu zahlen sind, erfolgen zentrale Zahlungen durch das Inhouse-Cash-Center an externe Geschäftspartner; es wickelt die Zahlungen im Auftrag der Tochtergesellschaften ab. Was sind die Vorteile dieser Vorgehensweise? Wenn Zahlungen an einen externen Partner erfolgen, fließen die Gelder nur zwischen der vom Inhouse-Cash-Center verwendeten Bank und der Bank des Geschäftspartners. Sie können also mehrere Zahlungen verschiedener Tochtergesellschaften zu einer Zahlung an einen externen Partner bündeln. Hierdurch reduziert sich die Gesamtzahl der Transaktionen, und die Kosten für Banküberweisungen sinken, besonders bei internationalen Transaktionen.

Automatisierte Eingangszahlungen

Bei einer zentralen Verarbeitung von Eingangszahlungen erfolgen die Zahlungen externer Geschäftspartner über das Inhouse-Cash-Center an die Tochtergesellschaften. Durch die zentrale Verarbeitung der Eingangszahlungen reduziert sich die Anzahl der innerhalb des Unternehmens benötigten Bankkonten, ohne dass hierdurch die Flexibilität der internationalen Zahlungstransaktionen reduziert wird. Die eingehenden liquiden Mittel stehen im Inhouse-Cash-Center unmittelbar zur Verfügung, die Zahlungen werden den entsprechenden Konten automatisch gutgeschrieben.

Währungsumrechnung

Jedes Konto im Inhouse-Cash-System wird in einer frei wählbaren Währung geführt. Wenn die Kontowährung in die lokale Währung umgerechnet wird, erkennt das System auftretende Differenzen und verbucht die aus der Umrechnung resultierenden Gewinne bzw. Verluste entsprechend. Darüber hinaus kennzeichnet das System alle Posten, die von einer Währungsumrechnung betroffen sind. Aus diesem Grund können Sie die zu einer bestimmten Währungsumrechnung gehörenden Posten selbst dann noch bestimmen, wenn die Daten bereits in das Hauptbuch übertragen wurden.

Zusammenfassung

Die Inhouse-Cash-Lösung bietet Ihnen eine flexible Softwareumgebung zur Verarbeitung Ihrer weltweiten Zahlungstransaktionen. Die automatisierten Prozesse ermöglichen die Einführung einheitlicher, integrierter Transaktionsprozesse im gesamten Unternehmen und beinhalten bessere Steuerungsmöglichkeiten. Da Konten im Inhouse-Cash-Center zentral verwaltet werden, verfügen Sie außerdem über eine direkte Sicht auf alle Zahlungstransaktionen Ihrer Gruppe und die auf den Konten Ihrer Tochtergesellschaften verfügbaren liquiden Mittel. Auf diese Weise können Sie Situationen vermeiden, bei denen eine Tochter einen Kredit aufnehmen muss, während eine andere über freie Investitionsmittel verfügt, und steuern die Liquidität optimal. Mit dieser Funktion können Sie den Gesamtzinsertrag maximieren und die Zinskosten auf ein Minimum senken.

Durch die Zentralisierung externer und konzerninterner Zahlungstransaktionen werden die Anzahl und das Volumen externer Transaktionen vermindert, was zu einer Senkung der Transaktionskosten führt und bei konzerninternen Zahlungen Verluste aus Verzögerungen der Wertstellung von Zahlungen verhindert. Außerdem wird das allgemeine Währungsrisiko gemindert, da weniger Fremdwährungsposten verwaltet werden und Sie die Struktur Ihrer externen Bankkonten optimieren können. Vor allem aber ermöglichen die automatisierten Inhouse-Cash-Prozesse eine wesentlich effizientere Verarbeitung der Zahlungstransaktionen zwischen den Tochtergesellschaften.

Viele CFOs haben ihre ERP-Systeme bereits implementiert und wollen nun in vollem Umfang von den Vorteilen dieser Systeme profitieren. Ihre physische Supply Chain wurde verbessert: Die Transaktionsverarbeitungskosten sind niedriger, das Working Capital wurde reduziert und die Geschwindigkeit der Supply Chain erhöht. In den folgenden Fallstudien zeigen wir, wie zwei Unternehmen daran arbeiten, sich zusätzliche Vorteile aus der weiteren Automatisierung ihres Order-to-Cash-Prozesses (für Kundenbeziehungen) und ihres Purchase-to-Pay-Prozesses (für Kreditorenbeziehungen) zu verschaffen. In beiden Fällen nutzen die Unternehmen die vorhandenen ERP-Systeme als Grundlage zur Verbesserung ihrer gesamten Financial Supply Chain.

3.4 Order-to-Cash – Electronic Bill Presentment and Payment (EBPP)

Fallstudie
Entwicklung eines integrierten Order-to-Cash-Systems

Ein weltweit tätiger Chemiekonzern mit Hauptsitz in Europa verfügt über regionale Kundendienstzentren in Deutschland, den USA und Singapur. Der Konzern hat weltweit 3 000 Kunden und verarbeitet jedes Jahr ca. 100 000 Kundenaufträge und eine ähnliche Anzahl von Rechnungen. Hauptansprechpartner der Kunden in den Kundendienstzentren sind Vertriebsbeauftragte und Customer-Relationship-Koordinatoren.

Das Mindestabnahmeziel des Unternehmens bei Erstbestellungen wurde in nur 70 Prozent der Bestellungen erfüllt. Um dies zu ändern, benötigte man eine verbesserte Bestandsverfügbarkeit sowie bessere Kreditgewährungsprozesse. Zudem mussten bisher alle Rechnungen manuell bearbeitet werden, was zahlreiche Fakturierungsfehler nach sich zog. Diese Gesamtsituation sollte durch Maßnahmen in den folgenden Bereichen optimiert werden:

▶ Preisfindung: Häufig wurden vorläufige Preise angegeben, die nachträglich geändert werden mussten.

- An Rechnungsbeträge geknüpfte Boni und Provisionen stellten ein immer wiederkehrendes Problem dar.

- Strittige Positionen: Die Kommunikation zwischen der internen Kreditkontrolle, den Customer-Relationship-Koordinatoren und den Vertriebsbeauftragten war oft schlecht organisiert.

Darüber hinaus wollte das Unternehmen sich gerade an einem neuen elektronischen Marktplatz der Chemieindustrie beteiligen, um die Kosten zu senken und neue Kunden zu gewinnen, wozu die Anbindung an 19 andere Branchenpartner erforderlich war. Außerdem hatte das Unternehmen begonnen, eine eigene, private Website mit dem Namen »Customer Lounge« einzurichten, die den Kunden die Möglichkeit geben sollte, sich ohne Verzögerung den Status ihrer Aufträge anzeigen zu lassen, neue Aufträge zu erteilen, Dokumentationen gemeinsam zu nutzen und ihre Debitorenkonten einzusehen. Um ein integriertes Online-System bereitstellen zu können, wurde das ERP-System angeschlossen.

Der nächste Schritt bestand in einer weiteren Automatisierung des Order-to-Cash-Prozesses. Dieser Prozess umfasste die Auftragsqualifizierung, das Kreditmanagement, die Vereinbarung von Liefer- und Zahlungsbedingungen, die Ausführung des Auftrags, die Bearbeitung von Reklamationen sowie die Verwaltung von Retouren und Rückfragen. Weiteres Verbesserungspotenzial gab es bei der Fakturierung und dem Zahlungseingang. Die Automatisierung des Order-to-Cash-Prozesses führte zu folgenden Ergebnissen:

- **Auftragsqualifizierung und Vertrieb**
  Online-Kreditprüfung, Factoring und Finanzierung; Verwendung mobiler Geräte für die Übertragung von Aufträgen und die Auftragsbestätigung; mobiler Zugriff auf relevante End-to-end-Kontodaten

- **Auftragserfüllung**
  Automatisierte Dateneingabe; eigenständige Prüfung des Auftragsstatus durch den Kunden

- **Retouren und Rückfragen**
  Automatisierte Weiterleitung von Rückfragen; Bereitstellung von Self-Service-Rückfrageinformationen für den Kunden; Erstellung von Berichten zu Retouren und Rückfragebearbeitung

- **Fakturierung**
  Elektronische Rechnungsanzeige über das Web; vom Kunden verwaltete Fakturierung; elektronische Funktionen für Kundenzahlungen

- **Zahlungseingang**
  Automatische Buchung; Anzeige der Buchung im Debitorenbuch durch den Kunden; Online-Lösung für Klärungsfälle

Zusätzlich integrierte das Unternehmen seine ERP-Ressourcen mit verschiedenen Best-of-Breed-Systemen (siehe Abbildung 3.4). Das ERP-System von SAP wurde durch die Funktionalität des SAP Biller Direct (elektronische Rechnungsanzeige und -zahlung) ergänzt. Für das Management der Kundenbeziehungen wurde ein Customer-Relationship-Management-Softwarepaket verwendet, das sowohl mit SAP als auch mit einer speziellen Software für intelligente E-Mail-Verarbeitung, Kreditüberprüfung und Debitorenbuchhaltung integriert wurde. Sämtliche Informationen wurden zur Anzeige über das Unternehmensportal zusammengestellt.

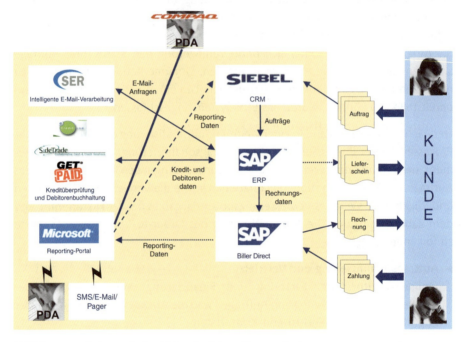

Abbildung 3.4 Order-to-Cash – Vision der Integration von Systemen

Erhebliche Verbesserungen wurden beim Cashflow, bei der Reduzierung der ausstehenden Forderungen und bei den Kundenbeziehungen erreicht. Dank des mobilen Zugriffs erhalten die Kunden nun einen Service mit besseren Antwortzeiten, präzisere Rechnungen und – über die Customer Lounge – einen schnelleren Zugriff auf die relevanten Informationen. Cashflow-Prognosen in Echtzeit sind jetzt auf globaler Basis möglich.

Wie der in dieser Fallstudie beschriebene Chemiekonzern arbeiten Unternehmen aller Branchen an der Weiterentwicklung ihrer IT-Landschaft, um wirtschaftlichere Prozesse zu realisieren und Kosteneinsparungen zu erzielen. Dabei sollen u. a. folgende Ziele erreicht werden:

- die Verwendung browserbasierter Anwendungen zur Senkung der Gesamtbetriebskosten, zur Verbessung der Steuerungsmöglichkeiten und zur wirksamen Nutzung skalierbarer Lösungen
- die Verwendung von Application Hosting zur Senkung der Betriebskosten (sofern möglich)
- die Eliminierung der manuellen Transaktionsverarbeitung und die Reduzierung fehlerhafter Aufträge
- die Einstellung von weniger, jedoch besser geschulten Mitarbeitern, die mehr mit der Prüfung von Reklamationen als mit der Erfassung von Daten beschäftigt sind
- der Aufbau regionaler Shared-Services-Center

Neben diesen allgemeinen Vorteilen bietet die vollständige Automatisierung und Integration der zentralen Finanzprozesse einige sehr spezifische Vorteile:

- **Vorteile der Automatisierung des Kreditprozesses**
  - ermöglicht eine sofortige Bestätigung und schnellere Entscheidungen
  - erfasst und verarbeitet die Daten so, dass die Transaktionen auf eine zuverlässige Datenbasis zugreifen können
  - ermöglicht es den Mitarbeitern, sich auf Situationen mit höherem Risikopotenzial zu konzentrieren
  - ermöglicht ein besseres Management des Kreditrisikos; einheitliche Kreditrichtlinien sorgen für eine bessere Risikobewertung im gesamten Portfolio des Unternehmens
  - arbeitet mit mehreren Finanzpartnern zusammen und verwendet Risikoprofile; hierdurch können Umsatzsteigerungen erzielt werden
  - steigert die Fähigkeit, die Kundenerwartungen schnell zu erfüllen
- **Vorteile der Automatisierung der Rechnungserstellung und der Bearbeitung von Rückfragen**
  - beschleunigt die Lösung von Klärungsfällen und verkürzt das Kundenzahlungsziel
  - ermöglicht Kunden, die nicht mit EDI arbeiten, die elektronische Abwicklung ihrer Geschäfte
  - integriert Daten in der Debitorenbuchhaltung und macht so die erneute Erfassung von Informationen überflüssig
  - bietet die Möglichkeit, Rechnungsanforderungen online zu prüfen, zu ändern und zu genehmigen und Einnahmeprognosen sowie -berichte zu erstellen
  - bietet die Möglichkeit, Gutschriften für ausstehende Rechnungen zu prüfen, abzufragen und anzufordern

▶ Vorteile der Automatisierung des Einzugsprozesses

- ▶ ermöglicht es den Mitarbeitern der Kreditabteilung, den Kunden einen besseren und schnelleren Service anzubieten
- ▶ stellt den Mitarbeitern der Kreditabteilung Informationen zu Forderungen und Zahlungstrends zur Verfügung
- ▶ gibt den Mitarbeitern Zeit, um mit den Kunden zu sprechen, Probleme zu lösen und überfällige Konten abzuarbeiten
- ▶ reduziert die Kosten verwaltungstechnischer Abläufe

Laut einer aktuellen Studie der Gartner Group, Inc., hat sich die Anzahl der Unternehmen, die Geschäftsrechnungen über das Internet versenden, bis 2002 von neun Prozent auf 26 Prozent erhöht und somit fast verdreifacht. Bis Ende 2004 wird ein Anstieg auf 35 Prozent erwartet. Die elektronische Rechnungsanzeige wird den gegenwärtig durchschnittlich 41 Tage langen Zeitraum des Zahlungseinzugs drastisch verkürzen, was den Unternehmen die Möglichkeit geben wird, Verbindlichkeiten zu reduzieren und Mittel schneller zu investieren. Zu den weiteren Vorteilen der elektronischen Rechnungsanzeige und -bezahlung zählen:

- ▶ reduzierte Fakturierungs- und Zahlungstransaktionskosten
- ▶ verbesserte Cashflow-Prognosen
- ▶ vereinfachte Zahlungs-, Abrechnungs- und Kontenabstimmungsprozesse
- ▶ geringerer Float
- ▶ stärkere Kundentreue
- ▶ enormes Cross-Selling- und Up-Selling-Potenzial
- ▶ besseres Management der Kundenbeziehungen

»Es werden dreimal mehr Waren und Dienstleistungen über das Internet verkauft, als im Internet Rechnungen ausgestellt werden«, schrieb Avivah Litan, Forschungsleiter bei Gartner, in einem im Februar 2001 veröffentlichten Artikel. »Das Hauptanliegen wird es sein, die Käufer davon zu überzeugen, dass sie auf ihre Schecks verzichten und stattdessen die Vorteile der Zahlung über das Internet nutzen.«

EBPP (die elektronische Rechnungsanzeige und -bezahlung) bietet eine Vielzahl von Vorteilen, die eine dramatische Umstrukturierung der Fakturierungs- und Zahlungsprozesse ermöglichen:

▶ Verbesserte Zahlungsdienste

Die elektronische Rechnungsanzeige und -bezahlung ermöglicht die automatische Verrechnung von Zahlungen mit Forderungen, Online-Zahlungsgarantien sowie die Handhabung von Zahlungen in unterschiedlichen Währungen.

Gegenwärtig erhält ein Verkäufer für drei Rechnungen, die über herkömmliche Kanäle verschickt werden, im Schnitt eine Zahlung.

▶ **Reduzierte Fakturierungskosten**
Laut der Gartner-Studie wird eine Senkung der Fakturierungskosten von 5 US-Dollar für die Erstellung einer Papierrechnung auf 1,65 US-Dollar für die Erstellung einer elektronischen Rechnung erwartet, da geringere Kosten für Arbeit, Porto, Papier und Geräte anfallen. Die Kosten der manuellen Lösung einer Rechnungsreklamation sollen ebenfalls von derzeit 20 US-Dollar auf 10 US-Dollar je elektronisch bearbeitetem Fall sinken. Weitere wesentliche Einsparungen ergeben sich aus der Rationalisierung der Debitoren- und Kreditorenprozesse und aus der Reduzierung des Bestands.

▶ **Verknüpfungen mit Transport- und Logistiksystemen**
Die Verknüpfung der elektronischen Rechnungsanzeige und -bezahlung mit Logistiksystemen löst automatisch die Zahlung aus, sobald der Käufer die Ware erhalten hat.

▶ **Verbesserte Finanzdienste**
Mehr als 60 Prozent der in der Gartner-Studie untersuchten Unternehmen finanzieren ihren Absatz mithilfe der Kontokorrent-Methode, was darauf schließen lässt, dass eine Automatisierung, die die Beziehungen der Geschäftspartner wirksam nutzt, auf sehr große Akzeptanz stoßen würde.

▶ **Verbesserte Prozesse bei der Kundenrechnungsprüfung und -zahlung**
Die Unternehmen der Gartner-Studie schätzen, dass für elf Prozent ihrer Kunden die Verarbeitung und Zahlung von Papierrechnungen erhebliche Schwierigkeiten macht und 46 Prozent damit mittelgroße Probleme haben.

▶ **Integration mit Fakturierungssystemen**
Neben der mangelnden Kundenresonanz gibt es eine zweite große Barriere, die die Rechnungssteller von der Einführung der elektronischen Rechnungsanzeige und -zahlung abhält: Dies ist die Notwendigkeit der Integration von EBPP mit veralteten Fakturierungssystemen. Und auch die Zahlenden zögern bei der Einführung der elektronischen Rechnungsanzeige und -zahlung, solange ihre Kreditorenbuchhaltungssysteme nicht mit den neuen Anwendungen der elektronischen Rechnungsanzeige und -zahlung integriert sind.

▶ **Austausch von Belegen und Kontenabstimmung**
Systeme, die mit der elektronischen Rechnungsanzeige und -zahlung arbeiten, geben Käufern und Verkäufern die Möglichkeit, die für eine bestimmte Transaktion relevanten Belege auszutauschen und zurückzuverfolgen. Die Käufer haben dadurch die Möglichkeit, die Beleginformationen zu überprüfen und abzugleichen. Durch diese Funktionalität werden Reklamationen proaktiv verhindert, was dazu führt, dass die Verkäufer schneller und vollständig bezahlt werden.

▶ **Integration mit E-Procurement**

30 Prozent der Unternehmen der Gartner-Studie arbeiten mit Online-Beschaffungssystemen, aber lediglich drei Prozent dieser Unternehmen haben ihr E-Procurement mit Systemen oder Strategien zur elektronischen Rechnungsanzeige und -zahlung verknüpft. Laut Gartner ist eine vollständig integrierte und automatisierte Financial Supply Chain im E-Business aber unverzichtbar.

▶ **Kundenauthentifizierungsdienste**

Von den Unternehmen der Gartner-Studie, die ihre Produkte über das Internet vertreiben, arbeiten 57 Prozent mit Benutzerkennungen und Kennwörtern, um ihre Kunden zu authentifizieren, während nur 14 Prozent eine Technologie zur Authentifizierung durch digitale Zertifikate verwenden. Tatsächlich werden aber weniger als ein Prozent aller Business-to-Business-Transaktionen durch digitale Zertifikate geschützt.

Kreditinstitute und andere Finanzintermediäre streben einen engeren Kundenkontakt an und möchten ihren Kunden sowohl die elektronische Rechnungsanzeige als auch klassische Dienste wie Online-Banking anbieten. Dienstleister, die für die Zusammenfassung von Rechnungen zuständig sind, werden *Consolidators* genannt.

Abbildung 3.5 zeigt die große Flexibilität des EBPP, da es verschiedene Varianten gibt, nach denen Systeme zur Optimierung von Effizienz und Geschwindigkeit modelliert werden können. Im Gegensatz zu EDI-Verbindungen, die aufwändige Festverbindungen nutzen, arbeiten Consolidators nach dem Netzwerkprinzip elektronischer Marktplätze. Über den Consolidator entsteht zwischen den Lieferanten und dem Kunden eine *n:1-Beziehung*.

Diese Anwendung unterstützt die Modelle *Thick Consolidator* und *Thin Consolidator*. Beim Thick-Consolidator-Modell sendet der Rechnungssteller alle Rechnungsinformationen zum Consolidator. Beim Thin-Consolidator-Modell erhält der Consolidator nur den Endbetrag (der für Verkauf bzw. Beschaffung steuerpflichtig ist). Zum Abrufen detaillierter Rechnungsdaten wird der Kunde auf die Webseite des Lieferanten umgeleitet. Hierzu stellt der Rechnungssteller dem Consolidator eine URL (*Uniform Resource Locator*) zur Verfügung. Das Unternehmen kann auf diese Weise auch personalisierte Werbung (*1:1-Marketing*) betreiben.

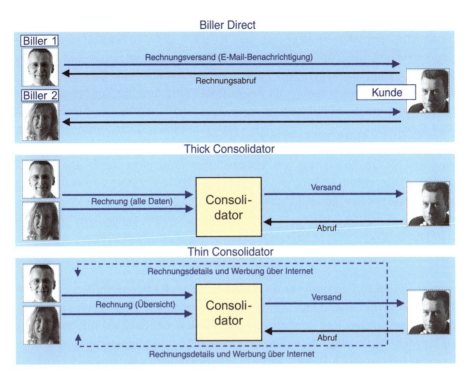

Abbildung 3.5 Modelle für die elektronische Rechnungsanzeige und -bezahlung

---

⛩ Fallstudie
Electronic Bill Presentment and Payment (EBPP) bei Versorgungsunternehmen

Versorgungsunternehmen verfügen über geeignete Kunden- und Fakturierungsstrukturen, um die elektronische Rechnungsanzeige und -bezahlung (EBPP) effektiv einzusetzen. Ein Elektrizitätsversorger mit mehreren Millionen Kunden wollte sein Marktangebot um neue Segmente, wie z. B. Gas, erweitern. Durch die Verwendung der Kundenabrechnungsdatenbanken ergaben sich Möglichkeiten für Cross- und Up-Selling. Außerdem boten sich (dank der Unterstützung durch das technische Fachpersonal) Gelegenheiten zur Synchronisierung der Verwaltungsprozesse für Arbeitsaufträge mit den Prozessen des Finanzwesens. Die Strategie zur Verbreiterung des Produkt- und Dienstleistungsangebots wurde schnell in die Realität umgesetzt. Man führte neue Kundenabrechnungssysteme ein, die Konsolidierungsfunktionen bereitstellten und eine konvergente Fakturierung ermöglichten, wodurch der Versorger mehrere Aufträge in einer Rechnung zusammenfassen konnte. Es gelang dem Unternehmen außerdem, seine Technologie-Vision rasch umzusetzen: So wurden beispielsweise die Strom- und Gaszähler mithilfe tragbarer Fernlesegeräte über das Internet mit dem Großrechner verbunden, wodurch Transaktionskosten eingespart wurden und der Cashflow verbessert wurde. Darüber hinaus ermöglichten die Call Center, die den ersten direkten Kontakt zu den Kunden herstellten, die Einrichtung einer zentralen Anlaufstelle für die Verarbeitung sämtlicher Kundenanfragen. Die Call Center wurden über eine Customer-Relationship-Management-Software mit einem Data Warehouse für Kundendaten verbunden, das nicht nur mit dem Abrechnungssystem, sondern auch mit dem E-Mail-Eingang und -Ausgang verbunden war. Workflowsoftware wurde installiert, um die Kreditkontrolle zu verwalten, wobei die Reklamationsbearbeitung koordiniert und die Online-Klärung von Reklamationen ermöglicht wurde. Die Integration von Finanzwesen und Technik bedeutete auch, dass das Call Center dem Kunden einen echten geschäftsbereichsübergreifenden Service bieten konnte, wodurch die interne und externe Kommunikation auf ein akzeptables Maß reduziert wurde.

Das Versenden von Rechnungen an Kunden auf dem Postweg erfordert zahlreiche Einzelschritte für Sie und Ihre Kunden: Ihr Unternehmen muss Rechnungen drucken und versenden, Ihre Kunden müssen diese sammeln und überprüfen. All das kostet mehr, als man glauben möchte. Eine per Post versendete Rechnung kann tatsächlich bis zu 15 US-Dollar kosten! Durch die Optimierung Ihres Fakturierungsprozesses können Sie die Kosten um bis zu 70 Prozent senken. Durch die Verwendung von EBPP verschwinden nicht nur unübersichtliche Prozesse von der Bildfläche, sondern es wird die gesamte Wechselbeziehung zwischen Rechnungssteller und -empfänger signifikant verbessert. Eine bessere Kommunikation erleichtert z.B. den Umgang mit Fehlbeträgen und die Bereitstellung eines qualitativ hochwertigen Kundendienstes.

Für Unternehmen mit einem großen Kundenstamm ist es sehr wichtig, die Kreditlinien von Kunden an zentraler Stelle zu verarbeiten und zu überprüfen. Neue Anwendungen versetzen Sie in die Lage, in verteilten Systemen einen zentralen Kreditkontrollbereich einzurichten. Bislang hatten große Unternehmensgruppen mit verschiedenen Produktlinien, Investitionen und Vertriebskanälen keinen Zugang zu einem zentralen Kreditmanagement.

Ein effektives Kreditmanagement-Programm verringert die Zahlungsrückstände und verhindert präventiv Nichtzahlungen, sobald eine Lieferung erfolgt ist. Wichtige Voraussetzungen für eine unternehmensweit geltende Kreditrichtlinie sind die Integration aller Vertriebskanäle, automatisierte Entscheidungen in Echtzeit sowie die Zugriffsmöglichkeit für alle Mitarbeiter auf interne und externe Kreditinformationen. Zusätzliche Funktionen bilden die Klassifizierung von Kunden gemäß ihrer Kreditwürdigkeit oder Risikogruppe, die Integration variabler und dynamischer Inhalte (z. B. Gutschriften, Kreditversicherung, Garantien) und die Verwendung von Zahlungskarten.

3.5   Purchase-to-Pay

Der Purchase-to-Pay-Prozess (der die Bestellung, den Empfang von Waren und Dienstleistungen, die Verarbeitung von Rechnungen und Gutschriften, die Erstellung und Verteilung von Zahlungen sowie die Kreditorenbuchhaltung umfasst) bietet viele Möglichkeiten, um von einer Kombination aus ERP, Best-of-Breed sowie einer Verknüpfung dieser beiden Methoden mithilfe von EDI zu profitieren.

Um diese Vorteile zu realisieren, arbeiten Unternehmen zunehmend mit der EAI-Technologie, um Altsysteme und Best-of-Breed-Lösungen zu integrieren. Viele Unternehmen rücken vom Standardisierungsansatz »ein Anbieter, ein System« ab und wenden sich verschiedenen Best-of-Breed-Anwendungen zu, um über mehr Funktionalität zu verfügen und auf die Daten mehrerer ERP-Systeme zugreifen zu können. Die folgende Purchase-to-Pay-Fallstudie zeigt, was hier bereits möglich ist.

Fallstudie
Optimierung des Purchase-to-Pay-Prozesses

Für den CFO eines großen Ölkonzerns waren folgende Aufgaben formuliert worden:

▶ **Geschwindigkeit**
Beschleunigung der Finanzprozesse

▶ **Transparenz**
Bereitstellung präziserer Informationen

▶ **Wertschöpfung**
Erzielen kurzfristiger Gewinne

Eine detaillierte Analyse des Purchase-to-Pay-Prozesses des Unternehmens ergab, dass die Verarbeitung von Rechnungen und Gutschriften das größte Potenzial zur Senkung der Verwaltungskosten bot. Für die Integration mit den Online-Beschaffungs- und ERP-Systemen des Unternehmens wurde eine intelligente Dokumentenverwaltungslösung ausgewählt. Mithilfe dieser Lösung konnte eine elektronische Kopie der Rechnung einen dreistufigen automatischen Abgleich (mit Auftrag, Preis und Lieferung) innerhalb des ERP-Systems durchlaufen. Die Dokumentenverwaltungssoftware erkannte Rechnungsdaten und verarbeitete diese automatisch mithilfe vordefinierter Steuerparameter. Die Präzision wurde erheblich gesteigert und soll im Laufe der Zeit noch weiter optimiert werden, da das System in der Lage ist, aus seinen Fehlern zu lernen. Kontrollberichte weisen Rechnungsdaten zurück, die außerhalb der vordefinierten Vorgaben liegen. Aus diesem neuen, durch eine intelligente Dokumentenverwaltung unterstützten Purchase-to-Pay-Prozess ergeben sich zahlreiche Vorteile:

▶ Der stark automatisierte Prozess arbeitet mit eingebetteten Geschäftsregeln und eingebetteter Logik.

▶ Im gesamten Unternehmen wurde in kurzer Zeit eine skalierbare Lösung eingeführt.

▶ Die manuelle Datenerfassung ist obsolet geworden und nun nur noch bei der Bearbeitung von Beanstandungen erforderlich.

▶ Eine transparente und umfassende Verarbeitung ermöglicht die Identifizierung und schnelle Beseitigung von Engpässen.

▶ Das Working Capital und die durch die Einhaltung von Bestimmungen verursachten Kosten werden durch die Rückforderung indirekter Steuern reduziert.

Die neue Lösung lieferte bereits nach kurzer Zeit positive Zahlen: Die Transaktionskosten pro Rechnung wurden von durchschnittlich 3,20 US-Dollar auf 50 Cent gesenkt. Das Unternehmen verarbeitete ca. 2,5 Millionen Rechnungen im Jahr, so dass sich die Gesamteinsparungen auf 6,7 Millionen US-Dollar beliefen.

Die in Abbildung 3.6 dargestellten intelligenten Dokumentenverwaltungslösungen ermöglichen die automatische Identifizierung, Überprüfung und Buchung manuell erstellter Rechnungen im Kreditorenbuch.

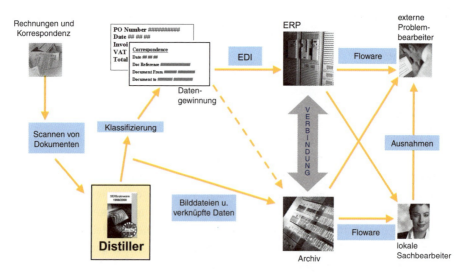

Abbildung 3.6 Purchase-to-Pay – Vision der Integration von Systemen

3.6 Vereinfachte Fakturierung und Zahlung: Biller Consolidator

Biller-Consolidator-Software (Software zur Verwaltung und Konsolidierung von Rechnungen) wurde für Dienstleister (*Consolidators*) entwickelt, die Rechnungen verschiedener Geschäftspartner sammeln und sie für »Partnerkunden« zusammenfassen. Im Gegensatz zur Verwendung des elektronischen Datenaustauschs (EDI), für den aufwändige Festverbindungen erforderlich sind, können Consolidators mithilfe von Netzwerken arbeiten, die sich bereits beim E-Procurement bewährt haben.

Die Biller-Consolidator-Funktionalität kann die Fakturierungs- und Zahlungsprozesse stark vereinfachen und den Beteiligten helfen, die Transaktionskosten zu senken. Durch den Informationsaustausch kann das durchschnittliche Kundenzahlungsziel herabgesetzt und so der Cashflow der Rechnungssteller verbessert werden. Die Anwendung kann die von den Kunden benötigte Zeit zum Prüfen und Zahlen von Rechnungen verkürzen, wodurch (bei gleichzeitigem Einsatz von 1:1-Marketing-Aktivitäten) das Management der Kundenbeziehungen verbessert wird. Die Kunden können die Rechnungsdaten mit ihrer Debitorenbuchhaltung integrieren und dadurch die wiederholte Erfassung von Informationen vermeiden. Selbst Kunden, die nicht mit EDI arbeiten, können so ihre Rechnungs- und Zahlungsinformationen elektronisch austauschen.

Das Biller-Consolidator-System unterstützt ein offenes Netzwerk, das aus dem *Consolidator*, dem *Business Service Provider* (BSP) und dem *Customer Service Provider* (CSP) besteht. Der Consolidator wird dem Rechnungssteller oder Kunden nicht extern angezeigt. BSP und CSP repräsentieren die direkte Schnittstelle, sie nehmen die Interessen des Rechnungsstellers und des Kunden wahr und integrieren diese Interessen mit dem System des Consolidators. Der BSP empfängt Rechnungen elektronisch und leitet sie an den Consolidator weiter.

Der CSP ist in erster Linie dafür zuständig, dem Kunden die vom Consolidator empfangenen Rechnungen zu präsentieren. Er informiert den Kunden über den Status einer Rechnung, d.h., er teilt ihm mit, ob die Rechnung offen oder freigegeben ist. Abbildung 3.7 veranschaulicht die Rollen im Biller Consolidator.

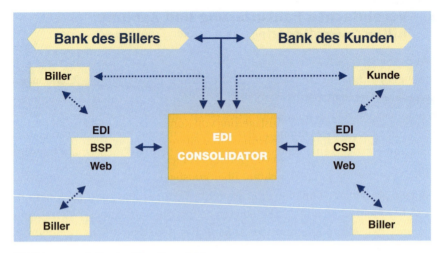

Abbildung 3.7 Rollen im Biller Consolidator

3.7 E-Finance und E-Settlement: Ein viel versprechendes neues Instrument

Herkömmliche Finanzierungs-, Zahlungs- und Abrechnungsprozesse verursachen in der Regel den größten Teil der im Finanzwesen anfallenden Kosten und binden große Mengen an Working Capital. Das E-Settlement (die elektronische Abrechnung) von Orbian[4], eine integrierte Abrechnungs- und Handelsfinanzlösung für Kreditoren, bietet die Möglichkeit, die Finanzierungs- und Abrechnungskosten zu senken. Die folgende Fallstudie zeigt, wie ein Unternehmen diese innovative Lösung nutzt, um enorme Einsparungen zu erzielen.

 **Fallstudie**
Senkung der Working-Capital-Kosten

Stanley Works wurde vor 156 Jahren in New Britain, Connecticut, in den USA gegründet und gilt weltweit als einer der renommiertesten Markennamen für Werkzeuge, Metallwaren, Türen und Innenausstattungsprodukte für Geschäfts- und Privatkunden.

Die Angebotspalette von Stanley Works umfasst über 50 000 verschiedene Produkte. Der Umsatz des Unternehmens lag im Jahr 2000 bei über 2,75 Milliarden US-Dollar. Stanley Works verfügt über 114 Fertigungs- und Vertriebsstandorte in allen wichtigen Regionen der Erde. Die Produkte des Unternehmens werden weltweit durch Zwischen- und Einzelhändler vertrieben, allein in den USA sind mehrere tausend Einzelhändler für Stanley Works aktiv.

---

4   mySAP Financials-Team: *Electronic Financing and Settlement with Orbian.* Solution Brief, 2001.

Aufgrund der Größe des Unternehmens und der komplexen Vertriebslogistik war die Financial Supply Chain von Stanley an mehreren Fronten wachsendem Druck ausgesetzt. Die Strategie der Geschäftsführung konzentrierte sich auf die Höhe des Working Capitals und die Erwirtschaftung der bestmöglichen Rendite aus den Working-Capital-Investitionen. Dieser interne Druck wurde durch die beharrliche Kontrolle der Nutzung des Working Capitals durch die Wall Street weiter verstärkt. Gleichzeitig trieb die verstärkte Auslagerung von Komponenten und Produkten die Working-Capital-Ausgaben in die Höhe. Ein weiterer kritischer Faktor bestand in der Tatsache, dass die Lieferanten von Stanley Probleme bei der Finanzierung ihrer Supply Chains hatten und versuchten, über günstigere Zahlungsbedingungen zu verhandeln.

Es mussten also gleich mehrere wichtige Aufgaben in Angriff genommen werden: Einerseits mussten höhere Waren- und Kapitalkosten vermieden werden, andererseits sollten nicht in Anspruch genommene Nachlässe verringert und die Supply-Chain-Unterbrechungen eingedämmt werden. Stanley beschloss, mit Orbian eine neue elektronische Finanzierungs- und Abrechnungslösung einzuführen, die es Unternehmen ermöglicht, ihre Geschäftsbeziehungen zu optimieren und von reduzierten Working-Capital-Anforderungen zu profitieren. Orbian ist ein gemeinsames Projekt von Citigroup, DCE und SAP und bietet sowohl Käufern als auch Lieferanten die Möglichkeit, zu niedrigeren Kosten als bei herkömmlichen Finanzierungsmethoden auf zusätzliches Working Capital zuzugreifen.

Stanleys Hauptziel bei der Einführung von Orbian war es, den zunehmenden Druck des Working Capitals auf die Supply Chain des Unternehmens zu verringern: Die Kunden zahlten mit Verspätung, die Lieferanten wollten schneller bezahlt werden, die Unternehmensführung versuchte, die Kapitalrentabilität u. a. mithilfe von Produktionsauslagerungen zu steigern, und die Analysten drängten das Management, aus den Working-Capital-Investitionen höhere Renditen zu erzielen.

Orbian ermöglichte Stanley die Streckung der Zahlungsbedingungen für Lieferanten, wodurch das Lieferantenzahlungsziel und das Kundenzahlungsziel näher zusammengeführt und weniger Working Capital sowie eine geringere Kreditaufnahme benötigt wurden. Gleichzeitig eröffnete Orbian Vorteile für die Supply Chain, da die Lieferanten nun trotz tatsächlich längerer Zahlungsfristen sämtliche Forderungen an Stanley (ungeachtet der Zahlungsziele) zu niedrigen Kosten finanzieren konnten, wodurch die Kundenzahlungsziele reduziert wurden und zusätzlicher freier Cashflow erzeugt werden konnte.

Neben diesen wesentlichen Vorteilen konnte SAP die Abrechnungs-, Buchungs- und Kontenabstimmungsprozesse nahtlos in die Debitoren- und Kreditorenprozesse von mySAP Financials einbinden. Hierdurch beschleunigte Stanley Works seinen Systemumbau erheblich und konnte sich auf die geschäftliche, anstatt auf die technische Seite der Implementierung konzentrieren. Insgesamt erwartet Stanley infolge der gesunkenen Working-Capital-Anforderungen Einsparungen in Höhe von 20 Millionen US-Dollar.

Hinsichtlich der Begleichung von Verbindlichkeiten bestand lange Zeit eine gewisse Unklarheit. Unzureichende Regelungen für Handelsaktivitäten und verspätete Zahlungen von Rechnungen stellen ein großes Problem dar. Der Abrechnungszeitraum in Europa beträgt z. B. häufig 50 bis 60 Tage, in Südeuropa finanzieren Lieferanten ihre Kunden häufig länger als 120 Tage. In den USA sind die Probleme ähnlich gelagert.

Die Integration der Finanz- und Abrechnungssoftware von Orbian bietet eine einfache Lösung dieser Probleme. Mit Orbian kann die Flexibilität bei der Vereinbarung von Zahlungsbedingungen mit den Lieferanten erhöht werden, während den Lieferanten der sofortige Zugriff auf den Wert der Rechnung ermöglicht wird. Hierdurch werden nicht nur Working-Capital-Anforderungen gesenkt, sondern es werden gleichzeitig die Sicherheit und die zeitliche Koordination von Abrechnungen mit Lieferanten verbessert. Orbian stellt sicher, dass die eingehende Abrechnung an den Lieferanten erfolgt, und da Orbian mit dem ERP-System integriert ist, können Rechnungen problemlos gezahlt werden. Lieferantenabrechnungen werden auf dieselbe Weise wie Banküberweisungen oder die Zahlung per Scheck vorgenommen.

Wie Abbildung 3.8 zeigt, nutzen Käufer Orbian zur Abrechnung von Waren und Dienstleistungen ihrer Lieferanten. Der Käufer bucht Ausgangsrechnungen mit dem Zahlungsweg »Orbian« und mit einem vereinbarten Zahlungsdatum. Der offene Posten wird dann mithilfe des normalen Zahlungsprogramms gezahlt. Die Lösung erstellt eine Zahlungsdatei, die über das Internet in das Orbian-System hochgeladen werden kann. Sowohl der Käufer als auch der Lieferant erhalten täglich Orbian-Auszüge, die sie wie normale Bankauszüge verarbeiten. Die erforderlichen Buchungen und Zahlungen erfolgen, wenn Orbian die Auszüge automatisch verarbeitet.

Der Lieferant erhält von Orbian eine Zahlung in Form eines Orbian-Kredits, für den Fälligkeitsdatum, Wert und Währung angegeben sind. Hierbei handelt es sich um nichts anderes als um eine Verpflichtung vonseiten Orbians, den angegebenen Betrag am Fälligkeitstag zu zahlen. Der Lieferant kann diesen Orbian-Kredit auf drei Arten nutzen:

▶ Er kann den Kredit vor dem Fälligkeitsdatum vollständig oder teilweise in Barmittel umwandeln.

- ▶ Er kann mithilfe des Kredits Verpflichtungen mit seinen eigenen Lieferanten abrechnen.
- ▶ Er kann den Eingang des vollständigen Kreditbarwertes zum Fälligkeitsdatum abwarten.

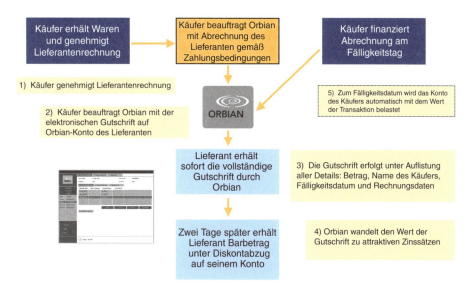

Abbildung 3.8 Die elektronische Abrechnungs- und Finanzierungslösung »Orbian«

Die Erfahrungen aus aktuellen Implementierungen dieses Systems zeigen, dass Unternehmen, die elektronische Abrechnungssysteme dieser Art erfolgreich einsetzen, anfänglich mit einer gewissen Zurückhaltung der Lieferanten konfrontiert waren. Diese Situation kann der betroffene CFO jedoch durch entsprechende Verkaufsargumente für Lieferanten und das Bewerben seiner Lieferantenzielgruppe überwinden.

3.8 Die Zukunft: Integration und Zusammenarbeit

Electronic Data Interchange (EDI), der elektronische Datenaustausch, hat sich beim täglichen Einsatz als funktional begrenzt und teuer erwiesen. Heute ist XML (*Extensible Markup Language*) bei der Weiterentwicklung der internetgestützten Zusammenarbeit der richtungsweisende Standard. Der Grundgedanke hinter XML ist die Trennung von Inhalt, Struktur und Layout. XML hat der Internet-Community eine gemeinsame Sprache zum Austausch und zur gemeinsamen Nutzung von Informationen und Daten gegeben. Voraussetzung für den Datenaustausch ist ein gemeinsamer Standard, und in zunehmendem Maße wird die komplette geschäftliche Nachrichtenübermittlung in XML abgewickelt. Mit XML kann eine gemeinsame Grammatik der Sprache definiert werden – eine Einigung ist nur bezüglich der

Wörter und Semantik erforderlich. XML ermöglicht Unternehmen die standardisierte Strukturierung der Informationen, die mit anderen Unternehmen oder Online-Märkten ausgetauscht werden sollen.

Das Format allgemein üblicher Geschäftsbelege – wie Aufträge oder Bestellanforderungen – wird immer häufiger in XML definiert und bereitgestellt. Nun können Unternehmen gemeinschaftliche Geschäftsszenarien wie Kauf und Verkauf oder Planung von Angebot und Nachfrage direkt implementieren. XML sichert den nahtlosen Informationsaustausch zwischen zwei Kommunikationspartnern unter Verwendung allgemein verfügbarer und kostengünstiger Internettechnologien, wobei auf Vermittlungsinstanzen verzichtet werden kann.

Eine Bestellanforderung kann z. B. direkt in das Planungssystem eines Verkäufers einfließen und durch eine Auftragsbestätigung, die an den Käufer gesendet wird, beantwortet werden. Auf diese Weise unterstützt XML Unternehmen bei der Überwindung herkömmlicher Unternehmensgrenzen und bei der vollen Nutzung der immensen Chancen des Internet. Kunden, Mitarbeiter, Lieferanten und Geschäftspartner sind miteinander vernetzt und arbeiten als eine erfolgreiche Einheit.

Die Zusammenarbeit über elektronische Marktplätze löst die herkömmlichen öffentlichen und privaten Online-Foren ab. Künftig werden sich elektronische Marktplätze als effektivste Möglichkeit der Optimierung und Standardisierung von Prozessen über Unternehmensgrenzen hinweg erweisen und durch eine immer höhere Effizienz zu Kostensenkungen führen. Drei Prinzipien bestimmen die Weiterentwicklung dieses neuen Ansatzes:

1. Heterogenitätsmanagement: Systeme mehrerer Anbieter und Altsysteme, unternehmensintern und -übergreifend, müssen verwaltet werden
2. Störungsfreie Implementierung, damit die Unternehmen ihre Integrationsaufgaben erfolgreich und Schritt für Schritt verfolgen können
3. Ein hohes Maß an Offenheit, Flexibilität und Leistung

Die Umsetzung dieser Prinzipien zur Umgestaltung der Financial Supply Chain bringt zwar viele Herausforderungen mit sich, die Ergebnisse werden jedoch für sich selbst sprechen: echte unternehmensinterne und -übergreifende Zusammenarbeit, gemeinsame Nutzung von Wissen und Informationen über die Unternehmensgrenzen hinweg, enorme Kosteneinsparungen bei Logistikplanung und Working Capital sowie ein stark verbesserter Kundendienst. Abbildung 3.9 veranschaulicht, wie ein elektronischer Marktplatz die Anzahl der Prozess- und Datenverbindungen zwischen externen Geschäftspartnern und internen Geschäftsbereichen verringern kann.

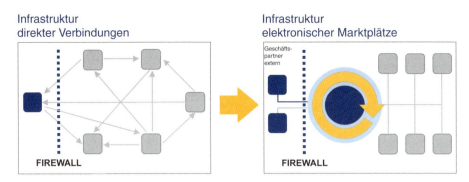

Abbildung 3.9 Das Konzept der Integration durch elektronische Marktplätze

Die Unternehmen sehen sich einem wachsenden Bedarf an Integration und Zusammenarbeit gegenüber. Mittlerweile bieten Internettechnologien die Möglichkeit, direkt mit anderen IT-Systemen und Personen zu kommunizieren. Geschäftsprozesse, die früher auf das Intranet und seine Benutzer beschränkt waren, werden nun in das Internet verlagert, wo sie Teil eines Netzwerks von Webdiensten werden.

Prozesse wie die Supply-Chain-Planung, die Beschaffung und die Erstellung von Bedarfsprognosen werden unternehmensübergreifend und regionsbezogen automatisiert und können heute bei verschwindend geringen Kommunikationskosten systemübergreifend implementiert werden. Um dies zu erreichen, müssen Komponenten verschiedener Anbieter integriert und zu einer einheitlichen Infrastruktur zusammengeführt werden. In einer Welt heterogener Systemlandschaften ist für umfassende Systemaktualisierungen vorhandener Unternehmenssoftware oder für umfangreiche Austauschprogramme weder Platz noch Zeit.

CFO-Checkliste

▶ **Prüfen Sie die Reife Ihres Unternehmens zur Optimierung der Financial Supply Chain.**
Bilden Sie ein Team aus Finanzwesen, Auftragsabwicklung, Logistik und IT. Dieses Team soll den betroffenen Abteilungen helfen, die verborgenen Kosten der aktuellen Financial-Supply-Chain-Ineffizienzen und -Probleme zu erkennen.

▶ **Lassen Sie Zahlen sprechen.**
Berechnen Sie die potenziellen Einsparungen. Zeigen Sie auf, wo die physische und finanzielle Lieferkette nicht synchron laufen, und analysieren Sie die daraus resultierenden Ungenauigkeiten in den Finanzprozessen. Konzentrieren Sie sich auf Ergebnisse. Planen Sie eine Senkung der Working-Capital-Anforderungen um mindestens 20 bis 25 Prozent.

▶ **Erzielen Sie einen unternehmensweiten Konsens.**
Beginnen Sie mit dem CEO. Da die Optimierung der Financial Supply Chain alle Supply-Chain-Grenzen im Unternehmen überschreitet, sind Auseinandersetzungen um Kompetenz und Zuständigkeit absehbar. Durch Enthusiasmus und Unterstützung von ganz oben bleiben Ihre Bemühungen erfolgreich.

▶ **Werben Sie um die Unterstützung wichtiger Geschäftspartner.**
Das Einbeziehen von Partnern in die Planungsphase stärkt das Vertrauen in den neuen Ansatz. Informieren Sie vor der Implementierung alle Geschäftspartner über die Notwendigkeit der Umsetzung Ihres Ansatzes und über die Vorteile einer optimierten Financial Supply Chain.

▶ **Bewerten Sie die Anbieter von FSC-Lösungen.**
Bewerten Sie potenzielle Anbieter hinsichtlich ihrer Fähigkeit, Ihre spezifischen Prozess- und Datenanforderungen detailgenau zu verstehen. Prüfen Sie, ob die Anbieter in der Lage sind, nicht invasive und hoch kompatible Systeme bereitzustellen, die Ihre Zusammenarbeit mit Kunden und Lieferanten voranbringt. Suchen Sie bei der Wahl einer ausgegliederten Lösung nach neutralen Anbietern, die das Vertrauen aller Beteiligten der Supply Chain genießen.

▶ **Erstellen Sie ein Wertanalyseprogramm.**
Kündigen Sie die Einsparungen beim Working Capital und bei der Transaktionsverarbeitung monatlich oder vierteljährlich an. Zeigen Sie den Fortschritt anhand ausgewählter FSC-Kennzahlen auf. Stellen Sie für neue Mitarbeiter und Geschäftspartner immer wieder die Vorteile heraus.

▶ **Entwickeln Sie FSC-Schulungen.**
Antizipieren Sie die Veränderungen, die sich für die Arbeit der verschiedenen Mitarbeiter des Unternehmens ergeben. Entwickeln Sie entsprechende Schulungen, damit die Mitarbeiter verstehen, wie sie mithilfe der FSC-Informationen den Cashflow des Unternehmens besser interpretieren können. Demonstrieren Sie, warum die Optimierung der Financial Supply Chain die Grundlage für nüchterne und auf Fakten basierende Zahlungsverhandlungen bilden kann.

4 Auf dem Weg von Shared Services zu Managed Services

Größenvorteile und Fachkompetenz optimal nutzen

Jim Daley, CFO
EDS

EDS (»Electronic Data Services«) ist einer der weltweit führenden Anbieter für Managed Services und Outsourcing.

1984 wurde das Unternehmen von General Motors übernommen. EDS konnte sich dadurch Marktpotenziale im Fertigungssektor auch außerhalb des Stammlandes USA erschließen. In den Jahren nach der Übernahme entwickelte sich EDS zu einem bedeutenden Dienstleister für Systemmanagement und -integration mit einer Vielzahl von Kunden in diversen Branchen und Regionen. Die Zahl der Mitarbeiter stieg von 13 000 auf über 30 000.

1996 trennte sich General Motors wieder von EDS. Seitdem hat das Unternehmen seine Angebotspalette um die Bereiche Unternehmensberatung und Outsourcing von Geschäftsprozessen erweitert. Mittlerweile beschäftigt EDS 140 000 Mitarbeiter und erwirtschaftet einen Gesamtumsatz von 21 Milliarden Dollar.

CFO Jim Daley: »Wir kennen die Probleme, die unsere Kunden mit ihrer Supportinfrastruktur haben, da wir diese Probleme selbst hatten. Unsere Kunden versuchen heute nicht nur, die Kosten zu senken, sondern auch ihre internen Supportdienste zu maximieren. Die treibende Kraft hinter dem Wachstum des Outsourcing-Marktes ist die Entwicklung der Informationstechnologie von den frühen Großrechnern über den elektronischen Datenaustausch (EDI) und Client-Server-Systeme bis hin zum Internet. Der Schritt zu Internetanwendungen ist ein besonders bedeutsamer. Webservices haben daher für uns strategische Bedeutung. Dabei geht es wohlgemerkt weniger um die Erstellung von Internetseiten als um die Abwicklung geschäftsentscheidender Prozesse von Unternehmen. Die Gesundschrumpfung des Marktes für Hosting-Services im Internet war für uns ein Segen. Im Gegensatz zu neuen Unternehmen auf diesem Markt haben wir nicht mit Schwächen in den Bereichen Sicherheit und Zuverlässigkeit zu kämpfen, da wir auf große Infrastrukturen spezialisiert sind. Gegenwärtig betreiben wir ungefähr 45 000 Server. Wir arbeiten mit verschiedenen Internetanwendungen, unter anderem für Beschaffungsprozesse (E-Procurement). Aufgrund unserer Größe und mithilfe einer Website für den IT-Zuliefermarkt können wir Leistungen in hoher Qualität zu ausgezeichneten Konditionen einkaufen. Die Website trägt den Namen

›Easytemp‹ und listet von uns ausgewählte Zulieferer auf. Es handelt sich dabei um eine globale Beschaffungslösung, die uns und unseren Kunden hilft, Verwaltungskosten zu sparen.

Das EDS-Geschäftsmodell gründet auf beträchtlichen Investitionen in Großrechnersysteme. So können wir unsere Kunden bei der Einführung neuer IT-Lösungen unterstützen, ohne dass hohe Kosten anfallen. Der Großteil unserer Arbeit besteht aus der Entwicklung kundenspezifischer Lösungen. Häufig werden wir aufgefordert, die gemeinsam mit einem Kunden aufgebaute Fachkompetenz im Anschluss an ein Projekt der gesamten Branche zur Verfügung zu stellen. Bisweilen profitieren von unserer Entwicklungsarbeit sogar Unternehmen anderer Branchen. So haben wir beispielsweise eine Kundenlösung entwickelt, die eine Software für Computer-Aided Design (CAD) in die ERP-Systeme von Herstellern und Zulieferern integriert. Diese Lösung wird sowohl von General Motors als auch vom Flugzeugbauer McDonnell Douglas genutzt.

Während unserer Phase schnellen Wachstums entwickelten sich relativ ineffiziente Organisationsstrukturen. Wir hatten 48 strategische Geschäftseinheiten und einen starken internen Wettbewerb. Als ich CFO bei EDS wurde, erkannte ich schnell, dass sich im Finanzwesen etwas ändern musste. Ich konnte meine bei Pricewater-houseCoopers gewonnenen Erfahrungen im Management eines global operierenden Unternehmens einbringen, was die Schaffung von Synergien über geografische und kulturelle Barrieren hinweg betrifft. Einer der ersten Schritte war die Bildung einer neuen Geschäftseinheit für E-Business-Lösungen. Die vormals 48 Geschäftsbereiche wurden auf vier reduziert. Wir haben unser Vergütungssystem modifiziert, um Cross-Selling zu fördern. Und wir haben hart daran gearbeitet, das im Unternehmen vorhandene Wissen mithilfe neuer Prozesse und Systeme zu erfassen und effektiv zu nutzen. Wir wachsen mittlerweile bei recht stabilen Kosten und können dadurch unser Ergebnis so steigern, wie es die Aktionäre von uns erwarten.

Wie die Zukunft des Outsourcing aussieht? Sie sieht gut aus, solange der Mehrwert für den Kunden ersichtlich ist und ihm Leistungen einer besseren Qualität zu niedrigeren Preisen angeboten werden. Was den Erfolg in dieser Branche ausmacht, ist die Fähigkeit, die geforderten Leistungen punktgenau zu erbringen. Diese Fähigkeit und unsere Infrastruktur sichern uns unseren Wettbewerbsvorsprung. Wir werden immer häufiger gebeten, Gesamtlösungen zu entwickeln, auf die unsere Kunden internetbasiert zugreifen können. Meines Erachtens geht der Trend beim Outsourcing von einzelnen integrierten Systemen zu Best-of-Breed-Lösungen. Bislang haben wir mit unseren Kunden Einzelverträge abgeschlossen. Wir werden nun zunehmend angeregt, unsere Dienste verschiedenen Kunden gemeinsam anzubieten, sofern dies der Datenschutz und die Vertraulichkeit der Informationen zulassen.

Einige Unternehmen öffnen ihre Shared-Services-Center externen Kunden, um so einen Gewinnzuwachs zu erzielen. Beispiele hierfür sind General Motors mit der Ausgliederung von EDS, Phillips mit der Ausgliederung von Origin und American Airlines mit dem Verkauf von Sabre. Diese Unternehmen profitieren von der gemeinsamen Nutzung vorhandener Kompetenz: bei der Entwicklung moderner Geschäftsprozesse, bei der Erstellung stabiler Lösungen, bei der Pflege von Anwendungen und beim Betrieb einer physischen Infrastruktur. Zwischen Outsourcing-Anbietern, Kunden und Technologielieferanten können Partnerschaften entstehen, die enorme Entwicklungsmöglichkeiten bieten.«

Konzerne wie Procter and Gamble (P&G) haben Shared-Services-Center für den Finanzbereich eingeführt und ihre Kosten-Benchmarks an den Standard professioneller Outsourcing-Unternehmen angeglichen. P&G hat das Shared-Services-Center für Nordamerika in Costa Rica angesiedelt, wo das Unternehmen die notwendigen Dienstleistungen auf demselben hohen Niveau zu einem Bruchteil der früheren Kosten bereitstellen kann. Wie der Finanzchef von EDS sagt auch der CFO von P&G: »Es dreht sich alles um die Fähigkeit, die geforderten Leistungen auch bereitzustellen.« Dem stimmt jeder zu, der ein Shared-Services-Projekt auf die Beine gestellt hat.

Doch viele CFOs, die unter großen Anstrengungen ein Shared-Services-Center etabliert haben, sind sich nicht sicher, wie erfolgreich sie waren oder wie weit sie ihr Projekt noch vorantreiben sollen. Denn da gibt es auch noch die Strategie des Outsourcing, ein Phänomen, an dem niemand vorbeikommt. CFOs fragen uns ständig: Bringt das Outsourcing wirklich große Vorteile? Wäre es nicht besser, in ein eigenes Shared-Services-Center zu investieren, anstatt die Kontrolle über bestimmte Geschäftsprozesse abzugeben? Was ist neuer, besser, schneller, kostengünstiger? P&G hat Einsparungen erzielt, ohne auslagern zu müssen. Das Unternehmen plant nun, Joint Ventures mit anderen Unternehmen einzugehen, um seine Finanzdienstleistungskompetenz noch intensiver zu nutzen.

In diesem Kapitel untersuchen wir die Entwicklung von Shared Services hin zum Outsourcing. Der Schwerpunkt liegt dabei auf elektronischen Marktplätzen. Die Welt verändert sich beständig, und es entwickelt sich z. B. ein neuer Markt so genannter Managed Services. Hier sind Shared Services, das Outsourcing von Geschäftsprozessen, das Management von Infrastrukturdiensten, das Application Management und alle damit verbundenen Vorteile vereint. Schließlich betrachten wir in diesem Kapitel die Auswirkungen von Webservices und deren Bedeutung für Sie als CFO.

4.1 Gründe für den Schritt zu Shared Services

Warum sollte man Shared Services einführen? In erster Linie wegen der Kosten, wegen des Zugriffs auf günstigere Ressourcen und schlankere Prozesse. Zweitens, weil sich notwendige Veränderungen mithilfe externer Kräfte oftmals besser durchsetzen lassen. Drittens, weil das Fachwissen in einer risikofreien Umgebung immer auf dem aktuellsten Stand ist. Viertens, weil man durch Shared Services Fixkosten flexibel den Marktbedingungen anpassen kann. Und schließlich, um sich auf das Kerngeschäft zu konzentrieren und die Ablenkung durch Einführung neuer Informationstechnik auf ein Minimum zu reduzieren.

Hinter Shared Services verbirgt sich nicht die kontinuierliche Bereitstellung immer wieder gleicher Dienstleistungen. Standortübergreifende Dienste sind einer ständigen Entwicklung unterworfen und stellen hohe Ansprüche an die Organisation des Unternehmens. Entsprechend zahlreich sind die möglichen Fallstricke:

▶ Die Notwendigkeit von Veränderungen wird nicht erkannt.

▶ Führungskräften fehlen die Instrumente zur Steuerung des Veränderungsprozesses.

▶ Das Fehlen einer stimmigen Vision verhindert langfristigen Nutzen.

▶ Der Kommunikationsbedarf wird unterschätzt.

▶ Eine zu eng gefasste Schwerpunktsetzung führt dazu, dass Hindernisse übersehen werden.

▶ Langfristige Ziele verstellen den Blick auf kurzfristige Erfolge.

▶ Die erreichten Veränderungen bleiben in der Unternehmenskultur ohne langfristige Wirkung.

▶ Man glaubt zu früh, bereits am Ziel zu sein.

Wir haben festgestellt, dass Unternehmen sich bei der Implementierung von Shared Services in der Regel für eine der drei folgenden Varianten entscheiden:

1. Die nationale Variante: Shared Services erbringen ihre Leistungen innerhalb eines Landes oder einer Geschäftseinheit.

2. Die regionale Variante: Die Geschäftseinheiten eines Kontinents nutzen gemeinsame Prozesse.

3. Die kühnere, globale Variante: Für sämtliche Geschäftseinheiten weltweit wird ein einziges Shared-Services-Center eingerichtet.

Bei der Optimierung ihrer Ansätze sammeln Unternehmen Erfahrungen darüber, was funktioniert und was nicht. Gegenwärtig bilden sich verschiedene Trends heraus:

- **Shared-Services-Center werden umfangreicher.**
  - Es ergeben sich Größenvorteile, indem mehr Länder und Geschäftseinheiten einbezogen werden.
  - Immer mehr Prozesse aus den Bereichen IT, Finanz- und Rechnungswesen, Personalwesen, Beschaffung und Kundenbetreuung kommen hinzu.
- **Shared-Services-Center werden kleiner.**
  - Bessere Technik, weniger Benutzereingriffe und höhere Geschwindigkeiten lassen eine unbeaufsichtigte Transaktionsverarbeitung immer realistischer werden.
  - Unternehmensübergreifende Prozesse nehmen zu.
- **Unternehmen werden zu größerer Flexibilität gezwungen.**
  - Unternehmen müssen schneller entscheiden, ob Leistungen intern erbracht oder ausgelagert werden sollen.
  - Unternehmen müssen nach Übernahmen und Verkäufen schneller zum Tagesgeschäft zurückkehren.
- **Unternehmen arbeiten verstärkt an der Senkung von Investitions- und Betriebskosten.**
  - Unternehmen verlagern die Transaktionsverarbeitung an die kostengünstigsten Standorte.
  - Unternehmen bilden Partnerschaften mit Lieferanten, Kunden und sogar Wettbewerbern zur gemeinsamen Nutzung nicht strategischer Support-Leistungen.

Abbildung 4.1 Shared Services vereinigen die Vorteile von Zentralisierung und Dezentralisierung

Wie Abbildung 4.1 zeigt, vereinen Shared Services hinsichtlich Struktur und Betrieb die Vorteile der Zentralisierung mit denen der Dezentralisierung.

Inzwischen haben viele Unternehmen den Nutzen von Shared Services erkannt. Anfänglich bestand das Ziel darin, Fixkosten zu senken: durch Einsparung oder Versetzung von Arbeitskräften, durch niedrigere Softwarebeschaffungs- und Lizenzkosten und niedrigere Systemwartungskosten. Als Nächstes wurden durch Umstrukturierungs- und Produktivitätsverbesserungen Prozesse ohne Mehrwert eliminiert. Daraus resultierten weniger Fehler, weniger Nacharbeit sowie zeitgerechtere und präzisere Informationen.

Wertschöpfung und kontinuierliche Verbesserung der Prozesse sind die ultimativen Ziele. Die Unternehmensleistung wird durch eine engere Zusammenarbeit mit Lieferanten und Kunden sowie ein verbessertes Berichtswesen und eine verbesserte Entscheidungsunterstützung gesteigert. Das europäische Finanzdienstleistungszentrum von Bristol-Myers Squibb ist dafür ein gutes Beispiel.

Fallstudie
Shared Services für das europäische Finanzwesen eines Weltkonzerns

Bristol-Myers Squibb (BMS) ist ein stark diversifizierter Pharma-Konzern mit einem Gesamtumsatz von rund 20 Milliarden Dollar und 44 000 Mitarbeitern weltweit. Die Produktpalette reicht von pharmazeutischen Produkten bis zu Konsumgütern. Mitte der neunziger Jahre startete das Unternehmen ein Shared-Services-Programm für sein europäisches Finanzwesen.

Der Auftrag bestand darin, innerbetriebliche Dienste zu entwickeln und bereitzustellen, die BMS einen Wettbewerbsvorteil verschaffen und das Wachstum des Unternehmens ankurbeln würden. Die Hauptziele bestanden in einer deutlichen Senkung der Transaktionskosten und der Implementierung von Best Practices. Den Anstoß für das Programm gaben das Umsatzwachstum des Unternehmens, das Jahr-2000-Problem, die Notwendigkeit, Geschäftsprozesse zu harmonisieren, sowie der Wunsch, weniger Zeit für Konsolidierung und Reporting aufzuwenden.

Im strategischen Beschaffungswesen, der Nachfrageplanung, bei Finanzdiensten und im Order-to-Cash-Prozess wurden Initiativen zur Steigerung der Produktivität gestartet. Diejenigen Prozesse, die als Erste in regionalen Shared-Services-Centern abgewickelt werden sollten, wurden zunächst mithilfe eines globalen Modells überarbeitet und anschließend in ein einheitliches IT-System überführt – eine einzelne Instanz eines SAP-Systems.

Ein globales Shared-Services-Team sollte gemeinsam mit regionalen Teams einen übergeordneten Integrationsansatz für Europa, Nordamerika, Süd- und Mittelamerika sowie den asiatisch-pazifischen Raum entwickeln.

Der Geschäftsplan für die Shared Services in Europa beinhaltete folgende Vorgaben:

1. einen mehrsprachigen Support
2. kundenorientierte Dienstleistungsvereinbarungen (*Service Level Agreements*)
3. Verwendung von SAP-Technikkomponenten und Software zur Digitalisierung von Papierbelegen

Die europäischen Teams konzentrierten sich auf die Transaktionsverarbeitung, die stetige Optimierung und die Schaffung von Mehrwertdiensten. Die Transaktionslast im Finanzwesen wurde reduziert, der Schwerpunkt der Abteilung auf die Entscheidungsunterstützung gelegt.

Die Veränderungen im Rechnungswesen beinhalteten die Einführung lokaler Kontenpläne, die Vereinheitlichung lokaler Buchungen, die Berechnung mehrerer Mehrwertsteuersätze sowie weitere länderspezifische Unterschiede. Die SAP-Lösung wurde so gestaltet, dass sie diese Komplexität abbilden konnte. In einem parallelen Hauptbuch wurden die Bücher für die lokale Rechnungslegung geführt.

Die vielleicht größte Herausforderung bei der Implementierung des SAP-Systems war das Change Management. Hier galt es, Akzeptanz für globale Standardprozesse und Veränderungen in der Unternehmensphilosophie zu schaffen. Die Abschaffung direkter Rechnungen, die Codierung von Anforderungen durch die Benutzer und die Abschaffung länderspezifischer Systeme gehörten zu den fundamentalen Veränderungen. Höchste Priorität hatte daher in der Implementierungsphase ein kontinuierlicher Support, der sich auf die ständig wechselnden Anforderungen einstellen musste. Ebenso wichtig für den Erfolg war die Schulung der wachsenden Zahl von Anwendern, die Ausbildung von Powerusern und die Einrichtung eines effektiven Helpdesks.

Die rund 100 Mitarbeiter des europäischen Finanzdienstleistungszentrums von BMS bedienen heute – nach über fünf Betriebsjahren – rund 60 Konzerngesellschaften auf den wichtigsten europäischen Märkten und unterstützen über 6 000 europäische Benutzer in sieben Sprachen.

In Zukunft soll das Shared-Services-Center weitere Leistungen übernehmen und auch kleineren Märkten zur Verfügung stehen. Die Anpassung an die ständig neuen Anforderungen der BMS-Geschäftseinheiten hat nach wie vor eine hohe Priorität. System-Updates und die Einführung neuer Technik erfordern große Flexibilität.

Personalschulung und die Bindung der Mitarbeiter an das Unternehmen sind weitere wichtige Sachthemen.

BMS hat erfahren, dass eine erfolgreiche Implementierung die Integration vieler verschiedener Komponenten erfordert. Geschäftsprozesse müssen auf Mitarbeiter und länderspezifische Unterschiede sowie auf Systeme und Technik abgestimmt werden. Organisationsstrukturen und -schnittstellen müssen gut durchdacht, interne Kundenanforderungen erfüllt werden.

Wie in anderen Unternehmensbereichen auch, sind Leiter von Shared-Services-Centern gezwungen, mit wenigen Mitteln viel zu erreichen. Intelligent automatisierte Shared Services können den Kostendruck verringern und die Rentabilität steigern.

Die meisten Unternehmen beginnen mit der Implementierung von Software zur Automatisierung von Finanztransaktionen. Doch auch das Personalwesen ist reif für eine höhere Automatisierung. Katalogmanagement und Beschaffungsprozesse bringen als Shared Services ebenso große Vorteile. Gegensätzliche Prioritäten bei der Einrichtung von Shared Services können jedoch den Automatisierungsprozess verlangsamen.

Der einzige Weg zum Erfolg führt über die Bereitstellung qualitativ hochwertiger und zeitgerechter Leistungen zu einem für die Abnehmer überzeugenden Preis. Unternehmen können die Kosten nur dann mittels Shared Services senken, wenn sie über eine Automatisierungsplattform verfügen, die die Verfügbarkeit der Dienstleistung verbessert. Mithilfe einer dedizierten Softwareplattform können Unternehmen

1. die Koordination auf vielen verschiedenen Ebenen verbessern

2. direkte und indirekte Einsparungen realisieren

3. die Kundenzufriedenheit durch die Berücksichtigung der Erwartungen und die zuverlässige Bereitstellung der vereinbarten Leistungen verbessern

4.2   Shared Services heute

Die Kreditoren- und Debitorenbuchhaltung steht auf der Liste der in Shared-Services-Centern bereitgestellten Leistungen weiterhin ganz oben.[1] Die Grundregel lautet, dass sich fast alle homogenen geschäftsübergreifenden Prozesse für Shared Services eignen. Gegenwärtig verarbeiten Shared-Services-Center in der Regel Prozesse, die keine komplexen Wechselbeziehungen mit den Kunden erfordern. Stan-

---

1   Andersen/Akris.com: *Shared Services Extend their Reach.* 2001.

dard ist die Verarbeitung möglichst unkritischer hochvolumiger Transaktionen nach genau festgelegten Regeln. Zumeist sind das die Prozesse der folgenden Bereiche:

1. Kreditorenbuchhaltung
2. Debitorenbuchhaltung
3. Reisekostenabrechnung
4. Hauptbuch und Konsolidierung (Bilanzbuchhaltung)
5. Lohnbuchhaltung

Weitere Ergebnisse derselben Studie:

Die vier Hauptgründe für das Einrichten eines Shared-Services-Centers (in Prozent)

1. Kostensenkung, insbesondere in der Verwaltung	83
2. Verbesserung der Qualität und Pünktlichkeit von Leistungen	53
3. Standardisierung von Geschäftsprozessen	48
4. Optimierung des Working Capital	42

Hauptkriterien bei der Auswahl des Standorts (in Prozent)

1. Verfügbarkeit kompetenter Mitarbeiter	74
2. Kommunikationsinfrastruktur: Telekommunikation, Verkehrswege	48
3. Kundennähe	36
4. Nähe zur Konzernzentrale oder zum regionalen Hauptsitz	25
5. Verfügbarkeit und Kosten von Büroräumen	23
6. Personalkosten	20

Die fünf wichtigsten Erfolgsfaktoren (in Prozent)

1. Unterstützung durch das Senior Management	85
2. geeignetes Personal für die Leitung und das operative Geschäft	44
3. schnelle Anfangserfolge als Motivation	32
4. klare Kommunikation der Ziele an alle Mitarbeiter	28
5. Schwerpunkt auf einem effektiven Change Management	25

In der Planungsphase ist zu beachten, dass Shared-Services-Projekte als ganzheitliche Projekte entworfen und implementiert werden müssen, um deutliche Kostenvorteile zu erreichen. Dies bedeutet im Einzelnen:

► **Standardisierung**

Standardisierte Informationssysteme, beispielsweise ein aus einer einzigen Instanz bestehendes ERP-System, gewährleisten Skalierbarkeit und verursachen geringere Anschaffungs-, Lizenz-, Wartungs- und Supportkosten. Ein Mangel an Standardisierung führt hingegen zu Mehraufwand.

► **Best Practices**

Die Einführung von Best Practices in Bereichen wie Order-to-Cash, Purchase-to-Pay und Account-to-Report ermöglicht beträchtliche Produktivitätszuwächse und senkt die Betriebskosten.

► **Ausgeprägte Dienstleistungskultur**

Service Level Agreements und andere Instrumente zur Verbesserung der Servicequalität reduzieren durch Fehler verursachten Nachbearbeitungsaufwand und Mitarbeiterfluktuation.

Viele Unternehmen beachten mindestens einen der oben genannten Punkte nicht. Dies kann den Gesamterfolg der Shared-Services-Initiative gefährden. Entscheidet sich ein Unternehmen jedoch für einen ganzheitlichen Ansatz, sind durchaus Einsparungen von 30 bis 40 Prozent möglich.

4.3 Physische und virtuelle Shared-Services-Center

Virtuelle Shared-Services-Center sind ein wichtiger Schritt auf dem Weg zur vollautomatischen Transaktionsverarbeitung – im Englischen »lights-out processing« genannt, weil die Rechner im Computerraum ohne menschliches Zutun arbeiten, also im Dunkeln. Nach der maximalen Automatisierung von Verwaltungsprozessen streben letztlich alle Unternehmen. Dennoch bringt die Entscheidung für diesen Ansatz nicht nur Vorteile, sondern auch Nachteile mit sich (siehe Tabelle 4.1).

Vorteile	Nachteile
Keine Unruhe unter den Mitarbeitern. Die Mitarbeiter verbleiben an ihren Standorten.	Best Practices sind schwierig zu vermitteln und zu implementieren.
Kein separates Gebäude erforderlich.	Standardprozesse sind schwierig zu implementieren und zu pflegen.
Kein Wissensverlust durch abwanderndes Personal.	Das Finanz- und Verwaltungspersonal hat einen (zu) großen Verantwortungsbereich.
Keine Sprachschwierigkeiten.	Keine Möglichkeit zur Standortarbitrage.

Tabelle 4.1 Vor- und Nachteile virtueller Shared-Services-Center

Vorteile	Nachteile
Kein Aufwand für die Einstellung und Schulung von Personal für das Shared-Services-Center.	Hoher Aufwand für Finanzabteilungen an allen Standorten.
Kein umfangreiches Change Management erforderlich.	Die Schaffung einer ausgeprägten Dienstleistungskultur an etablierten Standorten ist schwierig.
	Systemstandardisierung führt nicht immer zu Prozessstandardisierung.

Tabelle 4.1 Vor- und Nachteile virtueller Shared-Services-Center

Transaktionen im Finanz- und Rechnungswesen machen noch immer den größten Teil der von Shared-Services-Centern verarbeiteten Transaktionen aus. Zunehmend werden jedoch auch Transaktionen der IT-Abteilung (operativer Betrieb und Entwicklung), der Personalabteilung (Lohnbuchhaltung), der Rechtsabteilung, der Immobilienverwaltung und des Beschaffungswesens in Shared-Services-Centern verarbeitet.

Entgegen branchenüblicher Trends haben einige Unternehmen begonnen, auch Marketing und andere kundennahe Leistungen in Shared-Services-Centern zu erbringen. Das europäische Kundendienstzentrum von Hewlett-Packard bietet beispielsweise für 19 Länder einen mehrsprachigen telefonischen Support.

Mit einem Shared-Services-Center gelingt es Unternehmen, Leistungen für einzelne Geschäftseinheiten zu niedrigen Kosten bereitzustellen. Vorab müssen jedoch relevante Prozesse innerhalb der Geschäftseinheiten vereinfacht oder standardisiert werden. Jeder Schritt auf dem Weg zu einem Shared-Services-Center bringt zusätzliche Vorteile.[2] Doch jeder Schritt zieht auch weitere Veränderungen und damit Herausforderungen nach sich, die bewältigt werden müssen. Wie Abbildung 4.2 veranschaulicht, erfordert die Verlagerung von Geschäftsprozessen eine hohe Veränderungsbereitschaft und Anpassungsfähigkeit.

---

2 PricewaterhouseCoopers Financial and Cost Management Team: *eCFO: Sustaining Value in the New Corporation.* Wiley 2001.

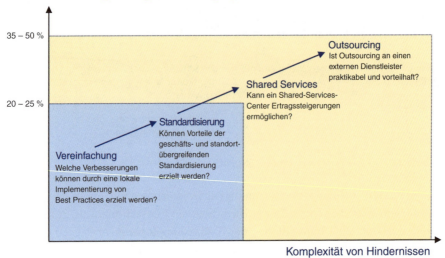

Kostenreduzierung im Vergleich zur Ausgangsbasis

35 – 50 %

20 – 25 %

Vereinfachung
Welche Verbesserungen
können durch eine lokale
Implementierung von
Best Practices erzielt werden?

Standardisierung
Können Vorteile der
geschäfts- und standort-
übergreifenden
Standardisierung
erzielt werden?

Shared Services
Kann ein Shared-Services-
Center Ertragssteigerungen
ermöglichen?

Outsourcing
Ist Outsourcing an einen
externen Dienstleister
praktikabel und vorteilhaft?

Komplexität von Hindernissen

Abbildung 4.2 Ohne Veränderungen keine Leistungssteigerungen

▶ **Schritt 1: Vereinfachen**

Führen Sie Verbesserungen Schritt für Schritt, Land für Land durch.

Analysieren, überarbeiten und ordnen Sie grundlegende Geschäftsprozesse in allen Tochtergesellschaften und Land für Land neu. Trennen Sie sich von Aktivitäten, die keinen Mehrwert bringen, und entwickeln Sie lokale Lösungen zur Leistungssteigerung. Allein durch die Vereinfachung von Prozessen können Unternehmen Einsparungen bis zu 30 Prozent erzielen.

▶ **Schritt 2: Standardisieren**

Sorgen Sie in allen Ländern für Einheitlichkeit.

Implementieren Sie Standardsysteme, und verwenden Sie einheitliche länderübergreifende Kontenpläne für alle Unternehmensbereiche. Übertragen Sie Best Practices von einem auf den anderen Unternehmensbereich. Neben Kosteneinsparungen vermindern Sie so auch die Komplexität und können Unternehmensdaten aus verschiedenen Ländern miteinander vergleichen.

▶ **Schritt 3: Leistungen gemeinsam nutzen**

Führen Sie Ressourcen und Prozesse zusammen, und nutzen Sie Größen- und Mengenvorteile.

Verlagern Sie Prozesse aus den Geschäftseinheiten in ein Shared-Services-Center, das Leistungen auf nationaler, regionaler oder sogar globaler Ebene bereitstellt. Dieser Ansatz geht weit über die Einrichtung eines einzelnen Rechenzentrums hinaus. Hier werden Qualifikationen und Ressourcen durch Reorganisation konzentriert und Kosten vermieden, die sonst an mehreren Stellen im Unternehmen entstehen würden. Das Shared-Services-Center nutzt Größen- und Mengenvorteile und erlaubt es den Geschäftseinheiten, sich auf Aufgaben zu konzentrieren, die einen höheren Mehrwert bringen. Der CFO eines in den USA ansässigen multinationalen Konzerns sagt dazu: »Wir können den Prozess drastisch rationalisieren und durch den hohen Automatisierungsgrad ganze Kostenblöcke eliminieren. Wir erhöhen damit die Qualität unserer Transaktionen und vermeiden Fehler. Ein echter Volltreffer!«

▶ **Schritt 4: Outsourcing**
Arbeiten Sie mit einem externen Dienstleister zusammen.

Bestimmte Prozesse können am besten von externen Unternehmen bewältigt werden, die maximalen Service zu minimalen Kosten bieten. Das gegenwärtig hauptsächlich in den Bereichen IT und Gebäudeverwaltung genutzte Outsourcing kann oft auf andere nicht zum Kerngeschäft gehörende Prozesse ausgedehnt werden.

4.4 Outsourcing: Pro und Contra

Drei Viertel der 500 größten Unternehmen der USA arbeiten an Outsourcing-Projekten. Outsourcing funktioniert jedoch in der Regel nur bei den Prozessen gut, die nicht zum Kerngeschäft gehören. Ein japanischer Finanzdirektor betrachtete sein Personal als »Wissenspool und Schaltzentrale« für den Vorstandsvorsitzenden und das Senior Management und meinte, dass er sich ein Outsourcing von Finanzfunktionen nicht vorstellen könne. Wir fanden heraus, dass Unternehmen häufig zögern, die mit dem Outsourcing verbundenen Risiken einzugehen. Sie befürchten Kontrollverlust oder eine zu enge Bindung an einen einzelnen Anbieter, insbesondere beim Outsourcing so zentraler Unternehmensbereiche wie dem Finanz- und Rechnungswesen.

Bei der Entscheidung darüber, ob Prozesse ausgelagert oder im Unternehmen behalten werden sollen, müssen fünf Fragen beantwortet werden:

▶ Ist die direkte Kontrolle über Schlüsselfunktionen Teil Ihrer Unternehmenskultur?

▶ Wie schnell wollen Sie vorankommen? Die Implementierung kann mithilfe eines externen Anbieters gegebenenfalls schneller erfolgen, insbesondere bei interner Konkurrenz um Ressourcen.

▶ Kann Ihr Team die Veränderung selbst herbeiführen? Seien Sie ehrlich zu sich selbst. Wie sieht die Bilanz Ihrer bisherigen Bemühungen um interne Veränderungen und Neustrukturierungen aus? Haben Sie vorgegebene Zeitrahmen und Budgets eingehalten?

- ▶ Wie stehen Ihre Mitarbeiter zu den einzelnen Alternativen und deren Auswirkungen auf das Wachstum des Unternehmens und ihre eigenen Entwicklungsmöglichkeiten? Kann Outsourcing zu Problemen in der Branche führen?
- ▶ Können Ihre IT-Systeme problemlos aus der Unternehmensstruktur herausgelöst werden, um sie auszulagern?

Der in Abbildung 4.2 gezeigte logische Ablaufplan vermittelt nur schwerlich die Vorteile von Shared Services. Das Shared-Services-Center muss mehr leisten, als nur Kosten einzusparen. Was Shared Services von der Zusammenlegung von Geschäftseinheiten unterscheidet, ist die interne Lieferanten-Kunden-Beziehung zwischen dem Center und den zu betreuenden Geschäftseinheiten. Das Center muss diese Beziehung aktiv gestalten und seine Kompetenz in den Dienst der internen Kunden stellen. Dabei ist es auf deren regelmäßiges Feedback angewiesen. Gute Shared-Services-Center verarbeiten die Transaktionen der Geschäftseinheiten sowohl effizienter als auch in einer Weise, die deren Anforderungen besser gerecht wird.

 Fallstudie
Outsourcing des Finanzwesens

Als sich die britische Supermarktkette Safeway entschloss, das Finanzwesen auszulagern, stellte dies einen großen kulturellen und betrieblichen Eingriff dar. Die Ziele sind immer noch dieselben wie vor sechs Jahren beim Start des Projekts: Unterstützung bei der Entscheidungsfindung zur Steigerung des Shareholder Value, Verbesserung der Unternehmensleistung, Bereitstellung von Finanzinformationen für das Ressourcenmanagement und die Funktion als »finanzielles Gewissen« der Geschäftsführung.

CFO Simon Laffin: »In der Vergangenheit genoss das Finanzwesen bei anderen Geschäftsbereichen keinen guten Ruf. Es wurde als Polizist, als Hindernis, als wenig nützliche und vom Hauptgeschäft abgekoppelte Organisationseinheit betrachtet. Das hat sich mit unserem neuen Finanzteam vollkommen geändert. Die routinemäßigen Transaktionen und die Finanzbuchhaltung wurden an Pricewaterhouse-Coopers ausgelagert, ebenso die internen Audits. Dadurch konnte unser internes Finanzteam seine eigentlichen Aufgaben wie Planung, Treasury und Steuern besser wahrnehmen und sich auf den Support konzentrieren. Es wurden so genannte Financial Support Teams gebildet, die vor Ort in den unterschiedlichen Geschäftsbereichen arbeiten und diese unterstützen.«

Safeway entwickelte eine Zwei-Phasen-Strategie:

In Phase 1 lag der Schwerpunkt auf Audits durch externe und ehemalige interne Prüfer. Diese Kombination sorgte für die nötige Sicherheit.

Nachdem sich dieser Ansatz bewährt hatte, fuhr Safeway mit Phase 2 fort, dem kompletten Outsourcing der Transaktionsverarbeitung. Skalierbarkeit war für die Nummer vier der Branche ein wichtiges Thema. Zu den ausgelagerten Services zählen die Kreditoren-, Debitoren- und Lohnbuchhaltung sowie die routinemäßige Verarbeitung von Bankgeschäften und Kreditkartenvorgängen. So konnte Safeway bereits mehr als 20 Prozent der Kosten einsparen.

Simon Laffin weiter: »Dank dieser Veränderungen konnten wir unsere verbleibenden Ressourcen besser nutzen und uns auf die Entscheidungsunterstützung und die Bereitstellung aussagekräftiger Informationen konzentrieren. Unsere Kompetenzen sind nun andere. Wir arbeiten analytischer und wirtschaftlicher. Safeway bedient wöchentlich zehn Millionen Kunden. Informationen und Analysen, die nicht zur Wertschöpfung beitragen, versuchen wir zu vermeiden. Wir setzen dabei auf die Urteilsfähigkeit unserer Einzelhandelsexperten, die sich auf den Verkauf und die Ergebnisse sowie das Ladengeschäft selbst konzentrieren. In relativ kurzen Zeiträumen können sie kundenorientierte Wettbewerbsstrategien entwickeln und für deren Umsetzung sorgen, und wir reden hier von Wochen, nicht von Monaten.«

Sobald Outsourcing funktioniert, wirkt es Wunder. Neben einem verbesserten Service können Unternehmen Einsparungen von 10 bis 30 Prozent erreichen.[3] So verwundert es nicht, dass die Outsourcing-Branche ihren Umsatz in weniger als fünf Jahren verdoppelt hat. Ein weiteres Wachstum gilt als sicher, da Unternehmen künftig nicht mehr nur IT-Systeme, sondern ganze Geschäftsprozesse auslagern.

Betrachten wir den Mineralölkonzern BP. Das Unternehmen hat Teile seines Personalwesens an Exult ausgelagert. Für die Finanz- und Buchführungsprozesse sind, nach Geschäftszweigen getrennt, PricewaterhouseCoopers und Accenture zuständig. Im schottischen Aberdeen teilt sich BP ein Service-Center für Finanz- und Rechnungswesen mit fünf weiteren Nordseeölgesellschaften. Auch Logistik, Technik und einen Teil der Produktionsunterstützung hat der Konzern ausgelagert.

Outsourcing ist eigentlich gegenläufig zu einem anderen Trend: der Integration von Geschäftsprozessen innerhalb eines Unternehmens, die die so oft versprochenen wirtschaftlichen Vorteile wie Produktivitätssteigerung, mehr Effizienz, höhere Kundenzufriedenheit und schnellere Reaktionsfähigkeit bringen soll. Wenn jedoch Daten, Anwendungen und Prozesse verschiedener Unternehmen verarbeitet werden, kann sich diese Integration als schwierig erweisen.

---

3   Institute for Strategic Change: *Accenture: Integrating Enterprise Outsourced Solutions.* Research Note, 2002.

So hatte eine Behörde Outsourcing-Verträge mit so vielen Unternehmen abgeschlossen, dass eine Integration nahezu unmöglich wurde. Oft blieb nur der Weg über Batch-Verarbeitungsschnittstellen, was die Behörde jedoch sehr schwerfällig und unflexibel machte. Die Koordination der Outsourcing-Dienstleister wurde so schwierig, dass das Amt vor kurzem die bestehenden Outsourcing-Verträge kündigte, um eine neue Strategie zu verfolgen. Keine sehr glückliche Situation!

Nicht alle Outsourcing-Verträge führen zu derartigen Integrationsproblemen. Unternehmen, die ihre eigenen Anwendungen auf Servern eines externen Anbieters betreiben, können diese beispielsweise relativ reibungslos in ihre Systemlandschaft integrieren. Ein Manager erklärt: »Es ist immer noch dasselbe System. Die Tatsache, dass sich Teile davon physisch außerhalb unseres Unternehmens an verschiedenen Standorten befinden, bewirkt keinen großen Unterschied.«

ConocoPhillips beispielsweise, eine der Ölgesellschaften, die gemeinsam mit BP das Shared-Services-Center in Aberdeen nutzen, entschied sich, Eigentümerin ihrer R/3-Software zu bleiben, um Integrationsprobleme zu vermeiden. Daher arbeitet das Outsourcing-Personal nun direkt mit den R/3-Finanzmodulen von Conoco, wenn es sich um die Finanzprozesse von Conoco kümmert. Die Systempflege und -aktualisierung obliegen wie beim klassischen Outsourcing dem Dienstleister.

In den meisten Fällen lassen sich Effizienzsteigerungen nur über eine gemeinsame Anwendungsplattform erzielen. Dies bedeutet, dass der Dienstleister die Anwendungen des Kunden modifizieren muss. Meistens will der Dienstleister jedoch sein eigenes System nutzen, um die Systemkosten auf mehrere Unternehmen zu verteilen und es an seine Betriebsstandards anzupassen. In diesem Fall müssen für jeden Outsourcing-Dienstleister Schnittstellen zu dessen System programmiert werden. Unterschiedliche Funktionen, Datenstrukturen und Releasestände können beträchtliche Integrationsprobleme verursachen.

Neben Integrationsproblemen auf der Anwendungsebene kann Outsourcing an unterschiedliche Dienstleister auch zu Problemen auf der Prozessebene führen. Prozesse wie Beschaffung und Vergütungsmanagement stehen nur in geringer Beziehung zueinander. Andere Prozesse, etwa Lohnbuchhaltung und Rechnungswesen, erfordern eine engere Integration.

Beim Outsourcing an mehrere Dienstleister müssen Unternehmen die technischen und organisatorischen Sachverhalte sowie Fragen der Integration sorgfältig prüfen:

▶ **Technische Sachverhalte**
Unternehmen müssen ihre Anwendungen und Prozesse so weit wie möglich standardisieren, bevor sie sie auslagern. Je mehr Modifikationen vorgenommen wurden, desto schwieriger wird es, Kosten zu senken und Anwendungen und

Prozesse zu integrieren, die auf mehrere Dienstleister verteilt sind. Wählen Sie bewusst nur die Anbieter, die Ihre Softwarelösungen unterstützen können. Wenn beispielsweise die Mehrzahl Ihrer Softwareanwendungen von SAP stammt und Sie das Finanzwesen auslagern möchten, sollten Sie einen Anbieter wählen, der das SAP-Finanzmodul unterstützen kann.

▶ **Organisatorische Sachverhalte**
Überprüfen Sie Ihre betrieblichen Prozesse, um die Integration von Anwendungen und Prozessen, die auf mehrere Dienstleister verteilt sind, sicherzustellen. Bitten Sie Ihre Dienstleister gegebenenfalls, Prozessflussdiagramme auszutauschen oder Middleware-Schnittstellen zur Anwendungsintegration zu definieren. Bedenken Sie jedoch, dass die Bereitschaft der Dienstleister zu einer Zusammenarbeit untereinander in der Regel dort endet, wo Betriebsgeheimnisse preisgegeben werden könnten. Darüber hinaus kann es schwierig sein, Zuständigkeiten klar zu definieren und zu delegieren, wenn diese in die Grauzone von Konnektivität und Integration fallen. Nur allzu oft gibt ein Anbieter einem anderen für ein unvorhergesehenes Problem die Schuld, ohne dass jemand die Verantwortung für die Lösung des Problems übernehmen möchte.

Damit Ihre Outsourcing-Dienstleister erfolgreich zusammenarbeiten, sollten Sie die Aufgaben klar strukturieren und den Dienstleistern Anreize zur Zusammenarbeit bieten. Wenngleich es verlockend ist, detaillierte Zuständigkeiten für jeden Anbieter zu definieren, ist es genau dieser Ansatz, der zu Problemen führen kann. Tauchen plötzlich Aufgaben auf, die nicht Bestandteil des Vertrags sind, bleiben diese gerne liegen. Setzen Sie Rollen und Zuständigkeiten eindeutig, aber eher grundsätzlich fest, anstatt bestimmte Schritte zu sehr im Detail zu definieren.

▶ **Fragen der Integration**
BP integriert Finanzdaten und -anwendungen mithilfe eines »Integration Hub«. Jede Anwendung übermittelt ihre Ergebnisse in einem Standardformat an den Hub, wo sie von einer Konsolidierungssoftware integriert werden. Nach der Installation des Integration Hub war es für BP nicht weiter schwer, diesen auch zur Integration externer Anwendungen zu verwenden.

In der Regel gilt: Je weniger Anbieter, desto einfacher deren Koordination. Versuchen Sie, zusammenhängende Prozesse an einen einzelnen Dienstleister auszulagern. Unter Umständen ist es allerdings nicht einfach, den richtigen zu finden. Gerade heute ist der Markt von Spezialisten überflutet, die individuelle Lösungen für einzelne Prozesse anbieten.

Kostensenkungen sind immer noch das Hauptmotiv für Outsourcing. Doch scheinen drei Viertel aller großen Outsourcing-Projekte keine Einsparungen zu erbringen. Outsourcing ist üblicherweise 10 bis 15 Prozent teurer als der Betrieb eines eigenen Dienstleistungszentrums. Doch welche Vorteile hat Outsourcing dann? Nun, in erster Linie ermöglicht es die Konzentration auf Kernkompetenzen.

Daneben ist Outsourcing unter folgenden Umständen sinnvoll:

1. Es geht Ihnen um strategische Neuorientierung, nicht bloß um Kostensenkung.

2. Sie haben bereits interne Größen- und Mengenvorteile realisiert.

3. Sie verfügen über keine wettbewerbsfähigen internen Ressourcen und können diese auch nicht aufbauen.

4. Sie sind bereit, die direkte Kontrolle über Ihre Zentralabteilungen aufzugeben.

Diejenigen Unternehmen, die am meisten vom Outsourcing profitieren, beginnen mit standardisierten IT-Lösungen und nutzen bereits implementierte Best Practices. Weiterhin steuern sie von Anfang bis Ende den Outsourcing-Prozess nach Grundsätzen, die auch Sie befolgen sollten:

▶ Definieren Sie die zu erbringenden Dienstleistungen und deren Umfang. Wichtig ist eine detaillierte Analyse mit klar festgelegten Zuständigkeiten (einschließlich eines Profils der Kernkompetenzen).

▶ Treffen Sie Dienstleistungsvereinbarungen (*Service Level Agreements*, SLAs). SLAs dienen zur Stabilisierung der vertraglichen Beziehungen und enthalten Vereinbarungen über Kriterien zur Kontrolle und Messbarkeit der festgelegten Dienstleistungen.

▶ Treffen Sie ausreichend flexible und anpassungsfähige Vereinbarungen, damit Sie auf Veränderungen bei Transaktionsvolumina und Leistungskriterien reagieren können. Denken Sie auch an Qualitätskriterien zur Beurteilung von Dienstleistungen und die Möglichkeit, Partnerschaften zu bilden.

▶ Arbeiten Sie mit einem Dienstleister zusammen, der in mehreren Bereichen überzeugende Leistungen bietet. Dazu gehören Best Practices und Prozessverbesserungen.

▶ Machen Sie sich klar, dass Sie beim Outsourcing für Dienstleistungen bezahlen und nicht die Arbeit festangestellter Mitarbeiter.

▶ Vermitteln Sie internen und externen Stakeholdern Ziele und Vorteile des Outsourcing.

▶ Demonstrieren Sie die Dringlichkeit Ihres Anliegens, und gehen Sie zügig vor, um einen Mehrwert zu schaffen. Richten Sie ein Performance Dashboard ein, und entwickeln Sie ein effizientes Reporting.

Wenn Sie jetzt noch das Internet in Ihre Überlegungen einbeziehen, werden Sie nicht nur die Qualität Ihrer Dienstleistungen weiter verbessern, sondern auch eine durchgängige Transaktionsumgebung schaffen. Nutzen Sie in vollem Umfang die

Möglichkeiten, die Ihnen die moderne Technik, Shared Services und das Outsourcing bieten. Lassen Sie Ihre Vision von modernen Geschäftsprozessen Wirklichkeit werden, bei denen Ihre Outsourcing-Partner den Großteil der Aufgaben in den Bereichen Einkauf (Purchase-to-Pay), Verkauf (Order-to-Cash) sowie Rechnungswesen und Reporting übernehmen. Das Internet verbindet Kunden, Lieferanten und Ihre Hausbank. Der Outsourcing-Partner leistet den Rest.

4.5 Zukunftsmusik: Was ist neu, schneller und besser?

Wie die meisten Ansätze ist auch der Shared-Services-Ansatz kein einheitlicher, sondern basiert auf den unterschiedlichsten Geschäftsmodellen, Systemen und technischen Innovationen. Es existiert ein verwirrendes Angebot an Softwarelösungen, für die Standards noch in der Entwicklungsphase sind. Die Dokumentenbeschreibungssprache XML und deren Beziehung zu ihrem Vorgänger EDI ist für den CFO von großer Bedeutung, da es sich um das Medium handelt, über das Finanzinformationen über das Internet übertragen werden. Die Systementwicklung ist davon ebenso betroffen wie die Abwicklung von Handelsbeziehungen, die Sicherheit und Transparenz bei der Rechnungslegung und das Reporting.

Was können wir empfehlen? Stellen Sie sicher, dass Ihr ERP-System die Vorreiter des XML-Standards unterstützt. EDI war stets und wird auch weiterhin dynamisch sein. Sobald sich Branchenstandards und -werkzeuge ändern, ändert sich EDI. Gleichgültig, ob die Rede von einem elektronischen Datenaustausch (EDI) oder direktem Datenaustausch (DDI) ist, handelt es sich stets um den Austausch derselben Dokumente und die Automatisierung derselben wichtigen Prozesse.

Die Zukunft des Datenaustauschs verspricht viel. Das Zusammengehen von XML und EDI ist kurzfristig die ideale Lösung, um Hindernisse zu überwinden, die sich aus der ausschließlichen Nutzung von EDI ergeben. Die Zusammenführung dieser beiden leistungsstarken Konzepte eröffnet eine Vielzahl von Möglichkeiten zum Ausbau von Geschäftsbeziehungen über das Internet. Mit dem Internet erschließen sich Unternehmen neue E-Business-Infrastrukturen, und sie können elektronisch Verbindung zu Geschäftspartnern aufnehmen, die nicht mit EDI arbeiten.

Die ursprünglichen Ziele von EDI, Kosteneinsparungen zu automatisieren und Fehler zu vermeiden, sind nach wie vor aktuell. Doch es geht noch um viel mehr: den langfristigen Wert und das künftige Potenzial einer E-Business-Infrastruktur für den Erfolg eines Unternehmens.

Die Herausforderungen beim Übergang zu einem auf XML basierenden E-Business sind vielfältig. Dazu gehören die Verknüpfung, die Synchronisation und die unterschiedlichen Standards der beiden Infrastrukturtypen. Eine neue Integrationsarchitektur, die die Kopplung und Synchronisation von XML und EDI automatisieren kann, wird als EIM (*Enterprise Integration Modeling*) bezeichnet. Dabei wird ein auf einem Datenspeicher basierendes Modell – ähnlich wie ein Thesaurus – genutzt, das automatisch Übereinstimmungen zwischen den Inhalten von geschäftlichen Transaktionen zwischen unterschiedlichen Partnern feststellen kann, egal, ob diese im EDI- oder XML-Format vorliegen.

Die neueste Innovation nach XML sind die Webservices. Webservices sind XML-Anwendungen, die ohne Benutzereingriffe miteinander kommunizieren und Daten austauschen können. Webservices stellen Anwendungen über das Internet bereit und ermöglichen es zahlreichen Benutzern, gleichzeitig auf denselben Internetdienst zuzugreifen. Diese moderne Technik kann CFOs und Finanzabteilungen bei der Einführung von Shared Services und beim Outsourcing unterstützen, da sie skalierbar ist und neue Lösungsansätze bietet. Wollen Sie Webservices nutzen, müssen Sie vorab Dienste definieren, den Dienstzugriff regeln, Standards einführen und sich um das Thema Datensicherheit kümmern. Webservices sorgen für eine größere Offenheit in Ihrer IT-Infrastruktur. Mehr über Webservices und ihr Potenzial erfahren Sie im weiteren Verlauf dieses Kapitels.

Sie werden sich vielleicht fragen, was Ihr Unternehmen mit dem Thema E-Business zu tun hat. Wenn Unternehmen sich dem elektronischen Handel zuwenden, automatisieren sie in der Regel ihre Logistikkette zusammen mit mehreren Geschäftspartnern und verknüpfen interne und externe Geschäftsprozesse. Das Internet ist die Plattform für E-Commerce, denn es verbindet Geschäftspartner auf elektronischem Wege und ermöglicht ihnen den Austausch von Dokumenten und die Ausdehnung ihres globalen Wirkungsbereichs.

Sie arbeiten sicher bereits mit einigen der genannten Komponenten. Die Aufgabe besteht nun darin, Ihr System weiterzuentwickeln und Ihren eigenen Weg mit EDI zu finden. Wichtig ist es, den Ist- und den Sollzustand zu kennen. Wenn Sie gegenwärtig über ein EDI-Paket verfügen, sind Sie nicht weit vom E-Commerce entfernt. Eine Aktualisierung ist sicher schon jetzt möglich.

EDI entwickelt sich permanent weiter. Eine Strategie für den effizienten Einsatz von EDI zu entwerfen, mag vielleicht zu aufwändig erscheinen, lohnt sich jedoch auf jeden Fall. Wenn alle Räder ineinander greifen, wird das Ausmaß Ihres Beitrags zur Unternehmensentwicklung deutlich. Konzentrieren Sie sich auf das langfristige Wachstum Ihres Unternehmens. Letztlich wird die Skalierbarkeit Ihrer Lösung mit dazu beitragen, Erträge zu erwirtschaften und das Unternehmenswachstum zu maximieren.

⛩ Fallstudie
Alte Geschäftsbeziehungen in neuem Licht[4]

Bei Osram Sylvania liefert ein mehrere Millionen Dollar teures ERP-System von SAP seinen Benutzern präzise geschäftskritische Daten in Echtzeit. Doch was passiert, wenn diese Daten gemeinsam mit anderen Geschäftspartnern genutzt werden? Es treten Verzögerungen von bis zu 24 Stunden ein, und es tauchen fehlerhafte Daten bei 20 Prozent der Transaktionen auf.

Der Angeklagte: der langsame, schwerfällige, fehleranfällige elektronische Datenaustausch (EDI). Auf dem Spiel steht bei Osram Sylvania die Möglichkeit, Auftrags-, Bestands- und andere wichtige Geschäftsdaten mit Kunden und Lieferanten zuverlässig auszutauschen. Das Problem wird dadurch vergrößert, dass einer der Zielmärkte des Unternehmens, die Automobilindustrie, unter dem wirtschaftlichen Abschwung leidet.

Aus diesem Grund hat Osram Sylvania ein neues System für die gemeinsame Nutzung von Daten mit den Geschäftspartnern eingerichtet. Das System verwendet XML zur Erzeugung einheitlicher Formate und zur gemeinsamen Nutzung von Formaten und Daten über Internet, Intranet und andere Medien. Mithilfe dieser Technik will die Lichtproduktesparte von Osram, die einen Jahresumsatz von zwei Milliarden Dollar erwirtschaftet, ihren Geschäftspartnern dieselben hochaktuellen Daten zur Verfügung stellen, die intern bereitstehen. Möglich ist auch, dass Osram Sylvania damit eine höhere Rendite aus den ERP-Investitionen erzielt.

»Der Hauptvorteil für uns ist, dass unser ERP-System uns einen echten Wettbewerbsvorteil bringen kann«, sagt CIO Mehrdad Laghaeian.

Das Projekt zur Systemintegration bei Osram Sylvania trat vor einem Jahr in die Planungsphase und befindet sich nun in der Implementierung. Das unsichere wirtschaftliche Klima hat interessanterweise für einen starken Aufwind für das Projektteam gesorgt.

»Es ist eigenartig: Doch vielleicht war der ökonomische Abschwung genau das richtige Rezept, dieses Projekt in Schwung zu bringen«, meint Laghaeian.

Hersteller bemühen sich gegenwärtig, auf Nachfrageschwankungen schneller zu reagieren und ihre Produktionspläne mit Partnern zu koordinieren. Trotz dieser Tatsache gehören entsprechende Integrationsinitiativen zu den IT-Projekten, vor denen man eine gewisse Scheu entwickelt hat. Nur in ganz seltenen Fällen wird diesen Projekten eine hohe Priorität eingeräumt. Unternehmen setzen auf neue

---

4   Quelle: *Information Week*. Februar 2001.

Systeme, führen Metasprachen wie XML ein und eröffnen elektronische Marktplätze als Alternativen zu firmeneigenen EDI-Netzwerken oder zu Prozessen, die weiterhin nicht ohne Fax, Post und Telefon auskommen. Solche Verbesserungen bei der gemeinsamen Nutzung von Informationen über Aufträge, Bestände und Produktionspläne tragen dazu bei, dass Geschäftspartner schnell ihren Bedarf über die gesamte Logistikkette melden und ebenso schnell auf sich ändernde Marktbedingungen reagieren können.

4.6 Application Management und Managed Services

Wie wir in diesem Kapitel bereits erfahren haben, implementieren CFOs zuerst Shared Services und überprüfen dann, ob sie ihr Finanzwesen ausgliedern. In jüngster Zeit hat sich parallel zu den Shared Services ein neuer Trend entwickelt: die Managed Services. Daraus wiederum sind die Application Management Services (Anwendungsmanagement) entstanden. Einige Anbieter offerieren nun eine integrierte Lösung für das Outsourcing der Komponenten Prozesse, IT-Infrastruktur und Anwendungen.

Lassen Sie uns jedoch zuerst untersuchen, was die einzelnen Begriffe bedeuten. Application Management kann definiert werden als die fortlaufende Verwaltung, Pflege, Verbesserung und Unterstützung der Systeme in einem Unternehmen im Verlauf ihres gesamten Lebenszyklus. Unter Managed Services versteht man die Bereitstellung eines externen Supports für Infrastruktur, Hardware und Software, die die Betriebsumgebung für die Anwendungen des Unternehmens bilden. Verfügen Sie über eine Kombination aus alten und aktuellen Softwareanwendungen, die Ihre IT-Ressourcen in Anspruch nehmen? Dann lesen Sie weiter.

Welche Unternehmen lagern ihr Application Management aus? Es sind solche Unternehmen, die einen wachsenden Bedarf an stabilen, kostengünstigen IT-Prozessen spüren und sich einem zunehmenden Druck ausgesetzt sehen, ihre Ergebnisse zu verbessern. Doch der vielleicht wichtigste Faktor ist die immer stärkere Konzentration auf das Kerngeschäft.

In einer von der Gartner Group im Jahr 2001 durchgeführten Studie gingen 36 Prozent aller global agierenden Unternehmen davon aus, dass sie in Zukunft eine virtuelle Organisationsstruktur haben werden. Während sich das Wachstum im Outsourcing-Markt für das Management von Altanwendungen verlangsamen wird, ist für das ausgelagerte Management von ERP- und E-Business-Anwendungen ein starkes Wachstum zu erwarten. Doch nicht alle Unternehmen haben gute Erfahrungen gemacht. Einige hat dieses eher ganzheitliche Outsourcing-Modell desillusioniert, da ihre Anforderungen als Kunden nicht mit den Leistungen der Anbieter in Einklang zu bringen waren.

Wenn Sie sich für Outsourcing entscheiden, bestimmen Sie eindeutig die Elemente des Lebenszyklus der Lösungsentwicklung, die vom Outsourcing-Vertrag erfasst werden sollen – vom Entwurf über die Umsetzung bis zur Ausführung. Stellen Sie die Unterschiede zwischen einem reinen Support- und Wartungsvertrag heraus, der versucht, dasselbe auf bessere Weise zu leisten, und einem Outsourcing-Vertrag, der sich darauf konzentriert, dasselbe auf neue Weise zu leisten (Transformation). Gleichen Sie anschließend diese beiden Ansätze mit Ihrem geplanten Ziel ab – dem Aufbau einer Geschäftspartnerschaft mit der Absicht, etwas Neues auf bestmögliche Weise zu leisten. Abbildung 4.3 stellt auf den senkrechten Achsen diese drei unterschiedlichen Ansätze dar und vergleicht diese auf der waagerechten Achse mit angemessenen Preisstrukturen für Berechnung sowie Risiko und Gegenleistung.

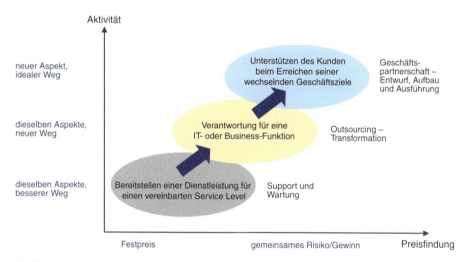

Abbildung 4.3 Variierende Preisstrukturen für Application-Management-Verträge

Prüfen Sie bei der Wahl des geeigneten Anbieters im Detail, ob er die notwendige Kompetenz mitbringt, den gesamten Lebenszyklus der Lösung zu betreuen. Das Angebot kann beispielsweise Beratung und ein Change Management umfassen. Das Umsetzungsangebot kann Paketimplementierungen, Kundenlösungs- und Anwendungsintegration, Migrationen und Aktualisierungen enthalten. Das Ausführungsangebot enthält Anwendungsunterstützung und -wartung, betrieblichen Support und Helpdesk-Funktionen.

Der Kern eines erfolgreichen Managed-Services-Vertrags ist ein Modell zur Dienstleistungsbereitstellung. Dieses Modell soll sicherstellen, dass das von Ihrem Anbieter bereitgestellte Leistungsangebot die messbaren Anforderungen erfüllt, die in den Service Level Agreements festgelegt wurden. Ein SLA für das Application Management ist in verschiedene aufeinander aufbauende Ebenen unterteilt:

- ▶ **Prävention**
  Aktivitäten zur Verbesserung von Anwendungen oder Leistungen

- ▶ **Korrektur**
  Reagieren auf Vorfälle, Wiederherstellen des Systembetriebs und dauerhafte Fehlerbehebung, falls angebracht und vereinbart

- ▶ **Anpassung**
  Anpassen einer Anwendung an andere Hard- oder Software

- ▶ **Weiterentwicklung**
  Verbessern einer Anwendung entsprechend sich ändernden Geschäftsanforderungen

- ▶ **Wettbewerbsorientierung**
  Unterstützen von betrieblichen Veränderungen und Innovationen

Kern der Dienstleistungsbereitstellung ist die Dienstleistungsspezifikation, ein Dokument, das ebenso wichtig ist wie der Vertrag selbst. Die Dienstleistungsspezifikation ist die wichtigste Komponente des Dienstleistungsmanagement-Konzeptes. Jede Geschäftseinheit muss über eine Dienstleistungsspezifikation verfügen. Jedes Mitglied der Geschäftsbereichsleitung muss mit dem Inhalt, der Struktur und den Änderungskontrollmechanismen der Spezifikation des jeweiligen Geschäftsbereichs vertraut sein. Die Spezifikation spielt eine wichtige Rolle beim Aufbau des Geschäftsbereichs und spiegelt die sich ändernden Anforderungen wider.

Eine Spezifikation besteht aus folgenden Elementen:

1. **Leistungsdefinition**
   Sie beschreibt die zu erbringenden Leistungen, legt den Leistungsumfang und den zu erreichenden Service Level fest und ermöglicht eine geschäftsorientierte statt einer technischen Perspektive.

2. **Leistungsmessung**
   Hier wird auf dem Hintergrund der in der Leistungsdefinition festgelegten Ziele bestimmt, wie die zu erbringenden Dienstleistungen gemessen werden sollen.

3. **Leistungsabrechnung**
   Bei der Abrechnung werden die betrieblichen Kosten der Leistungsbereitstellung mit der Spezifikation selbst verknüpft. Dadurch kann der Kunde auf der einen Seite die Kosten und auf der anderen Seite die Vorteile der angestrebten Lösung genauer bewerten.

Vor Abschluss eines Vertrags zum Application Management sollten Sie sich folgende Fragen beantworten:

- ▶ Wie groß ist das Budget für meine Anwendungen?

- Wie hoch ist die gegenwärtige Systemauslastung (Verfügbarkeit, Schnittstellen, Benutzeranzahl usw.)?
- Wie flexibel und variabel sind meine Systeme (Änderungsanforderungen usw.)?
- Mit welchem Hardware-/Softwarepaket und mit welchen Standards arbeiten wir?
- Wie groß ist der aktuelle Personalbestand (Typ, Qualifikation, Standort usw.)?
- Sind andere Unternehmen involviert?
- Welche Messgrößen werden zur Leistungsmessung verwendet?

In drei kurzen Fallstudien[5] wollen wir veranschaulichen, wie Unternehmen ihre Geschäfts- und Dienstleistungsanforderungen für das Outsourcing definiert und welche Erfolge sie erzielt haben.

Fallstudie 1
Eine britische Bank sucht neue Geschäftsmöglichkeiten

Immer mehr Kunden dieser Bank wünschten sich Produkte, die über das Internet angeboten werden. Aus diesem Grund waren zusätzliche Ressourcen erforderlich. Neue Systeme mussten entwickelt und implementiert werden. Darüber hinaus beschloss die Bank, das Management von Lebensversicherungen und Investments in Großbritannien sowie das Pensionssystem auszulagern. Die Bank formulierte Leistungsanforderungen für die Produktunterstützung, die Systemverbesserung, die Systementwicklung – insbesondere für über das Internet angebotene Investmentprodukte – und für die Anwendungsberatung und -schulung. Die Infrastruktur bestand aus einem Großrechner in Großbritannien und einem dazugehörigen Remote-Service durch Programmierer. Die Dienstleistungsvereinbarung war auf das Prinzip von Reaktion und Problemlösung ausgerichtet und sah einen Support auch außerhalb der Geschäftszeiten vor.

Die Hauptvorteile lagen in einer beschleunigten Produktentwicklung, in der Verfügbarkeit des benötigten IT-Fachwissens und einer flexiblen Organisation. Weiter konnten beträchtliche Kosteneinsparungen erzielt werden, da nur wenige Anbieter beauftragt wurden sowie Größenvorteile genutzt und Büroflächen eingespart werden konnten. Systemleistung und -stabilität wurden verbessert, was hauptsächlich auf den Einsatz größerer Systeme und der in der Dienstleistungsvereinbarung festgelegten Standards zurückzuführen war. Die Verwaltungsgemeinkosten konnten gesenkt und die Arbeitsmoral der Mitarbeiter verbessert werden.

---

5 Die Fallstudien stammen von Atos Origin, einem führenden Anbieter von Managed Services und Application Management.

Fallstudie 2
Ein weltweit aktiver Elektronikkonzern sucht Möglichkeiten zur Kostensenkung

Die Herausforderung bestand in diesem Beispiel darin, möglichst kostengünstig Altsysteme zu zentralisieren und auf eine standardisierte Plattform zu verlagern. Dadurch sollte der Wartungsaufwand gesenkt, die Weiterentwicklung der Anwendung erleichtert und eventuell das alte System vollständig ersetzt werden. Bei der Anwendung handelte es sich um das globale Finanzsystem mit Hauptbuch sowie die Debitoren- und Kreditorenbuchhaltung. Die benötigten Leistungen wurden wie folgt definiert:

▶ Haupt- und Nebensupport

▶ Weiterentwicklung und Aktualisierung der alten Systeme auf globaler Ebene

▶ Systementwicklung

▶ Anwendungsberatung und -schulung

▶ Lieferantenmanagement

Die Infrastruktur war ausgelagert und umfasste drei Großrechner in Europa, dem Fernen Osten und den USA. Das Unternehmen war erfolgreich und konnte seine Geschäftsprozesse in verschiedenen Ländern standardisieren und einen kostengünstigen globalen Support bereitstellen. Diese Vorteile ermöglichten dem Unternehmen, sich auf strategische Belange zu konzentrieren und neue Produkte zu entwickeln.

Fallstudie 3
Ein global agierendes Chemieunternehmen verbessert seinen Support

Ziel dieses Unternehmens war eine weltweite Migration auf ein neues ERP-System, wobei die alten Anwendungen in der Übergangsphase weiter unterstützt werden sollten. Dies erforderte spezielles Fachwissen, ein ausgefeiltes Produktmanagement und den Einsatz von Best Practices. Bei der Anwendung handelte es sich um das unternehmenseigene ERP-System, das in 26 Ländern für Produktion, Vertrieb, Fertigung und das Finanz- und Rechnungswesen eingesetzt wurde. Wichtig war die Abstimmung von Angebot und Nachfrage in den verschiedenen Ländern, da das ERP-System mit Produktionsplanungssystemen gekoppelt war.

Der externe Anbieter von Managed Services sah seine Aufgaben in der globalen Produktionsunterstützung, im Produktmanagement, der Systemweiterentwicklung und der Anwendungsschulung. Die Dienstleistungsvereinbarung wurde um kleinere Aktualisierungen ergänzt und legte die Vergütung des Anbieters im Hinblick auf die Erreichung klar definierter Ziele fest. Im Gegenzug wurde der Anbieter bei Nichteinhaltung von Meilensteinen und Terminen mit Strafen belegt.

Das Unternehmen erreichte seine Ziele, wodurch sich das Personal auf die Implementierung des neuen Systems konzentrieren konnte und der Verwaltungsaufwand reduziert wurde. So waren alle Vorbereitungen für eine standardisierte globale, auf SAP R/3 basierende Implementierung getroffen.

Wie diese Fallstudien zeigen, gibt es für Unternehmen verschiedene Möglichkeiten, ihre Dienstleistungsprojekte in den Griff zu bekommen. Verträge über Application Management und Managed Services können auf vier unterschiedlichen Abrechnungsmodellen basieren:

1. **Ressourcenbezogen (Zeit und Material)**
   Der Kunde erwirbt vom Lieferanten bestimmte Ressourcen für den Support auf einem definierten Service Level. Diese Variante kommt in der Regel zum Tragen, wenn Entwicklungsleistungen eingekauft werden. Der Nachteil: Die Dienstleistungsqualität kann sehr unterschiedlich sein, da Service Level Agreements optional sind.

2. **Leistungsbezogen (Festpreis)**
   Dienstleistungen und der zu erreichende Service Level werden in Service Level Agreements festgeschrieben. Die Dienstleistungsvereinbarung legt normalerweise auch Strafen für den Dienstleister fest, falls dieser die vereinbarten Service Levels nicht erreicht.

3. **Transaktionsbezogen (Einzelpreis)**
   Lieferanten werden nach dem Geschäftsvolumen ihrer Kunden bezahlt, beispielsweise pro verkaufter Eintrittskarte oder pro Kreditkartentransaktion. In der Regel wird der Service mit einem fixen Betrag vergütet, der durch einen variablen Betrag in Abhängigkeit vom Transaktionsvolumen ergänzt wird.

4. **Laufende Rechnung (Kosten plus)**
   Lieferanten werden zusätzlich zu einer an den Kosten orientierten Vergütung mit einer Verwaltungsgebühr honoriert. Dies ist eine gute Möglichkeit, sowohl ressourcen- als auch leistungsbezogene Verträge zu kombinieren. Diese Variante kann jedoch zu Streitigkeiten hinsichtlich der Kosten führen.

4.7 Marktplätze: Viel versprechende Aussichten und raue Wirklichkeit

Im Bereich von Shared Services, Managed Services und Outsourcing spielen elektronische Marktplätze zunehmend eine Rolle. Für ihren Erfolg sind Finanztransaktionen von ausschlaggebender Bedeutung. Daher sollte der CFO bei der Rationalisierung von Geschäftsprozessen anhand gewonnener Erfahrungen überprüfen, ob die Einrichtung eines Marktplatzes sinnvoll ist. Elektronische Marktplätze versprechen Kosteneinsparungen und Wachstumsmöglichkeiten. Die Realität sieht leider anders aus: Viele Marktplätze wurden bereits eingestellt, andere kämpfen ums Überleben. Doch aus den Erfolgsgeschichten kann man sehr viel lernen.

B2B-Marktplätze (Business-to-Business) sind Online-Marktplätze für den An- und Verkauf von Waren und Dienstleistungen zwischen Unternehmen. Automatisierte B2B-Transaktionen sind keine gänzlich neue Erfindung. In den frühen neunziger Jahren begannen Großunternehmen, automatisierte Systeme einzusetzen, um geschäftliche Transaktionen zu rationalisieren. Der Geschäftsbereich Flugzeugmotoren von General Electric verfügte beispielsweise über ein System, mit dessen Hilfe Kunden Teile bestellen, die Lieferung der Teile selbst veranlassen, die Rechnung dazu anfordern und diese bezahlen konnten. Und das alles innerhalb von 45 Minuten!

Diese automatisierten Systeme benötigten jedoch dedizierte und teure Datenkommunikationssysteme und erforderten beträchtliche Investitionen in umfangreiche und komplexe Software. Erst mit dem Internet gelang es, die Kosten zu reduzieren und technische Hindernisse weitgehend abzubauen.

Heute geht alles noch viel schneller. Neue digitale Marktplätze und Handelsgemeinschaften im Internet sind für fast alle wichtigen Branchen charakteristisch. Eine Marktkonsolidierung hat bereits eingesetzt. Die Vorteile, über Internetplattformen miteinander in Verbindung zu stehen, sind für Unternehmen trotz allem klar erkennbar, so dass einige digitale Marktplätze sicher überleben werden.

Digitale Marktplätze können als internetbasierte Vermittler zwischen Unternehmen definiert werden, die Logistikketten innerhalb einer Branche oder branchenübergreifend miteinander verbinden. Neue, effizientere Wege für den An- und Verkauf sowie die Vermittlung von Waren und Dienstleistungen etablieren sich. Öffentliche digitale Marktplätze ermöglichen Käufern und Verkäufern, Geschäftsbeziehungen zu anderen Käufern und Verkäufern in Echtzeit aufzunehmen. Mit privaten digitalen Marktplätzen richten sich Geschäftspartner, die enge Geschäftsbeziehungen pflegen und regelmäßig Handel treiben, effiziente Handelsnetzwerke im Internet ein und reduzieren so die Kosten für die Logistik.

Man kann drei Typen von B2B-Marktplätzen unterscheiden:

▶ **Öffentliche Marktplätze**

Sie werden von Dritten betrieben und stehen allen Unternehmen offen, die die vorgegebenen Anforderungen des elektronischen Marktplatzes erfüllen.

▶ **Private Marktplätze**

Sie werden von einem einzelnen Unternehmen für die wichtigsten Lieferanten eingerichtet. Wal-Mart und Dell sind zwei Unternehmen, die eigene Marktplätze betreiben.

▶ **Konsortien**

Sie werden in der Regel durch eine Gruppe führender Anbieter in einer bestimmten Branche gebildet. Beispiel: Transora für Konsumgüterhersteller und -einzelhändler.

Wenngleich die Zahl öffentlicher und privater elektronischer Marktplätze zunimmt, haben bislang nur wenige ihr Versprechen gehalten, die Logistikkette nahtlos zu integrieren. Dies erschwert Unternehmen die Entscheidung, unter den digitalen Marktplätzen den richtigen auszuwählen. Oft sind sie unsicher, wie sie den digitalen Marktplatz in ihre IT-Strategie oder die alltäglichen betrieblichen Prozesse einbinden sollen. Wie Abbildung 4.4 veranschaulicht, entwickeln sich Marktplätze synchron zu den Plänen der Unternehmen für eine B2B-Integration ständig weiter.

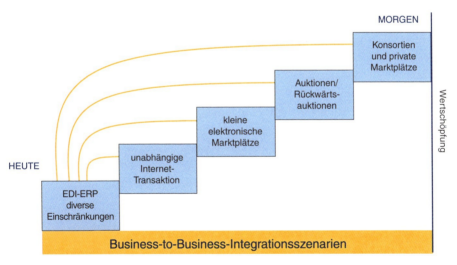

Abbildung 4.4 Entwicklung der Online-Marktplätze

Für größere Marktplätze sind beträchtliche Investitionen erforderlich. Private Marktplätze erwirtschaften bereits Überschüsse. Doch bei öffentlichen und größeren elektronischen Branchenplattformen ist das letzte Wort noch nicht gesprochen. Positive Marktstatistiken sind im Überfluss vorhanden, doch häufig übertrieben optimistisch. Trotz der jüngsten Konsolidierung wird über digitale Marktplätze ein steigender Prozentsatz der B2B-Transaktionen abgewickelt. Branchenstudien prognostizieren, dass 53 Prozent der 2,7 Billionen Dollar, die Unternehmen bis Ende 2004 für den elektronischen B2B-Handel ausgeben wollen, auf Transaktionen der elektronischen Marktplätze entfallen werden.

Öffentliche Marktplätze verfolgen häufig simple Ziele wie beispielsweise die Rationalisierung der Einkaufs- und Beschaffungsprozesse mithilfe einer einheitlichen IT-Plattform. Sie dürfen weder Käufer noch Lieferanten begünstigen, müssen jedoch selbst wirtschaftlich arbeiten.

Branchenspezifische Marktplätze bieten dagegen Lieferanten und Käufern einen höheren Mehrwert und versprechen, die Unternehmensleistung insgesamt zu verbessern. Sie stellen für den Einkauf eines Unternehmens ein strategisches Werkzeug dar, mit dessen Hilfe Geschäftspartner erreicht werden können, mit denen nur selten Geschäfte abgewickelt werden.

Fallstudie
Ein innovativer Nischenanbieter[6] transformiert einen branchenspezifischen Marktplatz

TexYard wurde im Frühjahr 2000 mit dem Ziel ins Leben gerufen, europäische Textileinzelhändler über das Internet näher mit ihren Lieferanten zusammenzubringen. Der CEO Brent Dennison möchte seinen Kunden eine »schnellere und billigere« Einkaufsmöglichkeit bieten und verspricht Einsparungen von sechs bis acht Prozent. Als TexYard auf den Markt kam, gab es schon andere große Anbieter in diesem Bereich: WorldWide Retail Exchange und GlobalNetXchange. Die ursprünglichen Investoren von TexYard glaubten jedoch daran, dass es genug Platz für einen Nischenanbieter gibt, der spezialisierte Lösungen anstelle von Fertigangeboten im Repertoire hat. Vor kurzem hat sich das US-amerikanische E-Commerce-Unternehmen Internet Capital Group entschlossen, 4,5 Millionen Dollar in die Expansion von TexYard zu investieren.

TexYard bringt Käufer und Lieferanten zusammen, um den Einkauf von Textilien einfacher, schneller und effizienter zu gestalten. Käufer können ihren vollständigen Beschaffungsprozess online abwickeln, den bestmöglichen Preis erzielen und die Markteinführung von Produkten beschleunigen. Sie können außerdem eine umfassende Datenbank nutzen, um weltweit neue Lieferanten zu finden. Lieferanten können in Kontakt mit den wichtigsten europäischen Einzelhändlern treten, ihren Kundenstamm erweitern und sich neue Geschäftsmöglichkeiten erschließen.

---

6   Kenjale, Ken; Phatah, Arnie: *Avoiding Past Mistakes.* Syntel, TexYards Case Study. 2002.

TexYard arbeitet sowohl mit Vorwärtsauktionen, bei denen die Käufer steigende Angebote abgeben, als auch mit Rückwärtsauktionen, bei denen Käufer und Verkäufer sinkende Gebote abgeben. Der elektronische Marktplatz ermöglicht Käufern außerdem, Details zu einem bevorstehenden Produktionsauftrag festzulegen – von technischen Angaben und Qualitätskriterien bis zu Liefer- und Versandanweisungen – und Gebote zu diesen Aufträgen einzuholen. Das TexYard-Team hat eine Anwendung entwickelt, die den vielleicht ausgereiftesten Beschaffungsprozess ermöglicht, der je über eine elektronische Handelsplattform abgewickelt wurde.

Das Projekt wurde von einem globalen Team an fünf Standorten mit 35 Mitgliedern entwickelt und realisiert, zu denen ein Projektleiter, sechs Geschäfts- und Systemanalysten, zwei XML-Entwickler, 25 Anwendungsprogrammierer und ein Support-Experte für die Produktion zählten. Das Ergebnis war, dass der elektronische Marktplatz bei relativ niedrigen Entwicklungskosten schon sehr früh seinen Betrieb aufnehmen konnte. Mit Erfolg wurden Kunden und Lieferanten mit einbezogen, und vor kurzem konnten neue finanzielle Mittel beschafft werden.

Nach Ansicht von Brent Dennison ist ein Online-Marktplatz nur ein Stück Software – nicht mehr und nicht weniger –, ein privates Handelsnetzwerk für Einzelhändler und Lieferanten. In seinen Augen ist die größte Herausforderung jetzt die Erweiterung des Marktplatzes.

Hunderte von B2B-Marktplätzen hatten bislang nicht den erhofften Erfolg. Selbst denjenigen, die Erfolg haben, fällt es schwer, diesen unter Beweis zu stellen. Dennoch sind mehrere B2B-Marktplätze, beispielsweise TexYard, schon jahrelang in Betrieb.

Obgleich öffentliche Marktplätze versucht haben, ihre Mitglieder zu einer engeren Zusammenarbeit anzuregen, mussten sie festzustellen, dass der Aufbau gemeinsamer Beziehungen mit unbekannten oder nur gelegentlichen Geschäftspartnern sehr schwierig ist. Genau an diesem Punkt haben private Marktplätze Vorteile gegenüber öffentlichen Marktplätzen.

Private Marktplätze weisen naturgemäß einen höheren Kooperationsgrad auf, da die Beteiligten sich als zuverlässige Partner kennen und regelmäßig Geschäfte miteinander abwickeln. Es werden Informationen ausgetauscht, wenn beispielsweise gemeinsam ein Design entwickelt wird oder die Bestände miteinander abgestimmt werden. Darüber hinaus können die Beteiligten engere Partnerschaften eingehen, um Lieferzyklen zu verkürzen oder das Qualitätsmanagement zu verbessern.

Unternehmen, die eigene private Marktplätze betreiben, laden in der Regel ihre Partner ein, beizutreten. Da man gegenseitig seine betrieblichen Prozesse und Produktspezifikationen kennt, können die Prozesse entlang der gesamten Logistikkette wirtschaftlicher gestaltet werden, indem Bestandsinformationen und Fertigungsanforderungen ausgetauscht werden. Sobald sich funktionierende Geschäfts- und Vertrauensbeziehungen entwickelt haben, laden einige Unternehmen ihre Lieferanten ein, sich am Marktplatz zu beteiligen. Um auf einer privaten Plattform ein Netzwerk mit einer ausgewählten Gruppe von Partnern einzurichten, ist eine sorgfältige Prüfung der Geschäftsprozesse notwendig, damit auch tatsächlich Kosteneinsparungen entlang der Logistikkette möglich sind. Dabei sollten Probleme beim Change Management genau wie bei der technischen Integration berücksichtigt werden. Die Sicherheit ist auch ein wichtiger Faktor, spielt jedoch im Vergleich zu öffentlichen Marktplätzen eine untergeordnete Rolle, da die Partner einander kennen und sich vertrauen.

Die Entscheidung zwischen einem öffentlichen und einem privaten Online-Marktplatz ist nicht immer einfach zu treffen. Sowohl öffentliche als auch private Marktplätze weisen bestimmte Besonderheiten auf. Darüber hinaus müssen Unternehmen, um signifikante Vorteile aus ihrer Teilnahme an öffentlichen oder privaten Online-Marktplätzen ziehen zu können, diese mit ihren Backend-Systemen integrieren. Diese Integration kann einen beträchtlichen Aufwand bedeuten.

Die Automobilindustrie ist ein gutes Beispiel dafür, was mithilfe eines Branchenmarktplatzes, der sich auf ein Konsortium stützt, erreicht werden kann. Die jüngst von Goldman Sachs prognostizierten Einsparungen aus B2B-Aktivitäten können sich auf bis zu 2 000 Dollar pro Fahrzeug belaufen. Die genannten Ertragsverbesserungen ergeben sich aus den folgenden Aktivitäten rund um den elektronischen Marktplatz:

▶ **Automatisierung des Beschaffungsprozesses**
  Durch Reduzierung des Verwaltungsaufwands können die Kosten pro Auftrag von rund 100 auf 20 Dollar gesenkt werden.

▶ **Auktionen**
  Online-Auktionen ermöglichen Preissenkungen, da viele Lieferanten um Aufträge konkurrieren.

▶ **Gemeinsame Planung**
  Größere Einsparungen können erzielt werden, wenn Fertigungsstätten im Rahmen gemeinsamer Logistikketten sich gegenseitig über Bestände und Produktionspläne informieren können.

▶ **Gemeinsames Design**
  Designer verschiedener Firmen können zusammenarbeiten. Die Markteinführungszeit wird verkürzt, das Produktdesign kann früher rentabel gestaltet werden.

B2B-Marktplätze in der Automobilindustrie können die Beziehung zwischen Käufer und Verkäufer verbessern. Covisint ist die wichtigste Branchenplattform für die Automobilindustrie.

Fallstudie
Die Vorteile von Marktplätzen auf ein höheres Niveau[7] heben

Covisint wurde von Ford, General Motors und DaimlerChrysler im Frühjahr 2000 gegründet. Ende 2000 kamen weitere Automobilhersteller aus Europa und Japan hinzu. Covisint bietet über eine einheitliche technische Infrastruktur Zugang zur weltweiten Automobilindustrie.

Zu den Zielen von Covisint gehören die strategische Beschaffung von Produkten und Leistungen, die Entwicklung neuer Standards für den Austausch von Informationen in der globalen Automobilindustrie und der Aufbau enger Beziehungen zwischen den Mitgliedern über Systemanwendungen und Portale. Abbildung 4.5 zeigt die an dem elektronischen Marktplatz Beteiligten sowie Beispiele ihrer Zusammenarbeit.

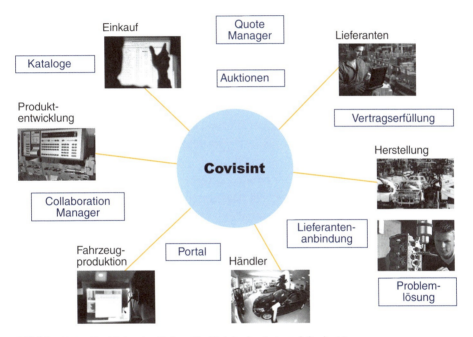

Abbildung 4.5 Covisint – der Online-Marktplatz der Automobilindustrie

Covisint bietet unter anderem Online-Auktionen, Kataloge mit elektronischen Bauteilen und Online-Anwendungen für die gemeinsame Nutzung von Beständen, die Abstimmung von Produktionsplänen und die Designentwicklung. Der zentrale Knoten, über den Geschäftspartner sämtlicher Größen ihre Geschäfte abwickeln, bietet dazu allen Teilnehmern dieselben Werkzeuge und Benutzeroberflächen. Das

---

7 Jankowska, Jan: *Covisint Presentation.* Society of Information Management, 2002.

Branchenbetriebssystem nutzt die vorhandenen Altsysteme der Kunden und verwendet einheitliche Standards zur Übermittlung unternehmenswichtiger Informationen, um die Kommunikation entlang der gesamten Logistikkette zu verbessern.

Alle Teilnehmer können mit einem Webbrowser sicher über das von Covisint betriebene Portal kommunizieren. Ein maßgeschneidertes Content-Management-System bietet Kunden die Möglichkeit, ihre Inhalte eigenständig zu erstellen, zu bearbeiten und zu veröffentlichen.

2001 veranstaltete Covisint 1 400 Online-Auktionen mit einem Gesamtvolumen von 51 Milliarden Dollar. Die größte Auktion hatte allein ein Volumen von 3,5 Milliarden Dollar. Im ersten Quartal 2002 erfolgten weitere 600 Auktionen mit einem Gesamtvolumen von 4,5 Milliarden Dollar. Covisint schätzt, dass Angebotsanfragen mit einem Wert von über 100 Milliarden Dollar über diesen Marktplatz abgewickelt wurden. Die Teilnehmerzahl beläuft sich auf rund 7 000 Firmen. Diese Masse ist der Schlüssel zum Erfolg. Covisint ist wahrscheinlich 20-mal größer als die meisten anderen Marktplätze.

Dennoch steckt Covisint noch immer in den Kinderschuhen. Die bisherige Entwicklung war nicht immer unproblematisch. In der ersten Entwicklungsphase waren sehr viele Unternehmensberater involviert. Die »Verbrennungsrate« war zu hoch, der Ertrag dieses noch nicht bewährten Geschäftsmodells zu niedrig. Darüber hinaus waren technische Probleme zwischen den Partnern zu lösen, die Organisationsstruktur war kaum ausgeprägt, und die eigene Unternehmenskultur musste sich erst entwickeln. In der zweiten Entwicklungsphase wurde ein geschlossenes Leitungsteam zusammengestellt. Das Geschäftsmodell nahm Form an, Kosten wurden gesenkt und festes Personal eingestellt. Stabilität war die Folge.

In der noch laufenden dritten Phase haben die Transaktionsvolumina weiter zugenommen, und Überschüsse werden erwirtschaftet. Es bleibt jedoch noch viel zu tun, vor allem im Hinblick auf Rentabilität und Zuverlässigkeit. Gegenwärtig werden zwei strategische Geschäftseinheiten gebildet, von denen sich eine auf die Kundenbindung und die andere auf die Kundenakquise und Gewinnerzielung konzentriert.

Der relative Erfolg von Covisint ist eine Ausnahme. Viele Branchenplattformen entstanden, weil die ersten Internetunternehmer kaum mit Hindernissen bei ihrem Markteintritt rechneten. Diese Unternehmen waren jedoch nicht mit den Branchen vertraut, denen sie ihre Dienste anbieten wollten. Bei Covisint und der Automobilindustrie wurden die Geschäftsprozesse nicht geändert, sondern lediglich auf das E-Business angewandt. Es gibt soziale Interaktionsmuster, die in die Beschaffungssysteme eingebettet sind und sich je nach Unternehmensgeschichte,

Herkunftsland oder Gesetzeslage unterscheiden. Diese Muster lassen sich nicht einfach durch eine wunderbare Vision zum Thema Zusammenarbeit ersetzen. Ihre Rolle bei der Akzeptanz einer neu eingeführten Technologie wird häufig unterschätzt.

B2B hat eher etwas von einer stetigen Entwicklung als von einem revolutionären Schritt. Wie sieht die Zukunft von B2B-Marktplätzen aus? Jack Welch von General Electric hatte Recht, als er sagte, dass wir schon bald nicht mehr den Begriff E-Business verwenden werden, da alle geschäftlichen Abläufe E-Business-Abläufe sein werden. In naher Zukunft werden wir Zeuge der ersten Echtzeitorganisation sein, in der jedes Bit an Informationen – von Zeitkarten bis zu Finanzberichten – sofort aktualisiert wird. Die Vorteile werden enorm sein.

4.8 Potenzielle Anwendungen für Webservices

Bislang wurden in diesem Kapitel Shared Services, Outsourcing, Managed Services, Application Management und Online-Marktplätze vorgestellt. Sie alle sind von Bedeutung für den CFO und wirken sich auf die Struktur des Finanz- und Rechnungswesens und dessen unterstützende Prozesse aus. Das Tempo des Strukturwandels wird beschleunigt, je mehr das Internet an Einfluss gewinnt. Die neueste Entwicklung auf dem Markt sind Webservices, die dafür sorgen könnten, dass sich die Art, in der wir Geschäfte tätigen, grundlegend verändern wird.

Was sind Webservices? Webservices ermöglichen eine schnellere, flexiblere und kostengünstigere Verknüpfung von Geschäftsprozessen, sowohl unternehmensintern als auch zwischen Unternehmen. Technisch gesehen sind Webservices eine Reihe einheitlicher IT-Standards, die nach dem so genannten »Wrapper«-Prinzip eine Geschäftsanwendung »umhüllen«, damit diese mit einer beliebigen anderen Anwendung verknüpft werden kann, die auch über einen solchen »Wrapper« verfügt.

Webservices ermöglichen eine Verbindung zwischen Anwendungen aller Art, und zwar ungeachtet dessen, auf welcher Plattform die einzelne Anwendung läuft. Dies bedeutet beispielsweise, dass ein beliebiges für Webservices aktiviertes ERP-System unter Windows 2000 mit einem beliebigen anderen System, etwa einem für Webservices aktivierten Finanzsystem unter Unix, verbunden werden kann. Dies ist ein großer Durchbruch!

IT-Anbieter unterstützen Webservices einmütig und engagieren sich bei der Entwicklung einheitlicher Standards für Produkte und Leistungen. 2004 werden 95 Prozent aller großen IT-Anbieter ihre Anwendungen mit einem entsprechenden Standard für Webservices versehen haben. Untersuchungsergebnisse der Gartner

Group[8] zeigen, dass 2005 der Einsatz von Webservices bei IT-Entwicklungsprojekten für eine Effizienzsteigerung von 30 Prozent sorgen wird.

Gartner schätzt weiterhin, dass Programmierer in Unternehmen gegenwärtig rund 65 Prozent ihrer Zeit mit der Entwicklung maßgeschneiderter Schnittstellen für unterschiedlichste Anwendungen verbringen, damit diese miteinander kommunizieren. Webservices bieten hier eine Alternative. Sie sorgen dafür, dass immer weniger dieser proprietären Verbindungen programmiert werden müssen. Webservices sind ein vielseitiges Werkzeug für die Lösung der meisten Integrationsprobleme und öffnen die Tür zu einer flexibleren und kostengünstigeren Unternehmensinfrastruktur.

Kurz zusammengefasst haben Webservices Unternehmen Folgendes zu bieten:

▶ schnellere und effizientere Anpassung der internen Geschäftsprozesse

▶ Auslagerung nicht zum Kerngeschäft gehörender Prozesse an Dritte, »Mieten« von Dienstleistungen wie Kreditprüfung und Mitarbeiterschulung, wenn diese benötigt werden

▶ Ausbau vorhandener Geschäftsbeziehungen zu Partnern, Kunden und Lieferanten durch eine tief greifende Integration von Geschäftsprozessen und -systemen

▶ Erweiterung des Kundenstamms durch eine zeitnahe Anbindung an externe Bestellsysteme und andere Prozesse

Lassen Sie sich nicht von der technikverliebten Terminologie täuschen, denn Webservices erleichtern nicht ohne weiteres die Aufgaben Ihrer IT-Abteilung. Ihr größter Wert liegt in den Geschäftsvorteilen, die sie ermöglichen. Abbildung 4.6 zeigt, wie Webservices das Ökosystem eines Unternehmens durch die Schaffung neuer Internetanwendungen zusammenhalten können.

Webservices sind keine Patentlösung zur Steigerung der Flexibilität. Die Integration erfolgt auf zwei Ebenen: der technischen Ebene, auf der Prozesse miteinander verknüpft werden, und der Ebene der Geschäftssemantik, auf der präzise festgelegt wird, wie Daten interpretiert und zwischen diesen Prozessen bearbeitet werden. Webservices sind die Lösung für die technische Integration, jedoch nicht für die Unternehmensintegration. Sie müssen demzufolge zusammen mit einem effektiven Change Management und einem stabilen Geschäftsprozessdesign eingeführt werden.

---

8 KPMG/SAP: *Web Services – The Hype-free Guide.* Whitepaper, 2002.

Abbildung 4.6 Das gewachsene Unternehmen: potenzielle Internetanwendungen

Dennoch erleichtern es Ihnen Webservices, Ihre internen und externen Geschäftsprozesse weiterzuentwickeln, anzupassen und bei Bedarf zu ersetzen. Webservices sorgen für eine ungeahnte Beschleunigung und Flexibilisierung Ihrer Geschäftsbeziehungen. Kostensenkungen sind ein weiterer großer Vorteil: Webservices reduzieren nicht nur die Kosten des Integrationsprozesses, sondern ermöglichen erhebliche Einsparungen infolge der Integration selbst. Dies wird ermöglicht durch:

▶ **Reduzierung der Integrationskosten**
Webservices verkürzen den Zeitaufwand für die Integration und sparen dem Unternehmen bares Geld, da weniger maßgeschneiderte Verbindungen zwischen Geschäftsanwendungen programmiert werden müssen. Webservices sind eine Reihe einheitlicher Standards, die von nahezu jedem großen Anbieter unterstützt werden. Alle Komponenten Ihrer Geschäfts- und IT-Infrastruktur können deshalb schneller, einfacher und somit kostengünstiger miteinander verbunden werden.

▶ **Steigerung der Effizienz bei Geschäftsprozessen**
Webservices vereinfachen die Integration, so dass Unternehmen die Integration weiter als bisher vorantreiben können. Eine fortgeschrittenere Integration bedeutet eine weitere Effizienzsteigerung. Die Automatisierung interner Prozesse wie Gehaltsabrechnung und externer Prozesse wie Kreditprüfungen kann die Verwaltungskosten drastisch senken.

▶ Neue Outsourcing-Möglichkeiten

Webservices erleichtern Unternehmen, von Dritten Geschäftsprozesse zu »mieten«. Dadurch ergeben sich Kosteneinsparungen und weitere Vorteile in Bereichen, in denen das Outsourcing bislang nicht realisierbar war. Da sich der Markt für Webservice-Anwendungen entwickelt, die von Dritten bereitgestellt werden – beschleunigt durch die zunehmende Nutzung von Breitbandverbindungen und die Behebung von Sicherheits- und Datenschutzproblemen –, wird Outsourcing eine realistische Variante für die Unternehmen, die sich bisher durch die Hindernisse abschrecken ließen. Die Abrechnungsfunktionen von Investmentbanken könnten beispielsweise ausgelagert werden, sobald man Webservices einsetzt und einen zuverlässigen Dienstleister engagiert.

Wahrscheinlich ist die Infrastruktur Ihres Unternehmens momentan so aufgebaut wie ein Auto von 1960, das aus vielen verschiedenen Komponenten besteht, die nach Ihren Vorlieben für eine Marke und ein bestimmtes Modell ausgewählt wurden. Es war bisher einfach nicht möglich, ein Mercedes-Getriebe durch eines von BMW auszutauschen. Die Automobilindustrie ist mittlerweile so weit, dass viele wichtige Komponenten nach Standardspezifikationen gefertigt werden, so dass ein bestimmtes Fahrzeug aus Teilen zusammengebaut werden kann, die von verschiedenen Herstellern stammen. Auf ähnliche Weise ermöglichen Webservices, dass Ihre IT-Infrastruktur mithilfe universell kompatibler Komponenten angepasst, weiterentwickelt, aktualisiert und transformiert werden kann.

Es ist an der Zeit, Webservices auch bei kleineren E-Business-Projekten einzusetzen, die die Effektivität betrieblicher Prozesse erhöhen. Stellen Sie sich ein Weiterbildungsunternehmen eines großen Konzerns vor. Mithilfe von Webservices könnten dessen Lohnbuchhaltungs-, Zahlungsabwicklungs- und andere Finanzsysteme an ein erstes Unternehmen, seine Personalverwaltungsprozesse an ein zweites Unternehmen, die Entwicklung von Schulungsinhalten an ein drittes Unternehmen und so weiter abgegeben werden.

IT-Anwendungen konzentrieren sich immer noch auf Finanz-, Personal- und CRM-Systeme. Dagegen erlauben Webservices die Entwicklung neuer »horizontaler« Anwendungen. Diese übergreifenden Anwendungen (*Cross Applications*, xApps) unterstützen funktionsübergreifende Geschäftsprozesse.

Betrachten wir den Fusions- und Übernahmeprozess von Unternehmen, für den Dienstleistungen aus vielen verschiedenen internen und externen Quellen benötigt werden. Exakt in diesem Umfeld spielen übergreifende Webservice-Anwendungen ihre Stärken aus. Sie bringen Informationen, Transaktionsdaten und Leistungen aus verschiedenen Quellen zusammen und stellen sie denjenigen zur Verfügung, die mit dem Management der Fusion oder der Übernahme beauftragt sind.

Doch wie können Nutzer – Mitarbeiter, Partner oder Kunden – auf Geschäftsprozesse zugreifen, die über Webservices zur Verfügung gestellt werden? Die Antwort ist ein Portal – eine persönlich angepasste Internetoberfläche auf dem Desktop des Benutzers, dem Mobiltelefon oder einem anderen mit dem Internet verbundenen Gerät. Mitarbeiter passen beispielsweise ihr Portal individuell an, um sofort auf Verknüpfungen mit Marketingdatenbanken, Fakturierungssystemen und anderen Geschäftsanwendungen zugreifen zu können, die sie zur Bewältigung ihrer Aufgaben benötigen.

Wie sieht die Zukunft von Webservices aus? Die drei folgenden Branchenszenarien bieten hierzu interessante Einblicke.

Öffentlicher Sektor

Staatliche Stellen arbeiten vorwiegend in stark fragmentierten technischen und kulturellen Umgebungen. Ministerien verfügen häufig über inkompatible Altsysteme, in denen Daten auf unterschiedliche, inkompatible Weise gespeichert werden. Eine schnelle und kostenwirksame Integration dieser Umgebungen und damit eine engere Zusammenarbeit zwischen den Dienststellen wird durch Webservices möglich. Das Resultat: weniger Duplizierungen bei der Datenerfassung und verbesserte Leistungen für die Bürger.

Die Zukunft könnte so aussehen: Es gibt ein einziges Leistungsverzeichnis für den öffentlichen Sektor, das heißt für Regierungsbehörden auf Bundes-, Landes- und kommunaler Ebene, das Gesundheitswesen, die Justiz sowie andere öffentliche Bereiche. Die Bürger könnten dann die gewünschten Leistungen oder Daten auswählen, die ihnen über ein personalisiertes Portal zur Verfügung gestellt werden, und die Dienste unabhängig von der tatsächlich dahinter stehenden Stelle in Anspruch nehmen.

Finanzdienstleistungen

Ein Grundproblem des Finanzdienstleistungssektors liegt im IT-Bereich: veraltete Systeme, die nur schwer oder gar nicht miteinander kommunizieren können. Die Herausforderung besteht in deren Integration, damit beispielsweise bei Banken und Versicherungen der Kunde einen einzigen Ansprechpartner für alle Themen hat oder damit bei Investmentbanken Ziele wie die vollautomatische Verarbeitung realisiert werden können.

Webservices sind dafür eine praktische Lösung. Sie statten jedes System mit einer Reihe einheitlicher Standards aus, so dass diese miteinander kommunizieren können. Daten können dann nahtlos zugeordnet, integriert, extrahiert und konsolidiert werden, wodurch Kundenbeziehungen und die Analyse von Daten für das

Marketing oder Cross-Selling in Echtzeit verbessert werden. Stellen Sie sich einmal Folgendes vor: ein einzelnes Finanzportal zur Anzeige und Verwaltung all Ihrer Finanzgeschäfte, unabhängig vom Anbieter auf nur einem Bildschirm!

Pharma-Industrie

In diesem Sektor werden Forschung, Entwicklung und Marketing beträchtlich von Webservices profitieren. Die Verfügbarkeit von Informationen, beispielsweise die Blutanalyse eines Patienten oder die Umsatzanalyse von Präparaten, ist von großer Bedeutung. Gegenwärtig müssen solche Informationen von Teams hoch qualifizierter IT-Experten analysiert werden, die einen Großteil ihrer Zeit damit verbringen, Probleme der Datenkompatibilität zu lösen.

Mithilfe von Webservices können zahlreiche Probleme bei der Datenerfassung aus automatisierten Laborsystemen, klinischen Datenerfassungssystemen, ERP-Systemen und externen Organisationen viel einfacher bewältigt werden. Stellen Sie sich Folgendes vor: pharmazeutische Forschungsinformationen aus Hunderten verschiedener Quellen zeitnah und automatisch bereitgestellt, verarbeitet, segmentiert und abgebildet nach den Anforderungen des Benutzers.

Wenngleich all diese Optionen verlockend klingen, wird ihre Realisierung nicht einfach sein. Unternehmen, die Webservices implementieren möchten, müssen sechs Haupthindernisse überwinden:

▶ **Risiko**
   Der größte Wert von Webservices liegt in ihrer Flexibilität und Offenheit. Doch momentan sind genau diese beiden Merkmale zugleich Ursache ihrer größten Schwächen. Sicherheit, Zuverlässigkeit, Vertrauen und Datenschutz bleiben weiter dringliche Themen für Unternehmen, die Webservices zur Verknüpfung mit externen Geschäftsprozessen nutzen möchten. Standards für die Verschlüsselung von XML, die Erstellung digitaler Signaturen und dazugehörige Sicherheitsmaßnahmen befinden sich noch in der Entwicklung. Doch auch für andere Themen wie Risiko und Zuverlässigkeit, etwa bei Fragen nach Struktur und Inhalt von Service Level Agreements, müssen noch Lösungen gefunden werden.

▶ **Verantwortlichkeit**
   Zuständigkeit und Verantwortlichkeit sind die Kehrseite von Risiken. Ein einzelner Geschäftsprozess kann Webservices aus unterschiedlichen Quellen erfordern. Dies bedeutet, dass neue Methoden zur Bestimmung der Verantwortlichkeit zwischen Unternehmen entwickelt werden müssen.

▶ **Weitere Integrationsstandards**
   Falls Webservices tatsächlich zum universellen Bindeglied in der Geschäftswelt werden, muss eine Lösung für die Frage der Kompatibilität gefunden werden.

Lösungen sind in der Entwicklung begriffen. Ein gemeinsam von SAP, Sun und anderen Softwareherstellern entwickelter Standard mit der Bezeichnung Web Services Choreography Interface (WSCI) sorgt für die Interaktion von Webservices, wie sie die komplexen Geschäftsprozesse in der Praxis erfordern.

▶ **Wirtschaftliche und rechtliche Rahmenbedingungen**

Anbieter von Webservices müssen verschiedene Mechanismen für die Gebührenerfassung prüfen – genau so, wie es die Anbieter von Internetzugängen getan haben. Ferner muss untersucht werden, welchen Rechtsstatus intellektuelles Kapital, Kundendaten, Verantwortlichkeiten und so weiter bei lose gekoppelten Webservices haben. Ein starker rechtlicher Rahmen wird benötigt, um Unternehmen, Kunden und Lieferanten zu schützen.

▶ **Bedienbarkeit**

Die Effektivität von Geschäftsanwendungen, die über Webservices realisiert werden, hängt davon ab, wie gut diese den Benutzeranforderungen entsprechen. So ist beispielsweise die Gestaltung der Portale – der Benutzeroberflächen von Webservices – von sehr großer Bedeutung.

▶ **Umfassende Integration**

Webservices allein können die Anforderungen von Mitarbeitern, Kunden, Partnern und Lieferanten nicht erfüllen. Benötigt wird eine durchgängig einheitliche Benutzeroberfläche. Denn Webservices können sowohl schlechte Unternehmensinfrastrukturen offen legen als auch gute weiter verbessern.

Wie werden sich Webservices weiterentwickeln?

▶ **Zwischen Unternehmen (B2B)**

Nachdem sich Unternehmen mit dem Einsatz von Webservices vertraut gemacht haben, werden sie beginnen, diese für den Aufbau von elektronischen Verbindungen zu Partnern und Kunden zu nutzen. B2B-Webservices umfassen:

- ▷ Verknüpfung der Vertriebssysteme von Käufern mit den Bestellsystemen kleinerer Kunden ähnlich den EDI-Netzen, die gegenwärtig größere Kunden verbinden

- ▷ gemietete Anwendungen, die Unternehmen einen Fernzugriff auf Datenbanken, CRM, Personalverwaltung oder andere elektronisch bereitgestellte Unternehmensfunktionen ermöglichen

- ▷ gemeinsame Geschäftsprozesse, die problemlos Unternehmensgrenzen überwinden und das lang ersehnte globale Wirtschaftssystem Wirklichkeit werden lassen und herkömmliche Geschäftsmodelle in Frage stellen, da der Wettbewerb nicht mehr zwischen Unternehmen, sondern zwischen den Wertschöpfungsketten stattfindet

- **Zwischen Unternehmen und Kunden (B2C)**

  Ungelöste Sicherheitsprobleme machen eine umfassende Einführung von Webservices von Unternehmen für Endverbraucher derzeit unmöglich. Doch sobald Unternehmen sich auf den Einsatz von Webservices sowohl intern als auch untereinander eingerichtet haben, ist die Bereitstellung von Webservices für die Kunden der nächste Schritt. B2C-Webservices umfassen:

  - gemietete Software und andere Anwendungen, die Verbrauchern über das Internet angeboten werden, beispielsweise Videospiele, Schnittprogramme für Heimvideos, persönliche Finanzdienste

  - Musik, Filme und andere Unterhaltungsformate, die über ein Portal bestellt und genutzt werden können

  - Lifestyle-Angebote, die mithilfe einer Reihe von Webservices entwickelt werden und Leistungen von der Hausratversicherung bis zum Online-Einkauf umfassen

4.9 Webservices in Ihrem Unternehmen

Was können Sie als CFO heute tun? Bewerten Sie Ihre Infrastruktur. Ist sie für den Einsatz von Webservices geeignet? Entwickeln Sie einen Plan für interne Webservices. Überprüfen Sie Erfahrungswerte anderer:

- **Überlegen Sie ...**

  ... wie Webservices Sie und Ihr Unternehmen bei der Steigerung der Flexibilität und bei der Kostensenkung unterstützen könnten. Welche Geschäftsprozesse müssen dringend flexibler gestaltet werden? Wo können Webservices zur Kostensenkung eingesetzt werden? Wie kann eine größere Flexibilität zur Steigerung der Produktivität und des Umsatzes beitragen?

- **Sprechen Sie ...**

  ... mit dem CIO und Ihrem IT-Team. Prüfen Sie, welche Komponenten Ihrer IT-Infrastruktur sofort für Webservices genutzt werden könnten, welche Komponenten aktualisiert werden müssten, um den Standards zu entsprechen, und wann veraltete Teile der Infrastruktur ausgetauscht werden könnten.

- **Implementieren Sie ...**

  ... einzelne interne Webservices. Beginnen Sie sofort, mit realen Webservices zu experimentieren. Starten Sie mit einzelnen nicht zum Kerngeschäft gehörenden internen Geschäftsprozessen. Wählen Sie einen internen Prozess mit einer guten potenziellen Investitionsrentabilität, beispielsweise die Gehaltsabrechnung. Bringen Sie diese Funktion online, und integrieren Sie sie in die vorhandene IT-Infrastruktur. Heute gewonnene strategische, taktische, technische und kulturelle Erkenntnisse werden sich in Zukunft als sehr wertvoll erweisen.

Wie die folgenden Szenarien zeigen, sichern sich führende Unternehmen aus verschiedenen Branchen bereits die überzeugenden Vorteile, die Webservices zu bieten haben.

Fallstudie
Webservice-Szenarien

Dell nutzt einen Internetdienst, der den Produktionsplan aller Fertigungsstätten alle zwei Stunden aktualisiert, wodurch sich die Reaktionsfähigkeit der gesamten Logistikkette stark verbessert. Dell will das System dahingehend erweitern, dass Verknüpfungen zu allen wichtigen Partnern in der Logistikkette hergestellt werden, um Bedarfsprognosen zu koordinieren, Bestandsdaten in Echtzeit gemeinsam zu nutzen und Lieferungen zurückzuverfolgen, ohne dass die Partner selbst investieren müssen.

Ford bezieht Echtzeitinformationen von Eisenbahn- und LKW-Spediteuren, kombiniert diese mit Daten aus den eigenen Systemen und stellt den Händlern einen Webservice bereit, der die erwartete Ankunftszeit von Fahrzeugen überwacht, die auf dem Transportweg sind.

Die britische Supermarktkette Tesco nutzt Webservices, um ihr Online-Kundenbestellsystem für Elektroartikel und andere Konsumgüter mit den Systemen ihrer Partner zu verbinden. Dadurch kann das Unternehmen seine Website für den Vertrieb vieler Produkte nutzen, die von Dritten geliefert werden, ohne dass Bestellungen erneut eingegeben werden müssen.

Entwickeln Sie eine geschäftsorientierte Strategie. Setzen Sie diese zuerst intern in Ihrem Unternehmen zusammen mit Ihren Mitarbeitern um. Dabei können Sicherheit, Zuverlässigkeit und andere Variablen kontrolliert und Risiken minimiert werden. Setzen Sie anschließend Webservices ein, um eine elektronische Verbindung zu Ihren Geschäftspartnern herzustellen. Sobald Qualitäts- und Sicherheitsstandards klar definiert sind, können Sie mithilfe von Webservices Verbindungen zu neuen Partnern und Lieferanten herstellen und Kunden neue Dienstleistungen anbieten.

Lassen Sie uns überlegen, was die Zukunft bringen wird:

1. Die Standards zur Unterstützung von Webservices setzen sich durch.
2. Die Finanzwirtschaft, die Reisebranche, die Energiewirtschaft und der Öffentliche Dienst werden zu den Ersten gehören, die Webservices umfassend nutzen.
3. Die USA werden, was die technische Entwicklung anbelangt, im Vergleich zu Europa nicht ihre traditionelle Führungsrolle übernehmen. Gegenwärtig liefern sich beide ein Kopf-an-Kopf-Rennen.

4. Es kommt zu einer Verlagerung des Kräfteverhältnisses zwischen Systeman-bietern und Kunden. Die Kunden werden die Oberhand behalten.

5. Software wird als Dienstleistung verkauft werden, wodurch sich das bisherige Geschäftsmodell radikal wandeln wird.

6. Webservices werden so verbreitet sein, dass sie als natürlicher Baustein von IT- und Geschäftsarchitekturen angesehen werden.

7. Sicherheitsprobleme, insbesondere hinsichtlich Authentifizierung, Schutz per-sönlicher Daten und des Dateneigentums, werden eine höhere Priorität erhal-ten, da Webservices eine umfassendere gemeinsame Datennutzung vorsehen.

8. Webservices führen unweigerlich zu einer größeren Konnektivität innerhalb von Unternehmen, von Logistikketten und mit Kunden. Je mehr Funktionen online ausgeführt werden, desto größer ist der Bedarf an Bandbreite.

9. Da Webservices die gemeinsame Nutzung von Informationen innerhalb eines Unternehmens und zwischen Unternehmen erleichtern, wird der Bedarf an verbesserten Wissensmanagement-, Datenspeicher- und Datenabrufsystemen steigen.

10. Mit zunehmender Entwicklung werden Webservices aufregende neue Geschäftsmodelle hervorbringen, einschließlich des schon lange angekündig-ten »virtuellen Unternehmens«.

Im Folgenden werden wir exemplarisch die Zukunft der Finanzdienstleistungsbran-che näher beleuchten.

Die Finanzdienstleistungsbranche ist schnelllebig. Marktdynamiken ändern sich häufig im Zusammenhang mit neuen oder geänderten Verordnungen, wechseln-den Kundenanforderungen und der Volatilität der Kapitalmärkte. Finanzinstitute versuchen ständig, sich bei der Einführung neuer Produkte und Leistungen gegen-seitig zu übertreffen. Viele Unternehmen expandieren durch Fusionen und Über-nahmen in neue geografische Bereiche und Produktsegmente. Webservices eröff-nen Finanzinstituten neue Möglichkeiten, ihre Kunden zu bedienen, vorhandene Angebote neu zu bündeln und kreativ an die Entwicklung neuer Produkte und Dienstleistungen zu gehen.

Wir wollen insbesondere Großbanken untersuchen, die über sehr komplexe IT-In-frastrukturen mit vielen unterschiedlichen Systemen verfügen, mit denen Bank-produkte und -dienstleistungen angeboten, bereitgestellt und verwaltet werden. Mittelgroße Banken arbeiten häufig mit über 100 Anwendungen, während bei Großbanken gleichzeitig mehr als 1 000 Anwendungen gleichzeitig laufen. Abbil-dung 4.7 vermittelt einen Überblick über die Geschäftsbereiche einer Großkun-denbank, die zugrunde liegenden Prozesse und Systeme sowie die typischen Wechselbeziehungen mit Dritten. Ein komplexes Gebilde!

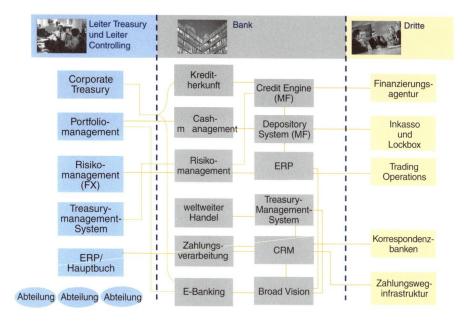

Abbildung 4.7 Beispiel für Webservices: Anwendungen von Großbanken

Kunden und Partner sind mit den Systemen einer Bank auf unterschiedlichste Art und Weise verbunden. Das Treasury-System eines Kunden muss beispielsweise mit dem Cashmanagement-, dem Risikomanagement-, dem globalen Handelssystem und dem Zahlungsabwicklungssystem einer Bank verbunden sein. Dagegen kann das Hauptbuch des Kunden gegebenenfalls nur an die Zahlungsabwicklung der Bank angebunden sein. Eine Bank wird in der Regel eine direkte Verbindung zu neuen Großkunden und Partnern einrichten. Kleinere Kunden und Partner werden von diesen Banken selten bedient.

⛩ Futuristische Fallstudie
Neue Webservices für eine Großbank[9] einrichten

Eine Bank wollte die Anwendungen ermitteln, die am meisten von der Implementierung von Webservices profitieren würden. Gewählt wurde ein Treasury-Management-System. Auf dieses System greifen normalerweise verschiedene interne Systeme wie das Cashmanagement, das Risikomanagement und die Zahlungsabwicklung sowie externe Quellen wie eine assoziierte Korrespondenzbank zu. In Anbetracht der vorhandenen Sicherheitslücken bei Webservices zog es diese Bank vor, zuerst zum Treasury gehörende Webservices intern bereitzustellen, bevor

---

9 Web Methods: *Enterprise Web Services in the Finacial Services Industry. 2002*

sie die sensiblen Daten auch externen Kunden und Partnern über das Internet zur Verfügung stellen wollte.

Der erste Schritt bestand darin, die Informationen oder Funktionen zu bestimmen, die für die Bereitstellung durch Webservices am besten geeignet waren. Dazu zählten Positionsüberwachungs-, Devisen- und Zinsdaten sowie die Erstellung von Aktivitätsberichten. Diese Leistungen eigneten sich zur Bereitstellung im Internet, da sie gängige Aktivitäten – in der Regel synchrone Aufrufe – und einen häufigen Zugriff durch mehrere Nutzer umfassten. Die Bank entwickelte die entsprechenden Webservices. Die Vorteile für die interne IT-Umgebung wurden sofort spürbar. Nach Einrichtung der Webservice-Schnittstellen konnten andere interne Systeme mühelos auf die Funktionen des Treasury-Management-Systems zugreifen. Der Administrator eines Cashmanagement-Systems konnte beispielsweise sein System mit dem Treasury-System verbinden, ohne dessen zugrunde liegenden Code zu kennen.

In Zukunft können neue interne Systeme ebenso mühelos mit dem Treasury-System verbunden werden, ohne dass eine direkte Verbindung oder entsprechende Schnittstellen beim Kunden erforderlich sind. Da Verbindungen mithilfe von Webservices aufgebaut werden, können Änderungen am Treasury-System oder einem beliebigen anderen System vorgenommen werden, ohne dass davon die Webservice-Schnittstelle selbst betroffen ist.

Der zweite Schritt wäre eine externe Ausdehnung der Leistungen auf Basis der Erkenntnis, dass Webservices zu einer umfassenden Reduzierung der Komplexität bei der Integration von Kunden und Partnern in das Bankgeschäft beitragen. Sobald sich der Markt für Webservices in der Reifephase befindet, plant die Bank, Funktionen für die externe Kommunikation – wie Sicherheit, Zuverlässigkeit und garantierte Nachrichtenübermittlung – einzubinden. Anschließend wird die Bank in der Lage sein, ihre Internetsysteme nach außen zu öffnen. Unternehmenskunden und Partner können dann künftig mit aktuelleren Informationen und einer größeren Flexibilität und Kontrolle über ihre Bankaktivitäten rechnen. Die Bank sollte dieses höhere Dienstleistungsniveau zu geringeren Kosten anbieten können und beim Aufbau einer neuen Kundenbeziehung oder einer Partnerschaft keine Schnittstellen mehr anpassen müssen.

Was für den Bankensektor gilt, trifft auch für andere Branchen zu. Der Aufbau von Kapazitäten für Webservices ist eine Notwendigkeit. Die Frage dreht sich nicht um das Warum, sondern um das Wie. Eine sorgfältige Planung, das Erkennen der tatsächlichen Unternehmensanforderungen und die durchdachte Umsetzung des Implementierungsansatzes steigern die Erfolgswahrscheinlichkeit. Es geht nicht nur darum, das Ziel zu erreichen, sondern auch um den Weg dorthin!

CFO-Checkliste

▶ **Legen Sie den Schwerpunkt auf die wertschöpfenden Prozesse in Ihrem Geschäft.**
Filtern Sie die Prozesse heraus, die nicht zum Kerngeschäft gehören, und vergleichen Sie diese mit Best Practices. Entwickeln Sie einen separaten Geschäftsplan für die Gestaltung und künftige Entwicklung Ihrer unterstützenden Dienste.

▶ **Entwickeln Sie eine globale Strategie für Shared Services.**
Wie groß ist das Potenzial, Ihre gegenwärtigen Shared Services weiterzuentwickeln und auf das nächsthöhere Niveau zu heben? Berücksichtigen Sie über die Transaktionsverarbeitung hinaus weiterführende Bereiche. Überprüfen Sie die Hindernisse, die Veränderungen blockiert haben. Orientieren Sie sich nach Möglichkeit global.

▶ **Entwickeln Sie eine Vision für ein virtuelles Finanzwesen.**
Überprüfen Sie die Möglichkeiten neuester technischer Systeme und Objektbeschreibungssprachen wie XML für eine Verlagerung Ihrer Shared Services in eine virtuelle Umgebung.

▶ **Untersuchen Sie den externen Markt für Managed Services.**
Prüfen Sie die Optionen für das Insourcing und Outsourcing von Leistungen. Welche Lösung passt am besten zu Ihrer Unternehmenskultur? Wählen Sie für Managed Services einen Partner, der Ihre langfristigen Anforderungen am besten erfüllt. Erarbeiten Sie eine ganzheitliche Lösung, und berücksichtigen Sie dabei sowohl die Geschäftsprozesse und das Application Management als auch die IT-Infrastruktur und den Support.

▶ **Wägen Sie die relativen Vorzüge von öffentlichen und privaten Marktplätzen ab.**
Es gibt keine Universallösung. Ihr Geschäftsmodell und Ihre Unternehmenskultur entscheiden über die Auswahl. Bei Online-Marktplätzen ist das letzte Wort noch nicht gesprochen. Gehen Sie mit Bedacht vor. Ihr Einkauf oder Ihre Beschaffung wird sich wahrscheinlich als erster Unternehmensbereich für einen elektronischen Marktplatz qualifizieren.

▶ **Machen Sie mehr aus der Teilnahme an branchenspezifischen elektronischen Marktplätzen.**
Untersuchen Sie das Potenzial der Marktplätze für Supply Chain Management und die gemeinsame Entwicklung und Nutzung von Wissen. Prüfen Sie die Auswirkungen auf das Finanzwesen und dazugehörige Prozesse für Zahlungsein- und -ausgänge, Liquidität und Bankgeschäfte.

▶ **Planen Sie Webservices ein.**
Überprüfen Sie das Potenzial von Webservices zur Kostensenkung und Effektivitätssteigerung Ihrer Geschäftsprozesse und deren Wechselbeziehungen innerhalb und außerhalb des Unternehmens. Stellen Sie fest, ob Ihre Infrastruktur für Webservices geeignet ist. Entwickeln Sie zuerst einen Plan für eigenständige interne Webservices.

5   Die Verknüpfung von Strategie und operativem Geschäft

Wie man globale Komplexität erfolgreich handhabt

Wolfgang Reichenberger, CFO
Nestlé

Nestlé-CFO Wolfgang Reichenberger kommuniziert über Intranet regelmäßig mit den Finanzmanagern seines Unternehmens in aller Welt. Das folgende Zitat stammt aus einem seiner Schreiben:

»Da trotz unserer globalen Ausrichtung weiterhin große Unterschiede zwischen dem Konzern und den Einzelunternehmen bestehen, müssen wir in Zukunft noch stärker deutlich machen, warum wir unsere Zielvorgaben am Shareholder Value ausrichten, warum erstklassige Performance oberste Priorität hat und warum Maßnahmen im Finanzbereich das am besten geeignete, wenn auch nicht einzige Instrument zur Verteilung knapp bemessener Ressourcen sind. Wir können nicht davon ausgehen, dass jeder im Unternehmen – und noch viel weniger außerhalb – versteht, warum die konsequente und sozial verträgliche Anwendung wirtschaftlicher Prinzipien der beste Weg zur Erhöhung des allgemeinen Lebensstandards ist.«

Die Marktkapitalisierung von Nestlé beträgt etwa 100 Milliarden Dollar. Allein die Bilanz enthält derzeit immaterielle Vermögenswerte von mehr als zehn Milliarden Dollar. Die Marke Nestlé hat einen Anteil von etwa 40 Prozent am Gesamtumsatz. Im Unternehmen werden Verfahren zur Markenbewertung für externe Transaktionen und im Benchmarking eingesetzt. Für die regionale Planung und das regionale Berichtswesen hat Nestlé Verfahren entwickelt, die den Konzern in die Lage versetzen, schnell und zuverlässig für jede Region, jeden Markt und jeden Vertriebsstandort alle relevanten Daten abzurufen. In der Geschäftsplanung setzt das Management seit kurzem verstärkt auf einen Top-down-Ansatz mit langfristigen strategischen Zielen, aus denen dann Maßnahmen für die taktische und operative Ebene abgeleitet werden.

Reichenberger: »Als CFO sehe ich mich eher in der Rolle eines internen Risikokapitalgebers, der neue Vorhaben finanziert und deren Risiken und Chancen abwägt. Für die Mittelvergabe ist unsere interne Risikokapitalgesellschaft ›Life Ventures‹ zuständig. Als Geschäftsführer dieser Gesellschaft arbeite ich eng mit meinen Kollegen aus dem Bereich Forschung und Entwicklung zusammen. Wir wollen wirtschaftlichen Erfolg und transparente Ergebnisse erzielen, nicht Forschung zum Selbstzweck betreiben.«

In den vergangenen zehn Jahren konnte Nestlé zweistellige Zuwachsraten beim Shareholder Value verzeichnen. Die Unternehmensentwicklung wird eher durch Wachstums- und Wettbewerbskriterien bestimmt als durch finanzpolitische Maßnahmen. Doch obwohl der Shareholder Value für Nestlé ein wichtiger Faktor ist, werden langfristige Wachstumsziele nicht zugunsten kurzfristiger Ergebnisse geopfert: »Wir glauben, dass wir das Vertrauen unserer Aktionäre genießen, weil sie die Vorteile des langfristigen Erfolgs zu schätzen wissen«, sagt Reichenberger.

Eines der größten Probleme für Nestlé ist das globale Reporting über einzelne Produkte oder einzelne Kunden. Dieser horizontale Ansatz steht im Gegensatz zum vertikalen – an geografischen Regionen ausgerichteten – Berichtswesen.

»Anders als einige unserer amerikanischen Mitbewerber«, bemerkt Reichenberger, »wollen wir die regional unterschiedlichen Produkteigenschaften erhalten – das, was die Kunden sehen, fühlen und schmecken können. Verbraucher sprechen oft besser auf Produkte aus der eigenen Region an. Andere Unternehmen handeln nach dem Prinzip ›One size fits all‹. Dagegen ist grundsätzlich nichts einzuwenden. Unser Bestreben ist es jedoch, die unterschiedlichen Kundenwünsche auf den lokalen Märkten zu berücksichtigen. Natürlich wollen wir dennoch weltweite Größenvorteile realisieren und unsere Produkte global vermarkten. Wir möchten aus beiden Ansätzen das Beste herausholen.«

Nestlé ist ein komplexes Unternehmen, das zahlreiche Produktgruppen in vielen regional unterschiedlichen Variationen anbietet. So schmeckt beispielsweise die Schokolade in Frankreich ganz anders als im Nachbarland Schweiz. Auch beim Speiseeis gibt es unterschiedliche Vorlieben – eine Vielfalt, die das Unternehmen berücksichtigen muss. Nestlé passt das weltweite Vertriebsnetz diesen Erfordernissen an und ist stets bemüht, die Effizienz des Back-Office zu verbessern. Darüber hinaus versucht das Unternehmen, die Komplexität seiner Informationssysteme abzubauen: im Zahlungsverkehr, in der Finanzbuchhaltung und in der globalen Logistikabwicklung. Das Konzept der Shared Services steht hierbei ganz oben auf der Liste.

Reichenberger führt aus: »Das Projekt ›Globe‹ ist eine Initiative, die uns helfen soll, als weltweit einheitliches Unternehmen aufzutreten und nicht wie bisher als eine Reihe selbstständiger nationaler Unternehmen. Das Projekt wird uns eine bessere Steuerung der komplexen internen Prozesse ermöglichen. Wo es zweckmäßig ist, treten wir als horizontal organisierte, global tätige Produktions- und Marketingorganisation auf, beispielsweise gegenüber Kunden wie Wal-Mart. Ein Grundelement des Projekts ›Globe‹ ist die weltweite Einführung von ERP-Software aus dem Hause SAP. Sie wird uns in die Lage versetzen, die Profitabilität bestimmter Kunden und Produkte weltweit zu überwachen. ›Globe‹ wird die Verwendung globaler

Standards voranbringen, eine Bereinigung unserer Datenbestände ermöglichen und weltweit zu einer Steigerung der Effizienz von Einkauf und Vertrieb beitragen.

Die Unternehmensleitung kann heute ihre Geschäftsziele wesentlich präziser definieren. Die Ziele sind zudem deutlich anspruchsvoller als zuvor. Sie basieren auf externen Benchmarks, die wir – sehr gute Ergebnisse vorausgesetzt – für erreichbar halten. Damit unsere internationalen Geschäftsbereiche die Ziele erreichen können, unterstützen wir sie aus der Konzernzentrale in Vevey, indem wir beispielsweise erläutern, wie sie Verwaltungskosten einsparen, den Produktvertrieb effizienter gestalten und Zuwachsraten besser steuern können – zum Beispiel durch verkaufsfördernde Maßnahmen und eine effizientere Ausgabenplanung.

Außerdem versuchen wir, Mehrfachaktivitäten und eine übermäßige Detaillierung der Planungs- und Budgetierungsprozesse zu vermeiden. Früher fanden im Lauf eines Geschäftsjahrs regelmäßige Sitzungen zur Budgetprüfung statt. Mittlerweile wurde der Umfang der landesspezifischen Berichterstattung an die Konzernleitung stark reduziert. Wir versuchen, ohne ein riesiges Aufgebot an Buchhaltern auszukommen, die lediglich damit beschäftigt sind, übermäßig detaillierte Datenmengen zu konsolidieren. In Zukunft wollen wir uns stärker auf Prognosen stützen, nach Möglichkeit auf rollierende Prognosen über einen Zeitraum von 18 Monaten. Dadurch könnten saisonbedingte Verzerrungen in den Prognosen eliminiert und eine bessere Vergleichbarkeit der Berichtszahlen auf Jahresbasis erreicht werden.«

Finanzielle und nichtfinanzielle Schlüsselkennzahlen (*Key Performance Indicators*, KPIs) ermöglichen Nestlé die konzernweite Steuerung und Überwachung von Kapitalinvestitionen und Produktionskapazitäten. Das Unternehmen hat acht strategische Geschäftsbereiche (*Strategic Business Units*, SBUs) zur weltweiten Produktkoordination geschaffen. Ihre Hauptaufgaben sind die Planung und Marktforschung. An der Festlegung und Überwachung kurzfristiger monetärer Ziele der lokalen Geschäftseinheiten sind die SBUs nicht beteiligt. Sie konzentrieren sich vielmehr auf langfristige KPIs wie Fünfjahresrendite, Marktanteil und bestimmte Qualitätskennzahlen.

Reichenberger weiter: »Neben einer verbesserten Planung streben wir eine allgemeine Effizienzsteigerung an. Vor kurzem haben wir das Projekt ›FitNes‹ gestartet, ein internes Programm mit dem Ziel, die Produktivität unserer Angestellten zu steigern, den Verwaltungsaufwand zu senken und die Verwaltungsprozesse zu optimieren. Wir wollen unseren Ruf als Branchenführer halten und eine jährliche Ertragssteigerung von vier Prozent erzielen. Wir werden jedoch noch sehr viel tun müssen, um die Rendite des Working Capital und der langfristigen Investitionen zu steigern.«

Nestlé hat über 230 000 Beschäftigte. In einem Unternehmen dieser Größenordnung wird es immer schwierig sein, die Mitarbeiter über die Entwicklung strategischer Initiativen auf dem Laufenden zu halten. Für Wolfgang Reichenberger genießt die Messung des Erfolgs solcher Initiativen höchste Priorität. In Programmen zur Ertragssteigerung und Projekten wie »FitNes« werden zunächst Ziele für den Gesamtkonzern festgelegt und anschließend auf die verschiedenen Regionen heruntergebrochen. Reichenberger misst den tatsächlichen Nutzen an den Etappenzielen, wobei er viel Energie darauf verwendet, diese Aufgabe nicht zu einer rein buchhalterischen Übung werden zu lassen, sondern den Mitarbeitern die gesteckten Ziele permanent vor Augen zu halten.

Die Arbeit des Finanzwesens charakterisiert Reichenberger folgendermaßen:

»Ich glaube, dass wir bei Nestlé eine der größten Finanzabteilungen der Welt haben. Deren Credo lautet: herausragende Ergebnisse erzielen und proaktiv handeln. Im Klartext heißt das, dass wir Standards setzen und KPIs für Risikomanagement und Entscheidungsprozesse entwickeln müssen. Unsere wichtigste Aufgabe besteht darin, einen Beitrag zur Weiterentwicklung des weltweiten Unternehmenskonzepts zu leisten, beispielsweise durch die Umsetzung des ›Globe‹-Modells und die Nutzenanalyse des ERP-Systems. Davon versprechen wir uns Kostensenkungen im Einkauf und in der IT, mehr Shared Services, geringere Vertriebskosten und insgesamt eine höhere Wirtschaftlichkeit. Unsere Fortschritte beim Aufbau eines Finanzwesens von Weltklasse sind offensichtlich. Sicher haben wir nicht auf alle Fragen eine Antwort, doch wir sind stets bemüht, unsere Werkzeuge und Verfahren zu verbessern.«

Nestlé ist kein Einzelfall. Weltweit sind CFOs bemüht, den Shareholder Value ihres Unternehmens zu steigern. Reine Finanzzahlen, gesplittet nach Regionen, sind hierbei nicht ausreichend. Die wirkliche Herausforderung besteht darin, dem CEO und seinen Vorstandskollegen die notwendigen Informationen zu strategischen Initiativen zu liefern und die Verbindung zwischen der geplanten Ergebnisverbesserung und dem tatsächlichen Geschehen herzustellen. Das Ziel ist – kurz gesagt – die Verknüpfung der Strategie mit der Realität des operativen Geschäfts.

5.1 Strategic Enterprise Management

Die Instrumente der strategischen Unternehmensführung (*Strategic Enterprise Management*, SEM) sind nicht neu: Performance-Management, Geschäftsplanung und Risikomanagement, Konsolidierung und Berichtswesen. Neu ist das Bemühen, all diese Instrumente so zusammenzuführen, dass strategische und operative Entscheidungsprozesse nicht nur voll integriert ablaufen, sondern auch nahtlos in die Systeme und Informationsströme im Unternehmen eingebunden sind. Nur in wenigen Unternehmen gibt es eine Verbindung zwischen den strategischen Zielen, dem Einsatz der Ressourcen und dem Performance-Management. Operative Entscheidungen werden daher nur selten den definierten strategischen Zielen gerecht. Gerade die enge Verbindung zwischen Strategie und operativem Geschäft ist jedoch Grundvoraussetzung für eine hohe Rendite.

Wo liegt also das Problem? Ganz einfach: Die meisten Unternehmen kennen ihre wichtigste Aufgabe nicht. Diese Aufgabe besteht darin, sicherzustellen, dass alle Mitarbeiter des Unternehmens den Shareholder Value zu ihrem zentralen Entscheidungskriterium machen. Und um dies zu erreichen, ist ein intelligent konzipiertes Informationssystem von entscheidender Bedeutung.

Ein Abteilungsleiter eines internationalen Konzerns bemerkte einmal:

> *Der CFO ist völlig auf den Shareholder Value fixiert. Hier draußen im operativen Geschäft, wo es um das Wesentliche geht, bedeutet dieses Schlagwort rein gar nichts. Es ist nicht in unsere Begriffswelt übertragen worden, so dass wir etwas damit anfangen könnten. Wir wissen überhaupt nicht, wie wir dieses Konzept in die Praxis umsetzen sollen.*[1]

Zieldefinitionen allein werden, selbst wenn sie vollständig auf dem Shareholder-Value-Konzept basieren, nicht die gewünschten Ergebnisse bringen. Ausschlaggebend ist vielmehr die Umsetzung dieser Definitionen in operative Handlungsanweisungen und deren Akzeptanz durch die Mitarbeiter.

Um erfolgreich zu sein, muss wertorientiertes Management den Entscheidungsprozess transparenter gestalten. Die Mitarbeiter müssen auf allen Ebenen die möglichen Auswirkungen ihrer Entscheidungen auf den Wert des Unternehmens erkennen können – und zwar nicht nur bei bedeutenden geschäftspolitischen Schritten wie Unternehmenszusammenschlüssen und Unternehmenskäufen, sondern auch bei operativen Entscheidungen. Wie ändert sich der Shareholder Value durch eine Verkürzung der Vorlaufzeiten in der Produktion, durch die Neuorganisation des Vertriebsnetzes oder die Straffung der Produktpalette? Durch die Übersetzung des Shareholder Value in Begriffe, die für jeden verständlich sind, stellen Sie eine direkte Verbindung zwischen Wertentwicklung, Unternehmensstrategie und operativem Geschäft her.

Ihr Ziel muss die Verknüpfung historischer und prognostischer Sichtweisen mit finanziellen und nichtfinanziellen Erfolgsfaktoren sein. Sie müssen die Mitarbeiter aller Ebenen motivieren, ihre Anstrengungen auf das alles überragende Ziel eines maximalen Shareholder Value auszurichten. Für die praktische Umsetzung dieses wertorientierten Managements sind die folgenden vier Schritte essenziell:

---

1 SAP: *Strategic Enterprise Management – Enabling Value Based Management.* Whitepaper, 1999.

1. Bestimmen Sie die entscheidenden Werttreiber.

2. Finden Sie heraus, wo Werte geschaffen oder vernichtet werden.

3. Machen Sie die Wertschöpfung zum Kriterium Ihrer Entscheidungen.

4. Integrieren Sie die wertorientierte Unternehmensführung in Ihre Unternehmenskultur.

Strategic Enterprise Management liefert eine Struktur, mit deren Hilfe Unternehmen ihre Strategie bewerten können. Bewährt hat sich hierbei folgender Ansatz: Beginnen Sie mit den Key Performance Indicators (KPIs) Ihrer Balanced Scorecard, und wenden Sie diese auf alle Unternehmensbereiche an. Machen Sie die KPIs zu Zielgrößen Ihres Geschäftsplans und zur Grundlage lang- wie kurzfristiger Budgets. Simulieren Sie alternative Entscheidungsszenarien durch unterschiedliche Kombinationen von KPIs, und bestimmen Sie deren Einfluss auf den Shareholder Value. Achten Sie besonders auf Ihre Hauptrisikobereiche.

Die meisten CFOs verfügen über Konsolidierungswerkzeuge und ein eingespieltes Berichtswesen. Sie haben Richtlinien für die Budgetierung, die – wenn sie auch vielfach als lästig empfunden werden – eine gewisse Kontrolle gewährleisten. Ebenso verfügen sie über strategische Pläne, die von Zeit zu Zeit überarbeitet werden – nicht immer jedoch mit letzter Konsequenz.

Darüber hinaus existieren Instrumente zur Risikoidentifizierung und zum Risikomanagement. Allerdings können, wie im Fall von Nestlé, schnelle Veränderungen den Nutzen solcher einfachen Steuerungsinstrumente leicht in Frage stellen. Die meisten Finanzdaten werden noch immer auf der Grundlage statischer, leicht prognostizierbarer geografischer Modelle ermittelt. Es beginnen jedoch immer mehr Unternehmen, produkt- beziehungsweise marktorientierte Unternehmensmodelle anzuwenden, die sich durch eine wesentlich größere Dynamik auszeichnen. IT-Verantwortliche haben damit angefangen, haben schon vor einigen Jahren die Standardisierung von Geschäftsprozessen durch die Verwendung von ERP-Systemen wesentlich vorangetrieben, und diese Entwicklung geht weiter. Die CFOs wurden dadurch mit zwei zentralen Problemen konfrontiert:

1. Strategische Planung und operative Kontrolle sind voneinander getrennt. Die Budgeterstellung dauert daher zu lange, ist zu detailliert und bezieht sich auf ein veraltetes Unternehmensmodell. Zudem hat das Finanzwesen keine Möglichkeit, riskante Entwicklungen rechtzeitig zu erkennen: Qualitätsmängel etwa, die eine Rückrufaktion nötig machen, Produktionsausfälle oder Wirtschafts- und Währungskrisen.

2. Während bei der Geschäftsprozessverarbeitung der integrierte Weg gewählt wurde, hat man sich im Finanzwesen – also bei Anwendungen für strategische Planung, Budgetierung, Prognose, Kontenkonsolidierung und Ergebniskontrolle

– für den Best-of-Breed-Ansatz entschieden. Das Ergebnis ist ein Sammelsurium unterschiedlicher Programme, die nicht miteinander harmonieren.

Die Abläufe der strategischen Unternehmensführung und deren Umsetzung im operativen Geschäft werden in Abbildung 5.1 dargestellt. Der strategische und der operative Zyklus bilden gemeinsam das Gerüst des Performance-Management. Die Verknüpfung der beiden Zyklen erfolgt durch die Übertragung der strategischen Vision in messbare Zielgrößen, die KPIs.

Womit sollte der CFO bei der Einführung von SEM beginnen? Mit der Kosten-Nutzen-Analyse, dem Business Case. Nur wenige CFOs erstellen einen solchen Business Case für ihre Entscheidungsfindungsstruktur. In der Tat wissen die meisten der CFOs, die für dieses Buch interviewt wurden, nicht, wie hoch die Kosten für die von ihnen benötigten Managementinformationen sind. Haben Sie die vollen Kosten für die Arbeitszeit berücksichtigt, die die Geschäftsführung, die leitenden Angestellten und deren Mitarbeiter zur Beschaffung der richtigen Informationen aufwenden?

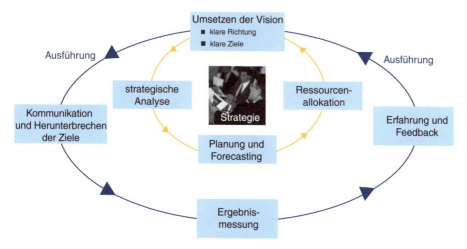

Abbildung 5.1 Die Verknüpfung von Strategie und Tagesgeschäft

Addieren Sie zu diesem enormen Zeitaufwand die Kosten für die Planung und das Reporting im Finanzwesen und anderen Bereichen und die anteiligen IT-Kosten hinzu.

Es sollte dem CFO nicht schwer fallen, ein alternatives SEM-Konzept vorzuschlagen, wenn er ein fundiertes und nachvollziehbares Modell vorlegen kann, das zu einem effizienteren Management und zu geringeren Gesamtkosten führt. Die indirekten Vorzüge wie kürzere Produkteinführungszeiten, zielgruppenorientiertes Marketing und eine Optimierung der Vertriebswege sind zwar subjektiverer Natur, sollten jedoch unter dem Gesichtspunkt des Shareholder Value eine ähnlich überzeugende Wirkung haben.

5.2 Ergebnisüberwachung

Was kommt nach dem Business Case? Das Performance-Management, also die Entwicklung von Scorecards mit geeigneten KPIs für jede Ebene des Unternehmens, ist ein guter Anfang, denn so können eine größere Transparenz und schnelle Erfolge erreicht werden.

Die Einführung des Performance-Management sollte wesentliche Veränderungen im Unternehmen zur Folge haben. Konzentrieren Sie sich auf die Zukunft und nicht auf die Vergangenheit. Ziel des Performance-Management ist es unter anderem, Ressourcen dort einzusetzen, wo sie am dringendsten benötigt werden. Es ist allerdings keine leichte Aufgabe, hierzu die richtigen Informationen zur richtigen Zeit zu beschaffen und den flexiblen Zugriff auf diese Informationen zu ermöglichen.

Optimales Performance-Management erfordert die Auswahl und Einführung skalierbarer Werkzeuge und Abläufe, die eine Vielzahl von Kennzahlen und Darstellungsweisen unterstützen. Das Performance-Management sollte Ihrem Unternehmen Folgendes bieten:

▶ eine sichtbare Verbindung zwischen der Strategie und dem operativen Geschäft durch die Verknüpfung von strategischen Zielen, operativen Aktivitäten und finanziellem Ergebnis

▶ Transparenz bezüglich kurzfristiger Entscheidungen und deren Auswirkungen auf die langfristige Wertschöpfung

▶ erreichbare Ziele

▶ Reduzierung unproduktiver Arbeitsweisen durch Verabschiedung von einer vergangenheitsorientierten Sichtweise (»Warum ist das passiert?«) und Hinwendung zu einer zukunftsorientierten Sichtweise (»Was müssen wir tun?«)

▶ Förderung einer lebendigen Kommunikation im gesamten Unternehmen durch den freien Zugriff auf jederzeit aktuelle Informationen

▶ verbesserter Informationsaustausch zwischen den Abteilungen, um ein höheres Maß an Verantwortung zu schaffen

Eine Möglichkeit, diese Ziele zu erreichen, kann die Einführung eines *Dashboard-Modells* sein. Ein gutes *Performance-Dashboard* verwendet möglichst wenige, aber aussagekräftige Kennzahlen. Statt unnötige Arbeitszeit auf eine Detailanalyse zu verwenden, kann sich das Management so voll auf die Performance-Optimierung konzentrieren: Die Kennzahlen, die sich innerhalb bestimmter Toleranzwerte bewegen müssen, zeigen bereits frühzeitig Chancen, Risiken und mögliche Maßnahmen auf. Abbildung 5.2 zeigt ein Performance-Dashboard eines internationalen Ölkonzerns.

Performance-Dashboard

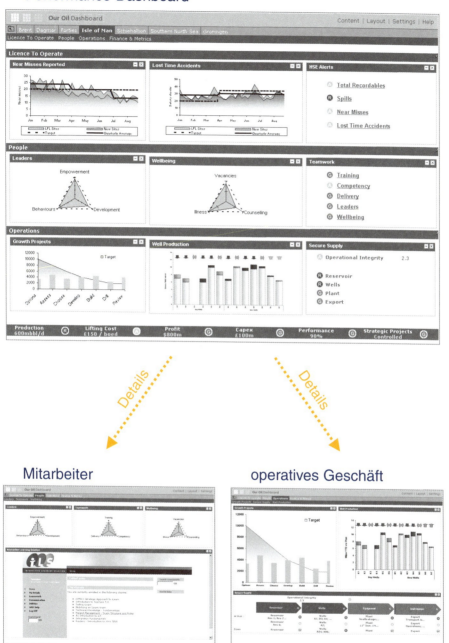

Abbildung 5.2 Performance-Dashboard eines internationalen Ölkonzerns

Dargestellt ist das Dashboard für ein Ölfeld. Es ist aufgeteilt in Scorecards für Produktions- und Mitarbeiterkennzahlen. Auf den verschiedenen Ebenen des Unternehmens werden unterschiedliche Informationen benötigt. Bei einer Ölgesellschaft braucht die Geschäftsführung Finanzkennzahlen: Rendite des ausgegebenen Aktienkapitals, Informationen über Rückstellungen, Erwerb oder Veräußerung von Anlagevermögen. Im Zusammenhang mit Wertpapieren sind Informationen zur überdurchschnittlichen oder unterdurchschnittlichen Entwicklung einzelner Anlagewerte sowie zu Benchmarks und zur Kapitalbereitstellung von Bedeutung. In den einzelnen Geschäftsbereichen werden Informationen zu wichtigen Projekten benötigt, etwa zur Inbetriebnahme neuer Bohrlöcher oder zu Wartungs- und Reparaturarbeiten.

Darüber hinaus sind Informationen zum Gesundheitsschutz, zur Arbeitssicherheit und zu Umweltfragen relevant. Bei all dem kommt es darauf an, die Berührungspunkte zwischen den verschiedenen Informationen zu finden und so ein gemeinsames Verständnis bezüglich der Definition und Auswertung von Zielgrößen zu ermöglichen.

Die Entwicklung von Dashboards soll dem Unternehmen Vorteile bringen. Hier einige Aussagen von Mitarbeitern eines Unternehmens, in dem ein Performance-Dashboard erfolgreich eingesetzt wird:

»Wir sind in der Lage, Probleme zu erkennen und darauf zu reagieren, bevor sie akut werden.«

»Die für das Unternehmen relevanten Informationen sind jederzeit allgemein verfügbar, und zwar in Echtzeit.«

»Wir können miteinander kommunizieren, ohne auf die traditionellen organisatorischen Grenzen und Strukturen Rücksicht nehmen zu müssen. Wir bekommen die benötigten Informationen, wann immer wir sie brauchen.«

Unternehmen, die ihr Performance-Management effizienter gestalten wollen, verwenden zunehmend Dashboards, die auf KPIs basieren. Erfahrungen zeigen, dass die besten Dashboards folgende Kriterien erfüllen:

▶ **Visualisierung**
Informationen werden auf verständliche Art und Weise aufbereitet, wodurch die wichtigsten Prioritäten, Ziele und Ergebnisse unternehmensweit sichtbar sind.

▶ **Detaillierte Darstellung**
Die visuelle Darstellung kann so strukturiert werden, dass die Benutzer in der Lage sind, auf jeder Ebene die wichtigsten Fakten herauszufiltern.

- ▶ **Überwachung und Dokumentenmanagement**
  Die Umsetzung wichtiger Initiativen und Projekte kann mithilfe umfassender Dokumentenmanagementsysteme überwacht werden.

- ▶ **Warnmechanismen**
  Einzelne Kennzahlen können so konfiguriert werden, dass ausgewählte Mitarbeiter eine Warnmeldung erhalten, falls sich die entsprechenden Parameter nicht im festgelegten Toleranzbereich bewegen. Durch Einbindung von E-Mail, Diskussionsforen und Dokumentenmanagementsystemen in das Dashboard über Inter- und Intranet können die Verantwortlichen persönlich benachrichtigt werden.

- ▶ **Anpassungsfähigkeit**
  Das Dashboard kann an die Erfordernisse einzelner Benutzer angepasst werden. Diese können aus vordefinierten Standardkennzahlen die für sie relevanten Indikatoren auswählen und um eigene funktions- und arbeitsplatzspezifische Kennziffern ergänzen.

- ▶ **Externe Such- und Berichtsfunktionen**
  Die Datenerhebung beschränkt sich nicht auf interne Systeme. Es können auch Inhalte externer Webseiten einbezogen werden.

- ▶ **Offene Architektur**
  Über das Dashboard können Informationen aus allen offen zugänglichen Datenverarbeitungssystemen abgerufen werden.

In der folgenden Fallstudie werden die Probleme dargestellt, die ein internationaler Ölkonzern bei der Einführung von Dashboard-Anwendungen bewältigen musste. Die Fallstudie beinhaltet drei Praxisbeispiele, die zeigen, welche Vorteile erzielt werden können.

 Fallstudie
Einführung eines neuen Performance-Management-Modells

Das Ziel des Unternehmens war eine deutliche Verbesserung des finanziellen Ergebnisses. Erreicht werden sollte dieses Ziel mittels eines Programms zur Performance-Management-Optimierung. Die Ausgangslage stellte sich wie folgt dar: Zwischen der Unternehmensleitung und den Managern der einzelnen Geschäftsbereiche klaffte eine große Informationslücke. Die Abteilung für strategische Planung war damit beschäftigt, theoretische Konzepte zu entwerfen und dem Vorstand zuzuarbeiten. Die Jahresbudgets wurden auf der Ebene der einzelnen Geschäftsbereiche erstellt und kontrolliert, spiegelten also nicht die Strategie des Gesamtunternehmens wider. Im Performance-Management wurden auf den verschiedenen Ebenen unterschiedliche Informationskategorien genutzt.

Bei der neuen Performance-Management-Kampagne entschied man sich für den Dashboard-Ansatz. Die Herausforderung für das Unternehmen bestand in der Lösung folgender Probleme:

▶ Das Unternehmen war bezüglich Ergebniskontrolle und Performance-Management zu stark auf historische Finanzdaten fixiert.

▶ Die unternehmensinterne Kommunikation über den Performance-Management-Prozess war unzureichend.

▶ Strategie und Werttreiber des Konzerns waren dem Management der Landesgesellschaften nur unzureichend bekannt und flossen daher kaum in deren Entscheidungen ein.

▶ Das Unternehmen konzentrierte sich zu stark auf interne Aufgaben und verfügte über lediglich schwache Beziehungen zu externen Investoren.

▶ Der Performance-Management-Prozess und die zugehörigen Maßnahmen waren nicht konsistent.

▶ Die Planungsprozesse und das Reporting waren zu bürokratisch strukturiert.

Die Lösung lag in der Vereinfachung. Das Dashboard-Projekt wurde in zwei Phasen unterteilt: In Phase 1 fanden Pilotversuche statt. Hierbei stützte man sich auf jüngst im Unternehmen eingeführte Portalsoftware, wobei der technische Aspekt nur eine untergeordnete Rolle spielte. Das Dashboard war in dieser Phase nicht vollständig in das bestehende ERP-System integriert und halbautomatisiert. In Phase 2 wurde das Dashboard-Modell unternehmensweit auf der Grundlage einer integrierten technischen Infrastruktur eingeführt. Das Unternehmen entschied sich für einen koordinierten geschäftsbereichsübergreifenden Ansatz unter Leitung einer Projektmanagementgruppe. Die Bausteine der ersten Phase waren folgende:

▶ **Kennzahlen**

Das Performance-Management-Projekt sollte mittels Kennzahlen für mehr Durchblick über Vorgänge im Unternehmen sorgen. Die Kennzahlen wurden dabei nach deren Anteil an der Wertschöpfung gewichtet. Vorrangiges Ziel war es, Verhaltensweisen zu fördern, die sich positiv auf das Ergebnis auswirken. Ein zentrales Problem bildete der Konflikt zwischen langfristigen Investitionen und kurzfristiger Rentabilität.

▶ **Dashboards**

Das Unternehmen hatte schon früher mit verschiedenen Werkzeugen zur grafischen Darstellung von Informationen experimentiert, zuletzt mit einem Firmenportal. Die vorhandenen Systeme wollte man weitestgehend weiterverwenden. Durch Nutzung bereits verfügbar Informations- und Datenquellen sollte ein gewisser Automatisierungsgrad erreicht werden – möglichst ohne kostspielige Maßnahmen zur Systemintegration. Das Hauptanliegen war die

Verbesserung der Flexibilität, die durch eine möglichst schnelle Bereitstellung anschaulich aufbereiteter Daten erzielt werden sollte.

Drei Beispiele aus dem Pilotprojekt verdeutlichen, welche Ergebnisse erzielt wurden:

Beispiel 1: Transparenz – Verknüpfung von Strategie und operativem Geschäft

▶ **Strategie**

Auf den Ölfeldern besitzt die Steigerung der Fördermenge die höchste strategische Priorität. Dazu müssen neue Bohrlöcher mit besonders hohem Förderpotenzial möglichst schnell in Betrieb genommen werden.

▶ **Ergebnis**

Das Dashboard lenkte die Aufmerksamkeit auf die Bohrlöcher mit dem größten Potenzial. Durch die grafische Darstellung konnten problematische Projekte schnell identifiziert und Ressourcen umgelenkt werden, bevor die Projekte außer Kontrolle gerieten.

▶ **Vorteil**

Jeder zusätzliche Fördertag an diesen hoch produktiven Bohrlöchern verbesserte den Ertrag aus dem betreffenden Ölfeld.

Beispiel 2: Steuerung der Personalqualität entsprechend den Performance-Zielen

▶ **Strategie**

Um die Leistungsziele des Unternehmens zu erreichen, sollten die Mitarbeiter die entsprechenden Fähigkeiten entwickeln.

▶ **Ergebnis**

Das Dashboard zeigt Gesamtzusammenhänge von Maßnahmen an, z. B. über die »allgemeine Stimmung«, Teamfähigkeit und Führungsqualitäten. Detailbetrachtungen zeigen Verbesserungspotenziale in Ausbildung und Personalkapazität auf. Ein Internetlink bietet einen Überblick über verfügbare Online-Trainings passend zu den jeweiligen Kernkompetenzen.

▶ **Vorteil**

Die Bedeutung von Personalbetreuung wurde dem Management verdeutlicht.

Beispiel 3: Zukunftsorientierte Kennzahlen – vom »Warum ist das passiert?« zum »Was müssen wir tun?«

▶ **Strategie**

Um die finanziellen Ziele zu erreichen, muss die entsprechende Menge Öl gefördert werden. Das Produktionsziel lässt sich nur erreichen, wenn die wichtigsten Bohrlöcher vor dem »Umkippen« bewahrt werden.

▶ **Ergebnis**

Das Dashboard deckte eine Reihe von Ausfallrisiken auf. Dadurch wurde eine vorausschauende Betrachtungsweise gefördert.

▶ **Vorteil**

Wartungsarbeiten erhielten vorbeugenden und nicht reaktiven Charakter. Durch exaktere Planung konnten Reparaturzeiten verkürzt werden. Die Anzahl der Überstunden ging erheblich zurück.

Der in Phase 1 erprobte Lösungsansatz wurde nun auf das gesamte Unternehmen übertragen. Hauptziel von Phase 2 war der Aufbau einer robusteren und besser skalierbaren IT-Plattform. Das Unternehmen konnte sein Gesamtergebnis erheblich verbessern. Die Einführung des Dashboard-Modells wurde mit Einsparungen in Höhe mehrerer Millionen Dollar belohnt. Weitere Vorteile:

▶ klare Definitionen von Werttreibern und Leistungsindikatoren für das operative Geschäft

▶ Neudefinition von Funktionen und Verantwortlichkeiten im gesamten Unternehmen, Integration von strategischen Initiativen und operativem Geschäft

▶ transparente Informationen zur operativen Performance einzelner Geschäftsbereiche

▶ effizientere interne Kommunikation über performancerelevante Faktoren mit Schwerpunkt auf künftigen Maßnahmen statt Klärung vergangener Entwicklungen

---

Folgende Faktoren trugen zum Erfolg des Dashboard-Ansatzes bei dem Ölkonzern bei:

▶ Akzeptanz auf der operativen Geschäftsebene, da sich dort der praktische Nutzen am ehesten entfaltet

▶ offene Kommunikation und kollektive Diskussion, da sich nur so geeignete Lösungen für das operative Geschäft finden lassen

▶ Implementierung durch Pilotprojekte, da diese in kurzer Zeit Ergebnisse liefern

▶ weitgehende Nutzung vorhandener Datensysteme, da sich so die Kosten niedrig halten lassen

Eine Studie, in deren Rahmen das Performance-Management bei ausgewählten Unternehmen untersucht wurde, fasst eine Reihe von Schwachstellen und deren Auswirkungen zusammen (siehe Tabelle 5.1).[2]

---

2 Lever, Brian; Ketchin, David: *The Performance-Management Proposition.* Atos KPMG Consulting, 2002.

Schwachstelle	Auswirkung
1. Herangehensweise	
Das Projekt ist für die Lösung der Aufgaben im Unternehmen ungeeignet.	Während der gesamten Projektdauer geht es nur darum, das Projekt »irgendwie« zu Ende zu führen. Die Ressourcen werden nicht ausschließlich zum Vorteil des Unternehmens eingesetzt.
Aufwändige IT-Projekte werden genehmigt, ohne dass der Nutzen hinlänglich definiert wurde.	Das Projekt zieht sich in die Länge, da spezielle Kundenanforderungen zu spät berücksichtigt werden. Die erhofften Vorteile bleiben aus.
2. Inhalt	
Konzentration auf vorhandene statt auf relevante Daten und Informationen	Projekte werden zu komplex, die Verminderung der Datenmenge erfolgt wahllos, keine Veränderungen in den Entscheidungsprozessen.
Versuch, alle Aspekte zu erfassen – zu große Datenmenge	Fehlende Transparenz – man sieht »den Wald vor lauter Bäumen« nicht. Die entscheidenden Informationen liegen den richtigen Personen zu spät vor.
Für jeden ist »sein Stück des Kuchens« so wichtig, dass er das Gesamtkonzept aus den Augen verliert – fehlende Ausgewogenheit	Keine Standardisierung; das interne Benchmarking der wichtigsten Kennzahlen wird unmöglich.
Nullachtfünfzehn-Ansatz – fehlendes Verständnis für besondere Bedingungen (z. B. neue oder wachsende Geschäftsbereiche versus traditionelle Geschäftsbereiche)	Berichtswesen aus zentraler Sicht, nicht aus Sicht der Geschäftsbereiche vor Ort; daher keine gemeinsame Sprache bei der Beurteilung von Zielgrößen und Zielkonflikten
3. Geschäftsprozess	
Entscheidungsunterstützung aus Controlling-Sicht (Abstimmung und Konsolidierung)	Fehlende Fokussierung im Berichtswesen – keine Veränderungen in der Kommunikation zwischen Unternehmensführung und operativem Geschäft
Einsatz von Kontroll- und Berichtswerkzeugen, die die Performance-Ziele und die strategischen Ziele nicht abbilden	Das Dashboard wird nicht zur Unternehmenssteuerung verwendet und ist deshalb für das Unternehmen von geringem Nutzen.
4. Verhaltensweisen	
Einführung technischer Neuerungen ohne Verständnis für die Notwendigkeit der Veränderung von Abläufen und Verhaltensmustern	IT funktioniert, verändert jedoch nicht die Handhabung von Kontroll- oder Entscheidungsprozessen.

Tabelle 5.1 Studie zu Dashboard-Modellen: Schwachstellen und ihre Auswirkungen

Schwachstelle	Auswirkung
Konzentration des Berichtswesens auf stark detaillierte Darstellung der Vergangenheit	Kommunikation entwickelt sich nicht in Richtung »Wo wollen wir hin?« – fehlende Beachtung bzw. Lösung kurzfristiger und langfristiger Zielkonflikte.
Projektleitung durch die IT-Abteilung	Mangelndes Interesse der Mitarbeiter im operativen Geschäft am Endergebnis; daher nur begrenzt positive Auswirkungen auf das Gesamtgeschäft.

Tabelle 5.1 Studie zu Dashboard-Modellen: Schwachstellen und ihre Auswirkungen (Forts.)

5.3   Integriertes Risikomanagement

Wie erwähnt, verbindet ein gutes Performance-Management die Strategie mit dem operativen Geschäft. Dem CFO muss jedoch ein Warnsystem zur Verfügung stehen, das wesentliche Geschäftsrisiken rechtzeitig signalisiert. Strategic Enterprise Management, ein vollständig integriertes Modell für das Performance-Management, kann dies leisten. Allerdings erfordert das Risikomanagement im Unternehmen weniger ein wissenschaftliches Instrumentarium als vielmehr ein gesundes Maß an Intuition. Doch obwohl institutionalisierte Prozesse und Techniken immer mehr an Bedeutung gewinnen, bleibt diese verhältnismäßig neue Disziplin komplex. Es gibt keinen Ansatz, der für alle gültig sein kann. Dennoch kann man das Risikomanagement vieler Unternehmen grundsätzlich in fünf miteinander zusammenhängende Phasen unterteilen:[3]

1. **Strategische Zieldefinition**

   Der erste Schritt beinhaltet die Festlegung der Strategie und der Unternehmensziele. KPIs und strategische Erfolgsfaktoren werden mit den wesentlichen Risiken verknüpft. Wie viel Risiko ist für Ihr Unternehmen angemessen? Welche Infrastruktur und welche Ressourcen brauchen Sie, um unnötige Verluste zu vermeiden?

2. **Identifizierung der Risiken**

   Kennen und verstehen Sie sämtliche Risiken? Die meisten Unternehmen analysieren sorgfältig ausgewählte Teilgebiete wie das Kreditrisiko. Dabei werden andere Gebiete – meist diejenigen, die mit eher subjektiven Faktoren zusammenhängen, etwa einem Prestigeverlust – nicht ausreichend beachtet. Es ist wichtig, potenzielle Risiken für jeden Geschäftsbereich zu identifizieren und relevante Informationen in einem internen Risikokatalog zu erfassen. Simulieren Sie Worst-Case- und What-if-Szenarien.

---

3   PricewaterhouseCoopers Financial and Cost Management Team: *CFO: Architect of the Corporation's Future.* Wiley 1997/1999.

3. **Risikoquantifizierung und Risikobewertung**

Konzentrieren Sie sich auf die für jeden einzelnen Geschäftsbereich relevanten Risiken, und untersuchen Sie deren quantitative Auswirkungen auf Ziele und Messgrößen. Bewerten Sie den Einfluss von Risiken auf den Shareholder Value und den Deckungsbeitrag. Komplizierte Verfahren zur Risikoquantifizierung und Value-at-Risk-Bewertung wie auch dynamische Modelle zur Finanzanalyse und Simulation der Folgen für die Bilanz können unter den richtigen Bedingungen hilfreich sein, liefern aber nur so gute Ergebnisse, wie es die Qualität der verwendeten Daten und der zugrunde liegenden Annahmen zulässt.

4. **Einführung des Risikomanagements**

Diese Phase beinhaltet alles von der Auswahl der Mitarbeiter bis zu ihrer Ausbildung und Vorbereitung auf den Umgang mit neuen oder bereits im Unternehmen genutzten Finanzinstrumenten. Hierzu gehören auch die schriftliche Dokumentation von Richtlinien, Abläufen und Verfahren sowie die Bereitstellung entsprechender Systeme und der Aufbau von Berichtswesen, Hedging und Risikofinanzierung.

5. **Risikoüberwachung und Risikosteuerung**

Veränderungen innerhalb und außerhalb des Unternehmens sind umfangreich und lassen Ihnen oft nur wenig Zeit zu reagieren. In dieser Phase geht es vor allem um die Bereitstellung entscheidungsrelevanter Informationen – um eine Art Frühwarnsystem. Zu den Fragen, die der CFO sich in dieser Phase stellen muss, gehören folgende: Wie verändert sich die Haltung des Unternehmens zum Gesamtrisiko? Wann und wie müssen wir unsere Strategie ändern?

Je besser das Risikomanagement funktioniert, desto eher können Sie Risiken nicht als Bedrohung, sondern als Chance betrachten. Ein Risikomanagement-Gerüst sollte sowohl zu Kommunikationszwecken als auch zur Risikominimierung verwendet werden. Schaffen Sie ein risikobewusstes Klima in Ihrem Unternehmen. Formulieren Sie klare Grundsätze für Ihr Risikomanagement, machen Sie deutlich, in welchem Umfang Sie bereit sind, Risiken zu akzeptieren, und wie Ihre Pläne zur Risikominimierung aussehen.

Um eine Unternehmenskultur zu schaffen, die jeden Einzelnen in die Lage versetzt, an der Risikosteuerung mitzuwirken, bedarf es integrierter Abläufe und Systeme. Welche Rolle spielt hierbei die Informationstechnologie? Die Beurteilung von Risiken erfordert eine Systemarchitektur, in der qualitative und quantitative Informationen – Texte und Zahlen – gleichermaßen verarbeitet werden können. Hierzu sind sowohl Wissensspeicher (*Knowledge Warehouse*) als auch herkömmliche Datenbanken erforderlich. Die Balanced Scorecard ist ebenfalls ein geeignetes Instrument zur Umsetzung strategischer Aktionspläne in ein System präziser qualitativer und quantitativer Parameter. Abbildung 5.3 zeigt ein SEM-Prozessmodell mit integriertem Risikomanagement.

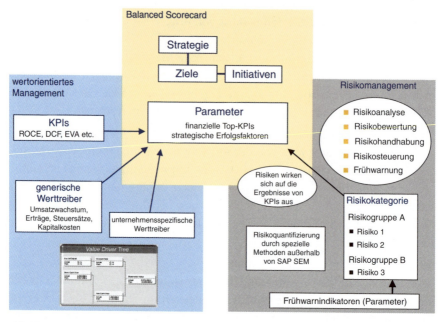

Abbildung 5.3 Die Balanced Scorecard als Gerüst für wertorientierte Unternehmensführung und Risikomanagement

Seit einiger Zeit setzen sich immer mehr CFOs für eine Integration von strategischer Planung und Risikomanagement ein. So ist beispielsweise in Deutschland die Geschäftsleitung verpflichtet, in ihrem Unternehmen ein Risikomanagementsystem einzurichten. Die gesetzlichen Anforderungen wurden durch die im Jahr 2001 verabschiedeten Bestimmungen zur Risikoberichterstattung (KonTraG) weiter formalisiert und präzisiert. Risiko wird hierbei definiert als »negative Auswirkungen, die Ereignisse oder Handlungen auf die Geschicke des Unternehmens haben können«. Das Hauptaugenmerk liegt also auf Risiken, die unmittelbare Auswirkungen auf die Ziele des Unternehmens als Ganzes haben. Um eine positive Bonitätsbeurteilung zu erhalten, müssen die Unternehmen über ihre geschäftlichen Risiken berichten.

⛩ Fallstudie
Einsatz der Scorecard im Risikomanagement

Eine deutsche Versicherungsgesellschaft führte vor zwei Jahren die Balanced Scorecard ein. Obwohl diese Neuerung allgemein sehr positiv bewertet wurde, brachte das Scorecard-Projekt unter anderem in der Risikobewertung keine guten Ergebnisse. Die Chancen und Risiken wurden im Rahmen eines Strategieworkshops zwar sehr ausführlich diskutiert, letztlich aber nicht in der Scorecard berücksichtigt.

Parallel zur Einführung der Balanced Scorecard durch die Finanzabteilung implementierte die Innenrevision aufgrund der neuen Rechnungslegungsstandards ein neues Risikomanagementsystem. Es wurden Risikochecklisten entwickelt, die von den einzelnen Abteilungen abgearbeitet wurden. Zusätzlich zu den Checklisten führte man Risikokennzahlen ein. Die gesammelten Informationen wurden anschließend in einem Risikoprüfungsbericht zusammengefasst.

Ein Projekt-Review legte folgendes Problem offen: Risikomanagementsystem und Balanced Scorecard enthielten sehr ähnliche Informationen, und in einigen Fällen wurden sogar dieselben Kennzahlen verwendet. Dennoch arbeiteten die Finanzabteilung und die Innenrevision in diesen Fragen nicht wirklich zusammen. Die eine Abteilung konzentrierte sich auf einzelne Kennzahlen zur Performance-Bewertung, die andere beschäftigte sich mit allgemeinen Risiken. Es existierte keine einheitliche Sichtweise.

Die Unternehmensleitung war an einer einheitlichen Darstellung von Performance und Risiko interessiert. Sie wollte die Auswirkungen einzelner Risiken auf finanzielle und nichtfinanzielle Leistungskennzahlen – etwa in Bezug auf einzelne Vertriebswege oder Kundensegmente – quantitativ erfassen können. Und sie wünschte sich Frühwarnindikatoren, mit denen sich beispielsweise überwachen ließe, inwieweit Istdaten von den prognostizierten und geplanten Werten abwichen.

Das Unternehmen entschied sich, Balanced Scorecard und Risikomanagementsystem zusammenzuführen. Unklar war zunächst, wie die unterschiedlichen Informationstypen (Checklisten einerseits, Ziele, Messgrößen und Initiativen andererseits) unter einen Hut zu bringen waren. Es wurde beschlossen, als Pilotprojekt im Geschäftsbereich »Lebensversicherungen« ein Risikomanagementsystem mit einer zielorientierten Risikobetrachtung einzuführen.

Sämtliche Risiken wurden entsprechenden Zielen zugeordnet. Neben der Beurteilung des absoluten Verlustpotenzials wurden Schätzwerte für die Faktoren ermittelt, die die in der Scorecard festgelegten Ziele gefährden konnten. So konnten wesentlich mehr risikobehaftete Bereiche analysiert werden. Besonders problematische Bereiche konnten mithilfe differenzierter Zielanalysen gründlicher untersucht werden. Durch die Zusammenführung von Risikobewertung und Balanced Scorecard konnten die beiden Abteilungen der Konzernzentrale ihre Arbeit besser koordinieren.

Wenn ein Unternehmen das Herzstück des Performance-Management-Systems, die Balanced Scorecard, eingeführt hat und darüber hinaus die KPIs tatsächlich als zentrale Informationsquelle zur Steuerung des Geschäfts verwendet, ist es in der Lage, neu über die Bedeutung von Planung und Budgets nachzudenken.

5.4 Weg mit dem Budget!

»Das Budget ist der Fluch jedes amerikanischen Unternehmens. Es hätte nie Budgets geben dürfen. Die Budgetierung ist eine Übung im Zusammenstreichen und damit eine Demonstration der eigenen Machtlosigkeit.«

Jack Welch, ehemals Vorstandschef von General Electric, ist nicht der Einzige, der Budgets kritisch gegenübersteht. Bob Lutz, ehemaliger stellvertretender Vorstandsvorsitzender von Chrysler, nannte das Budget ein »Instrument der Unterdrückung«. Für Jan Wallander, Ex-Vorstandschef der Svenska Handelsbanken und ein radikaler Gegner von Budgets, ist es ein »unnötiges Übel«.

Betrachten wir das Ergebnis einer Umfrage unter CFOs:[4]

▶ Lediglich zwölf Prozent waren der Meinung, dass Budgets für ihre Unternehmen von großem Nutzen seien.

▶ 79 Prozent bestätigten, dass die Abschaffung von Budgets zu ihren Top-Five-Prioritäten gehöre (für 44 Prozent zählten sie sogar zu den wichtigsten dreien).

▶ Und 65 Prozent der Befragten hielten es für ihre Aufgabe, diesen Prozess selbst voranzutreiben.

Laut einer anderen Umfrage hielten nur zehn Prozent der CFOs ihre Budgetierungsprozesse für durchweg effizient, während 90 Prozent bestätigten, dass sie eher hinderlich seien. Dennoch haben viele Unternehmen noch nicht einmal den ersten Schritt unternommen, um dem Budgetzwang zu entkommen, nämlich die Beschränkungen des Budgets zu erkennen.

Warum stoßen Budgets auf derart heftige Ablehnung?

▶ **Budgets können die Geschwindigkeit von Veränderungen bremsen.**
Es ist schwierig, schnell auf veränderte Bedingungen zu reagieren, wenn man an einmal festgelegte Jahresstrategien und an Budgets gebunden ist und sich außerdem an Bestimmungen, Abläufe und Budgetkontrollen halten muss, die die Freiheit zu selbstständigem Handeln vor Ort einschränken.

▶ **Budgets können Sie daran hindern, fähige Mitarbeiter zu finden und im Unternehmen zu halten.**
Hierarchische Strukturen, die durch starre Pläne und unflexible Budgets bestimmt werden, bieten Ihren Managern nur geringe Möglichkeiten, Heraus-

---

4 SAP: *Beyond Budgeting*. Whitepaper, erarbeitet in Kooperation mit dem Consortium for Advanced Manufacturing International (CAM-I) Beyond Budgeting Round Table. 2001.

forderungen und Risiken anzunehmen und entsprechend honoriert zu werden. Starre Pläne und Budgets ermutigen nicht zu unternehmerischem Denken und Risikofreudigkeit.

▶ **Budgets können ein Innovationshemmnis sein.**
Übermäßige Bürokratie und starre Budgetnormen verstellen oft den Blick auf das Wesentliche und auf unerlässliche Innovationen. Sie ersticken Kreativität und behindern motivierte Mitarbeiter in ihrer Entwicklung. Wenn die Budgeteinhaltung das einzige Kriterium zur Leistungsbeurteilung ist, schrauben Manager ihre Ambitionen zurück. Sie konzentrieren sich auf leicht erreichbare Ziele und treffen übervorsichtige Entscheidungen. Früher oder später wird das Unternehmen dann jedoch selbst die vermeintlich leichten Ziele nicht mehr erreichen.

▶ **Mit Budgets können Sie keine Kosten sparen.**
Eines der besten Mittel zur Kostensenkung ist eine flache Managementhierarchie mit schnellen und flexiblen Entscheidungswegen. Beim traditionellen Budgetansatz sind Ressourcen und Kosten streng an eine Unternehmensstruktur gebunden. Durch den Abbau des traditionellen Denkens in Budgets können Sie Ihre Manager ermutigen, die Fixkostenbasis kritisch zu überprüfen und ständig nach Möglichkeiten zur Kostensenkung zu suchen.

▶ **Budgets können der Kundenbeziehung im Weg stehen.**
Wenn Ihre Vertriebsmitarbeiter einzig und allein darauf fixiert sind, feste Zielvorgaben für Erlös, Absatz oder Bruttogewinn zu erreichen, werden sie nicht ermutigt, darüber nachzudenken, ob die Anforderungen der Kunden auch wirklich erfüllt werden und ob die Kunden profitabel sind.

▶ **Budgets können nachhaltige und konkurrenzfähige Unternehmensergebnisse verhindern.**
Eine Aufgabe der Budgetierung ist es, Ergebnisprognosen zu liefern und einen Rahmen für die Erwartungen der Aktionäre vorzugeben. Das blinde Festhalten an finanziellen Ergebnisvorgaben und zugrunde liegenden Budgets kann auf lange Sicht Probleme heraufbeschwören. Manager, die sich besonders ehrgeizige Ziele setzen, werden möglicherweise sehr drastische Maßnahmen ergreifen müssen, um die hohen Erwartungen ihrer Aktionäre zu erfüllen. Hierzu könnten Personalabbau, Restrukturierungsmaßnahmen und die Kürzung langfristiger Investitionen in Forschung und Entwicklung gehören.

Wie kann der CFO die durch das Budget verursachten Barrieren überwinden? Einige CFOs reduzieren einfach die Zahl der Messgrößen, die im Unternehmen von oben nach unten vorgegeben werden. Die detaillierte Berichterstattung von unten nach oben wird von ihnen als überflüssig erachtet. Andere setzen in erster Linie auf verkürzte Fristen bei der Erstellung von Budgets – von mehreren Monaten auf wenige Wochen. Als Best Practice gilt, überhaupt keine Budgets mehr zu verwenden, sondern das Geschäft mit Scorecards zu steuern, die ganz am Shareholder Value ausgerichtet sind. Unternehmen, die so verfahren, überwachen ihre Performance mittels rollierender Prognosen. Das alljährliche Budget gehört bei ihnen der Vergangenheit an.

Die besten Ansätze in der Budgetierung sind im so genannten *Beyond-Budgeting-Modell* vereint. Dieses Modell wurde vom Consortium for Advanced Manufacturing International (CAM-I) entwickelt, um Unternehmen zu unterstützen, die den Fähigkeiten ihrer Manager vor Ort vertrauen und ihnen die Freiheit geben, in neue Richtungen zu denken. Das Beyond-Budgeting-Modell erlaubt schnelle Entscheidungen und eröffnet die Möglichkeit zur Zusammenarbeit in innovativen Projekten und multifunktionalen Teams, und zwar sowohl innerhalb des Unternehmens als auch über dessen Grenzen hinaus.

Die folgenden zwölf Grundsätze stellen das Gerüst eines solchen Beyond-Budgeting-Modells dar. Die Grundsätze 1 bis 6 beziehen sich auf das Performance-Management-Klima im Unternehmen. Sie betreffen sowohl die Unternehmensstruktur als auch die Übertragung von Befugnissen und Verantwortlichkeiten an Mitarbeiter, die im unmittelbaren Kundenkontakt stehen.

Performance-Management-Klima

1. **Selbstständiges Handeln**
   Ersetzen Sie starre Regelungen und Abläufe durch Werte und Handlungsspielräume, die Ihren Managern schnelle und effektive Entscheidungen ermöglichen.

2. **Leistungsverantwortung**
   Rekrutieren und fördern Sie Mitarbeiter, die über eine ausgeprägte Servicementalität verfügen und bereit sind, Verantwortung für die Ergebnisse ihres Bereichs zu übernehmen.

3. **Bevollmächtigung**
   Delegieren Sie Verantwortung an Ihre Manager. Übertragen Sie so die Entscheidungsbefugnis denjenigen, die näher am Kunden sind.

4. **Struktur**
   Organisieren Sie Ihr Unternehmen als Netzwerk unabhängig handelnder Einheiten mit schnellen horizontalen und vertikalen Kommunikationswegen. Schaffen Sie möglichst viele kleine unternehmerisch handelnde Einheiten.

5. **Koordination**
   Richten Sie Prozesse ein, die im Zusammenspiel automatisch Mehrwert für Ihre Kunden erzeugen. Gestalten Sie Beziehungen entlang von Prozessen und Projekten. So können Sie schneller auf die Wünsche Ihrer Kunden reagieren. Wenn Sie jeder Einheit die Verantwortung für die eigenen Ergebnisse übertragen, kön-

nen marktähnliche Kräfte, die durch Lieferanten-Kunden-Vereinbarungen unterstützt werden, zentrale Kontrollmechanismen ersetzen.

6. **Führungsqualitäten**

   Fordern Sie Ihre Manager und stellen Sie ihnen anspruchsvolle Aufgaben. Animieren Sie sie, das Schubladendenken zu überwinden. Leiten Sie Ihre Manager an und geben Sie ihnen Unterstützung, anstatt ihnen Weisungen zu erteilen und sie zu kontrollieren.

Die Grundsätze 7 bis 12 behandeln das eigentliche Performance-Management. Das Hauptmerkmal des hier vorgestellten Ansatzes besteht darin, dass Zielsetzung, Kennzahlen und Vergütung voneinander getrennt, also nicht durch einen Performance-Vertrag verbindlich festgelegt sind.

Performance-Management-Prozesse

7. **Zielsetzung**

   Bestimmen Sie relative – nicht absolute – Ziele und entkoppeln Sie diese von Kennzahlen und Vergütungen. Hierdurch erhalten Ihre Manager vor Ort die Freiheit, sich ihre Ziele selbst zu setzen. Legen Sie Ihren relativen Zielen eine Reihe von KPIs und externen Benchmarks zugrunde, um Ihre Manager sowohl zum Erreichen der strategischen als auch der finanziellen Ziele anzuspornen.

8. **Strategische Planung**

   Geben Sie Ihren Managern die Freiheit, in neue Richtungen zu denken, neue Wege zum Wohl der Kunden zu finden oder völlig neue Geschäftsfelder zu erschließen. Starten Sie neue Initiativen, und gehen Sie dabei von strategischen Zielsetzungen und nicht von Problemen in einzelnen Geschäftsfeldern aus.

9. **Frühwarnsysteme**

   Informieren Sie Ihre Manager frühzeitig über Veränderungen, die sich auf ihre Aufgabenbereiche auswirken – insbesondere, wenn es sich um negative Auswirkungen handelt. Nutzen Sie rollierende Prognosen, um künftige Entwicklungen früh zu erkennen. Vorausplanungssysteme helfen Ihnen bei der kurzfristigen Kapazitätsbestimmung. Wenn Sie beispielsweise Kundenauftragsdaten in Ihr Supply-Chain-Management-System einspeisen, müssen Sie Kapazitäten nicht schon weit im Voraus binden und können so einen Teil der Fixkosten in variable Kosten verwandeln.

10. **Ressourceneinsatz**

    Delegieren Sie Entscheidungen über Investitionen und den Einsatz von Ressourcen an Mitarbeiter, die von diesen Entscheidungen unmittelbar betroffen sind. Lösen Sie solche Entscheidungen aus dem jährlichen Budgetzyklus heraus, treffen Sie sie nur dann, wenn es wirklich erforderlich ist. Geben Sie Ihren Managern die Freiheit, zum richtigen Zeitpunkt die richtigen Maßnahmen zu ergreifen. Üben Sie durch effizienten Einsatz von Ressourcen ständigen Kostendruck nach unten aus. Führen Sie, wo es sinnvoll ist, interne Marktmechanismen ein: Geschäftseinheiten verkaufen ihre Dienste anderen Geschäftseinheiten im Unternehmen.

11. **Auswertung und Kontrolle**

   Installieren Sie vielschichtige Kontrollmechanismen, die Ergebnisse, Schlüsselkennzahlen und rollierende Prognosen liefern, und unterstützen Sie diese Mechanismen durch schnelle und offene Informationssysteme. Führen Sie diese Maßnahmen parallel auf allen Managementebenen ein.

12. **Motivation und Prämien**

   Stützen Sie die Performance-Bewertung auf relative Kennzahlen. Setzen Sie mehr auf die Leistung von Teams oder Konzerngesellschaften als auf Einzelleistungen. Diese Maßnahme fördert den internen Austausch und stellt sicher, dass das gesamte Unternehmen an einem Strang zieht.

Nach der Abschaffung des Budgets kann es anfänglich zu Störungen kommen, da sich die Mitarbeiter erst an den neuen Arbeitsstil gewöhnen müssen. Geben Sie Ihren Mitarbeitern ausreichend Anleitung und Unterstützung, beispielsweise über das Intranet. Besonders wichtig ist es, die Mitarbeiter rechtzeitig auf die bevorstehenden Veränderungen in Finanzwesen und Performance-Management vorzubereiten. Wenn gefragt wird, welchen entscheidenden Vorteil die Abschaffung des traditionellen Budgets bringt, wird in der Antwort normalerweise auf die Einführung verlässlicher KPIs und rollierender Prognosen hingewiesen. Der wirkliche Vorteil aber besteht darin, dass dem Unternehmen die Erstellung einer Unmenge von Berichten und Analysen zu historischen Budgetzahlen erspart bleibt. Dieser Prozess setzt ein starkes und ausdauerndes Management voraus. Die Svenska Handelsbanken hat diesen Prozess vor 30 Jahren eingeleitet und ihren damaligen Entschluss nie bereut.

 **Fallstudie**
Die Abschaffung des Budgets

Als Jan Wallander 1970 zum CEO der Svenska Handelsbanken ernannt wurde, hinkte die Bank der Branche hinterher. Statt eine Reihe kleinerer Maßnahmen zu ergreifen und die Ergebnisse abzuwarten, entschied er sich für einen radikalen Lösungsansatz. Da die meisten Kunden aus Unzufriedenheit mit dem Service die Bank wechselten, beschloss Wallander, dem Kundenservice oberste Priorität einzuräumen und die Kosten für nicht unmittelbar kundenbezogene Leistungen auf ein Minimum zu senken.

Eine der ersten Maßnahmen war die Abschaffung des kostenintensiven Budgetprozesses, wobei Wallander sich auf folgende Überlegung stützte: Entweder ist das

Budget in etwa angemessen und somit belanglos, oder es weicht stark ab und ist deshalb als Gefahr einzustufen.

Wallander verordnete der Bank eine dezentrale Struktur und gab seinen Mitarbeitern, von denen 90 Prozent im direkten Kundenkontakt stehen, freie Hand, sich ganz dem Dienst am Kunden zu widmen, anstatt primär ihre Vorgesetzten zufrieden zu stellen. Die Zielvorgaben der Filialen wurden durch die Unternehmensleitung auf der Grundlage allgemein anerkannter Trends sowie auf Basis interner und externer Benchmarks festgelegt. Eine Hand voll Regionalmanager entschied über die Eröffnung und Schließung von Filialen, ansonsten wurde die gesamte Geschäftsverantwortung in die Hände der Filialleiter übergeben.

Die Filialen sind bemüht, ihren Kunden die jeweils besten Produkte anzubieten, selbst wenn dies auf kurze Sicht nicht immer die rentabelste Strategie ist. Und obwohl die Bank eine zentrale Abteilung zur Produktentwicklung hat, kann jede Filiale frei entscheiden, ob sie deren Vorschläge übernehmen will oder nicht. Dies spiegelt die neue Philosophie der Handelsbanken präzise wider: Die Filialen sind nicht bloß das Vertriebsnetz der Bank – sie sind die Bank. Wenn die Bank die anvisierte Kapitalrendite übertrifft, wird jährlich ein Drittel des Überschusses zur Aufstockung des Mitarbeiterpensionsplans verwendet. Dies stärkt die Bindung der Mitarbeiter an das Unternehmen.

Auch wenn feste Budgetvorgaben fehlen, gibt es bei der Handelsbanken natürlich ein System zur Anerkennung hervorragender Leistungen. Die Geschäftspraktiken der besten Filialen, die im internen Vergleich ermittelt werden, werden auf schnellstem Weg im gesamten Unternehmen bekannt gemacht, hervorragende Einzelleistungen werden ebenso prämiert.

Wie ergeht es der Handelsbanken über 30 Jahre nach Beginn dieses »radikalen« Kurses? Die Bank hat inzwischen (2003) 8 000 Mitarbeiter und betreibt 530 Filialen, die 80 Prozent des Gewinns erwirtschaften. Trotz der großen Zahl von Filialen in ganz Schweden und anderen skandinavischen Ländern und der geplanten Expansion auf den britischen Markt gibt es im Unternehmen immer noch lediglich zehn Regionalmanager.

Die Svenska Handelsbanken weist dank der damals ergriffenen Maßnahmen mit 39 Prozent eines der besten Kosten-Ertrags-Verhältnisse der 30 größten europäischen Universalbanken aus. Bei den meisten Banken in den USA und Europa liegt dieser Wert zwischen 55 und 65 Prozent. Seit mittlerweile 28 Jahren erzielt die Bank kontinuierlich eine höhere Rendite als der Durchschnitt aller skandinavischen Banken und erhält gleichzeitig beste Bewertungen bei der Kundenzufriedenheit.

Die wichtigsten Kenngrößen der Bank sind dieselben wie vor 30 Jahren:

▶ Kapitalrendite

▶ Kundenrentabilität (nicht Produktrentabilität)

▶ Kosten-Ertrags-Verhältnis

Die vergangenheitsbezogene Analyse spielt eine untergeordnete Rolle. Einer der wichtigsten KPIs ist die Kundenzufriedenheit, die von der Wirtschaftshochschule Stockholm im Rahmen einer unabhängigen Untersuchung bestätigt wurde.

Seit der Verabschiedung des letzten Budgets geht eine klare Botschaft an die Mitarbeiter: Lasst die Vergangenheit Vergangenheit sein. Denn obwohl wir aus der Vergangenheit lernen und von Fall zu Fall daraus Schlüsse für die Zukunft ziehen können, wird sie uns alles in allem nicht voranbringen.

5.5 Operative Planung und Simulation

Der CFO besitzt nun also das notwendige Instrumentarium zur Erstellung aussagekräftiger Simulationen und zur Analyse unterschiedlicher Szenarien ohne großen Zeit- und Ressourcenaufwand. Durch Verknüpfung mehrerer prognostisch ausgerichteter KPIs können auch komplexe nicht lineare Beziehungen – etwa zwischen Märkten, Wettbewerbern und dem eigenen Unternehmen – modelliert werden.

Aus solchen Ursache-Wirkungs-Beziehungen lassen sich wiederum wertorientierte Kennzahlen ermitteln. Beispiele hierfür sind der Einfluss von Werbemaßnahmen auf künftige Umsatzsteigerungen, die Auswirkung aktueller Investitionen auf die künftigen Vertriebskosten und der Einfluss von Forschungs- und Entwicklungsaufwendungen auf künftige Cashflows aus dem Absatz neuer Produkte. Abbildung 5.4 zeigt, wie Ursache-Wirkungs-Beziehungen zwischen verschiedenen funktionalen Zielen und den zugehörigen Kennzahlen modelliert werden können.

Ursache-Wirkungs-Modelle können die Lücke zwischen strategischen Initiativen und der operativen Planung schließen. Den größten Nutzen bringen diese Modelle an den Stellen des Unternehmens, an denen Zielkonflikte zwischen der Notwendigkeit längerfristiger Kapitalinvestitionen und dem Streben nach kurzfristiger Rentabilität im operativen Geschäft existieren. Gerade dort wird Shareholder Value in beträchtlichem Maß entweder geschaffen oder vernichtet. Im weiteren Verlauf dieses Buches, besonders in Kapitel 8 (»Das Management der Intangible Assets«), werden diese Stellen daher als *Value Centers* bezeichnet.

Perspektive	Ursache-Wirkungs-Beziehung	Zielsetzung	Kennzahlen	Ziele	Initiativen
Finanzen 	Rentabilität / Umsatzsteigerung	Unternehmenswachstum	Betriebsergebnis / Umsatzsteigerung	20 % Wachstum / 12 % Wachstum	
Kunden 	Produktqualität / Einkaufserlebnis	Qualitätsprodukte von einem kompetenten Partner	Anzahl Beschwerden / Kundenloyalität / ■ Zahl der aktiven Kunden / ■ Durchschnittliche Zahl der Produkte	50 % Reduktion pro Jahr / 60 % / 2,4 Einheiten	Qualitätsmanagementprogramm / Kundentreueprogramm
interne Prozesse 	Beste Produktionsmethode / Liefermanagement	Verbesserung der Produktionsqualität	% Waren aus "A"-Fabriken / Lagerbestand vs. Planung	70 % im dritten Jahr / 85 %	Plan zur Produktionsoptimierung
Mitarbeiter 	Fähigkeiten und Kenntnisse	Aus- und Weiterbildung der Mitarbeiter	Verfügbarkeit strategisch erwünschter Fähigkeiten in %	1. Jahr: 50 % / 3. Jahr: 75 % / 5. Jahr: 90 %	strategischer Schulungsplan

Abbildung 5.4 Modellierung von Ursache-Wirkungs-Beziehungen

Pläne für das Gesamtunternehmen und einzelne Geschäftsbereiche lassen sich in mehrdimensionale strategische und operative Modelle umwandeln. Moderne Planungssysteme ermöglichen dem Finanzwesen die Abbildung sämtlicher Aspekte der Geschäftstätigkeit: von Materialbedarf, über Kosten zu Produktionskapazität und Personalstärke schließlich zu Umsatz. Integrierte Lösungen verknüpfen diese detaillierten Pläne mit Forecasts für die Gewinn- und Verlustrechnung, die Bilanz und den Cashflow.

Der Übergang zu rollierenden Prognosen mit einem Zeithorizont von 24 Monaten erfordert zunächst eine Umsatzplanung auf der Grundlage der strategischen Ziele und des Ressourcenbedarfs. Das Ziel ist die Entwicklung eines praxisbezogenen Masterplans – keine penible Auflistung geplanter Erträge, sondern eine Aufstellung des praktischen Handlungsbedarfs, den das Unternehmens in den nächsten 24 Monaten hat.

Dem CFO stellen sich hierbei folgende Aufgaben:

1. Entwicklung rollierender Prognosen für das gesamte Unternehmen, die in Anpassung an geänderte Umsatzprognosen und wichtige Ereignisse laufend überarbeitet werden können

2. Aufbau eines kontinuierlichen und zukunftsorientierten Berichtswesens über Ausnahmen und Abweichungen, das der Unternehmensleitung Empfehlungen in Form realistischer Zielsetzungen und Aktionspläne liefern kann

3. Stopp der Umsatzplanung auf der Grundlage kurzfristiger Nachfrage

4. Trennung des Zielsetzungsprozesses von den operativen Prognosen

Bei der Erstellung rollierender Prognosen geht es nicht um Zahlenspiele und auch nicht darum, feste Zielgrößen wie beispielsweise bei einem Budget zu erfüllen. Es geht vielmehr darum, die Zusammenarbeit zwischen den Geschäftsbereichen zu optimieren und eine realitätsnahe Unternehmensführung einzurichten. Beim Übergang zu einem Management »beyond budget« mit rollierenden Prognosen, Scorecards und KPIs unter Verwendung von Modellen zur Simulation von Ursache und Wirkung ist Integration der Schlüssel zum Erfolg. Und Integration bedeutet in diesem Zusammenhang die Zusammenführung von Planungs- und Forecastsystemen, Performance-Reporting und den gesetzlich vorgeschriebenen Finanzkennzahlen des Unternehmens. Denn eines der größten Probleme der Finanzabteilungen multinationaler Konzerne besteht darin, die Managementsicht mit der Finanzsicht in Einklang zu bringen.

5.6 Konsolidierung und Integration

Komplexe Unternehmen wie Siemens müssen ihr externes und internes Berichtswesen aufeinander abstimmen. Sie benötigen hierzu einen zentralen Datenpool, auf den alle Unternehmen des Konzerns weltweit online zugreifen können, um die monatlichen Abschlüsse und die nach US-GAAP erforderlichen Berichte zu veröffentlichen. Durch den Einsatz der SAP-Konsolidierungssoftware kann die Veröffentlichung jetzt schneller und präziser denn je erfolgen.

Jedes Unternehmen, das sich am internationalen Kapitalmarkt engagieren will, muss sein Berichtswesen an internationale Standards anpassen. Die traditionellen Systeme sind hierfür oft ungeeignet, weil durch die zunehmende Komplexität der Geschäftsprozesse und die permanenten Veränderungen der Unternehmensstruktur, zum Beispiel durch Übernahmen, auch die Datenstrukturen immer komplexer werden. Der Großkonzern Siemens etwa – ein weltweit operierendes Unternehmen mit rund 1 200 Einzelgesellschaften – speichert seine Daten in einem internen Datenpool und benutzt zur Konsolidierung ein System, an das etwa 3 200 Benutzer angeschlossen sind.

Sämtliche Verarbeitungsschritte von der Validierung und Standardisierung der Buchungen bis zur Währungsumrechnung laufen parallel und werden von mehreren hundert Endanwendern ausgeführt. Die Abstimmung konzerninterner Abweichungen kann durch die Nutzung des Intranet wesentlich beschleunigt werden.

Abbildung 5.5 zeigt einen Vergleich traditioneller und elektronischer Verfahren zur Abstimmung der einzelnen Konzerngesellschaften.

Traditioneller Abstimmungsprozess

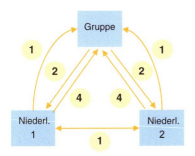

Elektronischer Abstimmungsprozess

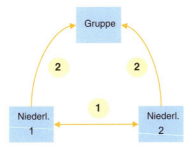

1	Niederlassungen übertragen Daten
2	Gruppe entdeckt Differenzen und wendet sich an Niederlassungen 1 und 2
3	Niederlassungen prüfen die Daten erneut und wenden sich an die Partner
4	Niederlassungen senden die korrekten Zahlen

1	Niederlassung 1 entdeckt Differenzen und wendet sich an Niederlassung 2
2	Niederlassungen veröffentlichen die korrekten Daten

Abbildung 5.5 Traditionelle und elektronische Ergebniskonsolidierung im Vergleich

Der Echtzeit-Systemzugriff durch eine große Zahl von Benutzern ist Grundvoraussetzung für den Fast Close, den »schnellen Abschluss« (in Kapitel 9 ausführlich behandelt). Alle an diesem Prozess beteiligten Mitarbeiter haben Zugriff auf die Daten und können diese für ihre speziellen Reporting-Aufgaben nutzen, beispielsweise zur Zusammenstellung von Managementinformationen nach Kundengruppen.

Internationale Konzerne, deren Gesellschaften bereits über das Intranet miteinander verbunden sind, arbeiten häufig mit einer zentralen Datenbankstruktur. Dies vereinfacht die Einführung einer einheitlichen Lösung für den Gesamtkonzern. Da die Dateneingabe und -verarbeitung nicht mehr manuell erfolgen, sinkt die Fehlerquote erheblich. Die mit der Konsolidierung befassten Mitarbeiter werden von Routinearbeiten befreit und können sich auf die Auswertung der Informationen konzentrieren. Probleme werden früher erkannt, und die Daten aus dem internen und externen Berichtswesen können aufgrund ihrer hohen Konsistenz immer häufiger zur Erstellung immer präziserer Prognosen verwendet werden. Unternehmen wie Siemens bevorzugen für den Zugriff auf ihre zentralen Unternehmensdaten in zunehmendem Maße benutzerfreundliche Internetschnittstellen.

Viele Unternehmen sind bemüht, in Rechnungswesen und Planung eine einheitliche Konsolidierungsbasis zu verwenden. Hierdurch werden doppelte Arbeitsgänge vermieden. Eine einheitliche Datenquelle erleichtert sowohl die gesetzlich vorgeschriebene Konsolidierung nach US-GAAP, IAS oder lokalen Rechnungslegungsstandards als auch die interne Konsolidierung unternehmensspezifisch definierter Organisationseinheiten.

⛩ Fallstudie
Die globale Integration von Konsolidierung, Planung und Berichtswesen

Coca-Cola ist der größte Getränkehersteller der Welt. Das Unternehmen vertreibt in beinahe 200 Ländern vier der fünf beliebtesten Softdrink-Marken. Täglich werden weltweit mehr als eine Milliarde Getränke des Coca-Cola-Konzerns konsumiert. Ein globales Unternehmen dieser Größenordnung zu führen ist nicht nur eine gewaltige operative Herausforderung, sondern bringt auch ein ungeheures Volumen an Finanzdaten mit sich. Diese Daten müssen zusammengetragen, konsolidiert und ausgewertet werden, damit sie im Berichtswesen, bei der Planung und für die Entscheidungsfindung genutzt werden können. Das Unternehmen hatte Bedarf an einer einheitlichen Systemplattform, über die sich Finanzdaten allen Entscheidungsträgern in anschaulicher Form zugänglich machen lassen.

Das bislang von Coca-Cola zur Konsolidierung genutzte System war wenig benutzerfreundlich, und es verursachte hohe Kosten und einen erheblichen Wartungsaufwand. Darüber hinaus war ein schneller Zugriff auf konsolidierte Daten nicht möglich, solange der Konsolidierungsprozess nicht vollständig abgeschlossen war. Außerdem verfügte das Unternehmen über kein einheitliches Planungsinstrument. Die Finanzplanung bestand aus einzelnen Excel-Spreadsheets, in die die Daten der Hauptbuchkonten manuell übertragen werden mussten. Die Konsolidierung und Aktualisierung der Informationen war aufwändig, Berichte wurden in Papierform erstellt, interaktive Reportingfunktionen standen nicht zur Verfügung.

Coca-Cola entschied sich für die Einführung der Konsolidierungs- und Planungsfunktionen von SAP Strategic Enterprise Management (SAP SEM). Diese wurden in das ERP-System integriert, das im gesamten Konzern von mehr als 6 500 Anwendern in über 20 Ländern genutzt wird. Für die SAP-Lösungen hatten die Benutzerfreundlichkeit, die Internetfähigkeit und die Detailanalysefunktionen gesprochen. Die neue Software sollte Entscheidungsträgern einen besseren Zugriff auf die globalen Finanzdaten ermöglichen, die sie für die laufenden Planungs- und Entscheidungsprozesse benötigten. Die Einführung wurde im Januar 2000 gestartet, im Februar 2001 erfolgte die Inbetriebnahme. Das Unternehmen nutzte das Standardverfahren der SAP zur schnellen Einführung ihrer Software. Die fünf Phasen Projektvorbereitung, Business Blueprint, Realisierung, Produktionsvorbereitung sowie Go-Live & Support konnten daher in kurzer Zeit durchschritten werden.

Heute tauscht Coca-Cola Finanzdaten über das Intranet aus. Konsolidiert wird sowohl auf Konzernebene als auch auf der Ebene der Geschäftsbereiche (Profit-Center-Gruppen). Die hier gesammelten und bearbeiteten Informationen bilden die Basis für konsolidierte Konzernabschlüsse und interne Berichte für das Management. Darüber hinaus werden die Informationen im gesetzlichen Meldewesen sowie zu Detailanalysen innerhalb des Unternehmens genutzt.

Istdaten aus dem Finanzwesen werden täglich automatisch extrahiert und zur Erstellung monatlicher Prognosen über Umsatzerlöse, Umsatzkosten, Betriebskosten und Rentabilität verwendet. Auf diese Weise ist das Unternehmen in der Lage, Finanzberichte sowohl für Mitarbeiter der Finanzplanung als auch für Finanzleiter auf Geschäftsbereichs- und Regionalebene zu erstellen. Die Prognosedaten werden anschließend gebündelt und konsolidiert. Diese konsolidierten Prognoseergebnisse können nun mit den konsolidierten Istdaten verglichen werden.

Eine Data-Warehouse-Lösung ermöglicht den Managern von Coca-Cola die weitere Segmentierung und Analyse der gesammelten Finanzdaten zum Zweck der Entscheidungsfindung. Die Konsolidierungs- und die Planungslösung sind eng miteinander verflochten. Sie beliefern sich wechselseitig mit Daten und greifen auf dieselben Informationen in unterschiedlicher Detailtiefe zurück. Ein Business-Intelligence-System bereitet die Daten beider Lösungen zu Abfrage-, Reporting- und Analysezwecken auf.

»Am Ende der Kette steht das Management-Reporting«, so eine Vertreterin von Coca-Cola. »Die SAP-Lösungen bilden die Grundlage für das interne Berichtswesen und die Quartals- und Geschäftsberichte. So stellen wir sicher, dass unsere Manager konsolidierte Ist- und Planzahlen aus einer einheitlichen und konsistenten Datenbasis verwenden. Gleichzeitig gewährleisten wir, dass diese Informationen mithilfe konsistenter Standardgeschäftsprozesse zur Verdichtung von Finanzpositionen und zur Ermittlung des Bruttogewinns generiert werden.«

Dank SAP Strategic Enterprise Management ist Coca-Cola heute in der Lage, auch ausgehend von Istzahlen die Planung des Jahresbudgets und die monatlichen rollierenden Forecasts vorzunehmen. Dies wiederum ermöglicht den Einsatz dynamischer Strategiemodelle sowie von Analyse- und Simulationswerkzeugen, mit denen die Auswirkungen bestimmter Maßnahmen auf die Gewinn- und Verlustrechnung, die Bilanz und die Unternehmensstrategie insgesamt bestimmt werden können. Bei der konzernweiten Einführung von SAP SEM spielt das Data-Warehouse-System sowohl als Infrastruktur zur Ablage der Daten als auch im Berichtswesen eine zentrale Rolle.

Coca-Cola verfügt somit über eine zentrale, für sämtliche Niederlassungen des Konzerns nutzbare Informationsquelle und ein geeignetes Instrument zur wertorientierten Analyse und Entscheidungsunterstützung. Data-Warehousing soll in Zukunft noch intensiver im Berichtswesen genutzt werden. Die Arbeit von Finanz-planern und Finanzanalysten wird damit weiter erleichtert. In der Vergangenheit mussten sie endlose Zahlenkolonnen mit bloßem Auge sichten.

Die neuen Lösungen liefern weltweit fundierte und qualitativ hochwertige Infor-mationen. Coca-Cola ist jetzt in der Lage, Standorte, Marken und Kunden zu ver-gleichen, Planabweichungen zu registrieren, zentrale Geschäftsprobleme zu lösen und so die Wettbewerbsposition kontinuierlich zu verbessern.

Bei der Auswahl integrierter Lösungen für das Finanz- und Management-Reporting legen CFOs oft besonderen Wert auf »Mehrdimensionalität«. Damit ist die Mög-lichkeit gemeint, den Shareholder Value im Unternehmen in seine Bestandteile aufzugliedern und unterschiedliche Szenarien, beispielsweise durch Segmentie-rung nach Kunden, Vertriebswegen, geografischen Regionen und Kostenstellen, miteinander zu vergleichen. Einige Anwendungen bieten die Möglichkeit der Auf-gliederung in bis zu 40 unterschiedliche Dimensionen. Zur besseren Handhabbar-keit lassen sich diese Dimensionen in Form von Würfeln darstellen. Abbildung 5.6 zeigt ein solches Modell der Mehrdimensionalität mit Würfeln für die strategische und die operative Ebene.

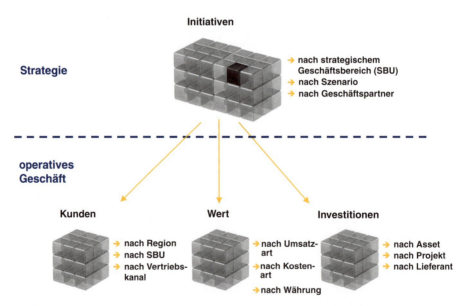

Abbildung 5.6 Mehrdimensionalität: Portionierung von Informationen für Berichte und Analysen

IT-Systeme, die die Messung des Shareholder Value unterstützen, verfügen in der Regel über folgende Eigenschaften:

▶ **Zugänglichkeit**

Sämtliche relevanten Informationen müssen für die Entscheidungsträger leicht zugänglich sein. Schaffen Sie eine einheitliche Informationsquelle, die von Mitarbeitern in allen Unternehmensbereichen genutzt werden kann.

▶ **Flexibilität**

Strukturen und Abläufe des Unternehmens ändern sich im Lauf der Zeit. Stellen Sie sicher, dass das System an die hieraus resultierenden neuen Informationserfordernisse angepasst wird.

▶ **Benutzerfreundlichkeit**

Neben komplexen Funktionen für fortgeschrittene Anwender muss das System auch für Entscheidungsträger geeignet sein, die über keine Spezialkenntnisse des Finanzwesens und der IT-Landschaft verfügen. Wichtig sind außerdem eine übersichtliche Konfiguration und die einfache Handhabung.

▶ **Gute Antwortzeiten**

Das System muss dynamisch und hoch automatisiert sein, um Entscheidungen zeitnah zu unterstützen und zu gewährleisten, dass veränderten Bedingungen durch angemessene und zeitgerechte Reaktionen Rechnung getragen wird.

▶ **Robustheit und Skalierbarkeit**

Das System muss in der Lage sein, große Datenmengen aus den unterschiedlichsten Quellen zu integrieren. Darüber hinaus muss es die Anfragen zahlreicher Anwender aus dem gesamten Unternehmen parallel verarbeiten können.

▶ **Konsistente und integrierte Daten**

Alle Anwender müssen sich auf die Informationen des Systems verlassen können.

5.7 Die Einführung einer integrierten SEM-Lösung

Bei den Recherchen zu diesem Buch kam ein Problem zum Vorschein, das unter CFOs sehr bekannt zu sein scheint: Die CFOs investieren in großem Umfang in ERP-Lösungen und Data-Warehouse-Lösungen. Dennoch entwickeln sie ihre Scorecards und Budgets weiterhin mithilfe von Tabellenkalkulationsprogrammen. Darüber hinaus finden strategische Initiativen in den Systemen überhaupt keine Berücksichtigung. Die Mitarbeiter werden lediglich per E-Mail über den Fortschritt dieser Initiativen unterrichtet. Im Ergebnis sehen alle Scorecards unterschiedlich aus und können nur von denjenigen genutzt werden, die sie auch erstellt haben. Bei der Erfassung der Daten ist eine Menge Handarbeit erforderlich. Die CFOs können die Scorecards nicht zur Steuerung der Geschäftsprozesse nutzen, weil sie nur mehr oder weniger unverbindliche Informationen enthalten und nicht mit dem Rechnungswesen des Unternehmens verknüpft sind.

»Jedes Mal müssen wir das Rad neu erfinden, sprich: Informationen zu strategischen Initiativen müssen erst manuell gesammelt und dann aus finanzieller Sicht bewertet werden. Das dauert viel zu lange und ist sehr unzuverlässig. Außerdem fehlt die Flexibilität; wir können uns nicht so schnell umstellen. Es kann sechs Wochen dauern, bis der Vorstand mit den Geschäftsbereichen ein Budget aushandelt, und selbst dann wird das Budget oft als unbrauchbar verworfen. Anschließend folgt das übliche kostspielige Hin und Her, bis schließlich ein Kompromiss gefunden ist.« Ähnliche Klagen über die Unzulänglichkeit im Prozess der langfristigen Planung hört man häufig.

Eine Untersuchung unter den Fortune-500-Unternehmen zu Finanzmodellen, die auf Tabellenkalkulationen basieren, kam zu folgendem Ergebnis:

▶ Bei 95 Prozent wurden gravierende Fehler festgestellt.

▶ Bei 59 Prozent wurden strukturelle Schwächen bemängelt.

▶ Bei 78 Prozent fehlten formelle Kontrollen komplett.

▶ Dennoch waren 81 Prozent der Benutzer der Meinung, dass ihr Modell ihnen tatsächlich einen Wettbewerbsvorteil verschafft.

Die Probleme sind bekannt. Aber wie sehen die Lösungen aus? Sie können auf zwei Ebenen gefunden werden: auf der Prozessebene und auf der Datenebene.

Auf der Prozessebene geht es darum, die strategische Planung, die Budgetierung, die Verwendung von Scorecards und das Performance-Reporting umzubauen und zu integrieren. Die fehlende Verknüpfung von strategischen Initiativen und budgetgebundenen Aktivitäten wird in Abbildung 5.7 verdeutlicht.

Die Umgestaltung dieser Prozesse eröffnet neue Möglichkeiten zur Kostensenkung und Effizienzsteigerung, eine bessere zeitliche Koordination innerbetrieblicher Abläufe, größere Genauigkeit und eine produktivere innerbetriebliche Zusammenarbeit. Ein Prozess-Reengineering allein reicht jedoch nicht aus. Erst Investitionen in neue Technik für Prozessintegration und Workflowmanagement bringen den maximalen Nutzen. So muss beispielsweise während der Planungsphase die für das Budget verantwortliche Buchhaltung in relativ kurzer Zeit Datenströme aus den verschiedensten Kostenstellen koordinieren. Moderne Workflowtechnik liefert ein unmittelbares Feedback, das von der Erstellung über die Ausführung bis zur Kontrolle des Budgets verwendet werden kann.

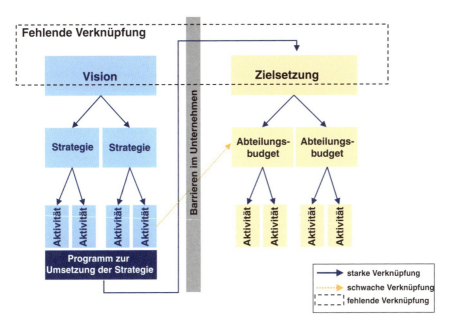

Abbildung 5.7 Die fehlende Verknüpfung – strategische Initiativen und budgetgebundene Aktivitäten

Wenden wir uns der Datenebene zu. Beim Arbeiten mit Tabellenkalkulationsprogrammen existieren stets mehrere Versionen der Wahrheit nebeneinander: Unterschiedliche Tabellen enthalten unterschiedliche Versionen; die Daten sind in einer Vielzahl unterschiedlicher Repositories hinterlegt. All das macht ein konsistentes Reporting über verschiedene Analysedimensionen nahezu unmöglich. Abbildung 5.8 zeigt eine Lösung.

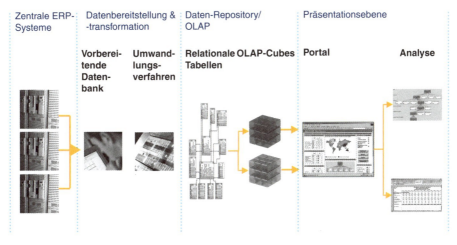

Abbildung 5.8 Die integrierte Architektur einer Performance-Management-Lösung

Bei diesem Modell werden die Ausgangsdaten zuerst in einen Datenpool (in der Regel ein *Data Warehouse*) eingespeist, von diesem an spezielle Daten-Repositories oder OLAP-Würfel übergeben und von dort an das Präsentationssystem in Form eines Dashboards oder Portals weitergeleitet. Erfolgreiche Projekte zeigen, dass es ratsam ist, mit wenig technikintensiven Scorecards zu beginnen und erst dann zu der hier dargestellten integrierten Architektur überzugehen, wenn die Auswertung der Pilotprojekte abgeschlossen ist und die Anwender mit den Prozessroutinen hinreichend vertraut sind. Eine integrierte SEM-Lösung wird Ihnen folgende Aktivitäten erleichtern:

▶ die Kommunikation und Strukturierung Ihrer Strategie und Ihres Unternehmensergebnisses – zum Beispiel mittels Balanced Scorecard – innerhalb des Unternehmens sowie an externe Stakeholder wie Geschäftspartner und Aktionäre und Einholung von deren Feedback

▶ die Bewertung Ihrer Strategien mithilfe alternativer Szenarien und einer prozessorientierten Planung sowie die Verknüpfung der Strategie mit den operativen Zielen und der Ressourcenverteilung

▶ die Einführung eines integrierten Modells für Planung, Budgetierung und Forecast sowie Konsolidierung der Istdaten

▶ die Sammlung nicht strukturierter Informationen aus internen und externen Quellen

▶ die Überwachung der vorrangigen strategischen Erfolgsfaktoren unter Verwendung externer und interner Benchmarks – entweder direkt im System oder mithilfe eines Management Cockpits

Unabdingbare Voraussetzung für ein funktionierendes strategisches Management ist eine geeignete Informationsbasis. Die benötigten Informationen können in strukturierte und nicht strukturierte Informationen unterteilt werden. Strukturierte Informationen sind in der Regel numerische Informationen, die in einer fixen Datensatzstruktur vorliegen: zum Beispiel Daten des ERP-Systems oder Zeitreihen über Aktienkurse aus externen Datenbanken.

Neben strukturiertem Zahlenmaterial werden in vielen Schritten des SEM-Prozesses externe Informationen benötigt, die in der Regel in unstrukturierter Form vorliegen. Hierzu gehören Texte über bestimmte Ereignisse auf dem Markt, über Wettbewerber, deren Produkte und Patentlösungen, über Entwicklungen in der Branche und auf den Zielmärkten, Presseberichte über das eigene Unternehmen und seine Produkte, Prognosen zur Entwicklung am Kapitalmarkt. Software zur automatisierten und halbautomatisierten Sammlung strukturierter und nicht strukturierter Geschäftsinformationen aus externen und internen Quellen ist heute durchaus verfügbar.

Womit sollte der CFO bei der Einführung von SEM beginnen? Mit dieser Frage beschäftigt sich das folgende Beispiel einer großen internationalen Bank.

Fallstudie
Die Einführung von SEM in drei Phasen

Die in dieser Fallstudie beschriebene Bank hatte sich das Ziel gesetzt, zum weltweit führenden Bankinstitut und zur führenden Bank Europas für Kunden mit globalen Finanztransaktionen aufzusteigen. Im Jahr 2001 wurde das globale Investment- und Firmenkundengeschäft in der SBU »Großkunden« zusammengefasst.

Diese organisatorische Veränderung war Teil des neuen Konzepts »Managing for Value« (MfV), dessen Grundidee darin besteht, dass es das Ziel jeder Managemententscheidung an jeder Stelle der Bank sein muss, den Gewinn für die Aktionäre zu maximieren – zu messen am Total Return to Shareholders (TRS).

Um dieses Ziel, die maximale Steigerung des TRS, zu erreichen, wurde ein strategisches Programm gestartet, und im gesamten Unternehmen wurden von unten nach oben und über die Abteilungen und Geschäftsbereiche hinweg Ziele definiert. Diese Ziele wurden an die Geschäftsbereichsleiter weitergegeben und in Performance-Verträgen über mehrere Jahre festgeschrieben. Zur Kontrolle der Verträge wurden für jeden Geschäftsbereich entsprechende KPIs definiert. Dies war ein neuer Ansatz der Leistungsmessung und bedeutete gleichzeitig eine Veränderung der Unternehmenskultur, da hiermit der Shareholder Value noch weiter in den Vordergrund rückte. Für den Erfolg des MfV-Modells waren kurze Kommunikationswege und die effiziente Nutzung moderner Informationstechnologie von zentraler Bedeutung.

Zur Überwachung der kurzfristigen und langfristigen Performance mussten innerhalb der SBU »Großkunden« für alle Geschäftsbereiche Performance-Berichte definiert werden. Diese Standardberichte orientierten sich an den Performance-Verträgen und beinhalteten finanzielle, nichtfinanzielle und strategische KPIs. Sie verdeutlichten die SBU-Performance im Vergleich zu gesetzten Meilensteinen und die Veränderung bestimmter Annahmen, die man über den Verlauf des Geschäfts getroffen hatte, über einen bestimmten Zeitraum hinweg. Und sie dienten der Bewertung der zuvor definierten strategischen Initiativen. Das Managementinformationssystem spielte im MfV-Projekt eine entscheidende Rolle: Es musste stabil, kostengünstig und zuverlässig sein, um präzise und konsistente Performance-Berichte liefern zu können. Außerdem musste es flexibel genug sein, um künftigen Informationsanforderungen und organisatorischen Veränderungen angepasst werden zu können.

Aus all diesen Gründen fasste die Bank den Entschluss, eine SEM- und Data-Warehouse-Lösung einzuführen. Die Einführung war zweistufig geplant:

▶ eine kurzfristig einsatzfähige SEM-Lösung für die dringendsten Aufgaben des monatlichen Reportings und der Budgetierung

▶ Entwurf einer mittelfristig einsetzbaren Business-Intelligence-Lösung, die alle am MfV-Projekt beteiligten Geschäftsbereiche mit den nötigen Informationen versorgen sollte

Das Ziel dieser Lösung sollte sein:

▶ ein Informationssystem, das als integraler Bestandteil der strategischen Planung und Ergebniskontrolle fungiert

▶ Performance-(Vertrags-)Management

▶ effizientere Datenverarbeitung

▶ standardisierte IT-Werkzeuge

▶ eine einheitliche Datenquelle für sämtliche Ebenen des Unternehmens

▶ ein einheitliches Datenmodell

▶ fortlaufende Unterstützung des MfV-Projekts

Sämtliche Geschäftsbereichsleiter sollten Zugriff auf alle Informationen erhalten, die zur Performance-Messung und Performance-Steigerung benötigt werden. Sie sollten rund um die Uhr Zugang zu globalen und lokalen Daten haben und sich diese in personalisierter Form und angepasst an die jeweils spezifischen Anforderungen anzeigen lassen können.

Mit der Einführung der Business-Intelligence-Lösung war wesentlich mehr als lediglich eine Systeminstallation und die Selektion der passenden Einstellungen verbunden. Während der Einführungsphase waren vier wesentliche Aspekte zu beachten:

1. **Management und Kontrolle**
   Wie beeinflussen organisatorische Veränderungen und Managementanforderungen die Systemeinführung und umgekehrt?

2. **Interne Prozesse**
   Wie bilden wir Prozesse in den Systemen ab? Welche Auswirkungen hat die Systemeinführung möglicherweise auf die Prozesse?

3. **Systeme**
   Welche vorhandenen Systeme sind von der Einführung betroffen? Welche müssen ersetzt werden? Wie fügt sich die neue Lösung in die bestehende IT-Struktur ein?

4. Mitarbeiter und Unternehmenskultur

Welche Auswirkungen hat die Systemeinführung auf die Unternehmenskultur? Wie kann sichergestellt werden, dass die neue Lösung von den Mitarbeitern akzeptiert wird?

In einem dynamischen Umfeld kann durch die Schritt-für-Schritt-Einführung die Balance zwischen Systemen, Mitarbeitern, Prozessen sowie Management und Kontrolle gewahrt werden. Nach jedem Teilschritt müssen die erzielten Ergebnisse jedes Aspekts untersucht werden. Im Rahmen des Projekts wurden zwei getrennte Arbeitsprozesse definiert: einer für den Bereich der Performance-Verträge, der sich vorwiegend mit KPIs und Performance-Reporting beschäftigte, und ein zweiter für den Bereich Budgetierung und Prognose. Beide Prozesse sollten in drei Stufen implementiert werden:

▶ **Stufe 1: Business Blueprint**
Die erste Stufe bestand in der Abbildung der Geschäftsprozesse. Die funktionalen Anforderungen der Bank wurden den Möglichkeiten der vorkonfigurierten SEM-Software gegenübergestellt. Anschließend wurde ein detaillierter Plan für die Einführungsphase ausgearbeitet.

▶ **Stufe 2: »SEM Light«**
In dieser Phase wurde die Benutzeroberfläche für das KPI-Reporting und das Performance-Vertragsmanagement implementiert. Darüber hinaus wurde die Funktionalität für die Konsolidierung der Performance-Verträge eingerichtet. Außerdem wurde ein Planungsprozess definiert und ein Prototyp entwickelt und getestet.

▶ **Stufe 3: Vollständiger SEM-Dialog**
Schwerpunkte der dritten Stufe waren die Implementierung der vollständigen Prozessdialoge für KPIs und die Planung sowie der komplette Rollout des Planungspilotprogramms in alle Geschäftsbereiche.

Die Bank hat nun erfolgreich ein stabiles und erweiterbares Umfeld für Berichtswesen und Budgetierung. Zu den für die Zukunft geplanten Erweiterungen und Verbesserungen gehören die Implementierung einer Webbenutzerschnittstelle, die automatische Datenerfassung mit einem ETL-Werkzeug (Extraktion, Transformation, Laden), die Einrichtung von Werttreiberbäumen und eine größere Detaillierung in den einzelnen Geschäftsbereichen.

Wie die Bank in dieser Fallstudie bauen die meisten Unternehmen die SEM-Architektur auf ihren Datenbanken auf und verknüpfen sie mit ihren Transaktionssystemen. Integrierte SEM-Lösungen beinhalten in der Regel folgende Anwendungsbereiche:

▶ **Geschäftsplanung und -simulation**
Planungs- und Simulationsfunktionen ermöglichen eine integrierte strategische und operative Geschäftsplanung auf Basis mehrdimensionaler Datenstrukturen. Hierzu gehören die Konstruktion dynamischer und linearer Geschäftsmodelle sowie der Aufbau und die Simulation unterschiedlicher Szenarien und deren Risikobewertung. Die Planungsfunktionen bieten außerdem die Möglichkeit, den Einsatz der Ressourcen zu analysieren, eine geschäftsbereichsübergreifende Unternehmensplanung durchzuführen, rollierende Prognosen zu erstellen und diese Aktivitäten mit den strategischen KPI-Zielen abzustimmen.

▶ **Konsolidierung**
Konsolidierungsfunktionen ermöglichen die Zusammenführung der Finanzdaten unter Berücksichtigung wertorientierter Ansätze. Hierzu gehören automatisierte Korrekturbuchungen, die automatische Zuordnung und Verteilung (zum Beispiel von Anlagevermögen zu Reporting-Einheiten), die Währungsumrechnung, die Eliminierung von Zwischengewinnen innerhalb des Konzerns, die Konsolidierung von Investitionen nach unterschiedlichen internen Verfahren sowie die Überwachung der Einhaltung lokaler und internationaler Rechnungslegungsbestimmungen.

▶ **Balanced Scorecard**
Balanced-Scorecard-Funktionen ermöglichen die Definition, Analyse, Visualisierung und Interpretation von KPIs mittels innovativer Verfahren. SAP SEM bietet eine umfassende Infrastruktur zur Verbesserung der Performance-Management- und Kommunikationsprozesse innerhalb des Unternehmens und in der Beziehung zu Geschäftspartnern. Die Anwendung bietet darüber hinaus die Möglichkeit, individuelle Interpretationsmodelle auf der Grundlage von Werttreiberbäumen und Management Cockpits aufzubauen.

▶ **Stakeholder Relationship Management**
Funktionen für das Stakeholder Relationship Management stellen sicher, dass interne und externe Interessensgruppen regelmäßig und systematisch im Push-Verfahren (etwa durch automatisierten E-Mail-Versand) oder im Pull-Verfahren (zum Beispiel in Form eines Internetangebots) mit Informationen über die Unternehmensstrategie und deren Auswirkungen auf den Shareholder Value versorgt werden. Darüber hinaus sammelt diese Anwendung Feedback von den Stakeholdern und leitet es an die Unternehmensleitung weiter.

Die Architektur von SAP SEM erlaubt die Nutzung aller verfügbaren Funktionen über das Internet oder das Intranet des Unternehmens. Die Verbindung zwischen SAP SEM, Finanzanwendungen und ERP ist in Abbildung 5.9 dargestellt.

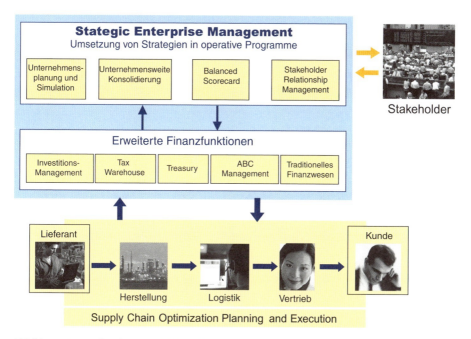

Abbildung 5.9 Verbindung von ERP und Strategic Enterprise Management (SEM)

CFO und CEO sollten in Bezug auf die Strategie die bestinformierten Mitarbeiter des Unternehmens sein. Sie sollten Zugang zu wirklich allen Informationen haben, die für eine erfolgreiche Führung des Unternehmens unverzichtbar sind. Und sie sollten aufmerksam jede neue Entwicklung verfolgen. Die Informationen, auf die sie sich stützen, müssen mit den Informationen ihrer Kollegen identisch sein – ganz egal, ob es sich hierbei um den Leiter der strategischen Planung, den Chefcontroller, die internen und externen Analysten oder um die Teams in den Abteilungen und Geschäftsbereichen vor Ort handelt.

CFO-Checkliste

▶ **Analysieren Sie Kosten und Nutzen Ihres Systems zur Entscheidungsunterstützung von Grund auf.**
Formulieren Sie zunächst Ihre Vision und bestimmen Sie dann Ihre aktuelle Position. Was müssen Sie tun, um die Lücke zu schließen? Ermitteln Sie, welche Kosten durch die bisherigen Prozesse und Systeme zur Entscheidungsfindung und Managementinformation entstehen. Legen Sie den Schwerpunkt für künftige Investitionen auf SEM-Projekte, die einen erkennbaren Mehrwert schaffen.

▶ **Verbessern Sie Ihr Performance-Management.**
Fördern Sie die lebendige Kommunikation im Unternehmen durch ereignisgesteuerte Informationen in Echtzeit. Beziehen Sie die Leiter der Geschäftsbereiche in den Prozess ein, und erstellen Sie Scorecards für alle wichtigen Unternehmensbereiche.

▶ **Verbessern Sie die Qualität Ihrer Forecasts.**
Übersetzen Sie Ihre Wachstumsstrategien in KPIs. Beachten Sie die Ursache-Wirkungs-Beziehungen der KPIs mit Blick auf die Strategie.

▶ **Schaffen Sie ein integriertes Risikomanagement.**
Verbinden Sie die Prozesse zur Einschätzung von Risiken und Chancen mit Ihren Scorecard-KPIs. Nehmen Sie das Risiko-Reporting in Ihr Berichtswesen auf.

▶ **Schaffen Sie Budgets ab.**
Stellen Sie Ihren Budgetprozess um und konzentrieren Sie sich auf das Wesentliche. Reduzieren Sie den Zeitaufwand für unnötige Detaildarstellungen. Schließen Sie Performance-Verträge mit Ihren Geschäftsbereichen ab, in denen eine performanceabhängige Vergütung, Berichte zu strategischen Initiativen, rollierende Prognosen und Ressourcenverteilung miteinander kombiniert werden.

▶ **Erweitern Sie die Möglichkeiten der Konsolidierung.**
Bauen Sie den Konsolidierungsprozess zu einem vielseitigen Reportingsystem mit einer flexiblen Datenselektion und -segmentierung aus, das die Kommunikation zwischen der Konzernzentrale und den Geschäftsbereichen optimiert und den Blick über die globalen Produktmärkte ermöglicht. Wählen Sie eine Konsolidierungssoftware, die sowohl den Anforderungen Ihrer Finanzbuchhaltung als auch den Anforderungen Ihres Management-Reportings entspricht.

▶ **Verbessern Sie Ihr Stakeholder Relationship Management.**
Definieren Sie die Voraussetzungen für ein effektives Management dieser Beziehungen. Stellen Sie über den Performance-Management-Prozess eine Kommunikation zwischen den externen Investoren und der Unternehmensleitung her.

▶ **Integrieren Sie die SEM-Komponenten.**
Bauen Sie die neue Plattform zur Entscheidungsunterstützung auf Ihrer ERP- und Data-Warehouse-Infrastruktur auf. Verbinden Sie Scorecard, Planung, Konsolidierung und Stakeholder Relations mit Daten aus einer einheitlichen Quelle und mit externen und internen Transaktionen.

6 Analytische Anwendungen: Von Daten zu Taten

Der Kunde steht im Zentrum unseres Handelns

Gary Fayard, CFO
The Coca-Cola Company

»Coca-Cola hat einen Börsenwert von 110 Milliarden Dollar, davon 23 Milliarden Dollar in Sachwerten. Der Großteil der verbleibenden Vermögenswerte, unser immaterielles Vermögen, steckt in der Marke Coca-Cola und in unseren Geschäftsbeziehungen zu Abfüllbetrieben und Vertriebspartnern. Unser Geschäftsmodell hat sich während des letzten Jahrhunderts bewährt. Es war stets darauf ausgerichtet, die Marke aufzubauen und die Abfüllbetriebe zu Investitionen in ihre Produktionsanlagen zu ermutigen. Die Beziehungen zu den Endverbrauchern liegen normalerweise in den Händen der Coca-Cola-Vertriebspartner und der Einzelhändler. Unser Unternehmen blickt bei der Entwicklung des Shareholder Value und der Erzielung hoher Kapitalrenditen auf eine lange Erfolgsbilanz zurück.«

Im Geschäftsbericht von Coca-Cola lässt sich nachlesen, worauf die Strategie des Unternehmens beruht:

▶ Beschleunigung des Wachstums im Segment der kohlensäurehaltigen Softdrinks unter Führung der Marke Coca-Cola

▶ selektive Ausweitung der Getränkemarken-Familie zur Steigerung der Rentabilität

▶ Erhöhung der Systemrentabilität und -kapazität in Kooperation mit den Abfüllbetrieben

▶ kreativer und zuverlässiger Kundenservice, um das Wachstum über alle Vertriebskanäle hinweg zu steigern

▶ marktübergreifende Direktinvestitionen in Bereiche mit hohem Potenzial

▶ Steigerung der Effizienz und Kosteneffektivität zu jeder Zeit und an jedem Ort

CFO Gary Fayard erläutert die Coca-Cola-Strategie im Detail: »Das Management der immateriellen Vermögenswerte, der Intangible Assets, ist für uns eine zentrale Aufgabe. Es gab eine Zeit, in der wir über ein wesentlich höheres Anlagevermögen verfügten. Heute sind wir jedoch nicht mehr daran interessiert, selbst die Kapazitäten und Kompetenzen zu besitzen, die ein gutes Abfüllunternehmen auszeichnen. Im Grunde sind wir nun eine Marketingorganisation. Unser Hauptziel besteht in der Stärkung des Markenimages: Wir wollen unseren Ruf als weltweit führender

Lieferant von Markengetränken verteidigen. Dieses Ziel können wir durch Effizienz und Effektivität im Marketing erreichen. Unser zentrales Anliegen ist es dabei, den Wert unserer Marken zu steigern, wobei wir den Ansatz ›Economic Value Added‹ (EVA) verfolgen: Der Cashflow treibt den Shareholder Value. Und glücklicherweise entspricht unser Cashflow-Profil auch unserer Ertragsstruktur.

Was die Vertriebsdaten und das tägliche Geschäftsvolumen angeht, steht die Transparenz an erster Stelle. Zwar verfügen wir über einheitliche Buchhaltungssysteme zur Überwachung des finanziellen Ergebnisses, wir benötigen jedoch zu jeder Zeit einen vollständigen Überblick über die Wertschöpfung, und zwar über die gesamte Logistikkette hinweg. Mithilfe verschiedener Marketingwerkzeuge überwachen und vergleichen wir permanent die Wirtschaftlichkeit von Massenmarketing und zielgruppenorientiertem Marketing. Die Rentabilität unseres weit verzweigten Unternehmens untersteht einer kontinuierlichen Kontrolle. Dabei untersuchen wir, an welchem Punkt der Wertschöpfungskette wir den Nutzen für unsere Kunden erhöhen können, und überprüfen unsere Geschäftsbeziehungen zu Abfüllunternehmen und Einzelhandel. Wir verfolgen mit unseren Abfüllpartnern eine gemeinsame Strategie und arbeiten sehr eng mit ihnen zusammen. Dies entbindet uns jedoch nicht von der Aufgabe, permanent über diese Rollenverteilung nachzudenken, also immer wieder neu zu entscheiden, wer für was zuständig ist und wie wir die hieraus resultierenden finanziellen Verpflichtungen aufteilen. Diesen Verhandlungsprozess können wir nur führen, wenn wir über detaillierte Finanzinformationen verfügen.«

Das Geschäftskonzept des Unternehmens gründet nicht nur auf der Markeninnovation und -entwicklung. Wir produzieren konzentrierten Sirup und verkaufen ihn an Franchise-Abfüllpartner, die ihn an Groß- und Einzelhändler weitervertreiben. Die Abfüllunternehmen können ihr Produkt nur von Coca-Cola erwerben. Ihre Geschäftsbeziehungen untereinander beruhen auf den beträchtlichen Marketinginvestitionen von Coca-Cola in die Marke selbst – in Form erstklassiger Werbung und Verkaufsförderung. Es liegt im Interesse von Coca-Cola, dass die Abfüllunternehmen rentabel arbeiten.

Das Unternehmen selbst ist wiederum darauf angewiesen, auf jeder Stufe der Wertschöpfungskette von seinen Partnern mit wichtigen Informationen über die Endverbraucher versorgt zu werden, damit die Marketinginvestitionen laufend bewertet, abgestimmt und neu ausgerichtet werden können.

Fayard erläutert: »Man könnte sagen, wir sind ›asset-light.‹ Unsere aktuellen Kapitalinvestitionen liegen größtenteils in den Geschäftssparten ›Fountains‹ und ›Minute Maid‹, wo wir die integrierte Wertschöpfungskette kontrollieren. Für die meisten der Coca-Cola-Unternehmen nutzen wir hingegen ein Konzept, das wir ›erweiterte Unternehmensorganisation‹ nennen. Hierbei handelt es sich um ein einzigartiges Netz von Beziehungen mit unseren Geschäftspartnern. Zu externen Partnern besteht eine Art konstruktives Spannungsverhältnis: Wir müssen ein ausgewogenes Gleichgewicht zwischen dem Investitionsvolumen und dem Engagement unserer Partner herstellen, um für alle Beteiligten ein entsprechendes Ertragsniveau zu gewährleisten. Unsere größte Herausforderung liegt darin, über die Abfüllunternehmen einen verbesserten Blick auf unsere Kunden zu erhalten. Wir teilen uns nicht nur die Kosten für das Marketing, wir müssen auch die Gewinnspanne nach Kundengruppen analysieren – und zwar für Handel und Endverbraucher gleichermaßen. Die integrierte Vertriebskette nutzen wir nur dort, wo es wirtschaftlich sinnvoll ist, beispielsweise für ›Fountains‹ in den USA. Produktionsanlagen zur Konzentratherstellung werden nach Möglichkeit in Ländern mit geringen Kosten und Steuern eingerichtet.«

Der Umsatz der Coca-Cola-Abfüllunternehmen ist fünfmal mal so hoch wie der von Coca-Cola selbst. Aus diesem Grund kann es problematisch sein, detaillierte Informationen zum Umsatz aus der erweiterten Wertschöpfungskette zu erhalten. Dieses Problem wurde teilweise dadurch gelöst, dass man den Abfüllunternehmen ein Buchhaltungs- und Informationssystem zur Verfügung stellte, das viele der erforderlichen Daten liefert, etwa zu Routen, Lieferplänen und zum Verbrauch. Dieses System berücksichtigt allerdings nur den direkten Verkauf. In manchen Regionen vertreiben die Abfüllunternehmen jedoch weiter an Großhändler. So weiß Coca-Cola zwar, welche Produkte an die Großhändler gehen, aber nicht, was an Einzelhändler und Endverbraucher verkauft wird.

Fayard fährt fort: »Wir brauchen bessere analytische Daten, die fundierte Entscheidungen im Marketing und eine effizientere Werbung ermöglichen. Mehr Details und eine höhere Genauigkeit sind unbedingt erforderlich. Wichtig sind beispielsweise detaillierte Angaben zum Konsumverhalten, um Trends zu erkennen, Werbekampagnen zielgenau zu führen und die Fernsehwerbung genau zur richtigen Tageszeit zu schalten. Diese Präzision des Werbe-Timings, das Ansprechen des Verbrauchers genau zu dem Zeitpunkt, an dem er mit höchster Wahrscheinlichkeit unser Produkt konsumiert, bezeichnen wir als ›ereignisorientierte Analyse‹. Zu diesem Zweck haben wir in unsere Marketingdatenbank ›Inform‹ investiert, unsere wichtigste Quelle für Marktinformationen und die Basis für die Systematisierung unserer analytischen Daten. Gleichzeitig investieren wir auch in DME (*Direct Marketing Expenditure Evaluation*), ein internes Werkzeug zur Ausgabenanalyse im Direktmarketing.

Für den größten Teil unserer Analysen verwenden wir jedoch noch immer Microsoft Excel, weshalb wir uns im Finanzwesen derzeit verstärkt für Investitionen in Prozesse und Systeme zur Datenanalyse einsetzen. Die Abfüllunternehmen verwenden unsere vordefinierten Buchhaltungssysteme, um Rohdaten an uns zu übermitteln. Wir selbst führen in regelmäßigen Abständen Stichproben beim Endverbraucher durch und entwickeln Frühindikatoren, die uns Informationen darüber liefern, welche Umsätze und Absatzmengen wir zu erwarten haben. In dieser Hinsicht verfügt die Datenbank ›Inform‹ zwar über ein gewaltiges Potenzial, liefert uns aber kein Gesamtbild über die Effizienz unserer Marketingaktionen. Wir sind verantwortlich für das überregionale Marketing, während unsere Abfüllunternehmen das Marketing vor Ort übernehmen, wofür wir ihnen die Hälfte ihres Aufwands erstatten. Wir erhalten allerdings kein Feedback darüber, wie effektiv dieses lokale Marketing ist. Diese Daten stehen uns nicht zur Verfügung.

Wir sind bemüht, unsere Trendanalysen zu verbessern und die Werbeausgaben mit den Umsatzzuwächsen zu vergleichen. Die Wirkung der Marketingausgaben wird mithilfe so genannter ›pressure points‹ überprüft. Das heißt, dass wir die Wirkung des Marketings auf den Verbraucher und die Verbraucherreaktion zu dem Zeitpunkt prüfen, zu dem die Werbung den Verbraucher erreicht. Der Zeitpunkt der Verbraucherreaktion und der Zeitpunkt der relevanten Ausgaben sind in den meisten Fällen nicht identisch. Dieses Problem versuchen wir durch ein Analyseverfahren zu lösen und zu korrigieren, das sich auf die bereits erwähnten ›pressure points‹ bezieht. In einem konkreten Moment des Verbraucherverhaltens – dem ›pressure point‹ – wollen wir die Verbindung zwischen Investition und Gewinn herstellen.«

Coca-Cola erstellt detaillierte Analysen zu Markenbewusstsein, Markenpräferenzen und Kaufabsichten. So werden die Daten beispielsweise nach monatlichen, wöchentlichen und täglichen Konsumenten der Produkte segmentiert. Diese Aufschlüsselung nach verschiedenen Kundengruppen ist so präzise, dass sogar der individuelle Anlass erfasst werden kann, beispielsweise die Tageszeit, zu der bestimmte Verbraucher die Produkte trinken.

Aus der Sicht des Finanzwesens stellt diese detaillierte Aufbereitung der Daten eine Herausforderung dar, die Fayard wie folgt beschreibt: »Ich erwarte, dass meine Mitarbeiter ihre Aufgaben bis ins kleinste Detail beherrschen und gleichzeitig den Überblick über das Gesamtgeschäft nicht verlieren. Selbstverständlich brauche ich gute Finanzbuchhalter. Aber was ich wirklich brauche, sind Finanzfachleute, die das ganze Unternehmen und seine Wertschöpfungskette verstehen. Sie müssen erkennen, welche Vorteile für das Abfüllunternehmen, den Großhändler, den Einzelhändler und den Verbraucher entstehen. Sie müssen unterschiedliche Preisansätze bewerten, die Rentabilität einzelner Vertriebskanäle prüfen und die Wirkung von Promotion-Paketen analysieren, die den Kunden angeboten werden. In Japan beispielsweise kann der Getränkeabsatz davon abhängen, ob die Ware im Supermarkt oder über Automaten vertrieben wird. Darüber hinaus gibt es Möglichkeiten des Cross-Selling zwischen Marken und Vertriebskanälen, um den aus unseren Werbeinvestitionen resultierenden Absatz zu maximieren.

Alle Optionen müssen geprüft werden; das ist der Ansatzpunkt unserer Analysen. Wir müssen alle Alternativen bewerten, über den eigenen Tellerrand hinausschauen und schneller lernen. Ein Problem besteht jedoch darin, dieses spezifische Wissen den Finanzverantwortlichen in aller Welt und unseren Kollegen aus dem Marketing zugänglich zu machen. Wir wollen unsere Informationen zu Marken und unser Wissen und unsere Erkenntnisse über die Verbraucher im gesamten Konzern teilen und aus unserer globalen Präsenz und Reichweite Vorteile ziehen. Im Finanzwesen verlassen wir uns überwiegend auf Microsoft Excel. Das ist zwar hilfreich, aber nicht effizient genug. In der Buchhaltung arbeiten wir bereits mit SAP-Software. Darüber hinaus benötigen wir hochkarätige Werkzeuge zur Entscheidungsunterstützung, die auf unserer strukturierten Datenbank aufbauen: eine analytische Umgebung, die unser Wachstum fördert und nicht nur die Kosten senkt.«

In jedem Unternehmen gibt es Informationen und Wissen im Überfluss. Es werden jedoch nur diejenigen Unternehmen einen echten Wettbewerbsvorteil erzielen, denen es gelingt, einzelne Datenströme rechtzeitig in relevante und kohärente Informationen zu verwandeln. Heute benötigen Unternehmen proaktive Finanzabteilungen, die dem Management Informationen über die Folgen von Entscheidungen liefern und den Verantwortlichen helfen können, Alternativen zu simulieren und das operative Geschäft voranzutreiben, um auf diese Weise zur Umsetzung der strategischen Ziele beizutragen. Eines Ihrer wichtigsten Ziele als CFO muss darin bestehen, die strategische Performance zu verbessern, indem Sie alle relevanten Informationen auf jeder Ebene des Unternehmens bereitstellen.

Dies stellt hohe Anforderungen an die Software, die im Unternehmen Prozesse unterstützen soll, die es in dieser Form vor fünf Jahren noch gar nicht gab. Auch die Systeme haben sich weiterentwickelt und bieten neue Möglichkeiten, Finanzdaten zu sammeln, zu speichern und zu nutzen. Henry Morris, Vice President des Analystenhauses International Data Corporation[1], hat die Rolle der analytischen Anwendungen treffend charakterisiert:

▶ »Analytische Anwendungen helfen Unternehmen durch Prozessunterstützung bei der Planung und Optimierung des operativen Geschäfts, wodurch Chancen besser erkannt und genutzt werden können. Dazu werden die operativen Abläufe einzelner Bereiche wie Zahlung, Logistik und Vertrieb untersucht, und es wird ermittelt, welchen Beitrag diese Abläufe in einem weiter gefassten Kontext leisten und wie sie sich beispielsweise auf Rentabilität und Working Capital

---

1 Morris, Henry; Blumstein, Robert: *Analytical Applications, Market Forecast and Analytics 2001 to 2005.* IDC, 2001.

auswirken. Prozessunterstützung bedeutet auch, Ziele zu setzen – beispielsweise hinsichtlich der Zeit bis zum Zahlungseingang des Kunden (*Days Sales Outstanding*, DSO) –, Alternativen zu simulieren und die Ergebnisse zu kontrollieren.

▶ Analytische Anwendungen sind vom Prozessablauf selbst und von den operativen Systemen funktional getrennt. Während beispielsweise ein Buchhaltungsprogramm im operativen System jeden Geschäftsvorfall aufzeichnen und sämtliche Rechnungen abstimmen muss, ist ein Programm zur Analyse von Finanzdaten wesentlich flexibler. Es kann Daten verdichten und modifizieren, um alternative Wertströme zu simulieren.

▶ Analytische Anwendungen liefern zeitbezogene Daten aus verschiedenen Quellen. Hierzu sammeln sie Daten aus so unterschiedlichen Systemen wie ERP, Customer Relationship Management (CRM), Supply Chain Management (SCM) und Altsystemen. Analytische Anwendungen nutzen diese Daten, um Trends zu bestimmen und Prognosen aufzustellen. Beispielsweise lässt sich so der Kundenwert über die gesamte Kundenbeziehung (*Customer Lifetime Value*, CLV) bei stabilem Konsumverhalten ermitteln oder eine Aussage zur Stabilität der Kundenbasis (*Customer Retention Rate*, CRR) bei anhaltend stabiler Fluktuationsrate treffen.«

6.1 Höhere Anforderungen an die Ergebnisorientierung

Die führenden Unternehmen unserer Zeit integrieren den Managementdialog in ihre Unternehmenskultur und verwenden Software, die dies unterstützt. Der Erfolg hängt davon ab, ob sich die Unternehmensstrategie in klar definierte Handlungsanweisungen umsetzen lässt und ob die Ziele jedem Mitarbeiter und Aktionär kommuniziert werden können. Die Sorge um Rentabilität und Wachstum ist heute nicht mehr allein Sache einiger weniger Top-Manager, sondern als Ergebnisoptimierung Bestandteil der Verantwortung eines jeden Mitarbeiters. Alle Geschäftsbereiche müssen bei der Entscheidungsfindung Kosten und Rentabilität berücksichtigen, ganz gleich, ob sie neue Produkte entwickeln oder einen Vertragsabschluss anstreben. Eine zeitnahe und permanente Zusammenarbeit ist hierfür die Voraussetzung.

Die Mitverantwortung jedes Einzelnen für das Endergebnis hat die Kostenplanung verändert. Der Tätigkeitsschwerpunkt eines Produktentwicklers beispielsweise lag früher einzig und allein auf der Entwicklung neuer Produkte. Sobald die Entwicklung abgeschlossen war, wurde die gesamte finanzielle Verantwortung auf die Kostenrechnung übertragen. Heute müssen Entwickler neue Produkte nach Kostenvorgaben planen. Die verantwortlichen Controller werden schon früh in die Produktentwicklung einbezogen und haben so die Möglichkeit, Änderungsvorschläge einzubringen, solange Änderungen noch realisiert werden können. Darüber hinaus sind sie an jeder Phase des Produktlebenszyklus beteiligt, kalkulieren den Break-Even-Point, Kosten und Erlöse. Allein in der Entwicklungsphase eines Produkts führt dieser Ansatz zu Kosteneinsparungen von bis zu 70 Prozent.

Ähnlich verhält es sich im Vertrieb. In der Vergangenheit bestimmten die Vertriebsmitarbeiter anhand eines Lagerhaltungssystems, ob das gewünschte Produkt zur Verfügung stand. Anschließend fragten sie über ein automatisiertes System ab, ob das Produkt entsprechend den Lieferwünschen des Kunden eingeplant und gefertigt werden konnte. Heute können dieselben Mitarbeiter mithilfe des *Activity-Based Management* (ABM) erkennen, ob eine Bestellung rentabel ist, bevor sie sie annehmen. Es geht also nicht mehr nur darum, Kundenanforderungen erfüllen zu können, sondern vielmehr darum, zu klären, ob dies unter Rentabilitätsgesichtspunkten überhaupt sinnvoll ist.

Der Trend geht dahin, den einzelnen Mitarbeitern eine bessere Kostenkontrolle zu ermöglichen. Hierbei werden sie von der Kostenrechnung beratend unterstützt. Diese Verschiebung hin zu einem Modell des Selbstcontrollings hat die Art und Weise verändert, in der Unternehmen ihre Strategien umsetzen. Früher wurden Strategien von der Unternehmensleitung entwickelt und dann über ein zentralisiertes System von Weisungen und Kontrollen umgesetzt. Heute haben die meisten Unternehmen eine dezentrale Geschäftsstruktur und Teams, die wesentlich näher am Kunden sind.

Wie wir in Kapitel 8 sehen werden, hat sich auch die Quelle der Wertschöpfung im Unternehmen verändert. Wettbewerbsvorteile lassen sich heute eher mit immateriellem als mit materiellem Vermögen erzielen. Aus diesem Grund ist die Überwachung von Investitionen in Inventar, Gebäude, Maschinen und Anlagen nur ein Teil Ihrer Arbeit als CFO. Darüber hinaus müssen Sie den Wert des immateriellen Vermögens, den Wert des Humankapitals sowie den Wert, den Innovationen, Ihre Kundenbasis und die Beziehungen zu Ihren Geschäftspartnern darstellen, bestimmen.

Diese Aufgabe ist mit den herkömmlichen Finanzinstrumenten allein nicht mehr zu bewältigen. Bei der Bewertung eines Zulieferers beispielsweise müssen Faktoren wie Preis, Verpackungskosten, Liefertreue und Qualität berücksichtigt werden. Und auch das reicht noch längst nicht aus: Wenn Ihr Einkaufsmanager Verträge aushandelt, muss er sich auf aktuelle Zuliefererbewertungen auch verlassen können.

Das Finanzwesen sollte nicht nur Daten an den Vertrieb liefern, sondern diesen auch aktiv bei der Optimierung seiner geschäftlichen Aktivität unterstützen. Die Finanzverantwortlichen und der operative Bereich müssen eng zusammenarbeiten und als Team agieren – beispielsweise indem eine Liste von Kunden mit hohen Außenständen erstellt wird, um den Zahlungsprozess zu beschleunigen, Engpässe zu identifizieren und den Kunden die Zahlung zu erleichtern. Die Verknüpfung von Finanzdaten und operativem Geschäft kann dazu beitragen, das erforderliche Working Capital zu senken und die Transaktionskosten zu reduzieren.

Welche Auswirkungen haben all diese Veränderungen auf die analytischen Anwendungen? Sie verdeutlichen vor allem, wie wenig flexibel traditionelle Programmpakete sind. Wie in Abbildung 6.1 dargestellt, enthalten die meisten Pakete zwar angemessene Routineberichte zur Fertigung, sie bieten aber nur begrenzte Analysemöglichkeiten und keinerlei Unterstützung bei der Erstellung von Prognosen.

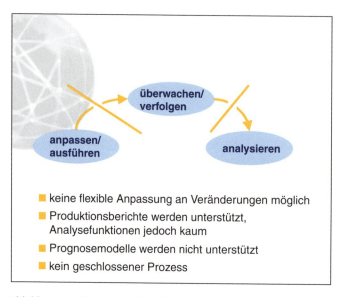

Abbildung 6.1 Grenzen traditioneller analytischer Anwendungen

Es existieren verschiedene Ansätze, Systeme zu integrieren und traditionelle Systembeschränkungen zu überwinden. Im Folgenden stellen wir zwei häufig verwendete Ansätze und deren Vor- und Nachteile dar:

▶ **Szenario 1: Paketlösungen von Anbietern**
   Vorteil: Sind nach dem für Transaktionsanwendungen etablierten Muster gestrickt; analytische Anwendungen sind nur Erweiterungen der Prozessanwendungen.
   Nachteil: »Paketlösung aus anderen Paketlösungen«, die höchstwahrscheinlich nicht aus einer Hand kommt und unterschiedliche Kompetenzen und spezifisches Fachwissen voraussetzt.

▶ **Szenario 2: Offene Struktur und »Best-of-Breed«**

Vorteil: Folgt dem Ansatz »bauen, kaufen, integrieren«. Komponenten zur Anwendungsintegration werden besser verstanden und akzeptiert.

Nachteil: Die »offene« Struktur des Systems stammt aus unbekannter Quelle. Anscheinend ist kein Unternehmen in der Lage, Standards für Metadaten zu entwickeln.

Abbildung 6.2 bietet einen Überblick über analytische Anwendungen einschließlich ihrer Struktur und der dazugehörigen Programme auf Strategie-, Prozess- und Datenebene.

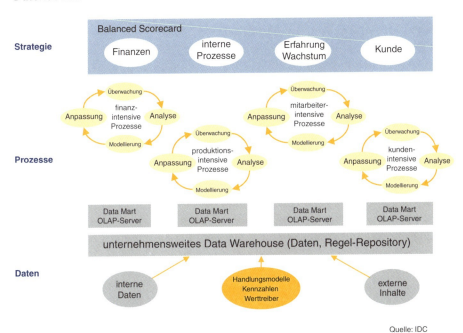

Abbildung 6.2 Analytische Anwendungen – Struktur und Programme

6.2 Integrierte analytische Anwendungen – von der Information zur Entscheidung

Ein leitender Angestellter vergeudet pro Tag durchschnittlich 82 frustrierende Minuten auf der Suche nach Informationen. Wenn Sie das auf mehrere tausend Mitarbeiter hochrechnen, erhalten Sie eine schwindelerregende Zahl. Als CFO können Sie dazu beitragen, dieser Verschwendung von Zeit und Talent Einhalt zu gebieten: Weisen Sie Ihrem Unternehmen den Weg zu integrierten Datenlösungen.

Integrierte analytische Anwendungen stellen einen neuen, flexiblen Ansatz zur Anreicherung, Verdichtung, Verbreitung und Analyse von Daten dar. Informationen können jetzt in Echtzeit abgeglichen und miteinander kombiniert werden. Das ist Entscheidungsunterstützung im wahrsten Sinn des Wortes. Sie kombinieren weit verstreute Informationen auf so flexible Art und Weise, dass sie jederzeit zugänglich sind und als Handlungsgrundlage dienen können. Einfacher ausgedrückt, helfen integrierte Anwendungen dabei, Daten in Informationen, Informationen in Wissen, Wissen in Weisheit – und schließlich in Taten umzusetzen.

Zwei Systeme unterstützen die hier beschriebene neue Rolle des Finanzwesens. Erstens können Sie mithilfe von *Data Warehouses* Informationen sammeln, um Rentabilität und Wachstum zu fördern. Zweitens helfen Ihnen ein über das Internet bereitgestelltes Berichtswesen und Unternehmensportale dabei, Verständnis für finanzielle Aspekte bei Vertriebsmitarbeitern zu schaffen. Analytische Anwendungen benutzen meist ein Data Warehouse, oftmals *OLAP-System* (*Online Analytical Processing*) genannt, das von den Prozessanwendungen, dem so genannten *OLTP-System* (*Online Transaction Processing*), getrennt läuft.

Anfangs wurden in einem Data Warehouse Daten für das Berichtswesen gesammelt. Inzwischen können mit dem Data Warehouse auch Daten konsolidiert und geplant werden. Darüber hinaus kann ein Data Warehouse auch die Prozesskostenrechnung und das Management unterstützen. Es bildet die technische Grundlage für Unternehmensanalysen (*Business Analytics*). Da sich das Data Warehouse auf verschiedene Systeme stützt, kann es Daten aus unterschiedlichen Funktionsbereichen extrahieren und so eine 360-Grad-Sicht auf den Kundendienst oder die Logistikkette mit vielen verschiedenen Partnern gewähren.

Die Trennung von Systemen zur Prozessabwicklung und Systemen wie dem Data Warehouse hat zweierlei Vorteile: Einerseits können die mit der Analyse befassten Mitarbeiter des Unternehmens große Datenmengen bearbeiten, ohne die betrieblichen Systeme zu beeinträchtigen, und andererseits können die Systeme selbst unterschiedlich aufgebaut sein. Systeme zur Abwicklung betrieblicher Prozesse dienen vor allem dem Speichern von Dokumenten, beispielsweise Warenausgangsbelegen und Rechnungen, sowie dem schnellen Zugriff auf diese Dokumente. Normalerweise werden solche Dokumente sofort archiviert, sobald sie nicht mehr benötigt werden. Systeme zur Unterstützung betrieblicher Prozesse hingegen verdichten die Daten, so dass eine mehrdimensionale Analyse möglich ist. Die Daten bleiben länger im System und sind leichter für Ad-hoc-Auswertungen und Simulationen zugänglich.

Internet, E-Commerce und Online-Vertrieb haben sich Hand in Hand mit den neuen Möglichkeiten der Informationsbereitstellung weiterentwickelt. Heute kann jeder Mitarbeiter, der über einen Browser verfügt, Berichte im Intranet lesen und aktualisieren sowie mehr Kollegen in kürzerer Zeit erreichen. Berichte im Intranet sind nicht für ERP-Profis gedacht, sondern für gelegentliche Benutzer, die beispielsweise wissen wollen, welche Anlagen zu viel Ausschuss produzieren oder welche Vertriebsniederlassungen ihre Ziele nicht erreichen. Allgemein sollten Berichte im Intranet dazu dienen, die Anwender auf Besonderheiten aufmerksam zu machen und sie nicht mit allgemeinen Informationen überladen.

Unternehmensportale ermöglichen heute die Steuerung des Berichtswesens per Intranet über einen einzigen definierten Zugang. Sie vermitteln den richtigen Benutzern die richtigen Informationen zum richtigen Zeitpunkt. Portale erleichtern die Kombination verschiedener Detailinformationen, die das Management benötigt, beispielsweise Informationen zu potenziellen Geschäftspartnern für Vertriebsmanager oder Informationen über unbezahlte Kundenrechnungen für die Debitorenbuchhaltung. Das Portal eines Managers kann beispielsweise Informationen aus den Abteilungen Finanzen und Personal miteinander verknüpfen, die zur Beurteilung aktueller Projekte und Kosten notwendig sind. Es kann auch gleichzeitig Informationen zu Qualifikation, Laufbahn und Gehalt eines Mitarbeiters bereithalten (siehe Kapitel 7).

Obwohl Portale die Transformation der Informationslandschaft versprechen, gestaltet sich ihr Einsatz im Unternehmen alles andere als einfach. Selbst den größten Unternehmen bereitet die Erfassung und Bereitstellung von Daten ungeahnte Schwierigkeiten. Gegenwärtig sind sie eher damit beschäftigt, obsolete traditionelle Systeme zu verwalten und zu aktualisieren sowie die Datenqualität und -konsistenz zu verbessern. Die Überwindung der »Bunkermentalität« einzelner Funktionsbereiche, die zu Informationsinseln führt und die Weitergabe von Wissen erschwert, ist eine ständige Herausforderung. Auch der Kommunikation mit externen Partnern, Zulieferern und Kunden kommt eine entscheidende Bedeutung zu, wobei sich viele Unternehmen auf diesem Gebiet erst am Anfang ihres Umstrukturierungsprozesses befinden.

Welche Chancen bieten integrierte analytische Anwendungen für das Finanzwesen? Sie überwinden funktionale Barrieren und helfen dem Unternehmen, sich auf Entscheidungen zu konzentrieren, die der Wertschöpfung dienen. Als neue Werkzeuge unterstützen sie mit all ihren Möglichkeiten diesen Entscheidungsprozess. Der wichtigste Aspekt jedoch ist, dass sie dazu beitragen, frühere Investitionen in ERP-Systeme und Data Warehouses besser zu nutzen. Data Warehouses zeichneten sich bisher dadurch aus, dass sie gewaltige Ressourcen verschlangen und nur geringe Vorteile brachten. Analytische Anwendungen sind die Anwendungen, die Daten und Informationen im Data Warehouse nutzen – und sie zu neuem Leben erwecken. Analytische Anwendungen können Daten individuell aufbereiten und in einigen Fällen sogar personalisieren.

6.3 Erhöhung des Kundenwerts mit analytischen Anwendungen

Der Kundenstamm ist oft das größte Vermögen eines Unternehmens. Somit ist auch der CFO gefordert, kundenorientiert zu arbeiten. Da das Erreichen einer entsprechenden Kundenrentabilität meist mit erheblichen Investitionen verbunden ist, ist es entscheidend, zu wissen, auf welcher Stufe des Lebenszyklus sich die Kunden gerade befinden. Welcher Kunde bringt beispielsweise Gewinn, wie nah ist man mit anderen Kunden an der Gewinnschwelle? Doch selbst heute noch wird der Kundenwert (*Customer Value*, CV) oft nicht regelmäßig gemessen, oder die Messungen basieren auf überholten Geschäftsmodellen.

Die Analyse der Kundenbeziehungen aus der Lebenszyklusperspektive ist für den Unternehmenserfolg entscheidend. Im Detail hängt der Erfolg von der Realisierung eines komplexen Bündels von Zielen ab:

▶ Ausbau Ihrer Kapitalbasis durch Akquisition rentabler Neukunden

▶ Stärkung der Beziehungen, die Sie mit Ihren größten und zuverlässigsten Kunden unterhalten

▶ Umwandlung von wenig rentablen in rentable Kunden

▶ Erhöhung Ihres Anteils am Kundenumsatz und damit an der Kaufkraft Ihrer Kunden

▶ Ausschöpfung des Cross-Selling- oder Up-Selling-Potenzials

⛩ Fallstudie
Analytisches CRM erfolgreich einsetzen

Eine große staatliche Krankenversicherung mit fast 20 regionalen Gesellschaften betreut gegenwärtig über 25 Millionen Versicherte. Die Herausforderungen im Customer Relationship Management gleichen denen vieler anderer Unternehmen: Wie kann die Kundenfluktuation überwacht werden? Wie gestalten wir unsere Marketinginformationen interessanter? Und wie können wir unsere attraktivsten Kunden halten?

Als das Unternehmen begann, seinen Ansatz zum Aufbau von Kundenbeziehungen zu überdenken, wurde zunächst das bisher Erreichte analysiert. Man verfügte bereits über eine CRM-Lösung von SAP und ein System für analytische Anwendungen, das im Unternehmen selbst entwickelt worden war. Dennoch sah man sich mit wachsender Konkurrenz konfrontiert und verlor insbesondere einkommensstarke Kunden, die sich lieber privat versichern wollten. Durch diese Entwicklung veränderte sich die Risikostruktur.

Die Entwicklung einer anspruchsvolleren CRM-Lösung wurde durch die veraltete Infrastruktur behindert. Das 25 Jahre alte Computersystem war zwar zuverlässig, entsprach aber nicht den Anforderungen eines komplexen CRM-Programms. Was noch schwerer wog: Durch die stark regional ausgerichtete Struktur drohten die Entstehung von »Informationsinseln« und der Kollaps der zentralen Kundendatenbank.

Aus der Sicht des Kundendienstes musste zuallererst der diagnostische Aspekt in den Mittelpunkt gerückt und eine Übersicht über die Dienstleistungen zur Gesundheitsfürsorge erstellt werden. Im Einzelnen wollte das Unternehmen folgende Ziele erreichen:

▶ Überwachung des Bruttogewinns nach Kundengruppen bzw. Segmenten

▶ Kontrolle der Fluktuation durch Erfassung eventueller Arbeitgeberwechsel

▶ Verbesserung der Kundenstabilitätsrate

▶ Durchführung von Kampagnen für ausgewählte Kundensegmente

▶ Aufbau lokaler Netze zwischen den Tochterunternehmen

▶ Optimierung der Veränderungsprozesse und -strukturen

Um den Kundenstamm neu zu beleben, muss das Unternehmen mithilfe integrierter analytischer Anwendungen und entsprechender Unternehmensplanung die einzelnen Kundensegmente gezielt ansprechen und segmentorientiertes Marketing betreiben. Es müssen adäquate Kennzahlen (*Key Performance Indicators*, KPIs) eingeführt, detaillierte Fluktuationsanalysen ausgewertet und integrierte Informationen für ein verbessertes Risikomanagement bereitgestellt werden. Durch Kundensegmentierung und Nutzung demografischer Informationen kann das Unternehmen seinen Gewinn beträchtlich steigern. Die Lösung heißt Integration.

Ein gut konzipiertes Customer-Value-Framework[2] – eine grundlegende Struktur zur Analyse und Bearbeitung des Kundenwerts – kann und muss entwickelt werden, um Ihre Kundenbasis zu bewerten und die Unternehmensperformance zu verbessern. Dennoch hat die Mehrzahl der CFOs weder eine solche Struktur noch die erforderlichen Werkzeuge, um eine kundenorientierte Vision umzusetzen. Bei der Implementierung von Customer-Value-Programmen muss sich ein CFO heute folgende zentrale Fragen stellen:

▶ **Fördern unsere Kundenbeziehungen ein langfristiges und rentables Wachstum?**
Kunden zu verlieren wird immer teurer. Schwindende Kundentreue ist seit jeher ein Problem. Allerdings sind die heutigen Verbraucher wechselfreudiger als frü-

---

2 Dorrat, Douglas (CEO VisionCube Plc.): *Customer Value Management.* Whitepaper.

her, weil sie über eine größere Auswahl und mehr Informationen verfügen. Darüber hinaus sind die Verbraucher heute eher bereit, nach einem besseren Angebot zu suchen. Somit überrascht es nicht, dass die Kundenfluktuation allgemein zunimmt.

In vielen B2C-Umgebungen muss ein Kunde über einen gewissen Zeitraum gehalten und stimuliert werden, bevor er rentabel wird. Dieses Modell hat sich zu einer Art »Geschäftsmotor« entwickelt: Banken bieten Geldprämien, Telefongesellschaften Gratishandys, Einzelhändler verkaufen bestimmte Waren mit Verlust, um neue Kunden zu werben. Die Unternehmen müssen die durch den Verlust wertvoller Kunden entstehenden Kosten vor und nach dem Erreichen der Gewinnschwelle (Break-Even-Point) überwachen – eine Aufgabe, die die Kosten von Customer-Value-Programmen bereits allein rechtfertigt.

▶ **Wissen wir wirklich, wer unsere Kunden sind und wie hoch ihr Beitrag ist?**
Telefonanbieter beispielsweise haben oft Probleme, sämtliche Verträge mit großen Firmenkunden zu konsolidieren. Ebenso fällt es vielen Banken schwer, eine Kundenakte zu konsolidieren, wenn der Kunde mehrere Konten hat und mehrere Finanzprodukte nutzt. Darüber hinaus wird den Unternehmen klar, wie anfällig ihr Geschäft ist. Oft erwirtschaften sie mit einem überraschend kleinen Teil der Kundschaft einen Großteil der Erträge oder Gewinne. Bei vielen Mobilfunkanbietern stammen 40 Prozent des Gewinns von sieben Prozent der Kunden. Eine große japanische Bank war erstaunt, als sie feststellte, dass sie mit einem Prozent ihrer Kunden fast 99 Prozent ihrer Gewinne erwirtschaftete.

▶ **Wie nutzen wir unsere Ressourcen, um die richtigen Kunden zu akquirieren und zu halten?**
Die Kosten der Kundenwerbung und -bindung sind erheblich. Aus diesem Grund suchen die meisten Unternehmen nach neuen Strategien, um Kundennutzen und Shareholder Value zu generieren. Der Schlüssel hierzu liegt im individuellen Marketing. Dazu müssen alle wertschöpfenden Aktivitäten auf der Ebene des einzelnen Kunden definiert und Produkte personalisiert werden.

▶ **Lassen sich neue Programme zur Steigerung des Kundenwerts in die aktuelle beziehungsweise künftige Systemarchitektur einbinden?**
Data Warehouses und andere Systeme helfen, Kunden zu identifizieren, Konsumverhalten und Transaktionsdaten zu konsolidieren und Kunden zu segmentieren. Dennoch verfügen diese Werkzeuge nicht über die fortgeschrittenen Techniken, die zum Messen und Überwachen des Kundenwerts erforderlich sind. Die neuen informationsorientierten Anwendungen hingegen sind flexibel und besitzen ein breites Leistungsspektrum. Wer diese Systeme frühzeitig zur Steigerung des Kundenwerts nutzt, wird gewaltig im Vorteil sein.

▶ **Steigert unsere Investition in CRM-Systeme tatsächlich den Kundenwert und den Gewinn?**

CRM-Systeme integrieren Prozesse über Abteilungen und Geschäftsbereiche hinweg. Wie in Abbildung 6.3 dargestellt, bestehen diese Systeme oft aus Call-Centern und Anwendungen für Marketing, Vertrieb und Kundendienst, die zur Effizienzsteigerung und Kostensenkung beitragen sollen. Diese Werkzeuge verbessern jedoch nicht automatisch auch die Kundentreue und steigern den Kundenwert. Die heutigen CRM-Systeme vernachlässigen die eher langfristigen Aspekte einer Kundenbeziehung. Zudem bieten sie kaum oder gar keine Informationen zu Kundenprofilen und Break-Even-Situationen sowie zur potenziellen Rentabilität der gesamten Kundenbeziehung.

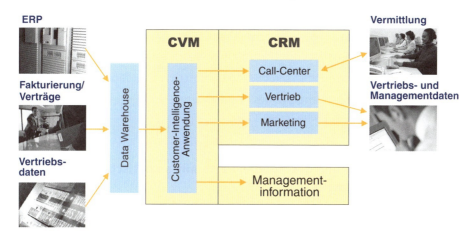

Abbildung 6.3 Systemarchitektur mit integriertem Kundenwertmanagement (Customer Value Management, CVM)

▶ **Wie können wir Veränderungen, die den Kundenwert betreffen, langfristig überwachen?**

Es ist wichtig, Veränderungen, die den Kundenwert betreffen, über einen längeren Zeitraum zu überwachen und genau zu verfolgen, ob der Wert eines Kunden steigt oder fällt. Die Analyse historischer Daten kann helfen, Ursachen für Veränderungen aufzudecken. So können zukünftig Entscheidungen über erforderliche Aktionen und Investitionen leichter getroffen werden.

▶ **Warum brauchen wir Werkzeuge zur Ermittlung des Kundenwerts? Reicht ein Kundenrentabilitätssystem nicht aus?**

Der Kundenwert ist mehr als nur eine finanzielle Messgröße. Seine Berechnung erfordert die ständige und regelmäßige (monatliche) Überwachung vieler nicht-finanzieller Größen. Einige Unternehmen verwenden das Activity-Based Management (ABM), um Kosten und Rentabilität von Kunden, Produkten und Dienstleistungen zu bestimmen. Die Kundenrentabilität wird jedoch vor allem für Kundensegmente oder Kundengruppen und nicht für einzelne Kunden berechnet. Außerdem werden die meisten Rentabilitätsmodelle nur vierteljährlich oder jährlich aktualisiert.

Die Kundenwerttreiber (*Customer Value Drivers)* verändern die Preisgestaltung, die Dienstleistungen und die Prozesse. Ebenso wichtig ist, dass der Kundenwert im Umgang mit externen Stakeholdern wie der Investorengemeinschaft als Argument verwendet werden kann. Eine durchdachte Strategie zur Steigerung des Kundenwerts beinhaltet heute folgende Punkte:

- ▶ einheitliche Kundeninformationen
- ▶ Kundenprofile und Bewertungsmechanismen
- ▶ Kundenbefragungen und Trendanalysen nach Haushalt, Familienstand, Konsumverhalten usw.
- ▶ Gewinnschwellenanalysen für Investitionen und Kundenbindungsprogramme
- ▶ erweiterte Vertriebs- und Marketingkapazitäten durch personalisierten Kontakt
- ▶ Preisfindung auf der Grundlage des Kundenwerts über die gesamte Kundenbeziehung (*Customer Lifetime Value*, CLV)

Fallstudie
Maximierung des Kundenwerts mit analytischen Anwendungen

Ein europäischer Mobilfunkanbieter mittlerer Größe hatte einen Marktanteil von 35 Prozent und über drei Millionen Kunden. Die Kosten der Kundenakquisition gerieten im lukrativen, aber stark umkämpften Mobilfunkmarkt immer mehr außer Kontrolle. Der Vorstand erkannte, dass die Kundenbasis des Unternehmens vergrößert werden musste, um den Marktanteil zu halten und die finanzielle Gesundheit des Unternehmens nicht zu gefährden. Hierzu war es notwendig, die Qualität der Kundeninformationen und der Aktionen mit direktem Kundenkontakt erheblich zu erhöhen.

Das Unternehmen beauftragte ein Team von Spezialisten, das in kurzer Zeit ein Customer-Value-Programm entwickelte, das aussagekräftige Kundenprofile erstellt sowie Kosten und Erträge über die gesamte Kundenbeziehung überwacht. Außerdem wurde beschlossen, das Marketing mehr auf den direkten Kundenkontakt auszurichten und Investitionen mit den Schwerpunkten Kundenwert- und Gewinnschwellenanalyse vorzunehmen. Mithilfe von Kundenprofilen wurden Direktmarketingkampagnen gestartet. Die Ergebnisse waren sensationell: Die Erfolgsquote beim Cross-Selling stieg um 200 Prozent. In den nächsten Jahren rechnet das Unternehmen mit einer wesentlichen Verbesserung der Kundenzufriedenheit. Darüber hinaus ist geplant, die Fluktuation durch strategische Investitionen in rentable Kunden zu senken.

Heute hat das Unternehmen seine Kundendienstabteilung auf der Basis des Kundenwertmodells vollständig umstrukturiert: Kunden mit hoher Priorität werden automatisch an speziell ausgebildete Kundendienstvertreter weitergeleitet. Sämtliche CRM-Systeme enthalten jetzt Kundenwertkennzahlen, damit alle Prozesse mit direktem Kundenkontakt integriert werden können.

Als nächster Schritt ist die Nutzung des Kundenwerts für eine verbesserte Produktentwicklung und Preisfindung geplant. Hierbei sollen Kundeninformationen über Familien, Haushalte und Verbände verwendet werden. Die Preisfindung soll an der aktuellen Rentabilität, der Aufgeschlossenheit neuen Produkten gegenüber oder an Treueprämien ausgerichtet werden. Während das Unternehmen zielstrebig mit Netzen der dritten Generation das Internet erobert, werden Portale auf die Kunden persönlich zugeschnitten und die Produktpreise auf Basis des Kundenwerts über die gesamte Kundenbeziehung nach aktuellen Messwerten für jeden einzelnen Kunden festgelegt.

Diese Fallstudie verdeutlicht, dass Kundenkontakte über das Internet – insbesondere über Portale – künftig in Form von Mikromarketingkampagnen personalisiert werden. Das Internet ist eindeutig die am besten geeignete Umgebung für das Prinzip der Selbstbedienung. Es bietet Möglichkeiten für das 1:1-Marketing, hilft, die Servicekosten zu reduzieren, und intensiviert den Kundendialog.

Obwohl selbst heute noch die Nutzung des Internet für Mikromarketing für die meisten Unternehmen ein Traum ist, deuten sich Veränderungen an. So betreiben beispielsweise viele Telekommunikationsanbieter noch immer anonymes Massenmarketing in Form kostspieliger Produktkampagnen. Allein die europäischen Unternehmen geben jährlich rund sieben Milliarden Euro für Massenmarketing aus. Die meisten Anbieter sind jedoch weder in der Lage, die Ergebnisse ihrer Kampagnen auszuwerten noch zwischen der Wirkung des Marketings und dem natürlichen Kundenverhalten zu unterscheiden.

Doch auch hier sind bereits notwendige Veränderungen im Gange. Neue, verbesserte Customer-Value-Programme bringen die Strategie an vielen Fronten ins Wanken und erlauben Unternehmen, die folgenden Maßnahmen umzusetzen:

▶ **Proaktive Identifikation rentabler Kunden**
Wenn ein attraktives Kundensegment anvisiert wird, lassen sich jetzt die Investitionen, die zum Erreichen eines einzelnen Kunden erforderlich sind, präzise kalkulieren. Mit diesen Daten können die Kosten für Marketingkampagnen exakter geplant werden.

▶ **Auswertung der Kampagnen bezogen auf einzelne Kunden mithilfe des Kundenwerts**
Die neuen Systeme können alle Daten einer Kampagne genau aufschlüsseln, beispielsweise die Auswirkungen der Kampagne auf Rentabilität und Nutzung der Angebote.

Diese neuen Ansätze werden die Call-Center-Programme der Zukunft ohne Zweifel beeinflussen. So können spezielle Customer-Value-Werkzeuge zur Führung von Kundengesprächen eingesetzt werden. Denn Customer-Value-Management-Systeme liefern Daten zu Kundenrentabilität, Nutzungsgewohnheiten, Zahlungsverhalten und Produktverwendung in Echtzeit. Kundendienstmitarbeitern in Call-Centern wird folglich eine umfangreiche Auswahl relevanter Daten zur Verfügung stehen.

Auch Kundenprofile werden detaillierter und exakter. Sie werden Aufschluss über wichtige Eigenschaften des Kunden geben und zahlreiche Informationen bereithalten: welche Produkte oder Dienste ein Kunde bezieht, wie der Kunde Produkte oder Dienste nutzt, wie das Zahlungsverhalten des Kunden aussieht und welche Verbindungen er zu Personen, Unternehmen, Haushalten, Familiengruppen und Verbänden unterhält. Hinzu kommen geografische und soziodemografische Daten. Für Unternehmen ergeben sich daraus zahlreiche neue Möglichkeiten:

▶ intelligentere Produktentwicklung auf der Grundlage von Anforderungen einzelner Kunden oder Kundengruppen

▶ gezieltes Marketing für individuelle Kunden, personalisierte Nachrichten und »Best-fit«-Produkte

▶ gezielte Neuinvestitionen, um einzelne Kunden zu erreichen

▶ Ausrichtung der Unternehmensstruktur und der Mitarbeiterschulungen nach Kundensegmenten

▶ Personalisierung von Websites auf Basis individueller Eigenschaften einzelner Kunden

▶ Preisfindung für Produkte oder Dienstleistungen auf Grundlage des Kundenwerts über die gesamte Kundenbeziehung

Kennzahlen rund um den Kundenwert werden zu einer immer wichtigeren Orientierungshilfe des Managements. Abbildung 6.4 zeigt, dass Sie mit sechs Prozent der Kunden 40 Prozent des Umsatzes erwirtschaften können. Die Kundensegmentierung nach Wert und Eigenschaften kann die Unternehmensstrategie erheblich beeinflussen. Die Kundenwertanalyse wird aller Voraussicht nach die Preisfindung, die Produktpalette und die Art und Weise verändern, in der die verschiedenen Dienste angeboten werden. Sie wird außerdem eine radikale Neuausrichtung der CRM-Programme und CRM-Strategien nach sich ziehen.

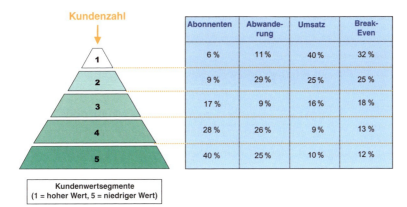

	Abonnenten	Abwande-rung	Umsatz	Break-Even
1	6 %	11 %	40 %	32 %
2	9 %	29 %	25 %	25 %
3	17 %	9 %	16 %	18 %
4	28 %	26 %	9 %	13 %
5	40 %	25 %	10 %	12 %

Kundenzahl

Kundenwertsegmente
(1 = hoher Wert, 5 = niedriger Wert)

Abbildung 6.4 Unternehmensleistung in Bezug zum Kundenwert

6.4 Integration analytischer Funktionen in das Supply Chain Management

Supply Chain Analytics, analytische Anwendungen für das Supply Chain Management, sollen das operative Geschäft dabei unterstützen, Lieferungen zu optimieren und verschiedenartige Leistungen anzubieten, ohne dass sich die Kosten nennenswert erhöhen. Eine anspruchsvolle Aufgabe! Um bestehende ERP- und »Best-of-Breed«-Lösungen für das Supply Chain Management zu unterstützen, sind vier analytische Hauptkomponenten[3] unverzichtbar:

1. **Konzept**
   Entwerfen Sie ein stimmiges Konzept, egal, ob für ein neues Produkt, ein neues Unternehmen oder als Ergebnis einer Umstrukturierung. Eine ineffiziente oder nicht adäquate Planung kann unnötig Kosten verursachen, die dem Managementsystem für die Supply Chain zugerechnet werden. Ein gutes Konzept bietet immer mehrere Optionen und eliminiert Risikofaktoren und Performance-Hindernisse.

2. **Konsistenz**
   Geben Sie einer serviceorientierten Vertriebspolitik, die Planung, Leistungsfähigkeit und Nachfrage berücksichtigt, absolute Priorität. Hierdurch gewährleisten Sie einen reibungslosen Betriebsablauf und einen hochwertigen Service und sorgen für einen effizienten Einsatz Ihres Working Capital und Ihres Anlagevermögens.

3. **Flächendeckende und übergreifende Funktionen**
   Richten Sie die operative Planung und die Standards im gesamten Unternehmen neu aus. Betreiben Sie proaktives Risikomanagement, und reagieren Sie schnell

---

3 Adams, Neill: *Perspectives on Creating Value.* Jonova, Inc.

auf Veränderungen am Markt, insbesondere wenn große Gewinne zu erwarten sind oder Verluste drohen.

4. **Kostentreiber**

Untersuchen Sie die Auswirkungen von Kosten, um Werttreiber besser identifizieren zu können. Analysieren Sie beispielsweise die Kosten der Komplexität und die entsprechende Nettowertschöpfung, wenn Sie den Einsatz des Working Capital bewerten und die Auslastung des Anlagevermögens bestimmen.

Analytische Anwendungen in Supply-Chain-Programme zu integrieren, ist nicht einfach. Diese Aufgabe erfordert viel Engagement und Konsequenz. Strukturfehler müssen schon in der Planung ausgemerzt und operative Pläne wegen unsicherer Nachfrage und Risiken auf der Lieferseite angepasst werden. Von Anfang an müssen Engpässe erkannt und Präventivmaßnahmen ergriffen werden. Funktionsübergreifende Lösungen müssen die Entscheidungsfindung bei Zielkonflikten unterstützen. All dies wird durch eine flexible, solide und vollständig integrierte taktische Planung ermöglicht. Die Vorteile sind enorm: Die Erträge steigen oft um bis zu fünf Prozent, was sich direkt am Jahresüberschuss ablesen lässt. Die Kapitalkosten sinken und der Nutzungsgrad des Anlagevermögens erhöht sich um 15 und mehr Prozent. Das Working Capital verringert sich um bis zu 30 Prozent und die Kosten des Einkaufs gehen ebenfalls zurück.

Um die Ergebnisse rund um die Logistikkette zu verbessern, muss ein analytisches Programm vier Ebenen abdecken. Erstens muss die gesamte erweiterte Logistikkette – einschließlich der Partner und Outsourcingpartner – erfasst werden. Zweitens muss sich das Programm durch operative Tiefe und Flexibilität auszeichnen. Drittens muss das Programm ereignisorientiert arbeiten: Es muss die Folgen aller denkbaren Ereignisse in Echtzeit bewerten. Schließlich muss es flexibel und zukunftsorientiert sein und die Möglichkeit bieten, Szenarien anhand von Fakten zu entwickeln, damit Sie alle verfügbaren Optionen schnell erkennen und aktiv werden können.

Nachhaltige Verbesserungen erfordern eine Feinabstimmung – die Aktualisierung von Systemen und analytischen Funktionen sowie die Schulung von Mitarbeitern, um das System routinemäßig betreiben zu können. Die eigentlichen Probleme ergeben sich jedoch aus folgenden Fragestellungen: Wie groß wird die Nachfrage sein? Welche Ressourcen brauche ich in welchem Stadium und zu welchem Zeitpunkt? Die Lösung dieser Probleme durch den Einsatz zusätzlicher Ressourcen ist eventuell nicht der richtige Weg. Falsche Entscheidungen können Sie teuer zu stehen kommen. So können beispielsweise neben Mengenunterschieden auch Ertragsfaktoren und die Liefertreue die zeitliche Planung über die gesamte Logistikkette hinweg beeinflussen. Es wird schwerer, einzuschätzen, wo und wann zusätzliche Kapazitäten benötigt werden.

In Abbildung 6.5 wird deutlich: Je früher Sie die Anforderungen Ihrer Logistik bei der Produktentwicklung berücksichtigen, desto geringer sind die Kosten über den gesamten Lebenszyklus. Der beste Ansatz besteht darin, auf Grundlage unterschiedlicher Kombinationen von Prognosedaten, lieferseitigen Variablen, Chargengrößen und Vorlaufzeiten Szenarien zu entwickeln – und zwar noch in der Planungsphase, wo die Kosten maßgeblich beeinflusst werden können. Die Ergebnisse dieser Szenarien lassen Sie die operativen Voraussetzungen besser verstehen und die entsprechenden Kosten und Risiken innerhalb der Logistikkette erkennen.

Erste Erkenntnisse lassen sich innerhalb weniger Wochen sammeln und anwenden. Beginnen Sie mit einem Erfolg versprechenden Pilotprojekt, beispielsweise mit einem einzelnen Produkt. Ihr Pilotprojekt sollte für die Stakeholder lukrativ sein. Die Erfahrungen aus diesem Projekt helfen Ihnen, ein umfassendes Programm für die gesamte Logistikkette zu formulieren und umzusetzen.

**Einfluss des ersten Designs
auf die Gesamtkosten in %**

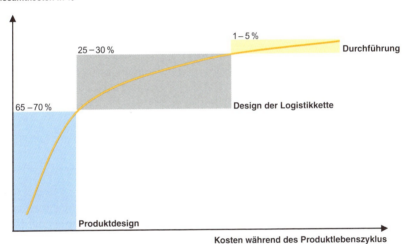

Abbildung 6.5 Einfluss des ersten Designs auf die Gesamtkosten

Für eine effektive Planung brauchen Sie Richtlinien, die auf die Dynamik Ihres Unternehmens abgestimmt sind. Diese Richtlinien gewährleisten zuverlässige Lieferprozesse und den höchsten (Netto-)Wertzuwachs, ein Ergebnis der richtigen Kombination von Anlagekapital und Working Capital, Betriebskosten und Ertragsrisiko. Indem Unternehmen ihre Richtlinien auf Basis eines *Four-Way Trade-Off* festlegen, können sie – wie in Abbildung 6.6 dargestellt – auf Schwankungen von Angebot und Nachfrage reagieren.

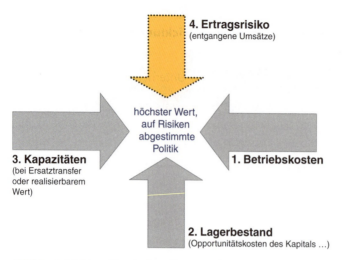

Abbildung 6.6 Four-Way Trade-Off

Taktische Planung zielt auf kurzfristigen Erfolg. Die Logistikkette muss jedoch auch unter langfristigen Gesichtspunkten nach dem Motto, was wäre, wenn ich diese Engpässe überwinden könnte, gemanagt werden. Der beste Ansatz besteht in der Entwicklung unterschiedlicher Szenarien, die Folgendes bieten:

▶ Momentaufnahme der Istsituation, die Risiken, sensible Bereiche, finanzielle Aspekte und Entscheidungsmöglichkeiten abbildet

▶ Prognosen zu möglichen Engpässen und Maßnahmen, die der Beseitigung dieser Engpässe dienen

▶ Schätzungen zur Geschwindigkeit, mit der die Logistikkette auf Veränderungen am Markt bzw. interne Änderungen reagieren kann

Und wie sehen die Ergebnisse aus? Sie sind jetzt in der Lage, Ihre Logistikkette auf der Basis von Ausnahmen zu verwalten und dafür bereits erprobte Szenarien als Teil Ihrer Vertriebs- und operativen Prozesse zu verwenden und »synchronisierte« operative Pläne und veränderte Richtlinien direkt zu kommunizieren. Auf der Ebene einzelner Produkte oder Produktgruppen kann dies innerhalb von zehn bis zwölf Wochen geschehen.

Aufgabe des operativen Geschäfts ist es, auf die Anforderungen der Logistik »hier und jetzt« zu reagieren. Business Analytics zeigen, welche Faktoren Kosten- und Wertentwicklung beeinflussen. Die Möglichkeit, die bestehenden betrieblichen Voraussetzungen – einschließlich der Betriebs- und Rüstkosten sowie des Kapitalbedarfs – genau zu analysieren, stellt einen wichtigen Ausgangspunkt für die Wertschöpfung dar. In vielen Logistik- und Wertschöpfungsketten sind Produktvielfalt und rigide Kontrollstrukturen für 50 Prozent aller Rüstkosten verantwortlich.

⛩ Fallstudie
Die Integration von Produktentwicklung und Supply Chain Analytics

AstraZeneca ist ein weltweit führendes Pharma-Unternehmen, das im medizinischen Bereich eine breite Palette innovativer Produkte anbietet. Im stark wettbewerbsgeprägten globalen Pharma-Markt ist eine erfolgreiche Produkteinführung ein absolutes Muss. Ein Missverhältnis von Produktkosten und Marktnachfrage kann zu enormen Umsatzverlusten führen.

Die Nachfrage nach einem von AstraZeneca entwickelten neuen Medikament übertraf alle Erwartungen. Es galt nun, eine stabile Versorgung zu gewährleisten und gleichzeitig die Kosten für Herstellung und Working Capital zu kontrollieren. Die Herausforderung bestand darin, einen kostengünstigen Weg zu finden, um zwischen den Investitionen in die Produktionskapazität und den verfügbaren Kapazitäten zu vermitteln.

Andrew Smith, Leiter der Abteilung Internal Services Demand (Operations), berichtet: »Wir entschieden uns für die Supply Chain Analytics, um die Logistikkette für das neue Produkt zu modellieren. Dieses neue Werkzeug lieferte unter Verwendung eines relativ geringen Datenvolumens sehr bald erste Ergebnisse. Wir konnten Engpässe identifizieren und bewerten sowie ihre Auswirkungen vorhersagen. Wir mussten die vorhandene Systemstruktur nicht anpassen, sondern konnten neue Territorien erkunden und Fragen stellen, die uns zuvor zusammenhanglos und unverständlich erschienen.«

Mithilfe der Supply Chain Analytics entwickelte AstraZeneca ein Modell für das neue Produkt und seine Entwicklung in den nächsten zehn Jahren. Das Modell bildet die gesamte globale Logistikkette ab – einschließlich Zulieferer, Fertigung und Vertrieb sowie Kunden. AstraZeneca entwickelte ein Modell, das Möglichkeiten zur Überwindung von Engpässen ohne erhöhte Risiken aufzeigt.

Smith erläutert: »Wir testeten verschiedene Modelle, um herauszufinden, welches die besten Ergebnisse versprach. Innerhalb von zwei Tagen entwarfen wir für die verschiedenen Modellvarianten 60 separate Szenarien. Größere Volatilität und ein engerer Zeitrahmen erforderten ein höheres Maß an Flexibilität in der Planung der Logistikkette. Wir fanden heraus, dass die Leistungsfähigkeit komplexer globaler Logistikketten nur mithilfe einer analytischen Anwendung wesentlich verbessert werden konnte.«

Die Supply Chain Analytics lieferten AstraZeneca die notwendigen Informationen, um folgende Ziele zu erreichen:

- Unterstützung möglicher Nachfrageszenarien
- Reduzierung zu erwartender Bestandsinvestitionen
- Optimierung der Anlagenauslastung und der entsprechenden Planung
- Senkung der Beschaffungs- und Materialkosten
- Minimierung der wichtigsten Risiken

Und so sahen die Ergebnisse aus: geringerer Bedarf an Working Capital, reduzierte Kosten und eine verbesserte Wertschöpfung. Das Unternehmen stellte viele Fragen, die nie zuvor gestellt worden waren. Andrew Smith hält fest: »Heute verstehen wir unsere gesamte Logistikkette viel besser und haben ein wesentlich größeres Vertrauen in die einzelnen Prozesse.«

Mit Supply Chain Analytics können Sie Strukturen, Service, Angebot und Nachfrage modellieren. Analytische Funktionen helfen Ihnen, die Gesamt-Performance zu verbessern, da Sie Modelle, Richtlinien und operative Werkzeuge anpassen können. Durch diese Flexibilität können Einsparpotenziale in der Logistikkette erkannt, Engpässe identifiziert und der zur Beseitigung von Engpässen erforderliche Aufwand eingeschätzt werden.

6.5 Analytische Anwendungen verändern das Finanzwesen

Bei »Financial Analytics« denken die meisten Menschen sofort an das Berichtswesen. Einige verbinden damit Tabellenkalkulationsprogramme andere denken an Unternehmensportale, und wieder andere stellen sich ein Data Warehouse vor. Mit analytischen Anwendungen kann man im Finanzwesen jedoch weitaus mehr als nur Finanzberichte erstellen – z. B. Daten analysieren und modellieren, um zu erfahren, wie sie das Unternehmensergebnis beeinflussen.

Betrachten wir den Faktor Rentabilität. Die meisten Unternehmen berichten über den Deckungsbeitrag pro Kunde oder Kundengruppe. Finanzanalytische Anwendungen (Financial Analytics) können über die Deckungsbeitragsrechnung hinaus aufzeigen, welche Faktoren für die Margen verantwortlich sind. Sie ermöglichen eine 360-Grad-Sicht auf sämtliche Kundenaktionen und die damit verbundenen Kosten. Daten, die durch den unmittelbaren Kundenkontakt entstehen, werden analysiert, um herauszufinden, welcher Kunde auf welche Marketing-, Vertriebs- und Serviceaktivität reagiert. Anhand von Bestellinformationen aus dem Supply Chain Management lässt sich feststellen, welche Kunden die Logistikkapazitäten übermäßig beanspruchen. Schließlich werden Zahlungsgewohnheiten überwacht, um herauszubekommen, welche Kunden die Überstunden in der Debitorenbuchhaltung verursachen.

Finanzanalytische Anwendungen »erläutern Zahlen« und deren Einfluss auf das Ergebnis. Noch heute werden viele Aufwendungen in den Bereichen Marketing und Service als Periodenaufwendungen erfasst. Mithilfe finanzanalytischer Funktionen können Sie Ihre Kundendaten aufbereiten und somit die ertragsstärksten Kundenbeziehungen ermitteln und pflegen sowie Dienstleistungsvereinbarungen mit weniger interessanten Kunden neu verhandeln.

Mit anderen Worten: Finanzanalytische Anwendungen bieten Ihnen echte Entscheidungshilfen – nicht nur Zahlenkolonnen, sondern auch die Möglichkeit, einen Blick hinter diese Zahlen zu werfen und alternative Ansätze zu simulieren. Darüber hinaus ermöglichen sie ein dynamisches Kostenmanagement. Geht beispielsweise ein Produkt in die Fertigung, sind 95 Prozent der Kosten Fixkosten. Eine begleitende Kalkulation in der Konstruktions- und Planungsphase hilft Ihnen, die Fertigungskosten zu einem Zeitpunkt zu beurteilen, zu dem Sie einzelne Komponenten oder Verfahren noch beeinflussen können, um die Gesamtkosten zu reduzieren. Dazu müssen Sie eine Reihe anderer Möglichkeiten simulieren, etwa die Auswahl neuer Lieferanten, die Optimierung der Transportwege oder die gemeinsame Verwendung von Produktkomponenten.

Finanzanalytische Anwendungen können die Verrechnung zwischen einzelnen Funktionsbereichen sowie zwischen Produkt-, Kunden- und Servicekanälen abbilden und bieten damit eine Transparenz, die früheren Verrechnungswerkzeugen fehlte. Sie können mit diesen Anwendungen klein anfangen und sie beispielsweise für die Preisfindung von Shared Services im IT- oder Personalbereich einsetzen. Auch die Anwendung von Methoden des Activity-Based Management lässt sich mit ihnen fördern.

Finanzanalytische Anwendungen beginnen dort, wo früher das Controlling aufhörte, indem sie das Activity-Based Management (ABM) zur Effizienzsteigerung unterstützen. Wenn Sie nach den Methoden des Activity-Based Management arbeiten, bekommen Sie schnell einen Eindruck von der Tiefe und Reichweite der finanzanalytischen Werkzeuge. In Abbildung 6.7 ist das Integrationspotenzial von Kostenanalyse und Performance-Management-Analyse beziehungsweise der Balanced-Scorecard-Analyse dargestellt. Unabhängig davon, ob Sie die Preise für externe Waren oder interne Leistungen bestimmen, sehen Sie in der grafischen Darstellung die Kosten, die alle Beteiligten verursachen, und den Grund für ihre Entstehung.

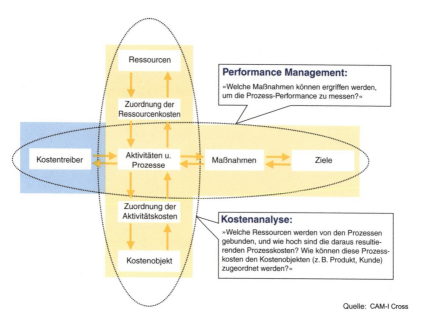

Abbildung 6.7 Verknüpfung von finanzanalytischen Anwendungen und Analysewerkzeugen zum Performance-Management

Finanzanalytische Anwendungen bieten jedoch mehr als nur Controlling auf einer neuen Plattform. Sie überschreiten die Grenzen der Gewinn- und Verlustrechnung und integrieren Daten aus der Debitoren- und Kreditorenbuchhaltung. Sie nutzen nicht nur die Unternehmensdatenbank, sondern auch externe Informationsquellen, um relevante Daten aus allen ERP-Anwendungen zu sammeln.

Damit ist der Weg frei für neue, rentablere Lösungen, etwa für die optimale Nutzung des Working Capital. Finanzanalytische Funktionen können mit ABM-Methoden beim Zahlungsverkehr verknüpft werden und dabei helfen, die Zeit von der Rechnungsstellung bis zum Zahlungseingang zu verkürzen. Und natürlich geht es bei der Modifizierung von Zahlungsprozessen nicht nur um die Reduzierung des Working Capital: Fakturierungskosten sind immer auch Verwaltungskosten.

Finanzanalytische Werkzeuge unterstützen Ihre Mitarbeiter, das Zahlungsverhalten zu analysieren und die Zahlungsbedingungen den Außenständen jedes einzelnen Kunden anzupassen. Werkzeuge zur Liquiditäts- und Cashflow-Analyse geben Ihnen die Möglichkeit, kurz- und mittelfristige Zahlungsströme mit unterschiedlichsten Finanzierungsalternativen zu verwalten. Die Integration von Financial Supply Chain Management, Konzernrechnungswesen und den entsprechenden analytischen Funktionen wird in Abbildung 6.8 grafisch dargestellt.

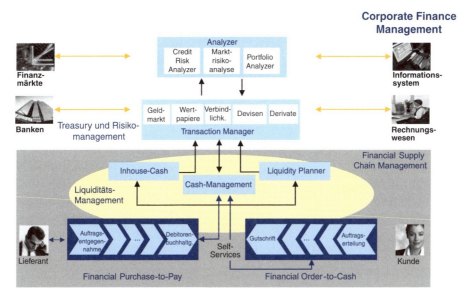

Abbildung 6.8 Integration von Financial Supply Chain Management und Corporate Finance Management

Neben den Transaktionssystemen sind die finanzanalytischen Anwendungen eng mit dem SEM-System verbunden (siehe Kapitel 5). Dadurch können Sie auf Werkzeuge wie die Balanced Scorecard und das Management Cockpit zugreifen. In dem Maße, in dem Sie Strategien in Handlungen umsetzen, können Sie Ihre Kennzahlen den Prozessen zuordnen, die Sie mithilfe finanzanalytischer Anwendungen modelliert haben. Das Ergebnis ist eine Fokussierung auf Strategie und Ergebnis.

Dieses Ziel kann jedoch nicht auf die Schnelle erreicht werden. Eine vor kurzem von der Analystenfirma Aberdeen durchgeführte Umfrage[4] ergab, dass 88 Prozent der Befragten immer noch Tabellenkalkulationsprogramme – allen voran Microsoft Excel – zur Geschäftsanalyse einsetzen, obwohl mittlerweile zahlreiche leistungsfähige und moderne Lösungen auf dem Markt erhältlich sind. Vielen scheint dabei nicht bewusst zu sein, dass sie damit einen doppelten Arbeitsaufwand haben. Da die modernen finanzanalytischen Anwendungen Excel-Sichten und Excel-Eingabeformate unterstützen, bilden sie eher eine Ergänzung zu Tabellenkalkulationen und sind kein Ersatz für Tabellenkalkulationsprogramme als Insellösung. Die Aberdeen-Untersuchung ergab, dass Tabellenkalkulationen hauptsächlich zur Unterstützung der fünf folgenden Tätigkeiten – geordnet nach Präferenz – eingesetzt werden:

1. Konsolidierung/Berichtswesen
2. Ermittlung der Finanzkennzahlen

---

4 Aberdeen Group, Inc.: *Financial Analytics Software – User Observations*. 2002.

3. Cashflow-Optimierung

4. OLAP-gesteuerte Planung und Budgetierung

5. Risikomanagement

Als die drei wichtigsten Vorteile von Tabellenkalkulationen werden die folgenden empfunden:

1. Unterstützung bei Entscheidungsfindung

2. feinere Granularität von Daten

3. präzisere Abbildung der Rentabilität

Als die drei größten Nachteile von Tabellenkalkulationen wurden genannt:

1. geringe oder fehlende Integration in Transaktions- und andere Systeme

2. erhöhter Wartungsaufwand und höhere Kosten für andere Systeme

3. fehlende Update-Möglichkeiten für Softwaregeschäftsmodelle

Wie das Umfrageergebnis belegt, kommt die Einführung integrierter analytischer Anwendungen nur langsam voran. Woher rührt diese zögerliche Akzeptanz? Nach den Ergebnissen der Umfrage sind die Unternehmen bei der Einführung neuer analytischer Werkzeuge aus folgenden Gründen zurückhaltend:

▶ **Die Vorteile der Integration werden unterschätzt.**
Die Verantwortlichen erkennen die Vorteile der Integration von finanzanalytischen Anwendungen und Transaktionssystemen für Ihr Unternehmen nicht.

▶ **Tabellenkalkulationen sind nach wie vor sehr beliebt.**
Die meisten Anwender klammern sich weiter an die bequeme und gewohnte Lösung, an die einfache Tabellenkalkulation, sogar dann, wenn die gleiche Funktionalität im Rahmen einer weiter entwickelten analytischen Anwendung angeboten wird.

▶ **Die etablierten Anbieter haben das Sagen.**
Viele Käufer schrecken vor neuen, innovativeren Herstellern zurück, die Integration anbieten, und entscheiden sich für die Sicherheit, die ihnen die renommierten Hersteller bieten, obwohl deren Produkte sich bereits in näherer Zukunft als obsolet erweisen könnten.

 **Fallstudie
Konzernergebnisrechnung auf neuem Niveau**

Eine bekannte Ölgesellschaft hatte neben einer komplexen Logistikkette mit ihrer schwerfälligen und heterogenen Systemlandschaft zu kämpfen. Die Nutzung der vorhandenen Systeme wurde durch die mangelnde Verlässlichkeit und Qualität der Daten, das Risikomanagement sowie Inkonsistenzen bei der Codierung der Daten erschwert. Problematisch war außerdem die fehlende Transparenz, was die Zuordnung des geschaffenen Mehrwerts zu den einzelnen Unternehmen, Profit-Centern, Kunden/Produkten, Regionen, Geld- und Warenströmen betraf. Man entschied sich für eine Konzernkalkulation — ein globales Modell zur Überwachung der Erlöse, die intern und mit Dritten, Kunden und Gemeinschaftsunternehmen, erzielt wurden. Für die Konzernergebnisrechnung wurde eine effiziente Kalkulation für die einzelnen Logistikketten benötigt. Die Umsatzentwicklung in den einzelnen Regionen war sehr unterschiedlich, Mehrwert wurde in Großbritannien, den USA und im asiatisch-pazifischen Raum generiert. Das Ergebnis war eine erhebliche Zunahme der Komplexität. Datenfluss, Prozessdesign, Prognose- und Simulationswerkzeuge mussten stärker integriert werden.

Das Unternehmen hatte eine anspruchsvolle Vision, wie es die Konzernergebnisrechnung verbessern wollte. Das Berichtswesen sollte in der Lage sein, das Ergebnis unter Berücksichtigung variabler Kosten je Kunde und je Produkt darzustellen. Bereitgestellt werden sollten aktuelle Berichte – Momentaufnahmen von Märkten und Marktentwicklungen. Begriffe und Richtlinien für die Berichterstattung sollten standardisiert werden, um einen einheitlichen Rahmen für die Ergebnisrechnung von Konzerngesellschaft zu Konzerngesellschaft zu schaffen. Außerdem wollte man die Möglichkeit haben, Daten lokal, regional und global zu segmentieren.

Das Unternehmen investierte viel Zeit in den Entwurf der Spezifikationen zur Verbesserung der Konzernergebnisrechnung. Im ersten Schritt wurden unternehmenseigene Entwicklungen ausgewählt. Darüber hinaus entschied man sich für:

▶ Informationen zu Umsatz und Absatz (Mengen und Erlöse)

▶ Ergebnis in Bezug zu monatlichen Rohstoffkosten

▶ Ergebnis-Reporting nach Rechnungsstellung

Das Unternehmen entschied sich außerdem für die flexible Grenzplankostenrechnung – *Variable Margin Calculation* (VMC). Diese basiert auf der Kalkulation der Nettoerlöse (Rückrechnung von brutto auf netto, netback) durch aktuelle Verkäufe abzüglich der internen Konzernherstellkosten über die gesamte Logistikkette hinweg. VMC bestimmt die Deckung auf der Basis der monatlichen Durchschnittskosten, wobei sich hier »monatlich« auf den Monat bezieht, in dem der Verkauf erfolgt. Das VCM-System nutzt folgende Informationsquellen:

▶ Stücklisten für jedes Produkt in jedem Werk

▶ Routing-Informationen über die Logistikkette

▶ Transaktionskosten für Wareneingänge bis hinunter auf die Produktebene

Durch das neue System der Ergebnisrechnung kann das Kalkulationsprogramm die Fertigungs- und Transportkosten über die gesamte integrierte Logistikkette hinweg vorab ermitteln. Das neue Modell der Konzernergebnisrechnung ist damit Realität geworden.

Wie die Fallstudie zeigt, ist die Optimierung der *Konzernergebnisrechnung* für eine komplexe Logistikkette eine anspruchsvolle, aber auch lohnende Aufgabe. Da die Komplexität der Logistik sowohl intern als auch zwischen den kooperierenden Unternehmen zunimmt, stehen viele CFOs, mit denen wir zusammenarbeiten, ähnlichen Herausforderungen gegenüber. Die CFOs stellen hierbei einige entscheidende Fragen:

▶ Wie können wir die Wertschöpfung einzelner Unternehmen und des Gesamtkonzerns berechnen?

▶ Wie können wir Kosten und Rentabilität nach Produkten und Kunden aufschlüsseln?

▶ Wie können wir Transferpreise in einer heterogenen Systemlandschaft kalkulieren?

▶ Wie reagieren wir bei Ausnahmen, beispielsweise bei Joint Ventures, und unterschiedlichen steuerlichen und gesetzlichen Bestimmungen?

▶ Wie verbessern wir die Datenqualität, und wie beschleunigen wir die Konzernkalkulation, um die übliche Panik beim Monatsabschluss zu vermeiden?

Wie Abbildung 6.9 illustriert, erleichtern die neuen analytischen Anwendungen die Steuerung und Kontrolle eines Konzerns. Die Anbieter integrierter analytischer Anwendungen liefern Programme für die Konzernkalkulation, die ein Mehr an Flexibilität und Funktionen bieten, ohne Altbewährtes über Bord zu werfen. Diese analytischen Anwendungen bauen auf einer heterogenen und abstimmbaren ERP-Infrastruktur auf. Sie verfügen über eine integrierte Währungsumrechnung in die Konzernwährung und über Umrechnungsfunktionen, die die Standardmaßeinheiten berücksichtigen.

Um möglichst umfassend von der Konzernkalkulation zu profitieren, sollten Sie über folgende Komponenten verfügen:

▶ umfangreiche Syntax- und Plausibilitätsprüfungen auf verschiedenen Ebenen

▶ Fehleralarm mit entsprechenden Korrekturverfahren

▶ anwenderfreundliche Navigation und Schnittstellen

▶ manuelle Eingriffsmöglichkeiten auf Konzernebene (mit Protokoll)

▶ Fehlertoleranz durch alternative Bewertungsregeln (vorige Periode/Produktgruppenebene/prozentualer Anteil)

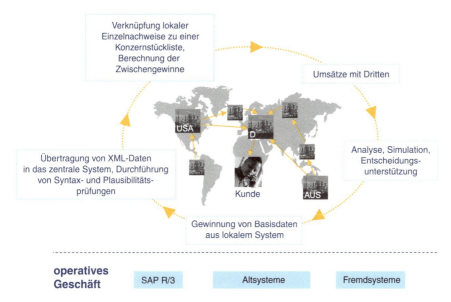

Abbildung 6.9 Der Prozess der Konzernkalkulation

Mit zunehmender Entwicklung Ihrer Konzernkalkulation sollten Sie die Möglichkeit haben, Informationen bis auf die untersten Ebenen zurückverfolgen zu können. Sie sollten problemlos Informationen auf Produkt- und Einzelkundenebene unter Berücksichtigung aller zugeordneten Merkmale abrufen können. Um die konzernweite Einführung erfolgreich zu bewältigen, sollten Sie nicht versuchen, alle Funktionen auf einen Schlag zu implementieren. Sie sind besser beraten, wenn Sie die unspektakuläre Variante wählen und Ihr System schrittweise verbessern.

6.6 Die Optimierung des Product Lifecycle Management (PLM)

Analytische PLM-Anwendungen (*PLM Analytics*) bieten eine umfassende Sicht auf die ökonomischen Aspekte des Produktlebenszyklus – von der Planung über den Entwurf bis zur Markteinführung und der endgültigen Entscheidung über den Produktionsstopp.

Die Definition des PLM berücksichtigt in der Regel folgende Aspekte:

▶ **Lebenszyklus-Datenmanagement**
Integrierte Produkt- und Prozesstechnikfunktionen, Stücklisten, Routing- und Ressourcen-Daten, Rezepturen, computergestützte Designmodelle (*Computer-Aided Design*, CAD) und technische Dokumentation. Funktionen zur Verwaltung von Informationen zu Veränderungen am Produkt gewährleisten die Konsistenz der Produktinformationen.

► **Lebenszyklus-Kooperation**

Interne und externe Partner können virtuell und in Echtzeit verbunden werden, um Zugang zu Projektplänen, Dokumenten, Service-Bulletins und sonstigen Informationen zu erhalten.

► **Programm- und Projektmanagement**

Dieser Bereich umfasst den gesamten Produktentwicklungsprozess sowie Planung, Verwaltung und Steuerung aller Produktportfolios. Überwacht werden Projektzeitpläne, Kosten, Betrieb und Prozesse.

► **Qualitätsmanagement**

Qualitätsmanagement beinhaltet integrierte Funktionen für ein umfassendes Qualitätsmanagement. Außer den klassischen Verfahren werden auch Audits und andere Formen des E-Qualitätsmanagements unterstützt.

► **Lebenszyklus-Management für Sachanlagen**

Deckt alle Performance-Anforderungen einschließlich Produktwartung, Verwaltung von Maschinen und Ausrüstung, Verfügbarkeit von Produktionsgebäuden und materiellen Vermögensgegenständen ab.

► **Umweltaspekte**

Hierunter fällt die Überwachung von Gesundheits- und Sicherheitsdaten. Überwacht die Einhaltung gesetzlicher Bestimmungen in Bezug auf Umwelt-, Gesundheits- und Arbeitsschutz.

Fallstudie
Die Produktentwicklung macht den Unterschied

Michael D. Capellas, Vorstandsvorsitzender und CEO von Compaq, erläuterte in einem Interview[5] , das vor der Fusion mit Hewlett-Packard geführt wurde, die PLM-Strategie seines Unternehmens: »Eine schlechte Produktentwicklung hat negative Auswirkungen auf den gesamten Produktlebenszyklus. Ein erfolgreicher Entwicklungsprozess dagegen bringt nicht nur Kosteneinsparungen bei der Fertigung, sondern ermöglicht auch Produktanpassungen und dadurch eine lange Lebensdauer. Das Internet hat dazu beigetragen, dass Produkte und Dienstleistungen austauschbar geworden sind. Dasselbe gilt auch für Prozesse in Fertigung und Vertrieb.

Wenn wir heute beispielsweise den Herstellungsprozess eines Laptops betrachten, stellen wir fest, dass der Entwicklungsprozess den Unterschied macht. Alle Laptops werden in Taiwan in ähnlichen Werken hergestellt. Um erfolgreich zu sein, müssen Sie immer wieder Standardkomponenten in verschiedene Produkte einsetzen, um

---

5 Interview mit Michael D. Capellas, CEO der Compaq Computer Corporation, SAP Info, Ausgabe Mai 2002.

so die Kosten zu senken und neue Produkte schneller entwickeln zu können. Man verwendet dieselbe solide Basis für die verschiedenen Produkte und nimmt dann individuelle Anpassungen für unterschiedliche Märkte vor.

Was ist wichtiger für den geschäftlichen Erfolg: Verfügbarkeit oder Produktqualität? Wurde in der Vergangenheit noch zwischen Geschwindigkeit und Qualität unterschieden, muss man heute beides zugleich anbieten. Ich bin überzeugt, dass ein qualitativ hochwertiges Produkt schneller auf den Markt gebracht werden kann, wenn man nicht immer wieder dieselben Entwicklungsaufgaben lösen oder umfangreiche Nachbesserungen vornehmen muss. Auf diese Weise wird nicht nur die Zeit bis zur Markteinführung verkürzt, sondern gleichzeitig die Chance erhöht, große Mengen in kürzester Zeit abzusetzen. Wenn man Produkte en passant neu gestaltet und die Qualität vernachlässigt, ist man vielleicht der Erste am Markt. Ob man jedoch wirklich der Erste ist, hängt davon ab, ob man wie geplant die geforderten Mengen auch bereitstellen und verkaufen kann.

Worin besteht also die Strategie von Compaq beim Product Lifecycle Management? Eine umfassende Strategie ist unerlässlich. Sie muss die Marktforschung einschließen, die darüber informiert, was der Kunde wirklich braucht. Sie muss darauf ausgerichtet sein, dass bei der Produktentwicklung nicht nur das Design, sondern auch alle Aspekte der Fertigung berücksichtigt werden. Das bedeutet ebenso, in zunehmendem Maße Produkte zu entwickeln, die die Anforderungen der Kunden hinsichtlich Service und Support erfüllen.

Strategisch zu planen bedeutet aber auch, Verständnis für die zunehmende Forderung der Kunden zu entwickeln, langfristig zu denken. Wenn wir ein Produkt auf den Markt bringen, sollten wir einen Plan haben, der die Investition des Kunden eindeutig schützt und gewährleistet, dass der Kunde nicht Unsummen für den Erwerb der nächsten Produktgeneration ausgeben muss, wenn sein Produkt das Ende des Lebenszyklus erreicht hat. All diese Überlegungen sind Teil unserer stärkeren Fokussierung auf den Return on Investment.

Wir haben keine Großprojekte mehr, bei denen das gesamte Unternehmen beim Rollout lahm gelegt wird. Wir verstehen immer besser, dass die Einführung und Verbreitung eines neuen Produkts am Markt ein Übergangsprozess und kein ›Start-und-Stopp-Vorgang‹ sein sollte. Und wir erkennen zunehmend, dass es wichtig ist, dass die verschiedenen Produkte zueinander passen.

Wenn wir beispielsweise einen neuen PDA einführen, wollen wir wissen, wie er in einer drahtlosen Infrastruktur funktioniert. Dieser ganzheitliche und übergreifende Ansatz ist der Grund dafür, dass Unternehmen mit einem umfassenden Produktportfolio bessere Produkte herstellen als Nischenanbieter. Durch das Internet hat die interne Kooperation zwischen Technik, Fertigung und Service die Dimension einer externen Zusammenarbeit erreicht. Diese Tatsache gewinnt zunehmend an Bedeutung, da in der Fertigung immer mehr auf Outsourcing gesetzt wird. Eine weitere zentrale Notwendigkeit ist die enge und intelligente Verbindung zwischen den Entwicklungsteams im eigenen Haus und den Fertigungsteams, die nicht notwendigerweise in den eigenen vier Wänden sitzen müssen.«

Die Fähigkeit, Produkte rasch und kostengünstig zu entwickeln, ist zu einem entscheidenden Erfolgsfaktor geworden. Darüber hinaus müssen Unternehmen aber auch Produkte und Dienstleistungen als Komplettlösung anbieten, um die Kundenbindung zu verbessern und neue Umsatzquellen zu erschließen. Den Herausforderungen der Zukunft wird man nur mit nahtlosen Prozessen, die erst das Product Lifecycle Management ermöglicht, begegnen können.

Das größte Kostensenkungspotenzial bieten die frühen Phasen des Produktlebenszyklus, in denen das Produkt entwickelt wird. Die Möglichkeit, die Kosten für den gesamten Produktlebenszyklus zu senken, nehmen im Laufe der Zeit ab. Abbildung 6.10 stellt die Einflussmöglichkeiten auf die Kosten des Produktlebenszyklus im Zeitverlauf dar.

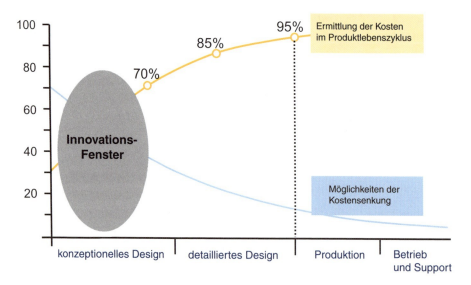

Quelle: DARPA Rapid Design Exploration and Optimization Project

Abbildung 6.10 Ermittlung der Kosten des Produktlebenszyklus

Durch den Einsatz analytischer PLM-Anwendungen profitiert Ihr Unternehmen wie folgt:

- ▶ **Niedrigere Kosten**
  Verknüpfung der PLM-Anwendungen mit Customer Relationship Management, Supply Chain Management, ERP, CAD und Lieferantenmanagement

- ▶ **Kürzere Entwicklungszeit bis zur Marktreife**
  Austausch aktueller Produktinformationen, schnellere, bessere Entscheidungsfindung und mehr Kontrolle über Produktentwicklung und Fertigungsbeginn

- ▶ **Höhere Erlöse**
  Bessere Chancen, innovative Produkte rascher zu entwickeln und neue Marktchancen effizienter zu erkennen

- ▶ **Verbesserte Produktqualität**
  Integriertes Qualitätsmanagement, das alle Phasen des Produktlebenszyklus einschließt

- ▶ **Größere Kundenzufriedenheit**
  Anpassung von Produkten und Erweiterung des Kundendienstes um Wartung und technischen Support

Das Management der Innovationspipeline ist für jedes Unternehmen ein Schlüsselthema. Analytische PLM-Anwendungen unterstützen den Entwurf und die Markteinführung neuer Produkte. Die begleitende Kalkulation in der Entwicklungsphase eines Produkts gibt Ihnen die Möglichkeit, Produktkosten in einem frühen Stadium zu berechnen, in dem die Daten für die Kalkulation zwar noch nicht vollständig sind oder gänzlich fehlen, aber Änderungen immer noch möglich sind. Sie können von jedem Produktdatenmanagement-System aus auf die Kalkulationsdaten zugreifen und spezifische Kostenziele festlegen.

 Fallstudie
Die Kalkulation des Produktlebenszyklus

Nokia, der globale Marktführer bei Mobiltelefonen, ist für eine schnelle Markteinführung, Bahn brechende Technologie und eine hoch produktive Innovationspipeline bekannt. Nokia ist ständig bemüht, das interne PLM-Modell durch die Anpassung der Produktinnovations- und Supply-Chain-Management-Prozesse abzustimmen.

Der überwältigende Erfolg von Nokia im Bereich der mobilen Kommunikation ist zum Großteil auf das Engagement des Unternehmens in Forschung und Entwicklung zurückzuführen. Erst vor kurzem wurden die Ausgaben auf diesem Gebiet auf drei Milliarden Euro oder 9,6 Prozent des gesamten Nettoumsatzes aufgestockt. Ein weiterer wichtiger Faktor für den Erfolg des Unternehmens sind die gut geschulten und motivierten Mitarbeiter. Was Nokia auszeichnet, ist die Fähigkeit, die unterschiedlichen Funktionsbereiche bei der Markteinführung eines Produkts zu synchronisieren. Nokia verwendet ein integriertes Kalkulationsmodell und nutzt so die Vorteile der neuesten finanzanalytischen Anwendungen.

Ein Beispiel:

▶ **Projektleiter in der Materialbeschaffung**
Sie sind für den weltweiten Einkauf zuständig und mit dem Activity-Based Management ihres Unternehmens vertraut. Dementsprechend gestalten sie die Verhandlungen mit ihren internen und externen Lieferanten über Materialpreise und mit der Beschaffung zusammenhängende Dienstleistungen, die 30 bis 40 Prozent der Materialkosten ausmachen. Die Verhandlungen konzentrieren sich gleichermaßen auf die Performance des Lieferanten wie auf die Materialkosten. Die Projektleiter bewerten die Partner, indem sie Gesamtkosten, Materialkosten und Dienstleistungskosten der unterschiedlichen Lieferanten miteinander vergleichen. Derselbe Ansatz wird für das Benchmarking interner Lieferanten angewendet, wo Kosten pro Handy und Werk verglichen werden.

▶ **Projektleiter in der Logistik**
Sie sind für den gesamten Prozess der Nachfrageerfüllung verantwortlich und ebenfalls mit dem Activity-Based Management ihres Unternehmens vertraut. Gleichzeitig achten sie besonders auf Six-Sigma-Initiativen. Sie bewerten die Termintreue bei der Lieferung, die Fehlerquote bei der Herstellung und die Kosten pro Handy. Nokia verfügt über ein internes Benchmarking-System, das die Ergebnisse aus 18 Fertigungsstätten mit den Gesamtkosten pro Telefon – einschließlich der Prozesskosten – vergleicht und die Kosten für ein- und ausgehende Transporte überwacht. Wenn die zusätzlichen Transportkosten im Fertigungsmodell berücksichtigt werden, ist es in manchen Fällen billiger, in Finnland statt in China zu fertigen.

Ein Aspekt, der nicht im Kalkulationssystem von Nokia abgebildet ist, sind die Zusatzkosten für kundenspezifische Konfigurationen. Hierzu müssen Aufträge mit kundenspezifischen Anforderungen und Standardaufträge getrennt und die zusätzlichen Prozesse für kundenspezifische Konfigurationen erfasst werden.

▶ **Programm-Projektleiter**
Sie sind verantwortlich für Forschung und Entwicklung und nutzen dieselben Kalkulationsverfahren und -systeme wie die Mitarbeiter in den Bereichen Materialwirtschaft und Logistik. Forschung und Entwicklung sind bei Nokia ein Kernthema. Von den 56 000 Mitarbeitern, die das Unternehmen weltweit beschäftigt, arbeiten 20 000 in Forschung und Entwicklung. Bevor die Produktion aufgenommen wird, kalkulieren die Projektleiter für jedes neue Modell die Produktkosten, wobei sie auf die begleitende Kalkulation in der Planungs- und Entwicklungsphase zurückgreifen sowie alle Kosten im Rahmen der Nachfrageerfüllung berücksichtigen. Dies beinhaltet Make-or-buy-Entscheidungen für jede Komponente, Kosten für Qualitätssicherung, Fertigungsprozesse und Logistik.

Heute wird Innovation bei Nokia noch größer geschrieben und Activity-Based Management – als integraler Bestandteil der Infrastruktur zur Entscheidungsunterstützung – auf noch mehr Gebieten eingesetzt, unter anderem bei der Optimierung der Produktpalette, beim Abgleich vorhandener Ressourcen mit dem künftigen Bedarf und bei der Budgetierung neuer Produktentwicklungen.

Weitere Schlüsselthemen sind bei Nokia die Integration von Kalkulation und Balanced Scorecard sowie die umfassende Nutzung eines Berichtswesens im Internet. Auf diesen Gebieten besteht noch immer ein erhebliches Optimierungspotenzial. Innovation und Kalkulation gehen Hand in Hand und unterliegen einem stetigen Wandel. Aus diesem Grund kann es sich nicht einmal der Branchenprimus erlauben, sich auf den bereits geernteten Lorbeeren auszuruhen.

6.7 Fortschritte bei analytischen Anwendungen im Personalwesen

Die neuen analytischen Anwendungen[6] für das Personalwesen (*Human Resources*, HR) sind auf ein zielorientiertes Management (*Management by Objectives*, MBO) ausgerichtet. Dadurch können Sie Ihre internen Prozesse vereinfachen. MBO befreit außerdem Experten in der Personalentwicklung und Lohnbuchhaltung von administrativen Aufgaben. Es stellt Ihnen Daten der Balanced Scorecard zur Verfügung, auf deren Grundlage Mitarbeiter bewertet und Zielvereinbarungen getroffen werden können. Darüber hinaus können diese Systeme Beurteilungsdaten automatisch an Anwendungen in der Personalentwicklung und Lohnbuchhaltung übertragen.

All diese Fortschritte stellen auch das Personalwesen vor völlig neue Aufgaben. Unter strategischen Gesichtspunkten reicht es nicht mehr aus, hoch qualifizierte Mitarbeiter einzustellen und die Personalkosten zu senken. Heute müssen sich die Personalabteilungen – wie alle anderen Bereiche eines Unternehmens auch – fragen, welchen Mehrwert sie erwirtschaften und welchen Beitrag sie zur Erreichung der Unternehmensziele leisten können. Durch Neuausrichtung und Fokussierung kann die Personalabteilung zu einem wichtigen Glied der Wertschöpfungskette werden und sich gleichzeitig als Berater und Partner für Management und Mitarbeiter positionieren. Analytische Anwendungen für das Personalwesen können dabei eine wichtige Rolle spielen, da sie eine vertikale Verknüpfung zwischen Schulungszielen und Personalwirtschaftsprozessen herstellen.

---

6 Bhui, Paul: *Analytics Presentation*. Atos KPMG Consulting, o.J.

Warum also sind die HR Analytics, die analytischen Anwendungen für das Personalwesen, von so großer Bedeutung? Die heutigen Managementsysteme wurden auf der Grundlage statischer Unternehmensmodelle entwickelt, die sich nur graduell verändern. Man kann jedoch keine Transformationsstrategien mit Systemen umsetzen, die zur Verwirklichung taktischer Ziele geschaffen wurden. Um dies zu belegen, betrachten wir einige der typischen Hürden:

▶ **Visionshürde**
Nur fünf Prozent der Belegschaft verstehen die Strategie, und neun von zehn Unternehmen können die Strategie nicht umsetzen.

▶ **Managementhürde**
85 Prozent der Managementteams verbringen weniger als eine Stunde pro Monat mit der Diskussion der Strategie.

▶ **Ressourcenhürde**
60 Prozent der Unternehmen verknüpfen ihre Budgets nicht mit der Strategie.

▶ **Personalhürde**
Nur 25 Prozent der Manager erhalten Provisionen, die an die Strategie gekoppelt sind.

Wie können die Business Analytics die Effizienz im Personalwesen verbessern, und was bieten vorkonfigurierte analytische Anwendungen für das Personalwesen? Die Antworten werden Sie überraschen:

▶ **Analyse des Personalbestandes (Planung, Simulation und Prognose)**
Sie gibt Ihnen die Möglichkeit, Ihre aktuelle Belegschaft mit strategischen Planungswerkzeugen zu analysieren und beispielsweise die Anzahl der Mitarbeiter zu planen und Kosten zu simulieren.

▶ **Reporting und Benchmarking**
Reporting-Werkzeuge, mit denen Kennzahlen (*Key Performance Indicators*, KPIs) und Benchmarking überwacht werden können, tragen zur Optimierung konzernweiter Prozesse bei.

▶ **Strategische Ausrichtung**
Die Aktivitäten werden mit der Unternehmensstrategie synchronisiert, wobei Kennzahlen zur Mitarbeiter-Performance verwendet werden.

▶ **Balanced-Scorecard-Techniken**
Diese ermöglichen Ihnen die Definition von Zielen, Meilensteinen und Kennzahlen.

Fallstudie
Die Umgestaltung der Personalabteilung in ein Service Center

Das größte Problem für das Personalwesen der Fluggesellschaft in diesem Fallbeispiel war der Kostendruck: Personal- und Reisekosten stiegen in einem alarmierenden Tempo. Die Lösung bestand in der Gründung einer Shared-Services-Organisation für das Personalwesen. Bei der Umstrukturierung traten prompt einige Probleme auf, die für Shared-Services-Unternehmen typisch sind. Dazu gehörte unter anderem die Frage nach der Preis- und Kostenstruktur für Personaldienstleistungen. Ebenso war zu klären, wie interne Kostenanträge und Genehmigungsverfahren automatisiert werden könnten. Wichtig waren zudem die Integration von Einkauf und Personalbeschaffung sowie die Verwaltung von Reisekostenformularen im Internet. Um den Preis für Personaldienstleistungen festlegen zu können, mussten Kalkulationsanwendungen und Scorecard-Anwendungen für das Personalwesen integriert werden. Nur so konnten der Umfang der Dienstleistungen bestimmt und Qualitätskriterien festgelegt und genutzt werden.

Die technischen Herausforderungen stellten sich folgendermaßen dar: Das Unternehmen hatte im Rechnungswesen bereits ein ERP-System installiert und war dabei, das Prozesskostenrechnungsmodul zu implementieren. Die vorhandene Software sollte durch Modell- und Simulationsfunktionen zur Preisfindung sowie durch Funktionen für die Detailanalyse ergänzt werden, um Kostentransparenz zu gewährleisten. Die gewonnenen Informationen mussten dann auch den Geschäftspartnern – den neuen Kunden des internen Personal-Service-Centers – zugänglich gemacht werden.

Um die finanziellen und technischen Ziele umzusetzen, entwickelt das Unternehmen die analytischen Anwendungen für das Personalwesen (HR Analytics) und die finanzanalytischen Anwendungen (Financial Analytics) schrittweise weiter, wobei schnelle Erfolge Priorität haben. Es ist nicht überraschend, dass zu den ersten Dienstleistungen des Shared-Services-Centers die Zahlungsabwicklung und die Gehaltsabrechnung gehörten. Zu den nächsten Leistungen sollen Personalbeschaffung und Personalbeurteilung zählen. Anschließend sollen medizinische Dienstleistungen zur Verfügung gestellt werden, da in der Luftverkehrsbranche regelmäßige Untersuchungen für Piloten, Flugbegleiter und andere Mitarbeiter unerlässlich sind. Wenn all diese Dienstleistungen verfügbar sind, plant das Unternehmen ein anwenderfreundliches Portal im Internet, über das die Mitarbeiter selbst aktiv werden können.

Die neue integrierte analytische Software eröffnet Ihnen die Möglichkeit, das Personalwesen mit anderen Bereichen des Unternehmens zu verbinden – und zwar nicht nur zur Abwicklung von Transaktionen, wie dies in der Vergangenheit der Fall war, sondern auch für Wert schöpfende Managementaufgaben. Hierzu muss das

Personalwesen sowohl mit dem Finanzwesen als auch mit den strategischen Funktionen verknüpft werden.

6.8 Erste Schritte – damit Ihre analytischen Anwendungen ein voller Erfolg werden

Beachten Sie bei der Gestaltung und Einführung einer umfassenden und Ihren Anforderungen entsprechenden analytischen Umgebung die folgenden zehn wichtigen Erfolgsfaktoren, die W. H. Inmon in seinem Artikel[7] über analytische Anwendungen zusammengestellt hat:

1. **Vergessen Sie nicht, dass hinter den analytischen Funktionen eine umfangreiche Infrastruktur steht.**

   Hüten Sie sich davor, eine Fassade ohne Substanz aufzubauen. Der Wert der analytischen Funktionen scheint auf der Hand zu liegen, die internen Anforderungen an Ihre Ressourcen sind jedoch nicht sofort erkennbar: Sie brauchen eine umfangreiche Infrastruktur. Leider orientieren sich die meisten Menschen am Ergebnis, ohne die eigentliche Ursache des Ergebnisses zu berücksichtigen.

   Viele Anbieter analytischer Software verkaufen ihr Produkt, als sei keine Infrastruktur erforderlich oder als würde die Infrastruktur wie aus dem Nichts auftauchen, wenn man sie braucht. Leider ist dem nicht so. Daher besteht der erste Erfolgsfaktor beim Aufbau einer analytischen Umgebung in der Erkenntnis, dass eine entsprechende Infrastruktur absolut unerlässlich ist. Der Aufbau dieser Infrastruktur ist schwieriger und kostspieliger als der Kauf und die Inbetriebnahme der analytischen Anwendung, für die die Infrastruktur benötigt wird.

2. **Die analytische Infrastruktur basiert auf einer Standardstruktur und bietet Standardfunktionen.**

   In der Welt der analytischen Funktionen gibt es einige durchaus vorhersehbare Anforderungen. Hierzu gehören einheitliche Bedeutungen und Definitionen, vor allem was Kunden, Produkte und Transaktionen betrifft. Eine weitere zentrale Anforderung ist die Vollständigkeit. Eine beschränkte Datenbasis bedeutet auch beschränkte Möglichkeiten der Analyse. Der einfache Zugriff ist entscheidend. Wenn Daten nur schwer zugänglich sind, wird die Effizienz beeinträchtigt. Eine andere wesentliche Anforderung ist die Flexibilität. Begrenzte Prozesskapazitäten schränken die Nutzung von Informationen ein.

   Kurz gesagt: Daten, die im Data Warehouse liegen, sind die ideale Datenbasis für analytische Anwendungen. Doch das Data Warehouse existiert nicht in einem Vakuum. Es ist das Zentrum einer größeren Architektur – der Informationsfabrik des Unternehmens. Diese Informationsfabrik unterstützt viele Arten

---

7   Inmon, W.H.: *Analytics: 10 Critical Success Factors.* o. O., o. J.

der Informationsverarbeitung wie Echtzeitverarbeitung, statistische Verarbeitung bei Exploration Processing und Data Mining, abteilungsorientierte Verarbeitung und so weiter.

3. **Analytische Anwendungen sind nicht statisch.**

Analytische Funktionen müssen ständig weiterentwickelt werden. Solange die Anwender ihre eigenen Möglichkeiten nicht kennen, können sie auch keine Anforderungen stellen. Wenn die Anwender jedoch erst einmal begriffen haben, welche Möglichkeiten ihnen zur Verfügung stehen, werden sie Berge von Anforderungen formulieren. Mit zunehmender Entwicklung sollten die Ergebnisse den Anwendern in angemessenen zeitlichen Abständen präsentiert werden.

4. **Erwarten Sie nicht, dass Sie alle Anforderungen schon in der ersten Projektphase erkennen.**

Am Anfang sollten Sie die Anforderungen der Anwender sammeln und analysieren. Es ist ein Fehler, analytische Funktionen isoliert von Anwendern zu entwickeln. Wenn die analytischen Anwendungen im stillen Kämmerlein entstehen, werden die Ergebnisse nicht den realen Anforderungen Ihrer Anwender entsprechen.

5. **Verknüpfen Sie analytische Funktionen mit anderen Unternehmensdaten.**

Eine eigenständige analytische Umgebung hat nur eine begrenzte Lebensdauer und einen eingeschränkten Nutzen. Dennoch ist die Versuchung groß, eine analytische Anwendung als Insellösung zu betrachten. Bedenken Sie jedoch, dass eine künstliche Integration stets zu enttäuschenden Ergebnissen und fehlerhaften Entscheidungen führt. Es bedarf einer Integration auf Ebene der Datenstruktur, der Datencodierung, der Referenztabellen, der Berechnung und der Semantik. Diese Integration ist für die Kompatibilität, die Konsistenz und die Homogenität der Daten unerlässlich.

6. **Die Business Analytics stützen sich gleichermaßen auf historische und aktuelle Daten.**

Historische Unternehmensdaten sind äußerst wichtig, um – insbesondere im Kundendienstbereich – Erkenntnisse zu gewinnen und Perspektiven zu schaffen. Die Kundenhistorie ist wichtig, weil Verbraucher in aller Welt ihren Gewohnheiten folgen, die sie in jungen Jahren erworben haben und die ein Leben lang ihr Konsumverhalten prägen. Wenn Sie die Vergangenheit eines Kunden verstehen, können Sie die Zukunft voraussagen. Und wenn ein Unternehmen einmal herausgefunden hat, was der Kunde mag oder nicht mag, kann es agieren, statt nur zu reagieren.

All das hängt von den historischen Daten ab, die analytischen Anwendungen zur Verfügung stehen. Hierbei spielt das Volumen eine entscheidende Rolle. In der

Regel existieren weit mehr Daten, als tatsächlich aktiv genutzt werden. Aus Kostengründen sollten nicht aktiv genutzte Daten auf kostengünstigen Speichermedien hinterlegt werden. Zu historischen Daten existiert in der Regel kaum eine oder gar keine Dokumentation. Metadaten, die die historischen Daten beschreiben, müssen für künftige Analysen gespeichert werden.

7. **Die Transaktions-Performance muss in der analytischen Umgebung berücksichtigt werden, bevor das System aufgebaut wird.**
   Die Leistungsfähigkeit eines Systems ist immer ein Schlüsselthema. In einer Online-Umgebung darf ein leistungsfähiges System eine Reaktionszeit von nur zwei bis drei Sekunden haben. Beim Data Mining kann sich die Reaktionszeit durchaus verlängern. Die Erwartungen an die Leistungsfähigkeit des Systems müssen zu Beginn eines Projekts festgelegt werden, damit es bei der endgültigen Übernahme des Systems keine bösen Überraschungen gibt. Die Erwartungen des Unternehmens an die Leistungsfähigkeit sind in der Regel in Dienstleistungsvereinbarungen festgelegt (*Service Level Agreements*, SLAs). Ein solches SLA enthält häufig Parameter zur Systemverfügbarkeit und Leistungsfähigkeit. Sie sollten beachten, dass sich SLAs für analytische Anwendungen von SLAs für andere Prozesse unterscheiden. Bloß eine vorhandene Vereinbarung über Online-Anwendungen zu übernehmen wird nicht ausreichen, weil bei analytischen Anwendungen grundsätzlich ganz andere Volumina bewältigt werden müssen.

8. **Analytische Anwendungen kann man entweder kaufen oder selbst entwickeln – oder beides.**
   Es ist verlockend, sich vorzustellen, dass man einfach analytische Programme, die von einem externen Anbieter entwickelt wurden, kaufen kann. Und es spricht vieles für diesen Ansatz. Erstens entfällt die Entwicklungsphase. Zweitens wird die Software vom Anbieter gewartet. Und drittens fehlen für die Entwicklung einer solchen Software in der Regel die internen Ressourcen.

   Aber es gibt beim Kauf fertiger analytischer Programme auch einige Probleme. Fragen wir uns zunächst: Welchen Wettbewerbsvorteil bringt eine Software, die jeder Wettbewerber in der Branche ebenfalls nutzen kann? Und stellen wir die nächste Frage: In welchem Maße wird ein externer Anbieter, der diese Software entwickelt und wartet, Modifikationen akzeptieren? Die Alternative besteht darin, einen Teil der Software zu kaufen und einen anderen Teil selbst zu entwickeln. Die interne Entwicklung kann unter Umständen recht einfach sein, so wie die Erfassung von Daten in einer Tabellenkalkulation.

9. **Analytische Anwendungen sind intuitiv und können mit einem standardisierten Systemdesign in Konflikt geraten.**
   Unterstellen wir – wie es ein Systementwickler tun würde –, dass ein bestimmter und wichtiger Teil der analytischen Funktionen nicht formalisiert ist. Dies ist der Bereich, in dem kreative Geister, die mit analytischen Anwendungen arbeiten,

diese erweitern und Funktionen hinzufügen. Bis zu einem gewissen Grad fangen Tabellenkalkulationen diesen Aspekt ab. Genau diese Tabellenkalkulationen werden aber nur von sehr wenigen Anwendern genutzt, was unter Umständen den Verlust eines wirklichen Wettbewerbsvorteils bedeuten kann.

Bei der Integration formaler und nicht formaler analytischer Funktionen gibt es viele Probleme. So ist beispielsweise die Aussage, dass das Problem durch den nicht formalen Teil des Systems behoben werden würde, lediglich relativer Art. Bis der nicht formale Aspekt formalisiert ist, hat er sich bereits geändert. Informationen, die heute noch wertvoll sind, können schon morgen obsolet sein.

10. **Analytische Anwendungen müssen aktuelle und künftige Anforderungen erfüllen.**
Um erfolgreich zu sein, dürfen analytische Anwendungen nicht in ein starres Korsett aus Anforderungen gezwängt werden. Wenn die analytische Software statisch wird, verliert sie rasch ihre Authentizität und ihren Wert. Die technische Basis und das Design analytischer Anwendungen müssen flexibel sein, Änderungen ermöglichen und sich rasch anpassen lassen.

In Abbildung 6.11 erhalten Sie einen Überblick über die analytische Umgebung aus Sicht des Anwenders. Die analytischen Programme für operative Funktionen sind durch finanzielle Prozesse mit den strategischen analytischen Programmen verknüpft.

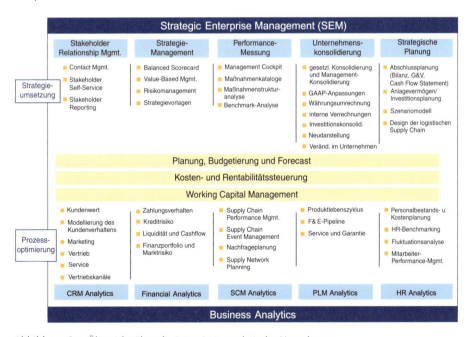

Abbildung 6.11 Übersicht über die integrierte analytische Umgebung

Bei der Arbeit mit analytischen Anwendungen wird deutlich, dass sich Informationsverarbeitung auszahlt – ganz im Gegensatz zum Data Warehouse, wo die Kosten nur schwer zu rechtfertigen sind. Analytische Anwendungen arbeiten auf zwei Ebenen, der Mikro- und der Makroebene. Beide Ebenen sind für die Entscheidungsträger von erheblichem Wert.

Analytische Anwendungen sind also flexibel, handhabbar, echtzeitorientiert, zugänglich und integriert. Sie verwandeln Daten in Informationen, Informationen in Wissen und Wissen in Taten. Die jüngsten Erfahrungen bei der Implementierung analytischer Anwendungen zeigen, dass Sie erfolgreich sein können, wenn Sie die folgenden fünf Schritte nachvollziehen:

▶ **Schritt 1: Beginnen Sie mit einem konkreten Fall.**
Die Herausforderung liegt in der Definition des spezifischen Angebotsprofils und der Vorteile für das Unternehmen, wobei Sie sich auf Best Practices und empirische Untersuchungen stützen sollten. Konzentrieren Sie sich auf Wertschöpfungsanalysen über die gesamte Wertschöpfungskette hinweg. Die Vorteile sollten die Investitionen für analytische Anwendungen mit den Werttreibern und dem Return on Investment verbinden.

▶ **Schritt 2: Planen Sie Ihre Informationsstrategie.**
Definieren Sie gemeinsam mit internen und externen Anwendern die Anforderungen an die bereitzustellenden Informationen. Definieren Sie ihre technische Zielarchitektur. Formulieren Sie einen eindeutigen Prozess für die Zuordnung der Informationsanforderungen zu den passenden technischen Lösungen. Identifizieren Sie typische Nutzungsmuster, und passen Sie diese den geplanten Lösungen an.

▶ **Schritt 3: Vereinbaren Sie Führungsrichtlinien und Führungsstrukturen.**
Definieren und implementieren Sie mithilfe von Best Practices interne Führungsstrukturen, die Ihnen ermöglichen, Anwender und technische Projektteams zu leiten. Weitere Führungsthemen sind: Verantwortlichkeit, Zusammenarbeit und Richtlinien für den Umgang mit Informationen, wozu Richtlinien zur Datenhoheit, zur Konsistenz von Informationen, zur Sicherheit und Kommunikation zählen.

▶ **Schritt 4: Entwerfen Sie Blaupausen für das Konzept und das logische Design.**
Die Blaupausen bilden den strukturellen Rahmen und beinhalten eine Reihe von Best Practices zur Definition eines integrierten Datenmodells, eine Reihe von Prozessen für das Informationsmanagement sowie Integrationsleistungen und eine analytische Anwendungsarchitektur. Sie können bei der Anbieterauswahl und bei technischen Entscheidungen von großer Hilfe sein.

▶ **Schritt 5: Werden Sie aktiv!**

Stellen Sie ein qualifiziertes und hoch motiviertes Projektteam zusammen. Liefern Sie überschaubare, wirkungsvolle und durchgängige Lösungen. Stellen Sie sicher, dass die erforderlichen Schulungen durchgeführt werden und adäquate Weiterbildungsmaßnahmen garantiert sind. Gewährleisten Sie die methodische und saubere Durchführung des Projekts. Achten Sie besonders auf die Integrationsanforderungen Ihrer ERP- und CRM-Systeme sowie auf die Anforderungen der in diesen Systemen verwendeten Anwendungen.

Diese Schritte klingen sehr formell. Sie sind es auch. Vergessen Sie nicht, dass viele dieser Schritte regelmäßig wiederholt werden müssen. Für die Teile des analytischen Systems, die fest in die Organisation eingebunden sind und die Geschäftsprozesse unterstützen, von denen andere Bereiche abhängig sind, ist eine eiserne strukturelle und entwicklungstechnische Disziplin von essenzieller Bedeutung. Lassen Sie gleichzeitig Raum für die Teammitglieder, damit die experimentelle und innovative Kreativität nicht verloren geht. Solche einmaligen Initiativen können das Geheimnis Ihres künftigen Wettbewerbsvorteils werden.

CFO-Checkliste

▶ **Analysieren Sie Ihre gesamte Wertschöpfungskette mit analytischen Anwendungen.**
Überwinden Sie Abteilungsgrenzen, um ein besseres Verständnis für Ihre Wertschöpfungskette zu bekommen. Entwickeln Sie eine analytische Vision, deren Schwerpunkt auf der Wertschöpfung liegt. Bewerten Sie die Rentabilität der erweiterten Unternehmensorganisation.

▶ **Wählen Sie Ihre Strategie zu integrierten analytischen Anwendungen.**
Entscheiden Sie zwischen integrierten Anwendungspaketen unterschiedlicher Anbieter und offenen »Best-of-breed«-Lösungen. Hauchen Sie Ihren Investitionen in Data Warehouse neues Leben ein! Nutzen Sie die integrierten analytischen Funktionen für präventive Entscheidungen. Trennen Sie sauber zwischen ausführenden und unterstützenden Prozessen in Ihrem Unternehmen.

▶ **Optimieren Sie Ihre CRM-Investitionen.**
Erkennen Sie, wer Ihre Kunden sind und wie sie zur Wertschöpfung beitragen. Machen Sie Ihre gesamte Wertschöpfungskette transparent, damit Sie die Ökonomie der Endverbraucher besser verstehen und Ihre Marketinginvestitionen optimieren können.

▶ **Überprüfen Sie das Design Ihrer Logistikkette.**
Entwickeln Sie mithilfe analytischer Anwendungen Modelle zu Angebot und Nachfrage sowie zu Struktur und Service. Optimieren Sie die Performance der gesamten Logistikkette, indem Sie Engpässe und Einsparpotenziale identifizieren und nach Möglichkeiten zum effizienteren Einsatz des Working Capital suchen.

▶ **Definieren Sie die Rolle des Finanzwesens neu.**
Trennen Sie sich von Tabellenkalkulationen, und schaffen Sie eine dynamischere, robustere und skalierbare Infrastruktur zur Unterstützung von Entscheidungen. Verwenden Sie neue Systeme, um Insellösungen zu vermeiden und isolierte Finanzanwendungen zu integrieren. Nutzen Sie Ihre früheren Investitionen in Activity-Based Management (ABM), Konzernkalkulation und den Kundenwert über die gesamte Kundenbeziehung besser aus.

▶ **Analysieren Sie Innovationspipeline und Produktlebenszyklus mit analytischen Anwendungen.**
Überprüfen Sie jede Stufe des Produktlebenszyklus, von der Planung neuer Produkte über die Entwicklung bis zur Markteinführung. Achten Sie bereits beim Produkt- und Prozess-Engineering auf eine begleitende Kalkulation. Nutzen Sie Informationen gemeinsam, und zwar sowohl mit internen als auch mit externen Partnern. Überwachen Sie permanent die finanzielle Performance, und zwar über den gesamten Produktlebenszyklus hinweg.

▶ **Verwandeln Sie Ihre Personalabteilung in ein Service-Center.**
Holen Sie aus Ihrem Personalwesen das Beste heraus. Nutzen Sie vorkonfigurierte analytische Anwendungen für Personalplanung, Simulation und Prognose. Integrieren Sie Personal- und Finanzwesen sowie Ihr Performance-Management. Sparen Sie Kosten, und verbessern Sie die Kommunikation durch ein Self-Service-Portal für Ihre Mitarbeiter, in das Sie bei Bedarf analytische Anwendungen integrieren können.

▶ **Folgen Sie dem Fünf-Schritt-Modell bei der Implementierung.**
Bauen Sie aus Daten, Prozessen und Systemen eine Infrastruktur für analytische Funktionen. Entwickeln Sie analytische Anwendungen gemeinsam mit den Anwendern, und verwenden Sie hierbei einen iterativen Ansatz. Standardisieren und strukturieren Sie nur da, wo es die Zusammenarbeit unbedingt erforderlich macht.

▶ Und vergessen Sie nicht: Damit die funktionsübergreifenden analytischen Anwendungen auch ein voller Erfolg werden, müssen Ihre Mitarbeiter intuitiv, kreativ und unkonventionell handeln können.

7 Die globale Zusammenarbeit im Unternehmensportal

Aufbau einer Plattform für die weltweite Zusammenarbeit

Jochen Krautter, Finanzvorstand
Henkel

Henkel ist einer der weltweit führenden Hersteller von Kosmetik- und Körperpflegeprodukten sowie Putz- und Reinigungsmitteln. Für die Industrie produziert das Unternehmen Klebstoffe und Produkte zur Oberflächenbehandlung. Henkel beschäftigt weltweit 60 000 Mitarbeiter, der Jahresumsatz beträgt knapp zehn Milliarden Euro. Jochen Krautter war von 1992 an Vorstandsmitglied. Bevor er von 2000 bis Mitte 2003 als Finanzvorstand tätig war, war er verantwortlich für den Geschäftsbereich Oberflächentechnik, für Informationssysteme und für die Region Lateinamerika.

Krautters Werdegang ist für einen Finanzvorstand eher ungewöhnlich. Insbesondere die Tätigkeit im IT-Bereich bot ihm die Gelegenheit, ein tiefes Verständnis für das Zusammenspiel von Informationsintegration und Finanzwesen zu entwickeln.

Krautter zufolge hat sich die Rolle des CFO in den letzten Jahren erheblich verändert: »Für mich als Finanzvorstand sind die wichtigsten Werttreiber natürlich die Geschäftsvorfälle. Vergleichsweise neu ist für mich die Tatsache, dass ich nicht nur für die Entwicklung allgemein gültiger Finanzrichtlinien, sondern auch für deren Umsetzung verantwortlich bin. Seit Einführung unseres Shareholder-Value-Programms bin ich außerdem stark in die Kapitalmarktsteuerung eingebunden.«

Daneben ist die Neuausrichtung des Finanzwesens eine der Hauptaufgaben Krautters. Sie soll dem Konzern die Nutzung neuer Verfahren zur Integration von Prozessen, Anwendungen und Daten ermöglichen. Die bisherige IT-Strategie von Henkel war so simpel wie ehrgeizig: Sämtliche Geschäftsbereiche des Unternehmens weltweit sollten nahtlos miteinander vernetzt und in Echtzeit abwickelt werden.

Heute bietet das Internet zahlreiche Möglichkeiten zur Einbindung von Partnern, Lieferanten und Kunden in die Systeme und Prozesse eines Unternehmens. Krautters aktuelle Vision ist die eines erweiterten Unternehmens, in dem nicht nur interne Prozesse nahtlos integriert sind, sondern auch solche, die die Grenzen des Unternehmens überschreiten. Um diese Vision Realität werden zu lassen, setzt Henkel unter anderem auf Geschäftspartnerportale. Parallel zur Anbindung der Logistikketten vor- und nachgelagerter Geschäftspartner treibt das Unternehmen die Konsolidierung seiner weltweiten ERP-Systeme voran.

»Um alle Informationsströme zusammenführen und ein weltweites Key-Account-Management aufbauen, muss man seine Kunden sehr gut kennen«, erläutert Krautter. »Letztlich ist es unser Ziel, über jeden Kunden umfassende Informationen zur Verfügung zu haben, und zwar unabhängig davon, wo er sich unserem weltweiten Netzwerk anschließt. Das ist ein langwieriges und aufwändiges Unterfangen. Wir sind jedoch fest entschlossen, dieses Ziel zu erreichen. Aus diesem Grund haben wir bereits Mitte der neunziger Jahre ein Projekt zur internationalen Datenharmonisierung gestartet.

Informationstechnik ist dazu da, betriebliche Prozesse zu unterstützen. Treibende Kraft aller IT-Projekte sind daher die Erfordernisse des Geschäfts. Wenn ich weltweite Geschäftsaktivitäten steuern möchte, benötige ich globale und standardisierte Informationen, die ich nur bekomme, wenn die entsprechenden Prozesse synchronisiert sind. Ich muss in der Lage sein, die Geschäftsvorfälle lückenlos und in Echtzeit zu überwachen. Dazu müssen die IT-Systeme in 70 Ländern aufeinander abgestimmt werden. Länderspezifische Vorschriften und Gesetze sind dabei selbstverständlich zu berücksichtigen. Aber insgesamt geht es um die weltweite Standardisierung und Harmonisierung von Informationen und Prozessen.«

Portale und Extranets eröffnen Henkel neue interessante Möglichkeiten für die Kundenbetreuung und den Aufbau von Geschäftsbeziehungen. Sie ermöglichen die gemeinsame Planung in Echtzeit und die kontinuierliche Überwachung der Kundendienstaktivitäten und Produktlieferungen. Mitarbeiter aller Ebenen des Unternehmens können Kunden umfassende Informationen über Termine, Auftragsänderungen und Produktverfügbarkeit zur Verfügung stellen. Ein Beispiel, wie Portal-Technik sowohl Henkel selbst als auch den Kunden Vorteile bieten kann, ist die lieferantengesteuerte Bestandsführung von Henkel, das *Vendor Managed Inventory*, VMI. VMI ermöglicht die Überwachung der Lagerbestände von Geschäftspartnern. Ein integriertes Warnsystem signalisiert, wenn der Bestand einen bestimmten Schwellenwert unterschritten hat. Das Ergebnis ist ein erheblicher Produktivitätsgewinn.

Auch rein interne Finanzprozesse hat Henkel umstrukturiert. Krautter erläutert: »Wir haben im Henkel-Konzern weltweit das Prinzip des internen Cash Pooling eingeführt. Wir erfassen täglich unsere Geldbestände in einem Cashpool-System, an das die Citibank und die Deutsche Bank angeschlossen sind. Wir tauschen mit allen wichtigen Geschäftspartnern Finanzdaten aus.«

Kürzlich eröffnete Henkel ein Portal für Order-to-Cash-Prozesse. Neben der Bereitstellung von Informationen im gesamten Unternehmen dient dieses Portal der Bearbeitung interner und externer Anfragen. Dadurch werden Prozesse beschleunigt und Kosten eingespart. Seine Gesamtperspektive beschreibt Krautter so: »Wir streben die Integration sämtlicher Systeme und Prozesse unter einer einheitlichen

Benutzeroberfläche an, auf die weltweit zugegriffen werden kann. Unser Geschäft ist komplex. aber den einzelnen Benutzern wollen wir die Arbeit so leicht wie möglich machen. Dabei darf es keine Rolle spielen, ob es sich um einen Finanzverantwortlichen unseres Unternehmens, einen Geschäftspartner oder einen Kunden handelt. Kurz gesagt: Wir betrachten unser weltweites, durch Portale und Extranets unterstütztes ERP-Konsolidierungsprogramm als das beste Instrument zur Harmonisierung von Daten und zur Standardisierung von Prozessen. Dieses Instrument wird die Effizienz unseres Unternehmens und unserer Geschäftspartner maximieren.«

In unserer komplexen Welt kann es sich niemand leisten, ein Inselleben zu führen. Jeder Mitarbeiter, jede Abteilung, jeder Geschäftspartner ist Teil einer größeren Wertschöpfungskette[1]. Wissen ist Macht – heute mehr als je zuvor. Zum richtigen Zeitpunkt über die richtigen Informationen zu verfügen ist von entscheidender Bedeutung. Alle Mitarbeiter, vom CEO bis zum Kundenbetreuer, benötigen Informationen, um effizient arbeiten zu können. Was die Tiefe und Breite der verfügbaren Informationen angeht, hat das Internet ohne Zweifel elementare Fortschritte gebracht. Doch diese Stärke des Internet ist gleichzeitig auch seine Schwäche. Nahezu unbegrenzter Zugang zu Information ist ein Segen – die gemeinsame Nutzung und Integration der Informationen, um Entscheidungsprozesse schneller und erfolgreicher zu machen, hingegen eine Herausforderung.

Um erfolgreich und wettbewerbsfähig zu bleiben, müssen Unternehmen die Unterstützung ihrer Prozesse durch IT-Anwendungen optimieren, unterschiedliche Informationsquellen integrieren und den Benutzern überall und jederzeit Zugriff auf die benötigten Daten geben. Darüber hinaus benötigen sie Datensysteme, die die Benutzer zu den gewünschten Informationen führen, anstatt sie zu umständlichen und Zeit raubenden Suchaktionen oder Datenmanipulationen zu zwingen. Sie sollten daher nur diejenigen Informationen bereitstellen, die für die Rolle des jeweiligen Benutzers im Unternehmen relevant sind.

Erstmals in der Geschichte der Informationstechnologie gibt es jetzt ein Instrument, das dem Benutzer selbst die Kontrolle ermöglicht: das Portal. Portale bieten dem Benutzer einheitlichen Zugriff auf alle benötigten Systeme und Daten. Das Rollenkonzept – die Zusammenstellung von Informationen anhand der »Rolle« des Mitarbeiters im Unternehmen – schützt den Benutzer vor unnötiger Komplexität – ein Vorteil, den Intranets nicht bieten können. Nicht Systemgrenzen, sondern Aufgabe und Zuständigkeit bestimmen die Strukturierung der Informationen.

---

1 PricewaterhouseCoopers Financial and Cost Management Team: eCFO: *Sustaining Value in the New Corporation.* Wiley 2001.

Das Portal bietet damit umfassende Möglichkeiten zur geschäftsbereichs- und aufgabenübergreifenden Datenverwaltung und Transaktionsabwicklung und zur gemeinsamen Nutzung des verfügbaren Wissens. Ein weiterer Vorteil: Externe Organisationen können genauso leicht in ein Unternehmensportal eingegliedert werden wie interne Geschäftsbereiche.

7.1 Die Verdoppelung der Produktivität

Wer treibt die Einführung von Unternehmensportalen voran? Einige sagen, es sei der CFO. Aber ist das nicht Aufgabe der IT-Abteilung? Wie können Portale die Finanzabteilung und den CFO unterstützen? Welche Portalstrategie bringt die besten Ergebnisse? Wie lässt sich Portal-Technik bei der Umgestaltung der Geschäftsaktivitäten optimal nutzen?

Solche Fragen hören wir immer wieder. Sie zeigen, dass großer Bedarf an Richtlinien zur Gestaltung und Nutzung von Portalen besteht. Genau diese Thematik wird in diesem Kapitel behandelt. Doch zunächst wollen wir eine gründliche Analyse des betrieblichen Nutzens von Portalen entwickeln. Die Frage ist nämlich nicht, ob Portale notwendig sind und ob sie überhaupt einen Return on Investment erwirtschaften, sondern wie schnell sie implementiert werden können und wie hoch der erzielbare Nutzen sein kann. Werfen wir also zunächst einen Blick auf die wichtigsten strategischen Vorteile von Portalen:

- ▶ engere Zusammenarbeit von Mitarbeitern, Geschäftspartnern und Kunden
- ▶ effizientere Beschaffung und Weitergabe von Informationen
- ▶ schnelle Integration der Daten, die dadurch besser verwertbar und stets aktuell sind
- ▶ geringere Kosten und höhere Effizienz
- ▶ bessere und schnellere Entscheidungen
- ▶ verbesserte Beziehungen zu Aktionären und Finanzmärkten

Portale sind genau das, was ihr Name andeutet: Tore, hinter denen sich unermessliche Schätze verbergen und die Ihnen bei der Informationsverarbeitung, beim Sammeln von Kundendaten, beim Aufbau von Kundenbeziehungen und bei der Steigerung der Effizienz und der Produktivität Ihres Unternehmens wertvolle Dienste leisten. Wenn Sie mit Portalen arbeiten, haben Sie beispielsweise folgende Möglichkeiten:

- ▶ **Sie können die Effizienz Ihres Unternehmens erhöhen.**
  Über Portale können Sie Informationen aus verschiedenen Quellen sammeln und konsolidieren und im Webbrowser oder auf mobilen Endgeräten Benutzern verfügbar machen. Die Benutzer können Updates herunterladen, nach Lösun-

gen suchen, Projekte überwachen und direkt auf geschäftlich relevante Ereignisse reagieren.

▶ **Sie können die Qualität Ihrer Geschäftsbeziehungen verbessern.**

Portale stärken Ihre Geschäftsbeziehungen, denn sie erleichtern die Überwindung von Unternehmensgrenzen. Über Portale können Ihre Mitarbeiter in Echtzeit mit Geschäftspartnern entlang der gesamten Wertschöpfungskette zusammenarbeiten.

▶ **Sie können den Wert Ihres Unternehmens steigern.**

Durch den Einsatz von Portalen können Sie Ihre materiellen und immateriellen Vermögenswerte optimal nutzen und dadurch sowohl die kurzfristigen Ergebnisse als auch die langfristige Investitionsrendite verbessern. Portale erlauben Anwendern, Daten in Wissen und Wissen in Entscheidungen und schließlich in Handlungen umzusetzen.

Wissenschaftler der Universität Mannheim haben nachgewiesen, dass sich bestimmte Geschäftsprozesse über Portale doppelt so effizient abwickeln lassen als ohne.[2] In einer Studie wurden traditionelle ERP-Systeme mit rollenorientierten Portalen für drei Anwendungen verglichen, die von Angestellten, Vertriebsbeauftragten und Mitgliedern der Geschäftsführung genutzt werden. Abbildung 7.1 zeigt, dass erfahrene Benutzer im Portal rund 40 bis 60 Prozent an Arbeitszeit einsparen konnten. Bei unerfahrenen Benutzern war die Zeitersparnis sogar noch größer. Das Portal sorgte jedoch nicht nur für doppelte Produktivität, es half den Benutzern auch, ihre Aufgaben im Unternehmen besser zu verstehen.

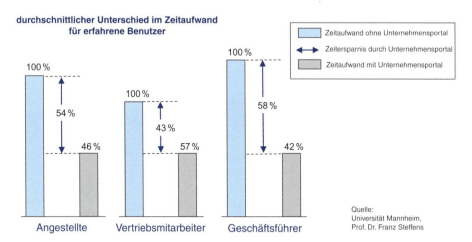

Abbildung 7.1 Doppelte Produktivität mit einem Unternehmensportal

---

2 Steffens, Dorrhauer, Zlender: *Portals: Usability Test of Selected Business Processes.* Universität Mannheim 2000.

Die erzielte Produktivitätssteigerung wird durch folgende Eigenschaften von Portalen ermöglicht:

▶ **Zentraler Zugang**
Per Webbrowser kann auf sämtliche Anwendungen, Inhalte und Dienste zugegriffen werden.

▶ **Single Sign-On**
Die Nutzer müssen sich nur einmal am Portal anmelden, um Zugriff auf alle Systeme zu erhalten.

▶ **Personalisierte rollenspezifische Benutzeroberfläche**
Die Endanwender müssen nicht im gesamten System navigieren, um ihre Aufgaben ausführen zu können. Alle für ihre spezifische Tätigkeit benötigten Funktionen sind über eine rollen- und benutzerspezifische Menüstruktur verfügbar.

▶ **Integration**
Das Portal kombiniert interne und externe Datenquellen, Suchergebnisse und Anwendungen und bietet Zugriff auf die zugrunde liegenden Systeme.

▶ **Drag & Relate**
Betriebswirtschaftliche Anwendungen lassen sich per »Drag & Relate« mit Internetressourcen verknüpfen. Aufgaben können während der Bearbeitung problemlos von einer Anwendung auf eine andere übertragen werden.

▶ **iViews**
Über iViews – intuitive Webapplikationen oder Webdokumente – können sich die Benutzer einen schnellen Überblick und direkten Zugang zu wichtigen Informationen verschaffen.

Obwohl Intranetfunktionen und Informationsverdichtung beim Erfassen und Strukturieren von Daten noch immer relevant sind, haben erst Portale die Interaktion zwischen Kollegen, Kunden und Partnern merklich verbessert. Ein Unternehmen könnte sich beispielsweise entscheiden, auf seiner Website Funktionen für den Abruf von Rechnungen, die Bezahlung und die Klärung strittiger Geschäftsvorfälle anzubieten. Dies hätte nicht nur für den Rechnungssteller, sondern auch für den Rechnungsempfänger Vorteile:

▶ **Vorteile für den Rechnungssteller**
Einsparungen bis zu 70 Prozent durch die Rechnungsstellung über Internet statt per Briefpost; verbesserter Cashflow infolge kürzerer Zahlungsfristen; beträchtliche Kosteneinsparungen, da alle Informationen zu Streitfällen über einen einzigen Kanal eingehen und verfolgt werden können.

▶ **Vorteile für den Rechnungsempfänger**
Wenn der Kunde seine Rechnungen online abruft, prüft und begleicht, kann er den Zeitpunkt des Geldausgangs besser kontrollieren.

7.2　Die Auswahl des richtigen Portals

Heute ist jeder Mitarbeiter ein »Knowledge Worker« in dem Sinn, dass er bei seiner Arbeit auf Wissen angewiesen ist, das sich aus dem kollektiven Informationsschatz des Unternehmens speist. Portale sind der Schlüssel zu diesen Informationen. Wenn wir die heute typischen Arbeitsmuster verschiedener Benutzer analysieren, können wir die Informationsquellen in vier Kategorien unterteilen: Transaktionssysteme und herkömmliche Datenbanken, Data Warehouses sowie unstrukturierte Informationen aus dem Unternehmen und dem Internet. Diese *vier Säulen*[3] eines Unternehmensportals sind in Abbildung 7.2 dargestellt.

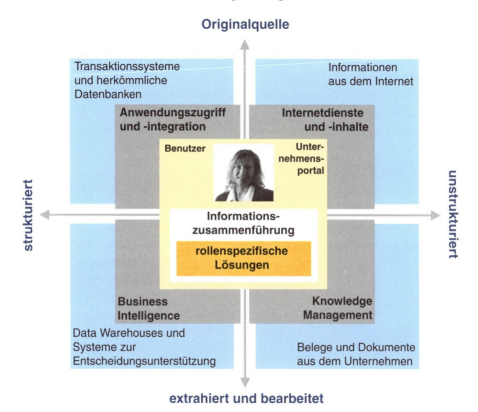

Abbildung 7.2　Querschnitt durch die vier Säulen eines Unternehmensportals

1. Anwendungszugriff und -integration

Betriebswirtschaftliche Softwareanwendungen und herkömmliche Datenbanken zeichnen sich durch komplexe und verborgene Strukturen aus, die die Informationsarbeit erschweren. Dennoch sind diese Systeme die Informationsbasis

---

3　SAP: *Portal Infrastructure: People-centric Collaboration.* Whitepaper 2001.

jedes Unternehmens, enthalten sie doch die für das Tagesgeschäft benötigten Daten. Durch organisches Wachstum oder Übernahmen wächst die Zahl der Datenquellen in die Hunderte oder gar Tausende. In der überwiegenden Zahl der Fälle sind deren Daten nicht konsistent und die Systeme so unterschiedlich, dass der durchschnittliche Benutzer mit maximal zwei oder drei der vorhandenen Anwendungen umgehen kann.

2. **Business Intelligence**

Die meisten Geschäftsvorfälle erfordern eine wesentlich umfassendere Sichtweise als die, die ein einziger Transaktionsdatensatz zur Verfügung stellen kann. Eine solche Perspektive sollte die Möglichkeit bieten, interne Muster oder Branchentrends zu erkennen, lange bevor sie sich als kritisch oder gar schädlich erweisen können. Zur Messung der Performance und zur Beurteilung der Folgen von Veränderungen verwenden die Unternehmen viele verschiedene Kennzahlen. Wichtiger ist jedoch, dass sich historische Daten mit aktuellen Daten verknüpfen lassen, um das Unternehmen sicher und zielgerichtet in die Zukunft zu führen. Hierzu werden Business-Intelligence-Anwendungen benötigt, die in der Lage sind, Informationen zu sammeln und die Auswirkungen aktueller Ereignisse und Daten auf die Zukunft zu simulieren.

3. **Knowledge Management**

In jedem Unternehmen existieren in einer Vielzahl von Belegen und Dokumenten ungeheure Mengen unstrukturierter Informationen. Solche Informationen werden von Mitarbeitern, Partnern und externen Anbietern kontinuierlich erzeugt. Ein Teil dieser Daten muss verdichtet, klassifiziert und an die relevanten Adressaten verteilt werden. Über die Suchfunktionen von Knowledge-Management-Systemen erhalten die Benutzer bei Bedarf direkten Zugriff auf diese Informationen. Durch das Unternehmensportal erfolgt der Zugriff auf alle Daten über eine einzige Schnittstelle, so dass sich die gemeinsame Nutzung von Wissen und die aktive Zusammenarbeit in die Praxis umsetzen lassen.

4. **Internetdienste**

Ein Großteil der in einem Unternehmen benötigten Informationen stammt aus externen Quellen. Die Mitarbeiter haben sich daran gewöhnt, die erforderlichen Informationen von vielen verschiedenen Internetseiten zusammenzutragen. Sie kennen ihre eigenen bewährten Seiten wie *my.yahoo.com*, über die Sie Zugang zu Daten und Diensten haben. Dieselben Merkmale, die sich über die Jahre im Webdesign als Standards herausgebildet haben, um Leser und Kunden zu werben und anschließend zu halten, werden nun in den Portalen verwendet, um ihre Benutzerfreundlichkeit bei der Informationssuche und der Entscheidungsfindung zu verbessern. Und wie Knowledge-Management-Systeme eine Hierarchie für unstrukturierte Dokumente bieten, liefert zum Beispiel der Internetkatalog Yahoo eine ähnliche Hierarchie für Internetinhalte. Das Unternehmensportal stellt die direkte Verbindung zum gesamten Angebot der Internetdienste her. Das bedeutet, dass sich die über das Unternehmensportal angebotenen Informationen ändern, wenn sich der Inhalt und die Struktur von Yahoo ändern.

Die problemlose Navigation quer durch mehrere Anwendungen ist nur möglich, wenn man eine einheitliche Sicht auf diese Daten aufbaut. Um die hier erläuterten vier Informationsquellen zu integrieren und um Schlüsseldaten und Fachwissen besser zu lokalisieren, wird eine Abstraktionsebene verwendet. Diese Ebene analysiert die aus diesen Quellen stammenden Daten und setzt sie miteinander in Beziehung. Sie »kennt« die Benutzer, ihre Profile, ihre Berechtigungen und die Anforderungen, die sie an die Ausführung von Funktionen oder Anfragen stellen. Sie kann Daten effektiv präsentieren, wann immer ein Benutzer Informationen anfordert oder ein Unternehmen Daten zu aktuellen Geschäftsvorfällen für Benutzer bereitstellen muss.

Achten Sie besonders auf die Gesamtbetriebskosten einer Portal-Lösung, die Total Cost of Ownership (TCO). Bei der Beurteilung unterschiedlicher Portal-Anbieter sollte die TCO eines der Hauptentscheidungskriterien sein. Die nachfolgende Fallstudie liefert hierfür den Beleg.

Fallstudie
Gesamtbetriebskosten (TCO): Geschäftsmodell für Portale

Bei Portal-Lösungen geht es um mehr als nur um Technologie: Es geht in erster Linie um Inhalte. Das Unternehmen dieser Fallstudie hatte mehrere Portal-Anbieter miteinander verglichen. Einige boten umfangreiche Funktionen zur Bearbeitung, Bereitstellung und visuellen Aufbereitung von Informationen. Andere überzeugten durch eine starke Anbindung an eine Vielzahl von Informationsquellen im Internet. Wieder andere versprachen ein hohes Maß an Integration in ERP-Anwendungen. Für unser Beispielunternehmen war der Inhalt das ausschlaggebende Kriterium. CFO und CIO wählten gemeinsam ein Portal aus, das einen einsatzbereiten und vorkonfigurierten Standard-Premium-Content lieferte. Da man bei dieser Lösung nicht bei Null beginnen musste, blieben die Gesamtkosten für Anschaffung und Installation in einem vernünftigen Rahmen.

Im Mittelpunkt des Szenarios, anhand dessen die Anbieter verglichen wurden, standen zwei Arbeitsumgebungen: der Arbeitsplatz eines Managers in der Verwaltung und der Arbeitsplatz eines Werksleiters. Es wurden bewusst leitende Angestellte in unterschiedlichen Unternehmensbereichen ausgewählt. Vom Portal versprach man sich Kostensenkungen durch die Abschaffung von Berichten in Papierform und den Zugriff des Managements auf Realtime-Daten und somit Entscheidungen auf der Grundlage qualitativ hochwertiger, detaillierter und aktueller Informationen. Außerdem wollte man sicherstellen, dass alle Manager permanent über die Unternehmenskennzahlen, die Situation ihrer Kosten, die Budgets und den Stand der Projekte in ihren Verantwortungsbereichen informiert werden. Schließlich waren Werkzeuge zur Überwachung und Einführung neuer Verwaltungsprozesse vorgesehen. Der Datenzugriff sollte über eine leicht und intuitiv zu bedienende Benutzeroberfläche erfolgen, um die Trainingszeiten auf maximal einen Tag zu beschränken.

Die Berechnung des Return on Investment ergab im ersten Jahr – selbst unter Berücksichtigung der Kosten für die Prototyping- und Testphase – einen positiven Netto-Cashflow. Am stärksten profitiert hatten das Finanzwesen und die Kostenrechnung, wobei der Prozessintegration die bedeutendsten Verbesserungen zugeschrieben wurden. Die Entwurfs- und Testphase dauerte drei Monate, danach ging ein komplettes, in ERP- und andere Transaktionssysteme integriertes System produktiv.

Das Portal verband nun die Mitarbeiter über einen einzigen weltweiten Zugangspunkt mit diesen Systemen. Die Mitarbeiter empfanden die heterogene Systemlandschaft nun als homogen und einheitlich. Und nach dem Austausch der traditionellen durch die neuen Systeme gab es noch weniger Störungen und kürzere Einarbeitungszeiten. Einige relevante Altsysteme wurden beibehalten und einer größeren Benutzergruppe als zuvor zugänglich gemacht.

Unternehmen erwarten von Portalen mehr als nur den internetgestützten Zugriff auf Applikationen. Die nächste Generation von Unternehmensportalen bietet erheblich mehr. Diese neuen Portale können Informationen, Anwendungen und Dienste heterogener Systeme miteinander verbinden und ermöglichen dadurch eine effiziente Zusammenarbeit, eine optimierte Entscheidungsfindung und schnellere Reaktion auf wichtige Geschäftsereignisse.

Aufgaben, für die man früher in vielen verschiedenen Systemen navigieren musste, werden jetzt mit wenigen Mausklicks erledigt. Man erhält schneller exaktere Ergebnisse, der gesamte Prozess ist merklich effizienter geworden. Wenn man leistungsfähige Unternehmenslösungen mit Data Warehousing, Reporting, Analyse und vorkonfiguriertem Business Content kombiniert, stellen Portale schon kurz nach ihrer Installation einen erheblichen Wert dar. Darüber hinaus geben Portale die Möglichkeit, Investitionen in Data-Warehouse-Systeme und betriebswirtschaftliche Softwareanwendungen noch besser zu nutzen.

Die Bedeutung eines vorkonfigurierten Business Content und dessen Verfügbarkeit über Portale ist in Abbildung 7.3 dargestellt. Die Abbildung zeigt die Beziehung zwischen Technologieplattform und Business Content (hier als *iViews* bezeichnet) und den rollenorientierten Ansatz des Portal-Designs.

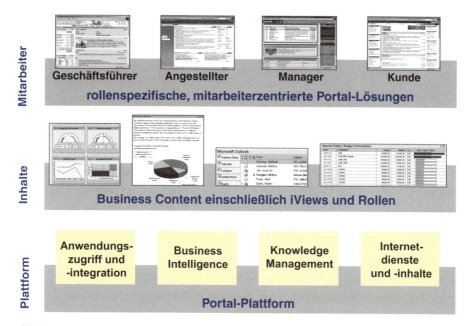

Abbildung 7.3 Bereitstellung von Business Content für die Portal-Plattform

7.3 Integration statt Best-of-Breed

Der Portal-Inhalt (Anwendungstransaktionen, Informationen, Daten etc.) muss den Zugriff auf die von den Benutzern innerhalb und außerhalb des Unternehmens am häufigsten benötigten Geschäftsprozesse optimieren, und zwar unabhängig davon, ob es sich um Anwendungen, Daten, Dokumente oder Internetinhalte handelt. Die Verfügbarkeit dieses Inhalts, der den speziellen Funktionen und Verantwortlichkeiten der Benutzer angepasst ist, führt zu mehr Effizienz, besseren Entscheidungen und einem besseren Kundendienst.

Im Zeitalter des E-Business werden Unternehmensportale verwendet, um Ordnung in das Chaos der Informationsflut zu bringen. Ziel ist es, den Benutzern entlang der gesamten Wertschöpfungskette einen einheitlichen Zugangspunkt zu den für ihre Arbeit relevanten Informationen zu geben. Und auch wenn dieser Zugang an sich sehr einfach wirkt, sind doch die Verantwortlichkeiten der Benutzer sehr unterschiedlich und überaus anspruchsvoll. Was die Benutzer brauchen, sind Werkzeuge, die ihre vielfältigen Aufgaben rationalisieren und beschleunigen, egal, welche Anwendungen, Informationen und Dienste zur Erfüllung dieser Aufgaben benötigt werden.

Außer einer leistungsfähigen Portal-Plattform benötigen die Unternehmen heute hoch entwickelte Portal-Anwendungen und qualitativ hochwertigen Portal-Content. Die Bereitstellung standardisierter Anwendungen spart bei der Entwicklung von Portal-Content Zeit und Geld und gibt den Benutzern die Möglichkeit, mühelos die wertvollen Daten zu nutzen. Die Grundbausteine des Portal-Content bilden Mini-Portal-Anwendungen oder Webservices, die aus allen denk- und verfügbaren Informationsquellen Antworten auf die Fragen der Benutzer zu Tage fördern und an diese weiterleiten.

Einige Portal-Anbieter liefern Tausende von Mini-Portal-Anwendungen als Standard-Content aus. Diese Anwendungen können Aufgaben wie das Erstellen eines Kostenberichts vereinfachen oder die Benutzer auf wichtige Ereignisse wie überfällige Zahlungen hinweisen. Solche Pakete von Mini-Portal-Anwendungen gibt es sowohl für horizontale Funktionen wie Mitarbeiter-Self-Service, Manager-Self-Service und abteilungsübergreifende Zusammenarbeit als auch für vertikale Funktionen wie Finanzwesen, Personalwesen und E-Commerce. Da jedes Unternehmen einzigartig ist, müssen die Standardpakete modifiziert werden, damit sie den unternehmensspezifischen Anforderungen entsprechen.

7.4 Der personalisierte Arbeitsplatz

Da ein Portal die benutzerspezifische Präsentation von Dienstleistungen und Anwendungen auf Basis eines Rollenkonzepts ermöglicht, wird jedem Mitarbeiter eine Umgebung zur Verfügung gestellt, die an seine Funktion im Unternehmen angepasst ist.[4] Doch das Rollenkonzept allein reicht hier nicht aus, denn nicht alle Mitarbeiter, die dieselbe Funktion innehaben, benötigen auch dieselben Informationen. So muss beispielsweise jeder Vertriebsleiter nur den für ihn persönlich relevanten Verantwortungsbereich, etwa eine bestimmte Region oder eine bestimmte Kundengruppe, überwachen. Aus diesem Grund ist es entscheidend, die Informationen so zu filtern, dass die Benutzer nur den jeweils relevanten Bereich sehen. Bei der Verwendung von Portalen geschieht dies durch die so genannte Personalisierung.

Da die Funktionen und Verantwortungsbereiche jedes Benutzers zentral erfasst werden, kann das Unternehmen den Mitarbeitern ein personalisiertes Portal zur Verfügung stellen, das die grundlegenden Anforderungen des einzelnen Benutzers erfüllt. Die Benutzer haben zudem die Möglichkeit, ihre Portale an die eigenen Erfordernisse und Präferenzen anzupassen. Hierdurch entsteht ein maßgeschneiderter personalisierter Arbeitsplatz, an dem auch durchaus komplexe Aufgaben in heterogenen Systemlandschaften bewältigt werden können. Dies wiederum eröffnet neue Möglichkeiten der Dezentralisierung von Prozessen, der Übertragung von Befugnissen an die Mitarbeiter und der Verwendung von Self-Service-Szenarien.

---

4 PricewaterhouseCoopers, SAP: *Der E-Business-Workplace. Das Potenzial von Unternehmensportalen.* Bonn, SAP PRESS 2001.

Durch den Einsatz von Portalen können beispielsweise ganz gewöhnliche administrative Aufgaben in wertsteigernde Prozesse verwandelt werden. Die folgende Fallstudie gibt hierfür ein Beispiel.

⛩ Fallstudie
Ein Technologieanbieter modifiziert seine internen Serviceprozesse

Ein führendes europäisches Unternehmen im Technologiesektor wollte Portale einführen, um die Prozesse zur Anforderung von firmeninternen Dienstleistungen neu zu gestalten. Mitarbeiter und Führungskräfte verbrachten daher viel Zeit damit, Systeme zu aktualisieren, über E-Mail und Telefon zu kommunizieren und Formulare zu bearbeiten. Wurde beispielsweise ein Mitarbeiter intern versetzt, musste sein Vorgesetzter die Verantwortlichen aller beteiligten Abteilungen per E-Mail oder telefonisch informieren. Der jeweils aktuelle Status der Vorgänge, die mit einer solchen Versetzung verbunden sind, ließ sich nur unter erheblichem Zeitaufwand ermitteln. Der Prozess, der vor Einführung des Portals durchlaufen werden musste, ist in Abbildung 7.4 dargestellt.

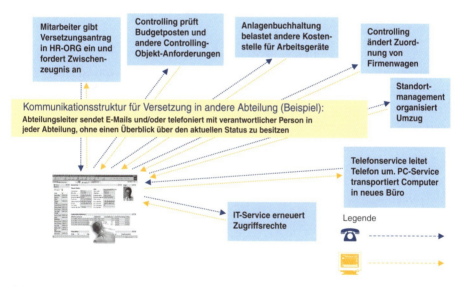

Abbildung 7.4 Interner Arbeitsplatzwechsel vor der Einführung eines Portals

Nach der Portal-Einführung änderte sich das Verfahren drastisch. Der betreffende Vorgesetzte musste nun lediglich ein einziges Formular versenden, das online im Portal ausgefüllt werden konnte. Dieses Formular wurde elektronisch direkt an alle betroffenen Abteilungen versandt, der Status der Anträge konnte jederzeit mühelos über das Portal eingesehen werden. Das System schickte die Versetzungsmitteilung an die Personalabteilung, wo die Personalunterlagen und Stammdaten aktualisiert wurden, an das Finanzwesen, wo die relevanten Budgets aktualisiert wurden, an die zentrale Telefonverwaltung und schließlich an die Gebäudeverwaltung, die den hausinternen Umzug des Mitarbeiters organisierte.

Die Vorteile liegen auf der Hand: mehr Zeit für das Management, geringere Verwaltungs- und Personalkosten und eine geradlinigere und schnellere Abwicklung des Vorgangs. Die Mitarbeiter im Back-Office konnten sich auf wertschöpfende Aufgaben konzentrieren, und die Verknüpfung zwischen dezentral vorhandenem Wissen und zentralem ERP-System wurde erheblich verbessert. Heute ist der Prozess dezentralisiert, und die Mitarbeiter haben die Möglichkeit, ein breites Spektrum interner Serviceanforderungen zu initiieren.

Das Unternehmen genießt jetzt die Vorteile weltweit standardisierter Verfahren und Verwaltungsprozesse. Die Portal-Anwendungen wurden zunächst an einem Standort und mit einer relativ kleinen Anzahl von Benutzern getestet. Nach dem erfolgreichen Abschluss dieser Pilotphase wurde das System weltweit implementiert. Die Kosten für die Bearbeitung einer internen Versetzung betragen jetzt nur noch die Hälfte.

Die Erfahrungen des Unternehmens unserer Fallstudie zeigen, dass Portale Prozesse aufwerten und bereichern können, die eine ganze Reihe von Funktionen betreffen. So können beispielsweise Führungskräfte mithilfe entsprechender Self-Service-Funktionen sehr viel effizienter mit Zentralabteilungen wie dem Finanzwesen und der Personalabteilung kommunizieren. Die zentralen Abteilungen haben eine bessere Kontrolle über die unternehmensinternen Prozesse und erhalten wesentlich weniger Anfragen, die den Status von Serviceanforderungen betreffen. Folglich können Mitarbeiter, die bisher von administrativen Pflichten in Beschlag genommen waren, nun wichtige strategische Aufgaben übernehmen.

Ein anderes Beispiel: Wie können Ihnen Portale helfen, die Einhaltung zentraler Reisekostenrichtlinien im Unternehmen durchzusetzen? Wäre es nicht praktisch, wenn Sie Ihren Geschäftsreisenden zusätzliche Dienstleistungen anbieten könnten? Die Reisenden könnten das Portal zur Online-Reservierung von Hotels, Flügen und Mietwagen nutzen und ganze Geschäftsreisen selbstständig planen (Karten, Reiseführer, Informationen über Flüge, Wetter, Visa- und Impfbestimmungen usw.). Ihre Mitarbeiter wären hoch motiviert, das Portal zu nutzen. Durch die Bereitstellung solcher zentralen Dienstleistungen könnten sie Zeit sparen und hätten außerdem zusätzliche Informationen zur Verfügung. Das Unternehmen würde seinerseits die positiven Auswirkungen bei den Reisekosten spüren, und bei künftigen Reisebuchungen wäre die Einhaltung der zentralen Richtlinien gewährleistet.

7.5 Warum sollte der CFO Portal-Projekte vorantreiben?

Welchen Wert haben Portale für Sie als CFO? Anders gefragt: Was haben Sie bisher unternommen, um den Mitarbeitern Ihrer Abteilung und den Mitarbeitern des gesamten Unternehmens mehr Finanzinformationen zur Verfügung zu stellen? Wahrscheinlich hat Ihre Firma früher mit einem gebundenen Hauptbuch gearbeitet und anschließend ein elektronisches Hauptbuch verwendet. Später haben Sie dann Spreadsheet-Programme zur Kalkulation und Simulation verwendet. Heute sind Ihre Kostenrechnungsanwendungen ins ERP-System integriert. Sie haben zwar eine Menge Fortschritte gemacht, aber immer noch einen weiten Weg vor sich!

Betrachten wir das Ganze einmal aus der Sicht der Benutzer: Wer in Ihrem Unternehmen arbeitet tatsächlich mit diesen Informationen? Insgesamt vielleicht 30 Mitarbeiter – die meisten von ihnen Finanzfachleute wie Controller und Buchhalter. Wie machen Sie diese Informationen einer größeren Zahl von Mitarbeitern zugänglich? In gedruckter Form. Doch indem Sie dies tun, verringern Sie eigentlich die Menge der verfügbaren Informationen. Wieso das? Weil ein Ausdruck auf Papier statisch ist. Sie können keine Daten sortieren oder den Detaillierungsgrad ändern, und Sie können keine Schwellenwerte für automatische Warnungen definieren. Abbildung 7.5 zeigt: Mit der Zahl der Nutzer steigt auch der Wert der Systeme zur Informationsbereitstellung.

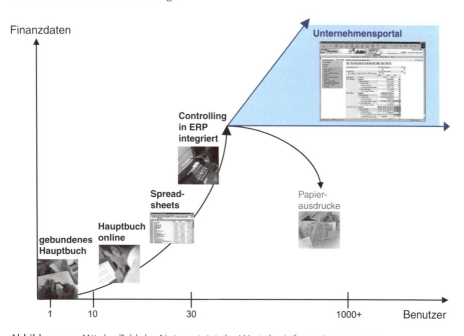

Abbildung 7.5 Mit der Zahl der Nutzer steigt der Wert der Informationssysteme

Über ein Unternehmensportal können Sie nicht nur eine größere Anzahl von Mitarbeitern erreichen, Sie können Ihren Mitarbeitern auch aussagekräftigere Informationen zur Verfügung stellen und diese von den Mitarbeitern für ihre eigenen Belange noch wertvoller machen lassen, beispielsweise, indem sie gemäß ihren Anforderungen eigene Schwellenwerte für automatische Warnungen setzen.

Damit Sie Ihre Finanzdaten optimal nutzen können, müssen Sie einiges an Vorarbeit leisten. Benutzer, die nicht im Finanzwesen arbeiten, benötigen beispielsweise andere Anwendungen und Berichte als Ihre eigenen Mitarbeiter. Werkzeuge für Nicht-Finanzfachleute sind vielleicht weniger leistungsfähig, dafür aber einfacher zu benutzen als Werkzeuge, die beispielsweise für Controller entwickelt wurden. Nur wenige Portal-Hersteller bieten vorkonfigurierte Lösungen für Gelegenheitsnutzer. Solche Lösungen würden aber signifikant zum Return on Investment eines Portals beitragen.

Das folgende Beispiel zeigt die Maßnahmen, die der CFO eines weltweit führenden Getränkeherstellers ergriffen hat, um Daten zur Unternehmensleistung automatisch an die Mitglieder seines globalen Finanzteams zu verteilen. Nach der erfolgreichen Implementierung eines Portals für das Finanzwesen wurde das Konzept auf das gesamte Unternehmen angewandt, um die Entscheidungsträger des Konzerns weltweit bei ihrer Arbeit zu unterstützen.

 Fallstudie
Finanzportal bietet weltweit Entscheidungsunterstützung

Ein weltweit tätiger Getränkehersteller sah sich nach einer Fusion mit der Frage konfrontiert, wie die Finanzgeschäfte in 15 Ländern ohne standardisierte Prozesse und Systeme bewältigt werden sollten. Für die Mitarbeiter des Finanzwesens war es schwierig bis unmöglich, auf die Informationen zuzugreifen, die sie benötigten, um effizient arbeiten und zur Wertschöpfung beitragen zu können. Darüber hinaus gab es kaum Kooperation im Finanzwesen und nur wenige Möglichkeiten zur gemeinsamen Nutzung von Wissen und fachlicher Erfahrung.

Der CFO des Unternehmens, der zugleich Leiter der IT-Abteilung war und bei der Planung einer E-Business-Strategie eine zentrale Rolle spielte, führte ein Unternehmensportal ein, über das er und sein Team Zugriff auf die benötigten Informationen und Werkzeugen erhielten. Folgende Merkmale zeichnen das Portal heute aus:

1. **Optimierung der Entscheidungsunterstützung**
   Die Benutzer können Geschäftsentscheidungen auf laufend aktualisierte Leistungsdaten stützen, die ihnen das Portal in Form von Schlüsselkennzahlen (*Key Performance Indicators, KPIs*) liefert.

2. **Informationen aus externen Quellen**

   Das Portal vereint aktuelle Unternehmensdaten mit Branchennachrichten, Konjunkturindikatoren, Medienkommentaren und Informationen für Investoren. Es liefert außerdem externe Benchmarks zu Best Practices im Finanzmanagement.

3. **Bessere Zusammenarbeit der Mitarbeiter im Finanzwesen**

   Diskussionsforen, Videokonferenzen und virtuelle Besprechungszimmer geben den Mitarbeitern die Möglichkeit, die eingehenden Ergebnisse und Nachrichten gemeinsam auszuwerten. Der CFO nutzt das Portal, um regelmäßig über die Situation des Unternehmens zu informieren und Frage-und-Antwort-Runden zu veranstalten.

4. **Personalisierte Daten und Kommunikationsfunktionen**

   Die Mitarbeiter können eigene Inhalte anlegen. Neben E-Mail haben sie Zugriff auf Werkzeuge für informelle Aufgaben wie die Überwachung von Aktien-Portfolios.

Wie ist es dem CFO gelungen, dies alles rasch und effizient in die Praxis umzusetzen? Der Schlüssel zum Erfolg war, dass er sich auf die wichtigsten Anforderungen der Benutzer konzentrierte und nicht versuchte, alle Informationen sofort zu integrieren. Auf diese Weise konnte das Unternehmen schnell von den Neuerungen profitieren, und es wurde eine langwierige Einführungsphase vermieden. In der ersten Projektphase ging es hauptsächlich darum, das Verständnis für die nach der Fusion neu formulierten KPIs zu verbessern, um bessere Berichte, bessere Budgets und bessere Prognosen erstellen zu können.

Das Projektteam kam schnell voran: Nach nur fünf Wochen war das Finanzportal einsatzbereit. Es stieß auf breite Akzeptanz. Was machte diese Strategie erfolgreich? Ein praktischer Ansatz, der zwar zu Beginn eingeschränkte Funktionen bot, aber den Stil und Charakter des Unternehmens bewahrte. Die Lösung und ihre Navigationsfähigkeit wurden mithilfe einer KPI-Momentaufnahme getestet. Das Portal war von Anfang an internetfähig und bot hochwertige Präsentationsmöglichkeiten und eine intuitive Struktur, die die Bereitschaft der Benutzer, mit dem Portal zu arbeiten, zusätzlich steigerte.

Das Team aus erfahrenen Mitarbeitern des Finanzwesens, das die Portal-Anforderungen der ersten Phase definiert hatte, war auch für die zweite Phase des Projekts verantwortlich. In dieser Phase wurde eine detaillierte technische Architektur entwickelt. An diesem Punkt traf das Team eine wichtige Entscheidung: Das Portal wurde mit einer Datenbank für das operative Geschäft verbunden, was die Verarbeitung von KPIs und Informationen aus Finanzdatenbanken in Echtzeit ermöglichte.

Von diesem Moment an war es für die Mitarbeiter der Finanzabteilungen in den Konzerngesellschaften leichter, über Landesgrenzen hinweg zusammenzuarbeiten. Darüber hinaus genossen sie nun bei der Geschäftsleitung ein höheres Ansehen, da sie in der Lage waren, die Faktoren, die dem Finanzergebnis zugrunde liegen und Voraussetzung für das Erreichen der Unternehmensziele sind, besser zu erläutern. Der CFO erhielt problemlos die Genehmigung des Vorstands für die dritte Phase des Projekts, die circa ein Jahr dauern soll. In dieser Phase wird das Portal über das Finanzwesen hinaus in die unternehmensweiten Systeme integriert, damit auch Abteilungen wie Marketing und Personalwesen auf das Portal zugreifen können.

Aus dieser Erfolgsstory können wir einiges lernen. Erstens: »Verkaufen« Sie die Vorteile der Portal-Lösung, indem Sie ein Pilotprojekt entwickeln und dieses im Unternehmen bekannt machen. Zweitens: Beteiligen Sie die Anwender an der Planung und Gestaltung des Portals. Und drittens: Investieren Sie strategisch, indem Sie den Benutzern Zugang zu Funktionen gewähren, die in erster Linie ihre Arbeit erleichtern und die Zusammenarbeit fördern.

Im Fall des beschriebenen Unternehmens haben sich die Zeit und das Geld, die investiert wurden, um einer größeren Zahl von Mitarbeitern wertvolle Informationen direkt zur Verfügung zu stellen, reichlich ausgezahlt.

Der CFO fasst es treffend zusammen:

> *»Das Informationsportal eines Unternehmens ist heute eines der leistungsfähigsten Werkzeuge zur Förderung einer auf Wissen und Information basierenden Zusammenarbeit und somit eine wichtige Grundlage des E-Business.«*

Die kooperativen Prozesse des Finanzwesens, die sinnvoll in ein Portal integriert werden können, reichen vom Investitionsmanagement bis zum Abschluss und der Konsolidierung. In der folgenden Fallstudie wird ein Modell vorgestellt, das auf einer Kooperationsplattform basiert. Wie kann ein solches Portal Probleme lösen, die zwischen dem Konzern und den Tochtergesellschaften bestehen? Solche Probleme können in den Prozessen des internen Rechnungswesens entstehen, etwa bei folgenden Aktivitäten:

1. Jahresplanung
2. rollierende Prognose
3. Cashflow-Analyse
4. Managementreporting

Sie können aber auch das externe Rechnungswesen betreffen, zum Beispiel bei diesen Aufgaben:

1. Konsolidierung
2. Abschlussarbeiten
3. Rechnungsbearbeitung
4. externes Reporting

Das Portal löst Probleme, die sonst die tägliche Arbeit erschweren und komplizieren. Es ist allgemein bekannt, dass Prognose und Budgetierung umfangreiche Ressourcen in Anspruch nehmen und dass die Mitarbeiter der Finanzabteilung einen Großteil des Jahres für diese Aufgaben aufwenden. Vor der Einführung von Portalen war es im Finanzwesen nicht unproblematisch, auf historische Daten zuzugreifen und diese zu Vergleichen heranzuziehen. Simulationswerkzeuge und andere Hilfsmittel zur Unterstützung der Spezialisten vor Ort gab es nicht. Außerdem gab es immer mehr heterogene Systemlandschaften, die eine effiziente Datenerfassung und Datenverteilung erschwerten. Hinzu kam die Tatsache, dass die mehrfache Eingabe von Daten oft zu einer Vergeudung von Ressourcen und zu Fehlern führte. Der zeitgleiche Zugriff mehrerer Benutzer auf Formulare, die im Spreadsheet-Format erstellt wurden, verursachte Probleme hinsichtlich der Datenkonsistenz. Entweder war das Formular schreibgeschützt und somit für andere Benutzer nicht zugänglich, oder der letzte Benutzer überschrieb beim Speichern der Tabelle die zuvor eingearbeiteten Änderungen.

Die Konsolidierung beansprucht einen großen Teil der Arbeitszeit eines Jahres und wird dennoch nicht allen Anforderungen gerecht. Das größte Problem für alle Beteiligten stellen inkonsistente Datenbestände dar. Unstimmigkeiten bei der Währungsumrechnung, Abweichungen zwischen internem und externem Reporting und andere Probleme können die Bereitstellung von Daten erheblich verlangsamen. Die Konzernzentrale fordert von den Tochtergesellschaften die pünktliche Durchführung der Abschlussarbeiten, jedoch ohne präzise Zeitpläne vorzugeben. Wichtige Dokumente sind oftmals nicht systematisch chronologisch geordnet. In den meisten Fällen kann auf diese Informationen nicht über das Intranet des Unternehmens zugegriffen werden. Bei der Cashflow-Analyse werden oft Arbeiten doppelt ausgeführt. Verärgerung und Verwirrung sind die Folge. Uneinheitliche Bewertungsstandards und Abschreibungsmethoden sowie regional unterschiedliche gesetzliche Bestimmungen für Abgrenzung und Rückstellung sind Faktoren, die die tägliche Arbeit erheblich beeinträchtigen.

Auch die Rechnungsbearbeitung bereitet oft Probleme, weil die dringend benötigten standardisierten Prozesse für Mahnung und Forderung nicht existieren. Die Tochtergesellschaften können oft nicht wählen, ob sie benötigte Dienstleistungen von der Konzerngesellschaft oder von einem externen Anbieter beziehen wollen. Nach der Konsolidierung kann es durchaus sein, dass die Mitarbeiter der Finanzabteilung einer Tochtergesellschaft abweichende Berichtsperioden und Definitionen von Kennzahlen der eigenen Gesellschaft mit der Konzernmutter abstimmen müssen. In vielen Fällen fordern die Spezialisten der Konzernzentrale Berichte an, die stark von denen abweichen, die das Management der Tochtergesellschaft benötigt.

Verbesserungen in diesen Bereichen beseitigen oft nur die allergrößten und sichtbarsten Hindernisse, die die Zusammenarbeit zwischen der Konzernzentrale und ihren Tochtergesellschaften im Finanzbereich beeinträchtigen. Die folgende Fallstudie zeigt einige der direkten Vorteile, die die Bereitstellung einer Plattform zur weltweiten Zusammenarbeit der Finanzabteilungen eines Konzerns bietet.

 Fallstudie
Global tätiges Fertigungsunternehmen entwickelt ein Unternehmensportal für das Finanzwesen

Das multinationale Unternehmen dieser Fallstudie wollte die Prozesse seines Finanzwesens beschleunigen. Die Gesellschaft mit Sitz in Deutschland hatte weltweit über 1 000 Tochtergesellschaften. Deren Koordination stellte naturgemäß eine große Herausforderung dar. Um diese Aufgabe besser bewältigen zu können, sollte ein Portal zum globalen Informationsaustausch implementiert werden. Ziel war es, Anwendungen und Informationen in einem einzigen einfachen »Cockpit« zusammenzuführen, über das die Konsolidierungsprozesse gesteuert werden sollten.

Der Controller des Konzerns fasst es so zusammen:

»Wir wollten ein modernes Kommunikationsforum für das Finanz- und Rechnungswesen einrichten, um die Performance und Qualität unserer Finanzprozesse zu verbessern, die gemeinsame Nutzung von Wissen im Finanzbereich zu optimieren und die Finanzabteilungen des Konzerns weltweit zu stärken.«

Vor der Portal-Einführung stellte sich die Situation folgendermaßen dar: Der Internetzugriff auf bestimmte Informationen, die viele Benutzer für die Abschlussarbeiten benötigten, war kompliziert. Ein großer Teil war schwer zu finden, andere Informationen wurden gar nicht berücksichtigt oder konnten nur unter großem Aufwand abgerufen werden. Die Kommunikation zwischen den an der Konsolidierung beteiligten Mitarbeitern war oft langsam und unsystematisch. Nach der Einführung des Unternehmensportals waren die dezentralisierten Tochtergesellschaften in der Lage, wesentlich schneller und effizienter zu den unternehmensweiten Prozessen beizutragen.

Die Portal-Strategie des Unternehmens hatte zwei Schwerpunkte: Zum einen wurde ein elektronischer Marktplatz für den direkten Austausch unstrukturierten Wissens eingerichtet. Hierzu wurden alle Content-Management-Lösungen des Konzerns, die unter anderem Definitionen von Buchhaltungsprozessen, Zeitplänen und Kontenplänen enthielten, in einem Portal zusammengeführt. Dies führte zu einer erheblichen Verbesserung der globalen Zusammenarbeit in den Bereichen Planung, Abschluss und Konsolidierung. Darüber hinaus wurde das Volumen der gespeicherten Informationen von 14 Gigabyte auf 0,5 Gigabyte reduziert, indem man Mehrfachkopien eliminierte und ein Verfahren einführte, mit dem veraltete Informationen kontrolliert gelöscht werden konnten. Der zweite Schwerpunkt des Portal-Projekts bestand in der strukturierten Integration des Berichtswesens und der Standardisierung gemeinschaftlich bearbeiteter Prozesse. Durch diese Maßnahmen wurde die weltweite Zusammenarbeit aller Finanzabteilungen über das Unternehmensportal für das Finanzwesen sichergestellt.

Durch die Einführung des Portals konnte die Qualität der Finanzprozesse erheblich verbessert werden. Termine können problemlos eingehalten werden. Die Beziehungen zwischen der Zentrale und den Tochterfirmen verbesserten sich merklich. Heute besteht im Unternehmen ein gesundes Gleichgewicht zwischen Informationsabruf durch die Tochtergesellschaften (»Pulled Information«) und Informationsverteilung durch die Konzernzentrale (»Pushed Information«).

Abbildung 7.6 zeigt das Unternehmensportal für das Finanzwesen als Forum der Zusammenarbeit, das der Optimierung von Prozessen und Informationsströmen dient.

Um zu gewährleisten, dass das Unternehmensportal von den Tochtergesellschaften im geplanten Umfang genutzt wird, sollte die Konzernzentrale den Spezialisten an den einzelnen Standorten unbedingt zusätzliche Dienste über das Portal anbieten. Beispiele hierfür sind dezentrale Verteilerlisten, Abonnements, Werkzeuge zur Währungssimulation oder Onlinerechner zur Erleichterung von Miet- oder Kaufentscheidungen. Funktionen für Wissenstransfer und Weiterbildung können den Wert des Unternehmensportals ebenfalls steigern.

Die Fallstudien dieses Kapitels zeigen eindeutig, dass der CFO nicht nur indirekt durch Kostensenkungen von einem Unternehmensportal profitiert, sondern dass sich auch viele direkte Vorteile für ihn selbst ergeben:[5] in Form von Anwendungen zur Leistungsüberwachung in heterogenen Systemlandschaften, in Form einer Plattform für die weltweite Zusammenarbeit – beispielsweise bei der Konzernkon-

---

5 Meta Group: *Generating Value from Enterprise Financial Applications.* 2002.

solidierung – und für die Entlastung der Finanzexperten durch Anwendungen zur Entscheidungsunterstützung sowie in Form von Service-Anwendungen, die über das Portal bereitgestellt werden (siehe auch die Fallstudie zu TransAlta am Ende des Kapitels). Nach unseren Erfahrungen mit Portal-Projekten sollte der CFO unbedingt sicherstellen, dass er an der Einführung des Portals von Anfang an beteiligt ist.

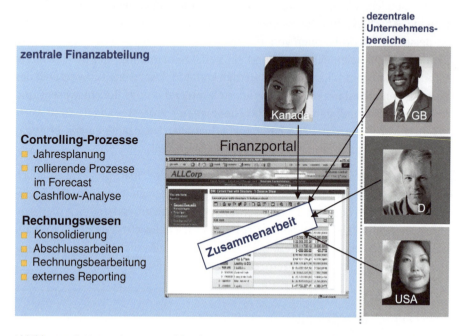

Abbildung 7.6 Unternehmensportal für das Finanzwesen – ein Forum der Zusammenarbeit zur Optimierung von Prozessen und Informationsströmen

7.6 Ein Portal-Projekt ist eine Reise

»Start small – think big!« Fangen Sie klein an, aber behalten Sie immer das Ganze im Blick. Die Erfahrung zeigt, dass leistungsfähige Portale organisch wachsen. Erfolgreiche Portale sind so konzipiert, dass auf konkrete unternehmerische Herausforderungen schnell reagiert werden kann. Sie wurden mit einem Minimum an Aufwand und Kosten eingeführt. Was noch wichtiger ist: Sie wurden von den Mitarbeitern nicht negativ als Instrument zur Kostensenkung empfunden, sondern als Bereicherung der individuellen und kollektiven Möglichkeiten. Da alle Benutzer aus der gemeinsamen Arbeit mit Anwendungen über ein Portal lernen, werden sich die Benutzer auch verstärkt in die künftigen Innovationsprozesse einbringen. Portal-Lösungen sollten daher nicht als fertige Produkte mit starrem Design, sondern als flexible und anpassungsfähige Lösungen für aktuelle und zukünftige Probleme betrachtet werden.

▶ **Beginnen Sie mit dem Designkonzept und der Planung.**

Verwenden Sie kleine, vorkonfigurierte Portal-Bausteine, so genannte Mini-Portal-Anwendungen oder iViews, die auf mehreren Portal-Seiten verwendet werden können. Bringen Sie Struktur in die Navigation zwischen den Portal-Seiten. Gruppen von Portal-Seiten samt der zugehörigen Navigation können mehrfach verwendet werden. Diese so genannten Worksets können unterschiedliche Rollen unterstützen, beispielsweise indem sie einem Verkaufsleiter oder einem Produktionsleiter die Möglichkeit geben, seine jeweilige Kostenstelle zu überwachen.

▶ **Entwickeln Sie einen Prototyp.**

Arbeiten Sie zunächst auf dem Papier. Präsentieren Sie die Mini-Portal-Anwendungen in gedruckter Form, und bitten Sie die zukünftigen Anwender, diese in simulierte Portal-Seiten einzubauen. Sie können auch Workshops zur Prototypentwicklung anbieten. Auf einer solchen Veranstaltung können die Benutzer frei und ungezwungen diskutieren, welche Informationen sie wirklich benötigen und welche Funktionen dem Prototypen eventuell noch fehlen. Darüber hinaus bekommen die Teilnehmer ein Gefühl für die Möglichkeiten, die ihnen das Portal bieten kann, und erkennen, dass es ihre Arbeit leichter und produktiver macht.

Zeigen Sie den künftigen Anwendern in der Prototypphase, wie man mit den Möglichkeiten des Portals experimentieren kann. Fragen Sie sie nicht nur nach ihrer Meinung zum Design, sondern ermutigen Sie sie zum »Portal-Denken«, und Sie werden überrascht sein, wie viel ihre Mitarbeiter zur Neugestaltung der Geschäftsprozesse beitragen können.

▶ **Definieren Sie die benötigten Rollen.**

Nach dem Workshop zur Prototypentwicklung, dessen Schwerpunkt hauptsächlich auf Inhalten und Anwendungen liegt, können Sie die wichtigsten funktionalen Rollen definieren. Versuchen Sie, möglichst viele der vordefinierten Inhalte, der Worksets, zu verwenden.

Anwender, die an einem Portal-Workshop teilnahmen, äußerten folgende Erwartungen:

»Ich will ein einfaches Internettool, mit dem ich meine Arbeit zügig erledigen kann. Ich möchte auf meinem Desktop nur die Komponenten sehen, die für mich als Einkäufer relevant sind.«

»Ich möchte über einen einzigen Zugriffspunkt auf alle internen und externen Funktionen und Dienste, die mit meiner Arbeit zu tun haben, zugreifen können.«

»Ich brauche eine personalisierte Arbeitsumgebung, in der ich die Möglichkeit habe, die Darstellung selbst zu konfigurieren und von mir benötigte Funktionen hinzuzufügen.«

Unternehmensportale bieten in der Regel rollenspezifische Benutzeroberflächen, die den Zugriff auf Anwendungen und Informationen vereinfachen. Das Rollenkonzept gibt die Möglichkeit, den verschiedenen Benutzergruppen unterschiedliche Inhalte zur Verfügung stellen. Selbstverständlich können Sie jedem Benutzer mehrere Rollen zuweisen und universelle Rollenelemente in mehreren Rollen verwenden. Stellen Sie sicher, dass ein Administrator die gesamte Rollenstruktur überwacht.

▶ **Der nächste Schritt zum Portal ist die Personalisierung.**
Obwohl mehrere Benutzer dieselbe Rolle haben, sieht jeder Benutzer nur seinen eigenen Zuständigkeitsbereich. Dies ist das Verdienst der Personalisierung. Durch die Definition entsprechender Benutzerparameter können beispielsweise Abteilungsleiter nur ihre eigene Kostenstelle analysieren und bearbeiten.

▶ **Der letzte Schritt ist die technische Integration.**
Wenn sich Ihr Portal entwickelt und Akzeptanz gewinnt, können Sie weitere Informationsquellen integrieren. Beginnen Sie mit den Systemen, die sich leicht mit vorkonfigurierten Standardinhalten verknüpfen lassen. Beziehen Sie dann weitere Informationsquellen und Systeme ein, die Sie anhand der Benutzeranforderungen auswählen. Nutzen Sie bei dieser Gelegenheit eventuell noch einmal den Prototypprozess. Beachten Sie, dass Sie Informationen aus verschiedenen Quellen in einer einzige Portal-Seite zusammenführen können. Auf diese Weise können Sie die Informationen nach Themen gliedern, ohne Rücksicht auf Systemgrenzen nehmen zu müssen. Sie können beispielsweise Kostenstellenberichte aus Ihrem ERP-System mit Informationen kombinieren, die über das Intranet Ihres Unternehmens von der Controlling-Abteilung geliefert werden.

Wenn Sie den Rahmen eines Portal-Projekts festlegen, sollten Sie zwar kleine Schritte machen, aber gleichzeitig strategisch denken. Diese Strategie wird Ihnen sowohl rasche Erfolge bescheren als auch zur ständigen Verbesserung des Portals beitragen. Nachdem Sie den Gesamtrahmen Ihres Unternehmensportals definiert haben, unterteilen Sie die Entwicklung in überschaubare Phasen. Wenn Sie die Prioritäten der einzelnen Phasen festlegen, prüfen Sie die Anforderungen der Anwender und berücksichtigen Sie deren Prioritäten bei der Implementierung. Return on Investment ist wichtig, sollte aber in diesem Fall keinen Vorrang vor den Benutzeranforderungen haben, da die Motivation der Benutzer und die Akzeptanz des Portals ausschlaggebend für den Erfolg des Projekts ist.

Fallstudie
Evolution statt Revolution: Ein globales Portal aus kleinen Bausteinen

Die Unternehmensgruppe Freudenberg ist ein Mischkonzern aus verschiedenen Fertigungsunternehmen. Die Angebotspalette reicht von Haushaltsprodukten über Bodenbeläge und Schalttafeln bis hin zu Schmierstoffen. Das Unternehmen ist in Familienbesitz, erzielt einen jährlichen Umsatz von über vier Milliarden Euro und beschäftigt 30 000 Mitarbeiter in 244 Gesellschaften und 41 Ländern.

Ein leitender Angestellter beschreibt die strategische Vision der Gruppe:

»Wir arbeiten immer häufiger in Netzwerken und globalen Projektteams. Aus diesem Grund ist es sinnvoll, das vorhandene Wissen im gesamten Konzern auszutauschen und neue Unternehmungen gemeinsam anzugehen. Dieser Ansatz soll durch unser Portal gestärkt werden.«

Freudenberg besteht aus einer großen Zahl kleiner ergebnisorientierter Geschäftsbereiche. Die Organisationsstrukturen des Unternehmens sind relativ flach, die Geschäftsbereiche müssen jedoch in immer stärkerem Maße weltweit zusammenarbeiten. Zu diesem Zweck wurden virtuelle globale Entwicklungsteams gebildet, deren Aufgabe darin besteht, das technische Produktwissen zu erfassen und zu erweitern, den wachsenden Informationsfluss zu verwalten und die Kosten zu senken. Das Portal-Konzept schien am besten geeignet, um Kommunikation und Kooperation zu verbessern und Informationen durch effizientere Arbeitsprozesse schneller verfügbar zu machen.

Die Zielsetzung war es, Mitarbeiter, Kunden, Partner und Lieferanten über die weit verzweigte Organisation hinweg miteinander zu verbinden. Flexibilität und Zukunftsfähigkeit waren für den IT-Verantwortlichen des Konzerns wichtige Kriterien:

»Der Aufbau unseres Portals ist ein langfristiges Projekt. Aus diesem Grund ist es wichtig, eine innovative Lösung zu implementieren, die sich leicht in unser Unternehmen eingliedern lässt und sich dennoch auch in Zukunft als entwicklungsfähig erweist.«

Der IT-Leiter charakterisierte die Implementierung als evolutionären Prozess mit kleinen Schritten in jeweils überschaubaren Zeiträumen, mit anderen Worten: als ein lebendiges Projekt.

Die Portal-Verantwortlichen wagten einen ersten vorsichtigen Schritt in Richtung einer konzerninternen Kommunikationsplattform. Da dieser Schritt erfolgreich war, wurden sie ehrgeiziger. Von der nächsten Phase erwarten sie gewissermaßen einen Quantensprung, der innerhalb kurzer Zeit zu einem Unternehmensportal führen soll, das sämtliche weltweiten Aktivitäten des Unternehmens abdeckt. Dieses Portal wird in den Bereichen Knowledge Management, Softwareinfrastruktur-Design, Kommunikation, Schulung und Marketing zu spürbaren Erleichterungen führen. Warum Freudenberg mit einer zügigen Implementierung rechnet? Weil die Gruppe so viele vorkonfigurierte Portal-Anwendungen ihres ERP-Herstellers verwendet, wie irgend möglich. Durch diese Standardbausteine werden unnötige Investitionen in hausinterne Entwicklungen vermieden.

Sicherheit hat bei der Freudenberg-Gruppe oberste Priorität, und die konzerninternen Sicherheitsrichtlinien für Portale beinhalten entsprechende Standards, Prozesse und Verfahren. Das Finanzwesen beispielsweise verwendet das Portal zur Implementierung internationaler Rechnungslegungsgrundsätze, zur Integration von Akquisitionen und im Reporting. Unterschiedliche und sehr detaillierte Anwendungen kommen in der Produktentwicklung, im Projektmanagement, im Personalwesen und im IT-Bereich zum Einsatz. Der Prozess der Portal-Entwicklung beginnt mit Konzept-Workshops. In diesen Workshops werden die vorkonfigurierten Geschäftmodelle der Standardbausteine um unternehmensspezifische Funktionen erweitert, Suchfunktionen angepasst und Möglichkeiten zur Steigerung der Performance untersucht.

Zu den wichtigsten Vorteilen des Unternehmensportals zählt der rollenspezifische Zugriff auf zentrale Anwendungen, Informationen und Dienste. Hierdurch werden die Unternehmenskommunikation und die Geschäftsprozesse erheblich beschleunigt und verbessert. Die Freudenberg-Gruppe ist in 41 Ländern auf dem Weg zum Erfolg!

Bei Freudenberg wird der Aufbau des Unternehmensportals als dynamischer Prozess betrachtet. Der Einsatz erfolgt in einer ehrgeizigen Größenordnung. Die treibende Kraft hinter dem Projekt konnte daher nur das Topmanagement sein. Von Anfang an waren erfahrene Führungskräfte der Freudenberg-Gruppe aktiv an der Portal-Planung beteiligt.

Unternehmen wie Freudenberg nutzen Portale, um die Integration heterogener Systemlandschaften voranzutreiben und Anwendern den weltweit einheitlichen Zugriff auf ERP-Systeme, CRM-Lösungen, HR-Module und das Konsolidierungssystem zu ermöglichen und ihnen gleichzeitig umfassende E-Mail-, Internet-, Datenbank- und Office-Funktionen zu bieten.

Was kann man von dieser und anderen Portal-Implementierungen lernen? Die folgende Checkliste soll Ihnen helfen, die aktuellen Best Practices auf diesem Gebiet optimal zu nutzen.

1. **Formulieren Sie eine Strategie für das Unternehmensportal.**

   ▸ Welche Bedeutung wird das Unternehmensportal für Ihr Unternehmen haben?

   ▸ Welche Informationen und welches Wissen soll das Portal liefern?

   ▸ Welche Prozesse müssen in Ihrem Unternehmen geändert werden?

   ▸ Wie müssen Sie das Portal-Projekt in Ihrem Unternehmen begründen?

2. **Wählen Sie ein geeignetes Portal-Design.**

   ▸ Welche Art von Portal ist für Ihre Benutzer am hilfreichsten?

   ▸ Denken Sie weniger an IT-Investitionen oder Return on Investment und mehr an die Benutzerakzeptanz und die Betriebskosten. Ein erfolgreiches Portal steigert langfristig auch die Investitionsrendite.

   ▸ Konzentrieren Sie sich auf die Integration Ihrer Geschäftsprozesse.

3. **Beziehen Sie die Benutzer von Anfang an ein.**

   ▸ Finden Sie hochrangige Unterstützer.

   ▸ Untersuchen Sie die Erwartungen der Benutzer (durch Interviews).

   ▸ Finden Sie heraus, was nach Meinung der Benutzer unbedingt geändert werden sollte.

   ▸ Erarbeiten Sie gemeinsam mit den Benutzern Prototypen auf Papier (Konzept-Workshops).

4. **Definieren Sie den Umfang des Projekts.**

   ▸ Welche Prozesse müssen zuerst abgebildet werden?

   ▸ Welche bestehenden Anwendungen müssen über das Portal verfügbar sein?

   ▸ Welche neuen Daten und Anwendungen haben höchste Priorität?

   ▸ Welche Ziele sollen in der ersten Phase des Projekts erreicht werden?

5. **Definieren Sie Meilensteine.**

   ▸ Präsentieren Sie erste Ergebnisse und Feedbacks aus den Konzept-Workshops.

   ▸ Wählen Sie ein Pilotprojekt aus, das raschen Erfolg verspricht.

   ▸ Wie lange wird das Pilotprojekt dauern? Definieren Sie eindeutige Meilensteine.

   ▸ Wie viele Projektphasen sind voraussichtlich erforderlich?

6. **Schaffen Sie maximalen Wert, indem Sie Inhalte aus verschiedenen Quellen miteinander kombinieren.**

   ▸ Welche verschiedenen Informationsquellen benötigen Sie?

   ▸ Welcher Zusammenhang besteht zwischen diesen unterschiedlichen Informationen?

▶ Werten sich die Informationen gegenseitig auf?

7. **Entwickeln Sie ein Pilotprojekt.**

▶ Wie groß ist die Pilotbenutzergruppe, und welche Mitarbeiter sind beteiligt?

▶ Konzentrieren Sie sich auf Geschwindigkeit und Präzision.

▶ Prüfen Sie, ob die Anwendungen in Ihrem Backend-System korrekt konfiguriert sind.

▶ Installieren Sie vorhandenen Standard-Business-Content.

8. **Führen Sie den Rollout durch.**

▶ Wecken Sie die Aufmerksamkeit der Mitarbeiter durch interne Marketingmaßnahmen. Veranstalten Sie einen Wettbewerb zur Benennung des Portals, erstellen Sie interne Broschüren, vergeben Sie »Portal-Führerscheine«.

▶ Werben Sie mit Ihren Erfolgen, indem Sie den zufriedenen Erstbenutzern die Möglichkeit geben, ihre Erfahrungen und Ratschläge an andere weiterzugeben.

9. **Lernen Sie aus der Nutzung von Portalen.**

▶ Halten Sie Ihre Portal-Projekte für die Änderungsvorschläge der Benutzer offen. Neue Prozesse werden sich allmählich entwickeln. Nicht alle Prozesse können im Voraus geplant werden.

In Abbildung 7.7 sehen Sie eine Roadmap zur Portal-Implementierung. Erfahrungen mit Pilot-Implementierungen zeigen, dass durch eine gut strukturierte Vorgehensweise schwer wiegende Fehler vermieden werden können. Eine von Beginn an präzise und detaillierte Konzipierung führt zu klaren und eindeutige Zielen. Die Implementierungsteams sollten in geschäftlicher, funktioneller und technischer Hinsicht über die erforderliche fachliche Kompetenz verfügen. Ein Portal-Projekt ist kein reines IT-Projekt.

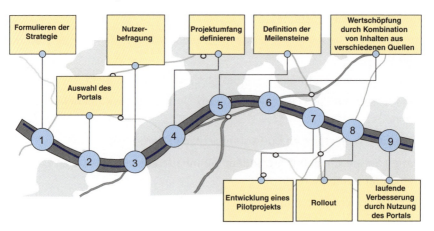

Abbildung 7.7 Roadmap zur Portal-Implementierung

Portale sind eine recht neue Technologie. Die Unternehmen müssen das gesamte Potenzial der Portale erst noch kennen lernen. Seien Sie bereit, zu lernen und Ihr Vorgehen anzupassen. Erfolgreiche Implementierungen haben gezeigt, dass in bestimmten Bereichen – etwa im Customer Relationship Management, bei den Routinearbeiten des Finanzwesens und bei Mitarbeiter- und Manager-Self-Services – auch kurzfristig Erfolge erzielt werden können.

Einige zukunftsorientierte und langfristig denkende Unternehmen nehmen bereits heute die nächste Stufe der Portal-Nutzung und Portal-Entwicklung in Angriff. Ermutigt von ihren frühen Erfolgen beginnen sie, traditionelle Geschäftsprozesse radikal zu überarbeiten und völlig neue Prozesse einzuführen. Den Schwerpunkt dieser Aktivitäten bilden neue Kommunikations- und Kooperationsmethoden. Stellen Sie sich die kreative Kraft tausender Benutzer vor, die in internen und externen Communities miteinander kommunizieren! Das Potenzial einer solchen Verbindung ist unvorstellbar. Schränken Sie Ihre Portal-Ziele nicht ein, und setzen Sie der Portal-Entwicklung keine Grenzen. Wie bei der Entwicklung des Internet werden sich neue Prozesse allmählich entfalten. Sie können nicht immer vorausgesagt werden.

7.7   Die wachsende Bedeutung des Finanzwesens

Obwohl die Mitarbeiter eines Unternehmens heute mit noch nie da gewesenen Mengen von Informationen umgehen müssen, wird oftmals von ihnen erwartet, dass sie ihre Entscheidungen doppelt so schnell treffen wie früher. Vor diesem Hintergrund ist es unumgänglich, dass Daten – und ganz besonders Finanzdaten – einem großen Benutzerkreis im Unternehmen in leicht verständlichem und funktionalem Format zugänglich sind. Ein Unternehmensportal muss deshalb so ausgelegt sein, dass es nicht nur die Mitarbeiter im Controlling und in der Finanzbuchhaltung unterstützt, sondern über eine proaktive Informationsverteilung auch die Aufmerksamkeit aller anderen Mitarbeiter auf die relevanten Inhalte und Informationen lenkt.

Ein Beispiel: Der über ein Unternehmensportal bereitgestellte Self-Service für Manager muss Informationen und Dienste beinhalten, die Teamleiter, Projektleiter und Kostenstellenverantwortliche für die tägliche Arbeit mit Budgets und Mitarbeitern benötigen. Bei der Überprüfung von Kosten ist es für den Manager nicht mehr erforderlich, Systemeinstellungen vorzunehmen, um einen Bericht zu erstellen oder sich gar mit der Zentrale in Verbindung zu setzen. Heute übermitteln vorkonfigurierte Überwachungsfunktionen optische Warnsignale, wenn bestimmte Kennzahlen Anlass zur Sorge geben oder wenn die Kosten einen bestimmten Schwellenwert überschreiten.

Finanz-Portale geben Ihnen die Möglichkeit, Finanzinformationen auf breiter Basis innerhalb des Unternehmens zu verteilen, wodurch Ihre Mitarbeiter wesentlich effizienter als zuvor arbeiten können. Statt wertvolle Zeit mit der Suche nach Informationen vergeuden zu müssen, werden ihnen die benötigten Informationen und Dienste in übersichtlicher Form zur Verfügung gestellt.

All das verdanken wir den neuen Portal-Techniken wie der Personalisierung, über die sich die Portale an individuelle Tätigkeiten und Aufgaben anpassen lassen. Und da ein Portal Informationen aus verschiedenen Bereichen integriert und sich auf Schlüsselprozesse konzentriert, liefert es hochwertigere Geschäftsanalysen in wesentlich kürzerer Zeit, als Sie dies bisher gewohnt waren. Auch die Effizienz wird enorm gesteigert, da alle Dienste und Informationen, die zur Erledigung einer Aufgabe benötigt werden, an einem einzigen Ort verfügbar sind. Unternehmensportale integrieren mehr als nur die Organisationsstruktur. Sie bieten internen und externen Benutzern alles, was sie brauchen, um ihre Aufgaben noch effizienter zu bewältigen:

- ▶ personalisierte Informationen – nach Rollen und inhaltlicher Relevanz
- ▶ benutzerfreundlichen Zugriff – über »Point & Click«, »Drag & Relate« und »Single Sign-On«
- ▶ alle benötigten Werkzeuge – Informationen, Anwendungen und Dienste
- ▶ Zugriff jederzeit und überall – über Webbrowser und mobile Endgeräte
- ▶ maximale Flexibilität – hinsichtlich der Gestaltung und Lieferung von Inhalten
- ▶ sichere Nutzung – robuste, anpassungsfähige Sicherheitsfunktionalität

Portale schützen Ihre IT-Investitionen, senken die Kosten und verbergen die Komplexität Ihrer Systemlandschaft und Ihrer Geschäftsprozesse, was den Benutzern bei der täglichen Arbeit immer wieder entgegenkommt. Diese Integrationsfähigkeit ist in Abbildung 7.8 dargestellt. All diese Vorteile führen sowohl auf der Mitarbeiterebene als auch auf der Unternehmensebene zu einer merklich höheren Rentabilität.

An der Fallstudie von TransAlta, Kanadas größtem unabhängigen Energiekonzern, lässt sich sehr gut demonstrieren, welcher Nutzen erzielt werden kann, wenn man Informationen auf der Basis einzelner Rollen zusammenführt und Portal-Anwendungen in die zugrunde liegenden ERP- und Data-Warehouse-Systeme integriert.

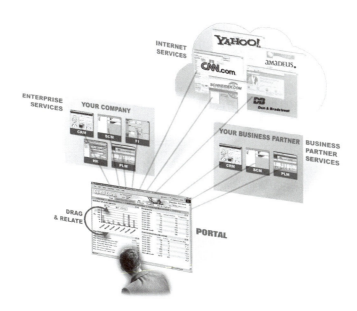

Abbildung 7.8 Intelligente Portale ermöglichen eine nahtlose Integration

 Fallstudie
TransAlta: Machen Sie aus jedem Entscheidungsträger einen CFO!

Beim Portal-Szenario von TransAlta ging es ausschließlich um die Prozessoptimierung: Man wollte die Abläufe im Unternehmen schneller und effizienter machen, dabei weniger Ressourcen verwenden und den Aufwand für Nacharbeiten senken. Dies sollte durch den Einsatz neuer Verfahren zur Stabilisierung und Verbesserung der Prozesse erreicht werden. Die angestrebten Verbesserungen sollten von der Anlageninstandhaltung über den Self-Service für Mitarbeiter und Management bis hin zur Business Intelligence und zum Knowledge Management ihre Wirkung entfalten.

In der Vorstellung von TransAlta war das Unternehmensportal das einzige Tor zu internen und externen Realtime-Daten und Anwendungen. Hauptziel des Portal-Einsatzes war die transparente Integration von Unternehmensanwendungen und -informationen, um bessere und schnellere Entscheidungen zu ermöglichen, die Zusammenarbeit zu erleichtern und Investitionen in ERP-Systeme besser auszuschöpfen.

TransAlta entschied sich für eine Portal-Lösung, die die Integration des Portals in die vorhandenen ERP-Systeme ermöglichte. Man verwendete Standard-Portal-Inhalte, die vom ERP-Anbieter geliefert wurden. Den Benutzern wurde das System unter dem Titel »Einfacher Zugriff auf Details« vorgestellt. Neben der Bereitstellung von Informationen beinhaltete das Portal die Unterstützung administrativer Tätigkeiten wie Personalbeschaffung und Personalverwaltung sowie Finanzprozesse wie etwa Korrekturbuchungen.

Die gesamte Zielgruppe der Portal-Benutzer wurde in der ersten Phase der Entwicklung auf 2 400 bis 2 500 Personen geschätzt. TransAlta begann mit einem Pilotsystem, das in sehr kurzer Zeit einsatzbereit war. Dieser Erfolg ermutigte die Unternehmensleitung, dem Projekt seinen Segen zu geben und die eingeschlagene Richtung beizubehalten.

In den folgenden Phasen wurden die Verbindungen zwischen dem ERP-System und dem Portal eingerichtet. Man extrahierte ausgewählte ERP-Inhalte, um sie im Portal zu verwenden, und verband anschließend das Portal mit dem Data Warehouse. Der ursprünglich geplante Projektumfang wurde durch Verwendung vorkonfigurierter Funktionen reduziert, um den engen Zeitplan nicht zu gefährden. Die unternehmensspezifischen Funktionen wurden zu einem späteren Zeitpunkt im Rahmen von Updates in das Portal integriert.

TransAlta wählte seine Portal-Lösung anhand verschiedener Kriterien aus. Man wollte eine benutzerfreundliche Portal-Design-Umgebung, eine Auswahl vorkonfigurierter Inhalte, Kompatibilität mit Business Intelligence und Knowledge Management und eine »Drag & Relate«-Funktion. Die Lösung sollte nicht nur die Produktivität steigern, die Kosten senken und die Prozesseffizienz verbessern, sondern auch Realtime-Informationen liefern. Die Informationen wurden logisch nach Aufgaben gruppiert und waren dadurch leicht zu finden und schnell abzurufen.

Im Ansatz von TransAlta waren auch Werkzeuge zur Entscheidungsunterstützung vorgesehen. Die Lösung versetzt die Manager in die Lage, zu lernen, ihre Optionen zu prüfen und dann geeignete Maßnahmen zu ergreifen. Die Lösung zur Instandhaltung beispielsweise umfasst nicht nur die operativen Abläufe, sondern auch das Berichtswesen und analytische Funktionen. Sie gewährt den Benutzern Zugriff auf eine Bibliothek mit technischen Zeichnungen und zugehörigen Dokumenten. Sind beispielsweise Projektmeilensteine gefährdet, wird eine Warnfunktion ausgelöst. Die Manager können Informationen aus verschiedenen Quellen gemeinsam nutzen, insbesondere Informationen zu Budgets und Zeitplänen.

Die Recherchen für dieses Buch haben ergeben, dass nur wenige Führungskräfte ERP-, CRM- und SCM-Systeme nutzen, um Entscheidungen zu treffen. Portale beginnen, diese Lücke in der Entscheidungsunterstützung zu füllen. Und sie tun es unter Überwindung funktionaler und geografischer Grenzen.

Beim Entwerfen Ihrer Portal-Strategie sollten Sie stets das Ganze im Blick haben und strategisch denken. Vertreten Sie eine radikale, aber viel versprechende Idee: Machen Sie aus jedem Mitarbeiter einen CFO! Gewährleisten Sie die globale Verfügbarkeit der relevanten Informationen – für jeden Mitarbeiter, zu jeder Zeit und an jedem Ort. Warum ist diese Verfügbarkeit so wichtig, und warum besonders für den CFO? Weil vor der Einführung von Portalen mehr Zeit dafür verwendet wurde, Daten zu sammeln und herauszufinden, »wessen Zahlen denn nun die richtigen sind«, statt diese Zeit für fundierte Analysen zu nutzen. Im Portal gibt es nur eine Version der Wahrheit, und diese ist allen zugänglich. Bauen Sie in Ihrer Finanzorganisation eine Community auf. Maximieren Sie den Nutzen Ihrer IT-Investitionen. Minimieren Sie die Kosten, und verbergen Sie die Komplexität Ihrer Systemlandschaft und Ihrer Geschäftsprozesse vor den Benutzern.

In Abbildung 7.9 sehen Sie, wie der CFO und das gesamte Finanzteam bei der Umsetzung einer innovativen und leicht zu implementierenden Portal-Strategie eine Schlüsselrolle übernehmen können.

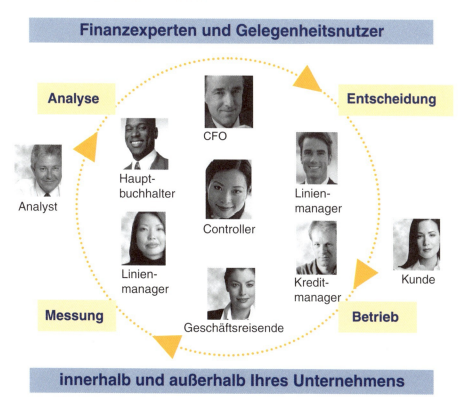

Abbildung 7.9 Erweiterung des Finanzteams

Poweruser im Finanzwesen und Gelegenheitsnutzer innerhalb und außerhalb des Unternehmens profitieren gleichermaßen vom Realtime-Zugriff auf Unternehmensinformationen. In Verbindung mit den im vorangegangenen Kapitel beschriebenen Business Analytics steht neuen Ideen zur Optimierung der Finanz-Performance damit nichts mehr im Weg. Kooperation ist kein fernes Ziel mehr, sondern wird Realität.

CFO-Checkliste

▶ **Konzentrieren Sie sich auf die Unternehmensziele und nicht auf die Technik.**
Machen Sie Ihr Portal-Projekt zu einem unternehmensweite Thema. Nutzen Sie Ihre Position: Portal-Projekte brauchen hochrangige Unterstützung. Überarbeiten Sie Ihre Geschäftsprozesse, und schrecken Sie dabei nicht davor zurück, vollkommen neue Wege zu gehen. Verlagern Sie die Arbeitsbelastung von den Zentralabteilungen zu den Endanwendern. Dezentralisieren Sie, ohne die zentrale Kontrolle aus der Hand zu geben.

▶ **Denken Sie über die Gesamtbetriebskosten nach.**
Wählen Sie das richtige Portal aus. Berücksichtigen Sie die Kosten für die Einbindung Ihrer ERP-, Exchange- und Data-Warehouse-Systeme. Nutzen Sie die Vorteile vorkonfigurierter Inhalte: Die Projektentwicklungszeiten verkürzen sich, die Ergebnisse werden schneller sichtbar, und die Motivation der Benutzer steigt. Auch Wartung und Schulung verursachen Kosten!

▶ **Streben Sie schnelle und bleibende Erfolge an.**
Beziehen Sie die Benutzer von Anfang an in das Projekt ein. Entwickeln Sie zunächst einen Prototyp auf Papier. Machen Sie kleine Schritte. Planen Sie Umfang und Verlauf der Implementierung nach den Wünschen der Benutzer. Engagierte und aktive Portalbenutzer sorgen für eine maximale Rendite.

▶ **Entwickeln Sie Ihr Unternehmensportal.**
Jeder Benutzer sieht nur den eigenen Verantwortungsbereich. Wählen Sie einen rollenorientierten Ansatz, und geben Sie der Personalisierung oberste Priorität. Legen Sie fest, wer für was zuständig ist. Vereinheitlichen Sie dann Geschäftsprozesse, Buchhaltungspraktiken und Systeme im gesamten Konzern. Richten Sie beispielsweise ein schnelles Abschluss- und Konsolidierungsverfahren ein.

▶ **Betrachten Sie Portale als lebendige Lösungen.**
Experimentieren Sie, indem Sie Inhalte aus verschiedenen Quellen miteinander kombinieren. Halten Sie die Landschaft offen – ein Portal-Projekt wird permanent weiterentwickelt. Wenn Sie im Lauf der Zeit immer mehr Informationsquellen einbeziehen wollen, schränken Sie die Informationen nach Themen und nicht nach Systemgrenzen ein. Beginnen Sie bei der Systemintegration mit denjenigen Systemen, die sich am einfachsten mit den vorkonfigurierten Standardinhalten des Portals verknüpfen lassen. Legen Sie den Portal-Benutzern keine unnötigen Fesseln an: Die Benutzer werden die Prozessinnovation vorantreiben, sobald sie mit der Nutzung des Portals vertraut sind.

▶ **Werden Sie durch Ihr Portal mobil und flexibel.**
Bleiben Sie in Verbindung und halten Sie Ihre Finanzdaten stets bereit. Kooperieren und kommunizieren Sie mit Ihren Geschäftspartnern weltweit, und zwar sowohl innerhalb als auch außerhalb des Unternehmens.

▶ **Machen Sie jeden Mitarbeiter zum CFO.**
Erhöhen Sie mithilfe Ihres Portals die globale Konsistenz und Transparenz – für alle Mitarbeiter, zu jeder Zeit und an jedem Ort. Ermöglichen Sie Ihren Mitarbeitern den Zugriff auf Realtime-Ergebnisse direkt am eigenen Arbeitsplatz. Erweitern Sie die Befugnisse Ihrer Mitarbeiter durch Einbindung von Business-Analytics-Funktionen in das Portal. Liefern Sie allen Beteiligten im Unternehmen dieselbe »Version der Wahrheit« und erweitern Sie so Ihr Finanzteam.

8 Managementherausforderung immaterielle Werte (Intangible Assets)

Hinwendung zum Kunden

Phil Bentley, CFO
Centrica

»Wir haben unser Geschäft neu definiert. Der Schwerpunkt liegt jetzt auf den Kundenbeziehungen. Lange Zeit waren wir unter dem Namen British Gas der größte Gaslieferant des Vereinigten Königreichs. Dann haben wir mit der Automobile Association (AA), dem führenden Automobilclub Großbritanniens, fusioniert und Marktsegmente wie Elektrizitätsversorgung, Telekommunikation und Finanzdienstleistungen in unsere Produktpalette aufgenommen. Unser oberstes Ziel heißt jetzt Wachstum. Heute haben wir jährlich schätzungsweise 400 Millionen Kundenkontakte – von telefonischen Anfragen zu Rechnungen und Umzügen über Hausbesuche bis zur Pannenhilfe. Unsere größte Herausforderung besteht darin, mithilfe von Kundendatenbanken über alle Geschäftsbereiche hinweg ein vollständiges Bild des ›Lifetime Value‹, des lebenslangen Werts jeder Kundenbeziehung, zu erhalten.

Warum konzentrieren wir uns auf die Kundenseite der Wertschöpfungskette? Die Antwort liegt auf der Hand: weil wir dann die höchste Kapitalrendite erzielen, wenn wir unseren Kunden zusätzliche und höherwertige Produkte verkaufen.

Wir denken, dass wir in dieser Hinsicht schon große Fortschritte gemacht haben. Allein aufgrund der Kundenbeziehungen aus unserer Gas-Sparte verkaufen wir bereits im Durchschnitt mehr als zwei Produkte pro Haushalt. Unseren Shareholder Value haben wir in den letzten Jahren mehr als verdreifacht. Unser Ziel ist es, in den nächsten fünf Jahren eine jährliche Rendite von 15 bis 20 Prozent zu erwirtschaften. Wir generieren Shareholder Value, indem wir in Werkzeuge investieren, mit denen wir den Wert unserer Kundenbeziehungen optimieren können. Wir sind bestrebt, die Kosten für Serviceerbringung und Kundenakquisition zu senken und die Loyalität unserer Kunden zu steigern. Dies können wir nur erreichen, wenn wir einen ausgezeichneten Service und preisgünstige Markenprodukte anbieten und gleichzeitig höchst effiziente Geschäftsprozesse betreiben.

British Gas und AA sind zwei Marken, die bei den Verbrauchern in Großbritannien höchstes Vertrauen genießen. Wir sind ständig bemüht, neue Erkenntnisse über das Verhalten unserer Kunden zu gewinnen, und überprüfen permanent die Effizienz unserer Vertriebskanäle, um innerhalb der Marken Möglichkeiten zum Cross-

Selling zu identifizieren. Momentan versuchen wir, anhand der gesammelten Kundendaten herauszufinden, welcher Kunde welches Produkt bezieht und an welchen anderen Dienstleistungen er interessiert sein könnte. So nimmt beispielsweise von den zwölf Millionen AA-Mitgliedern trotz unserer konkurrenzfähigen Angebote derzeit lediglich eine Million unsere Fahrzeugversicherung in Anspruch. Wenn es uns gelingt, die Kunden gezielter anzusprechen, können wir hier ein enormes Potenzial erschließen.

Wir verfügen bereits heute über einen großen Bestand an Kundendaten, unter anderem demografische Daten, Daten zur Größe der Haushalte, zum Energieverbrauch, zur Bereitschaft, andere Produkte zu erwerben, und zur Wechselbereitschaft. Die Herausforderung besteht darin, den Wert jedes Kunden besser zu verstehen, also herauszufinden, welcher Kunde Wert schafft und welcher ihn vernichtet. Zwar können wir unsere Kundendaten nach Belieben horizontal und vertikal auswerten, jedoch steht ein großer Teil der Daten nur stationär zur Verfügung und nicht beim Kundenkontakt vor Ort. Der springende Punkt beim Customer Relationship Management besteht aber gerade darin, sämtliche Informationen zu Umsatz, Fakturierung und Servicekosten jederzeit und an jedem Ort zur Verfügung zu haben.

Wir investieren in großem Umfang in neue CRM-Systeme. Dafür haben wir, verteilt auf einen Zeitraum von drei Jahren, eine dreiviertel Milliarde Euro eingeplant – unsere wichtigste strategische Einzelinvestition. Wenn die Implementierung dieser Systeme abgeschlossen ist, werden sie uns ein umfassendes Bild des Kundenwerts liefern. Im Grunde dreht sich alles um Integration: Integration von Prozessen, von Daten, von technischen Komponenten und natürlich die Integration all dieser Elemente in unsere Unternehmenskultur. Entscheidend ist dabei, dass wir unsere Mitarbeiter entsprechend schulen und sie motivieren, sich mit ganzem Einsatz den Kunden zu widmen.

Der Markt beginnt zu erkennen, welchen Wert die Kundschaft darstellt. So haben sich unsere deutschen und französischen Konkurrenten die Akquise im Vereinigten Königreich über 400 Euro pro Kunde kosten lassen. Doch Centrica verfügt auf diesem Markt über den größten Kundenstamm, die besten Kundendaten und die besten Marken. Wir halten das für eine Erfolgskombination.

In unserem Geschäftsmodell spielt nicht nur der Kundenwert eine Rolle, sondern auch materielle Vermögenswerte, die unser Risiko in der Energieversorgung abdecken. Die Beschaffung von Energieressourcen kann ein riskantes Unterfangen sein. Angebot und Nachfrage auf dem Markt für Gas und Strom sind Schwankungen unterworfen. Aus diesem Grund ist der Besitz von Sicherheiten in Form materieller Vermögenswerte für den Erfolg unseres Modells von erheblicher Bedeutung.

Wir sind außerdem überzeugt, dass es richtig ist, Performance-Daten intern und extern zu kommunizieren. Auf unserer Scorecard überwachen wir permanent die Entwicklung der Schlüsselkennzahlen – insbesondere der wichtigen Indikatoren für Markenkapital sowie Kunden- und Mitarbeiterzufriedenheit. Den Investoren fällt es allerdings bisweilen schwer, Unternehmen unserer Branche zu beurteilen, weil sie den Wert des immateriellen Vermögens nicht immer richtig verstehen. Wir entfernen uns immer mehr von rein historischen Finanzzahlen und beginnen, unsere wahren Werttreiber zu identifizieren und zu benennen: die Kosten pro Kundenakquisition oder Kundenverlust, die Servicekosten und die Rendite pro Kunde.«

In den vergangenen zwei Jahrzehnten hat sich das Verhältnis von materiellen zu immateriellen Vermögenswerten an der Wertschöpfung der Unternehmen stark zugunsten der Intangible Assets verlagert. Produkt- und Prozessinnovation und die Kundenbeziehung sind heute die wichtigsten Werttreiber. Ende der neunziger Jahre bestand der Marktwert der 500 größten Unternehmen der USA, wie sie das Magazin »Fortune« ermittelt, zu 80 Prozent aus Intangible Assets – gegenüber 40 Prozent in den frühen achtziger Jahren. Abbildung 8.1 stellt diese Entwicklung grafisch dar.

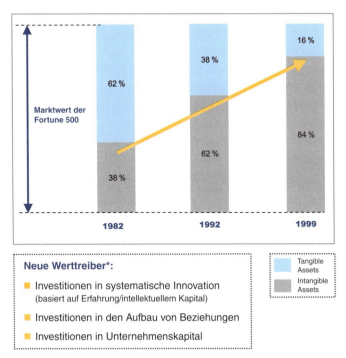

Neue Werttreiber*:

- Investitionen in systematische Innovation
  (basiert auf Erfahrung/intellektuellem Kapital)
- Investitionen in den Aufbau von Beziehungen
- Investitionen in Unternehmenskapital

Tangible Assets
Intangible Assets

* Aktivitäten zum Erwirtschaften einer Rendite, die die Kapitalkosten übersteigt

Abbildung 8.1 Veränderung der Werttreiber im Unternehmen

Lediglich 20 Prozent des Marktwerts eines Unternehmens werden also durch die traditionelle Bilanz und den Jahresabschluss erfasst. Bei Unternehmen wie SAP und Microsoft, deren Kapitel in erster Linie aus Know-how besteht, und bei Unternehmen mit einem ausgeprägten Markenimage wie Coca-Cola liegt dieser Wert sogar noch darunter – oftmals bei weniger als zehn Prozent.

Eine Untersuchung in der chemischen Industrie ergab, dass die Investitionen, die 83 Chemieunternehmen über einen Zeitraum von 25 Jahren in Forschung und Entwicklung getätigt hatten, eine Rendite von 17 Prozent nach Steuern erzielten, während es die üblichen Kapitalinvestitionen auf lediglich sieben Prozent brachten.[1]

Wer sich bei Investitionsentscheidungen auf herkömmliche Bilanzzahlen verlässt, tappt häufig im Dunkeln, weil die traditionellen Werkzeuge des Finanzwesens lediglich für zehn bis 20 Prozent der Ressourcen eines Unternehmens relevant sind. Doch woher kommt diese Kluft zwischen den Ergebnissen der traditionellen Finanzsysteme und der Bewertung durch die Finanzmärkte? Um hierauf eine Antwort zu finden, muss man genau untersuchen, wie die Wertschöpfung heutiger Unternehmen funktioniert.

8.1   Intangible Assets: die neuen Werttreiber

Seit den achtziger Jahren haben Globalisierung, technische Neuerungen und die Deregulierung ganzer Branchen einen kräftigen Wettbewerbsdruck erzeugt und die Unternehmen zu einer grundlegenden Neuausrichtung gezwungen. Viele haben diesen Wandel in zwei Phasen vollzogen: In der ersten Phase erneuerten sie Organisationsstrukturen und erschlossen globale Größenvorteile, indem Best Practices in der Logistik und bezogen auf materielle Vermögenswerte wie z. B. Produktionsanlagen angewandt wurden. ABB war in den neunziger Jahren ein Musterbeispiel für dieses Geschäftsmodell.

Als sich durch Maßnahmen auf der Produktionsseite keine nachhaltigen Wettbewerbsvorteile mehr erzielen ließen, gingen die Unternehmen in der zweiten Phase der Restrukturierung dazu über, ihre Wertschöpfung durch Forschung und Entwicklung neuer Produkte und durch kundenorientierten Service zu erhöhen. Sie verzichteten auf eine weitere vertikale Integration und begannen mit einer Entkapitalisierung. Sie lagerten bestimmte Aktivitäten aus, konzentrierten sich auf ihre Kundenbeziehungen und stiegen in das E-Business ein. In dieser Phase befinden sich die meisten Unternehmen heute. Erst vor kurzem haben sie angefangen, in neue Organisationsstrukturen und die damit zusammenhängenden E-Business-Infrastrukturen zu investieren. Die Organisationsstruktur ist nicht der einzige Be-

---

1   Aboody, David; Lev, Baruch: *R&D Productivity in the Chemical Industry.* 2001.

reich von immateriellem Wert, den die Unternehmen optimieren wollen. Weitere Schwerpunkte sind die Optimierung des Humankapitals und die Verbesserung der unternehmensübergreifenden Zusammenarbeit mit dem Ziel, die gemeinsamen Geschäftsprozesse produktiver zu gestalten. Cisco ist für dieses Innovationsmodell das bekannteste Beispiel.

Die zur Finanzverwaltung und Unternehmenssteuerung eingesetzten Werkzeuge haben jedoch mit den dynamischen Veränderungen in den Unternehmen nicht Schritt halten können. In den meisten Unternehmen wird über diejenigen Aktivitäten, die den größten Wert für die Stakeholder schaffen, nicht systematisch berichtet. Aus diesem Grund laufen viele Unternehmen Gefahr, zu wenig in ihre wirklichen Werttreiber zu investieren und so in letzter Konsequenz sogar Werte zu vernichten. Damit Reporting, Management und Planung die neuen wertschöpfenden Aktivitäten und Prozesse angemessen berücksichtigen, muss der CFO die Systeme von Rechnungs- und Finanzwesen auf ein neues Niveau heben.

Eine Umfrage unter mehr als 800 CEOs und Vorstandsmitgliedern in Großbritannien, Frankreich, Deutschland, Spanien, Australien, Japan und den USA ergab, dass Unternehmen, die den weitaus größten Anteil des Umsatzes mit neuen Produkten erzielen, ihren Börsenwert in der Regel innerhalb von fünf Jahren verdoppeln.[2] Top-Unternehmen – in der Auswertung der Umfrage definiert als Unternehmen mit einem jährlichen Total Shareholder Return von über 37 Prozent – erwirtschaften im Schnitt fast zwei Drittel ihres Umsatzes mit neuen Produkten und Dienstleistungen. In der Gruppe der leistungsschwächeren Unternehmen beträgt dieser Anteil hingegen nur rund ein Viertel.

8.2   Die Grenzen des traditionellen Rechnungswesens

Das Rechnungswesen kann den tatsächlichen Wert, den ein Unternehmen erwirtschaftet, nicht mehr abbilden. Dieses Fazit haben aufgrund ihrer statistischen Analysen inzwischen auch viele Investmentbanker gezogen. Der veröffentlichte Gewinn steht in keinem angemessenen Verhältnis zum Aktienkurs oder den Dividendenausschüttungen. Aus diesem Grund sind Konzepte wie der vom Beratungsunternehmen Stern Stewart eingeführte *Economic Value Added* (EVA, die Differenz zwischen Gewinn und Kapitalkosten, der so genannte »Übergewinn«) in den letzten Jahren auf breite Akzeptanz gestoßen – und zwar sowohl bei Anlegern, die die Erträge ihrer aktuellen oder künftigen Investitionen einschätzen wollen, als auch bei Managern, die mithilfe dieser Konzepte die Gewinne ihrer Geschäftsbereiche steigern wollen.

---

2   PricewaterhouseCoopers: *Innovation and Growth: Thriving Beyond 2000.* 2000.

Der EVA betrachtet die Ausgaben für Forschung und Entwicklung, Werbung, Branding und den Aufbau von Kundenbeziehungen als das, was sie aus wirtschaftlicher Sicht tatsächlich sind: als Investitionen. Was nach den Rechnungslegungsrichtlinien bisher als Aufwendungen behandelt wurde, wird nunmehr über Anpassungsbuchungen aktiviert und ist Bestandteil der Kapitalbasis des Unternehmens. Die Unternehmenserträge müssen nun die gesamten Kapitalkosten einschließlich der Investitionen in Intangibles übersteigen – daher der Begriff Economic Value Added.

Der EVA hat die Möglichkeiten zur Bewertung der Unternehmensleistung deutlich verbessert, aber auch er ist nicht in der Lage, den vollständigen Wert von Unternehmen mit hohem intellektuellem Kapital zu erfassen, deren wichtigster Vermögenswert die Intangibles sind. Und auch wenn Investitionen in Forschung und Entwicklung in der Bilanz aktiviert werden, geschieht dies auf der Basis der Aufwendungen für diesen Bereich. Der Wert, den diese Investitionen im Laufe ihrer Nutzung generieren, lässt sich bei diesem Ansatz jedoch nicht beurteilen.

In seinen Artikeln und Büchern über Managementkonzepte, die sich am Shareholder Value orientieren, stellt Alfred Rappaport die These auf, dass die Ermittlung des wirtschaftlichen Ergebnisses durch Abzug der Rendite von den Kapitalkosten nicht mehr die Realität widerspiegelt und daher nicht länger als Grundlage der Vergütung der Führungskräfte verwendet werden sollte.[3] Warum? Weil das von den Investoren erwartete Ergebnis (Dividendenerwartung und Kursanstieg) – vor allem bei Top-Unternehmen, die in der Regel über umfangreiche Intangible Assets verfügen – vom Aktienkurs bereits reflektiert wird und normalerweise weit über den Kapitalkosten liegt.

Die Quintessenz: Nicht Investitionen, sondern Innovationen bestimmen heute den Wert und das Wachstum eines Unternehmens. Innovation bietet dem Kunden wertschöpfende Produkte und Dienstleistungen. Der EVA gibt daher nur die halbe Wahrheit wieder. Unternehmen müssen vielmehr auch die Effizienz ihrer Wertschöpfungsprozesse in Produktentwicklung, Supply Chain Management und Customer Relationship Management messen – und dem Kunden diesen Wert vermitteln. Sie müssen alle wichtigen Ressourcen ausschöpfen, nicht nur das Finanzkapital, wie es der EVA misst: Mitarbeiterpotenzial, Informationen, geistiges Eigentum und die Beziehungen zu Geschäftspartnern. Zusätzlich müssen sie alle

---

3 Rappaport, Alfred: *Creating Shareholder Value.* The Free Press 1986, durchgesehene und aktualisierte Auflage 1998.

Aspekte ihres Wertschöpfungskonzepts erfolgreich steuern.[4] Abbildung 8.2 zeigt, wie wichtig Innovationen für die Schaffung von Shareholder Value sind.

Die Gesamtheit der Ressourcen, die die Mitarbeiter für ihre Arbeit benötigen – die Intangibles, die sie nach Feierabend im Unternehmen zurücklassen – bezeichnet man als strukturelles Kapital. Dazu gehören interne Prozesse und Strukturen, Datenbanken, Kundenbeziehungen usw. Strukturelles Kapital hilft den Menschen, rationeller zu arbeiten, nicht härter. Nicht Finanzkapital, nicht Humankapital, sondern strukturelles Kapital bestimmt den wahren Wert eines Unternehmens: interne Prozesse, Computersysteme und Beziehungen zu Geschäftspartnern. Kein Unternehmen kann sein Humankapital »besitzen«, das strukturelle Kapital aber ist sein Eigentum.

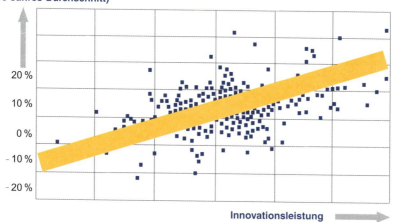

Total Shareholder Return (10-Jahres-Durchschnitt)

Innovationsleistung

Abbildung 8.2 Korrelation zwischen Total Shareholder Return und Innovationsleistung

Fallstudie
Der Aufbau von Strukturkapital und die Realisierung von Innovationen

In den neunziger Jahren war ABB das Musterbeispiel eines Unternehmens, das strukturelles Kapital im Sinne einer effizienten Infrastruktur aufbaute, um die globale Innovation voranzubringen und intellektuelles Kapital zu schaffen. Percy Barnevik, der CEO von ABB, hat 1988 in nur sechs Wochen die größte internationale Umstrukturierungsmaßnahme der europäischen Unternehmensgeschichte abgewickelt. Hierbei hielt er sich strikt an seine Devise: »Handle schnell, auch auf die

---

4 Daum, Jürgen H.: *Intangible Assets oder die Kunst, Mehrwert zu schaffen. Mit Beiträgen von David P. Norton, Leif Edvinsson und Baruch Lev.* Galileo Business 2002. Ein großer Teil der Inhalte dieses Kapitels entstammt den Untersuchungen und Überlegungen des Autors.

Gefahr hin, Fehler zu machen.« Barnevik verwandelte 1 000 ABB-Gesellschaften in kleine, selbstständige Unternehmen, die jeweils etwa 200 Mitarbeiter beschäftigten und deren Erlöse bei etwa 50 Millionen Dollar lagen. Sein oberstes Ziel war es, »das falsche Gefühl der Sicherheit, zu einer großen Organisation zu gehören« zu beseitigen und unter den Mitarbeitern »die Motivation und den Stolz zu entwickeln, zum Erfolg ihrer Unternehmenseinheit direkt beizutragen«. Bei ABB existiert zwischen der Konzernspitze und den Managern vor Ort nur eine einzige Hierarchieebene. »Think global, act local«, die von Barnevik entwickelte Philosophie von ABB, ist Realität geworden: Seine Züricher Konzernzentrale beschränkt sich darauf, die Richtung vorzugeben und die globale Strategie zu überwachen.

Diese Umstrukturierung von ABB hat aus den regionalen Managern »Unternehmer« gemacht. Manager der zweiten Ebene (die Leiter der Geschäftsbereiche und der regionalen Niederlassungen) »coachen« und unterstützen heute die Manager an der Vertriebsfront. Wo andere Unternehmen ein Top-Down-Modell mit Stabsmanagern und Ausrichtung an finanziellen Prozessen verwenden, hat ABB einen interaktiven Bottom-Up/Top-Down-Prozess geschaffen, um die Manager in einen permanenten Dialog einzubinden, der das Ziel hat, Intangible Assets aufzubauen und zu erhalten.

Die entscheidenden kurzfristigen und langfristigen finanziellen Ziele werden auf Konzernebene für jeden Bereich des Unternehmens definiert. Zur Überwachung der Finanzplanung und zur Beobachtung des Unternehmensumfeldes verwendet ABB eigene Simulationsmodelle. Die wahrscheinlichsten Szenarien fließen in die strategische Planung ein. Anschließend werden die Ziele von den Verantwortlichen auf Geschäftsbereichsebene heruntergebrochen.

ABBs Finanzberichtssystem ABACUS dient als Integrationswerkzeug. Es handelt sich dabei um ein Data Warehouse, in das die operativen Einheiten von ABB automatisch und regelmäßig Daten übertragen. Dieses System gibt den Managern die Möglichkeit, Berichte über konsolidierte Finanzdaten in jedem gewünschten Umfang und Format zu erstellen. ABACUS unterstützt außerdem die strategische Planung des Unternehmens, z.B. die strategische Finanzplanung, den globalen Budgetierungsprozess und die Erstellung von Forecasts. Dank ABACUS kann das Management weltweit auf integrierte und konsistente Datenbestände zugreifen.

Seit der Einführung von ABACUS konzentriert sich ABB auf die Wertschöpfung durch Forschung, Entwicklung und Produktinnovation. Für diese Wertschöpfung wird eine Reihe von Messgrößen verwendet: Anmeldung von Patenten und Erfindungen, Jahresumsatz mit neuen Produkten, Return on Investment aus Forschung und Entwicklung.

ABB hat sich als erstes Unternehmen der Branche vollständig nach Kundengruppen und nicht nach Produkten organisiert. Ziel dieser Ausrichtung ist ein überdurchschnittliches Wachstum durch die Unterstützung der Kunden in einer Welt, die von zunehmender Globalisierung, Deregulierung, Konsolidierung und durch den Einsatz von E-Business geprägt ist. Die produktorientierten Tätigkeitsbereiche wurden durch vier neue Bereiche ersetzt, die an den Kundensegmenten ausgerichtet sind: Versorgungsunternehmen, Prozessindustrie, Fertigungsindustrie und Konsumgüterindustrie sowie Öl, Gas und Petrochemie. Als »Brutkasten« diente dabei ein neues Unternehmen, die New Ventures Ltd.

Die wichtigste Lektion bestand darin, die zentrale Bedeutung von Kapital und Kultur für die Produktivitätssteigerung im Unternehmen zu verstehen. Die von Percy Barnevik bei ABB geschaffene Kultur hat bewiesen, dass auch große globale Konzerne in der Lage sind, die Initiative der einzelnen Mitarbeiter zu fördern. Der Schlüssel hierzu liegt in der Matrix-Organisation, die einerseits den Managern der operativen Einheiten Befugnisse überträgt und andererseits ein ausreichendes Maß an zentraler Kontrolle beibehält. Der Wissens- und Erfahrungsaustausch zwischen den Geschäftsbereichen gibt den Mitarbeitern die Möglichkeit, ein sehr persönliches Bild ihres Unternehmens zu entwickeln.

Heute muss ABB seine Größe dramatisch verringern, um die Trendwende zu schaffen. Möglicherweise wurden die in dieser Fallstudie geschilderten Veränderungen zu spät realisiert. Die Fixkosten sind noch immer zu hoch und die Vorteile, die frühere Restrukturierungsprogramme dem Unternehmen beschert haben, entfalten ihre Wirkung langsamer als erwartet. Bestimmte Geschäftssparten stehen vor dem Verkauf und selbst eine Aufspaltung des Unternehmens kann nicht ausgeschlossen werden.[5]

8.3   Ein neuer Ansatz im Performance-Management

Wie Abbildung 8.3 zeigt, haben die Abwertung physischer Vermögenswerte und die Aufwertung der Intangible Assets eine Neuorganisation der Performance-Management-Systeme nach sich gezogen. Voraussetzung für diese Erneuerung ist ein gründliches Verständnis der Werttreiber. Heute sind dies Intangible Assets wie gute Kundenbeziehungen, die Fähigkeit zur Produktinnovation und das im Unternehmen vorhandene Wissen. In der Wissensökonomie hat derjenige einen erheblichen Wettbewerbsvorteil, der erkennt, dass keine relevante Korrelation zwischen Input und Output, also Investition und Ergebnis, besteht.

Mit anderen Worten: Der Wert des intellektuellen Kapitals hängt nicht unbedingt mit den Kosten seiner Entstehung zusammen. Der Zusammenhang zwischen den

---

5   Die Fallstudien zu ABB und Cisco (siehe weiter hinten) sind entnommen aus: Daum, Jürgen H.: *Intangible Assets oder die Kunst, Mehrwert zu schaffen.* Galileo Business 2002.

Herstellungskosten der Produkte von Wissen und Können und ihrem Marktwert ist längst nicht mehr so eindeutig wie der Zusammenhang zwischen den Herstellungskosten einer Tonne Stahl und ihrem Preis zu Zeiten der industriellen Revolution. Der Wert der Forschungs- und Entwicklungsarbeit eines Pharma-Unternehmens lässt sich nicht aus den entsprechenden Aufwendungen des Unternehmens ableiten. In die Softwareentwicklung oder in Dreharbeiten für einen Film investierte Mittel erlauben keine Aussage über die künftigen Erlöse aus diesem Produkt.

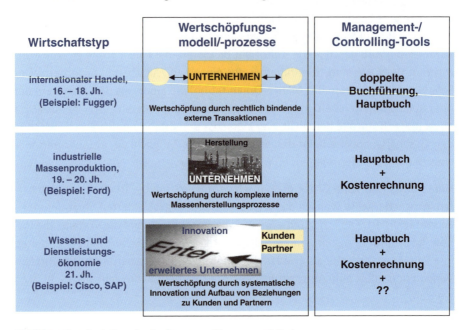

Abbildung 8.3 Evolution der Performance-Management-Systeme

Der Preis, den der Verbraucher für Produkte wie Software, Filme und Medikamente zu zahlen bereit ist, hängt weder von der Anzahl der codierten Zeilen noch von den Drehkosten oder dem Forschungsaufwand ab, sondern einzig und allein vom Wert, den das Produkt für den Verbraucher hat – und damit von der subjektiv empfundenen Qualität und der Marktnachfrage.

Benötigt wird ein neues System zur Messung der Unternehmensleistung, das eine Verbindung zwischen Kosten, Marktwert und Zeit herstellt, die Steuerung der Kosten und Ressourcen mit der Produktakzeptanz des Marktes verknüpft und die wirtschaftlichen Einflüsse der positiven wie negativen Intangibles berücksichtigt. Dieses System muss in der Lage sein, Daten zur Effizienz des gesamten Lebenszyklus von Kundenbeziehungen und Produkten bereitzustellen (siehe Abbildung 8.4). Und es muss Prognosen liefern, die permanent überprüft und aktualisiert werden können.

Die Steuerung der wertschöpfenden Prozesse in der Produktinnovation, im Customer Relationship Management und im Supply Chain Management sowie die Unterstützung von Prozessen im Personalwesen, im Finanzwesen und im IT-Bereich – all das sind wichtige Aufgaben. Ohne strategische Koordination jedoch kann ein Unternehmen im besten Fall sein Potenzial nicht voll ausschöpfen und im schlechtesten Fall gar nicht geführt werden. Abbildung 8.5 zeigt, wie Performance-Management und operatives Geschäft ineinander greifen. Auf der linken Seite sehen Sie die Überwachungsinstrumente eines »Tableau de bord« (siehe nächster Abschnitt). Auf der rechten Seite ist das Zusammenspiel der Geschäftsprozesse dargestellt. Beide Seiten bilden zusammen das neue System zur Unternehmensführung.

Kunden-Lebensdauer-Management   Produkt-Lebensdauer-Management

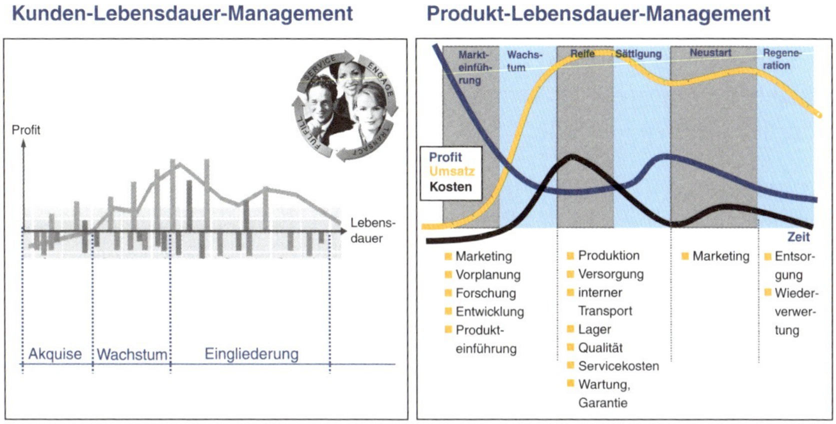

Abbildung 8.4 Messung der Unternehmensleistung über den gesamten Lebenszyklus

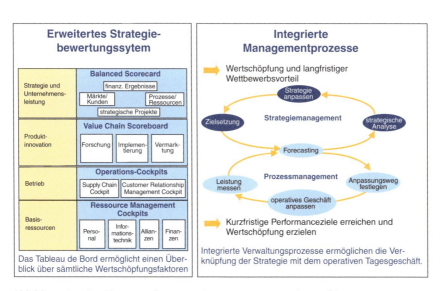

Abbildung 8.5 Die Elemente des neuen Systems zur Unternehmensführung

Der Strategie kommt eine dreifache Rolle zu: Erstens zeigt sie, wie das Unternehmen für seine Stakeholder Wert schaffen will, zweitens, welche Assets das Unternehmen dafür einzusetzen beabsichtigt, und drittens, wie das Unternehmen die ersten beiden Punkte in einem Wertekonzept miteinander kombinieren möchte. Aufgabe der Strategie ist es, ein gemeinsames Ziel für alle Aktivitäten des Unternehmens festzulegen und den Managern die Möglichkeit zu geben, schnell zu entscheiden, wenn zwischen verschiedenen Wertschöpfungsbereichen vermittelt werden muss.

Werte werden nicht direkt mithilfe von Intangible Assets erzeugt, sondern durch Geschäftsprozesse, die entweder Intangibles schaffen (zum Beispiel durch Produktentwicklung) oder Intangible Assets nutzen (zum Beispiel in den Kundenbeziehungen).

In den letzten zehn Jahren sind zahlreiche Ansätze zur Messung nichtfinanzieller Werttreiber und immaterieller Vermögenswerte entstanden. Zu den brauchbarsten Modellen gehören folgende:

▶ Die von Kaplan and Norton vorgeschlagene *Balanced Scorecard* bildet einen ausgezeichneten Rahmen für das Reporting über die allgemeine Unternehmens-Performance und die Fortschritte bei der Umsetzung neuer Strategien.

▶ Das Konzept der *Realoptionsbewertung* enthält Bewertungsverfahren für »reale« Geschäftsoptionen, die infolge neuer Strategien entstanden sind. Es bietet außerdem Entscheidungsunterstützung bei der Entwicklung dieser Optionen, der Durchführung entsprechender Investitionsprojekte und der Abschätzung der damit verbundenen Chancen und Risiken.

▶ Das Konzept des *Customer Lifetime Value* erfasst den Wert eines Kunden für ein Unternehmen über die gesamte Dauer der Kundenbeziehung und bietet die Möglichkeit, die in der Kundenbetreuung geschaffenen Intangible Assets zu bewerten.

Obwohl diese Ansätze allgemein anerkannt sind, erfassen auch sie nicht alle wichtigen Wertschöpfungsaktivitäten. Ein neues und zur Bewertung von Intangible Assets besser geeignetes Werkzeug ist das *Value Chain Blueprint*[6]. Wie die Balanced Scorecard identifiziert es finanzielle und nichtfinanzielle Werttreiber. Im Gegensatz zur Scorecard jedoch liegt der Schwerpunkt des Value Chain Blueprint eher auf der Innovation, nicht auf der strategischen Implementierung.

Wie sieht ein Value Chain Blueprint aus? Es besteht aus neun Gruppen von Kennzahlen, die zumeist nichtfinanzielle Faktoren des Innovationsprozesses beschreiben. Diese neun Kennzahlgruppen sind den drei Hauptphasen der Innovationskette zugeordnet: Forschen und Lernen, Implementierung, Vermarktung.

---

6 Lev, Baruch: *Intangibles: Management, Measurement and Reporting.* 2001.

Im Bereich Forschen und Lernen sind dies:

1. interne Erneuerungsfähigkeit (z.B. der Erfolg von Forschungs- und Entwicklungsaktivitäten)

2. erworbene Fähigkeiten (z.B. zugekaufte Technologie)

3. Grad der Vernetzung (z.B. durch Forschungs- und Entwicklungsallianzen oder Communities of Practice)

In der Phase der Implementierung werden erhoben:

1. geistiges Eigentum (z.B. in Form von Patenten, eingetragenen Marken oder Lizenzvereinbarungen)

2. technische Machbarkeit (z.B. der Status von klinischen Tests für ein neues Medikament oder von Beta-Tests für eine Software)

3. Internetaktivitäten (z.B. der Umfang von Onlinebestellungen, die Zahl der Besucher einer Website usw.)

Bezüglich der Vermarktung fallen ins Gewicht:

1. Kunden (z.B. Abwanderungsraten, durchschnittlicher Kundenwert, aktueller Wert von Markennamen oder Status von Vermarktungspartnerschaften

2. Ertrag (z.B. durch Lizenzierung von Patenten)

3. Wachstumsperspektiven

Das Value Chain Blueprint erfasst den Zusammenhang zwischen Ressourceneinsatz und Ergebnissen. Es unterscheidet sich von den meisten anderen Informationssystemen durch den wissenschaftlichen Ansatz. Jeder der vorgeschlagenen Indikatoren konnte durch entsprechende Untersuchungen als Werttreiber identifiziert werden, das heißt, es konnte eine statistische Korrelation zwischen dieser Größe und dem Unternehmenswert aufgezeigt werden.

8.4   Das Tableau de bord

Doch selbst das Value Chain Blueprint reicht nicht weit genug. Für die strategische Planung benötigen Manager kurzfristige, objektive Daten über den aktuellen Status und die Perspektiven aller wichtigen Aktivitäten und Prozesse sowie langfristige Informationen über die strategische Wertschöpfung und künftige Wettbewerbsvorteile. Ein solchermaßen umfassendes System der Leistungsmessung wird als *Tableau de bord*[7] bezeichnet.

---

7   Das Konzept des Tableau de bord wird eingeführt und ausführlich beschrieben in: Daum, Jürgen H.: *Intangible Assets oder die Kunst, Mehrwert zu schaffen.* Galileo Business 2002.

Auf einem Tableau de bord (französisch: Instrumententafel) können sich interne und externe Stakeholder mittels Kennzahlen schnell und einfach einen Überblick über die Leistung des Unternehmens und den Status der wichtigsten Wertschöpfungsprozesse verschaffen (siehe Abbildung 8.5 links).

Das Tableau de bord umfasst vier Sichten:

▶ eine Balanced-Scorecard-Sicht mit Indikatoren zur Strategieumsetzung und Gesamtleistung

▶ eine Sicht für den Bereich Produkt- und Marktentwicklung, die auf dem Value-Chain-Blueprint-Konzept beruht und die quantitative Beurteilung der Effektivität und Effizienz der Produktinnovation und des Marktentwicklungsprozesses ermöglicht

▶ eine operative Sicht in Form von »Cockpits« zur Überwachung der Prozesse im Supply Chain Management und Customer Relationship Management

▶ eine Sicht zur Überwachung der wichtigsten Prozesse der Zentralabteilungen

Das Ergebnis ist ein Performance-Management-System, das dem Unternehmen bei der prozess- und abteilungsübergreifenden taktischen Planung und Steuerung von Ressourcen hilft. Das Tableau de bord kann das Rechnungswesen nicht ersetzen, es arbeitet ihm zu und ergänzt es. Natürlich werden auch Finanzinformationen benötigt, und zwar vor allem, da sie eine realistische Überprüfung der Wertschöpfung oder Wertvernichtung ermöglichen, solange die Produkte, Dienstleistungen und Prozesse die Wertschöpfungskette durchlaufen.

Scoreboard-Indikatoren müssen drei Kriterien erfüllen: Erstens müssen sie quantitativ sein, zweitens müssen sie standardisiert sein – das heißt, sie müssen über Geschäftsbereiche und Unternehmen hinweg zu Bewertungszwecken und im Benchmarking verwendet werden können –, drittens, und das ist das wichtigste Kriterium, muss empirisch beweisbar sein, dass sie sowohl für interne als auch für externe Anwender relevant sind.

Falls Sie ein Tableau de bord einführen möchten, helfen Ihnen vielleicht die folgenden Ratschläge:

1. **Beginnen Sie, den Status der Intangible Assets in Ihrem Unternehmen zu überwachen.**
   Die Überwachung der nichtfinanziellen Kennzahlen der wichtigsten Wertschöpfungsprozesse verbessert Ihr Verständnis des Zusammenspiels der Indikatoren und der Logik, die Ihren immateriellen Ressourcen und finanziellen Ergebnissen zugrunde liegt.

2. **Tauschen Sie regelmäßig Erkenntnisse und Erfahrungen mit den Managern anderer Unternehmen aus.**

   Die Erkenntnisse, die andere Unternehmen über ähnliche Probleme und Lösungen gewonnen haben, können Ihren Blick für die eigenen Geschäftsprozesse und Managementsysteme schärfen.

3. **Experimentieren Sie mit neuen Formen der Zusammenarbeit.**

   Laden Sie einen externen Spezialisten als Moderator ein. Entwickeln Sie für Ihre Meetings einen eigenen Stil, und verwenden Sie hierbei die Erfahrungen des Management Cockpits.

4. **Bestehen Sie auf der Verwendung geeigneter Messgrößen, und verbessern Sie diese kontinuierlich.**

   Identifizieren Sie die Bereiche des Unternehmens, in denen regelmäßig die Performance gemessen und über sie berichtet werden soll. Halten Sie einmal monatlich oder anfangs sogar wöchentlich »Research Days« ab, um mit den Mitarbeitern und den anderen Managern Ihres Unternehmens über die Geschäftsprozesse zu sprechen. Kommunizieren Sie zu Fragen der Wertschöpfung auch mit externen Stakeholdern wie Kunden, Geschäftspartnern, Branchenanalysten und vielleicht sogar mit Ansprechpartnern aus konkurrierenden Unternehmen.

Beginnen Sie, systemorientiert zu denken. Besuchen Sie Schulungen, in denen systemorientiertes Denken vermittelt wird, um die grundlegenden Prinzipien dieser Disziplin zu verstehen. Entwerfen Sie – in Papierform und im kleinen Rahmen – dynamische Systemmodelle. Versuchen Sie anschließend gemeinsam mit Ihrem Managementteam, einen Geschäftsprozess Ihres Unternehmens neu zu gestalten.

8.5 Die effiziente Nutzung von Innovation und Kundenbeziehungen

Innovation – heute der wichtigste Motor der Wertschöpfung – muss auf der operativen Ebene stattfinden, also dort, wo Unternehmen täglich mit ihren Kunden und anderen Geschäftspartnern in Kontakt treten, zum Beispiel in Form neuer Prozesse und Strukturen. Sie muss auf der Ebene der Produkt- und Marktentwicklung stattfinden, wo neue Techniken entdeckt und neue Produkte entwickelt und vermarktet werden. Und sie muss auf der strategischen Ebene stattfinden, auf der die Unternehmen entscheiden, wo in eine künftige Wertschöpfung investiert wird und welche Kombination von Intangible Assets geeignet ist, Wachstum zu erzielen, etwa durch die Kombination einer neuen Organisationsstruktur mit einem innovativen Produkt, das entweder selbst entwickelt oder erworben wurde. Die Bündelung aller Innovationsmaßnahmen im Unternehmen (siehe Abbildung 8.6) ist eine große Herausforderung.

Hierbei muss im Unternehmen eine Fokussierung auf die Rentabilität und die Wertschöpfung erfolgen, damit die Wirksamkeit der eigenen Aktivitäten, deren Effizienz und der Erfolg gemessen werden können. Die Kombination von Innovation und Kundenorientierung kann ein äußerst erfolgreiches Geschäftsmodell sein, wie das Beispiel von Cisco zeigt.

Abbildung 8.6 Bündelung der Innovationsmaßnahmen

🔰 Fallstudie
Die Kultivierung von Innovation und Kundenorientierung

Warum ist Cisco zu einer globalen Erfolgsstory geworden? Die Antwort geben zwei Begriffe: Innovation und Internet. Als Netzwerke mehr und mehr zur Grundlage der Informationstechnologie im Unternehmen wurden, trieb Cisco die Entwicklung innovativer Netzwerklösungen voran. Cisco nutzte den Router, eine Erfindung der Firmengründer, als Sprungbrett für die weitere Innovation, weitete seine Kernkompetenzen aus, erhöhte die Aufwendungen für Forschung und Entwicklung und verfolgte die gezielte Übernahme kleiner innovativer Unternehmen, die erfolgreich integriert wurden. Das Ergebnis war die weltweite Marktführerschaft im Internet Networking.

Die Kundenorientierung und die Organisationsstruktur sind zwei weitere Schlüsselfaktoren des Erfolgs. Cisco konzentrierte sich darauf, die Bedürfnisse der Kunden zu identifizieren, die richtigen Produkte und Dienstleistungen zu entwickeln und Mitarbeiter, Lieferanten und andere Geschäftspartner so einzubinden, dass die Kunden optimal bedient wurden. Das Unternehmen nutzte seine Intangible Assets in Forschung und Entwicklung, sein Know-how im Aufbau von Organisationsstrukturen (d. h. sein Lieferantennetzwerk) und sein Humankapital, um mithilfe neuer Technologien Kundenwert zu erzeugen.

Hierzu schuf Cisco eine vernetzte E-Business-Struktur und nutzte die Informationstechnologie, um die Mitarbeiter und das Unternehmen mit den Kunden und

Lieferanten zu verbinden. Heute stellt Cisco keines seiner Produkte selbst her, sondern baut auf ein digitales Netzwerk von Lieferanten, die über Cisco direkt mit den Kunden verbunden sind.

Hinsichtlich der Finanzen hat dies zu einer Entkapitalisierung geführt, die sich in einer schlanken Bilanz niederschlägt – einer Bilanz, die erheblich schlanker ist als die von Lucent, Nortel und Alcatel, die auf vergleichbaren Märkten agieren. Die Sachanlagen und das Working Capital machten 1999 bei Cisco lediglich drei Prozent der Bilanzsumme aus, bei Alcatel dagegen 15 Prozent, bei Nortel 30 Prozent und bei Lucent sogar 50 Prozent.

Der Erfolg von Cisco ist außerdem darauf zurückzuführen, dass Informationstechnologie und Internetanwendungen genutzt werden, um den Informationsfluss mit den wichtigsten Partnern zu optimieren und so diese essenziellen Beziehungen zu festigen. Durch die Verbesserung des eigenen internen Netzwerks erzielt Cisco finanzielle Vorteile von jährlich annähernd 1,4 Milliarden US-Dollar. Hierdurch wurde bei Kunden, Partnern und Mitarbeitern ein hohes Maß an Zufriedenheit erreicht – ein klarer Wettbewerbsvorteil, was Kundendienst, Auftragsabwicklung und Lieferung betrifft – und eine Verbesserung des internen Personalwesens und der Schulungsaktivitäten erzielt.

Heute verfügt Cisco über die größte Internethandelsplattform der Welt und wickelt 90 Prozent seiner Aufträge online ab.

John Chambers, der Präsident und CEO, erläutert: »Der Erfolg von Cisco beruht weitgehend auf dem Einsatz von Internetanwendungen. Die Fähigkeit, die Vorteile des Internet im Rahmen eines modernen Geschäftsmodells zu nutzen, ist der entscheidende Faktor, um in unserer schnelllebigen Wirtschaft zu bestehen und wettbewerbsfähig zu bleiben.«

Cisco brauchte eine Strategie, um mit der Innovation Schritt halten zu können, und das Management von Cisco entschied sich für eine Strategie der Akquisitionen. Diese Entscheidung stellte einen tiefen Einschnitt in die bisherige Unternehmensgeschichte dar. Das Unternehmen war von brillianten technischen Fachleuten gegründet worden, die etwas Einmaliges erfunden hatten. Aber um Marktführer zu bleiben und diese Position auszubauen, musste Cisco Ideen kaufen, anstatt sich ausschließlich auf die eigenen Innovationskräfte zu verlassen. Das Konzept war folgendes: Cisco konnte den Wert der erworbenen Technologien und Produkte rasch steigern, wenn es diese mit seinen eigenen Intangible Assets kombinierte – mit seiner Kundenbasis, seinen Informationen über die Erwartungen der Kunden und mit dem Know-how, das erforderlich ist, um diesen Erwartungen entsprechen zu können. Cisco war in der Lage, seine Wertschöpfung erheblich zu steigern, weil es seine Managementenergien auf die lukrativsten Aktivitäten konzentrieren konnte, nämlich auf die Entwicklung neuer Produkte und neuer Märkte – und auf das Verständnis der Erwartungen seiner Kunden.

Die Übernahme von Technologien ist ein schwieriges Unterfangen. Cisco löste das Problem durch die Entwicklung eines so genannten »Internet-Betriebssystems« (*Internet Operation System, IOS*). Mithilfe dieses Systems konnte Cisco die erworbenen Technologien rasch in die bestehenden technischen Strukturen integrieren und seinen Kunden Komplettlösungen anbieten. Das IOS stellte die Verbindung zwischen den unterschiedlichen Cisco-Technologien, wie Router, Hubs, Schalter, PCs und Server her.

Cisco entwickelte einen strukturierten Akquisitionsprozess. Bei der Bewertung der Übernahmekandidaten werden neben der Kompatibilität der Unternehmenskulturen zahlreiche andere wichtige Kriterien beurteilt. Wenn die Übernahme beschlossen ist, wird die Akquisition in drei Phasen abgewickelt: Zunächst wird dem CEO die Übernahme »verkauft«, dann wird eine gründliche Überprüfung durchgeführt und schließlich folgt der Integrations- und Eingliederungsprozess. Nach dem Abschluss der Übernahmeverhandlungen kommt das konzerneigene Integrationsteam zum Einsatz und integriert alle wichtigen Funktionen der neuen Tochtergesellschaft, einschließlich der IT-Infrastruktur. Das Ziel dieses Vorgehens ist es, die übernommene Gesellschaft binnen 100 Tagen den Kunden als einen Teil von Cisco zu präsentieren.

Während ABB Organisationsstruktur und Unternehmenskultur dazu einsetzte, um den Austausch von Wissen und Best Practices über die Ländergrenzen hinweg voranzubringen, ging Cisco einen Schritt weiter und baute Beziehungen zu externen Partnern auf, um zusätzlichen Mehrwert zu schaffen.

Für ABB bestand der große Schritt darin, ein Global Player zu werden und die materiellen und immateriellen Vermögenswerte weltweit einzusetzen. Für Cisco war es dagegen wichtig, das Geschäft von der Kundenseite aus voranzubringen. Heute hat auch ABB diesen Weg eingeschlagen. Schlussfolgerung: In einer Branche, die sich durch komplexe Produkte und eine hohe Innovationsgeschwindigkeit auszeichnet, ist eine Strategie erforderlich, die den Dienst am Kunden als Grundlage von Wachstum und Wertschöpfung betrachtet.

Cisco hat bewiesen, dass sich aus Intangible Assets wesentlich höhere Renditen und ein erheblich besserer Shareholder Value erzeugen lassen als aus materiellen Vermögenswerten. Wenn Sie ebenfalls diesen Weg einschlagen wollen, sollten Sie jedoch einige grundlegende Regeln beachten:

- Konzentrieren Sie sich bei Produkten und Dienstleistungen auf Ihre Kernkompetenzen.

- Versuchen Sie, künftige Kundenerwartungen vorherzusehen, und definieren Sie auf dieser Grundlage eine klare Strategie zur Umsetzung Ihrer Unternehmensziele und zur Erschließung von Marktsegmenten.

- Lagern Sie Aktivitäten aus, die nicht zum Kerngeschäft gehören, aber binden Sie Ihre externen Dienstleister über gemeinsame Geschäftsprozesse so an Ihr Unternehmen an, dass sie dem Kunden gegenüber als eine Einheit auftreten können.

- Verwenden Sie sowohl intern als auch in den gemeinsamen Geschäftsprozessen mit Partnern und Kunden eine hoch entwickelte Informations- und Netzwerktechnik, um diese Beziehungen noch produktiver zu gestalten.

- Definieren Sie eine Strategie zur Steigerung der Mitarbeiterproduktivität. Dies ist unabdingbare Voraussetzung für die Erzeugung von Wert durch Innovation und Kundenbeziehungen.

- Optimieren Sie Ihre Kundenbeziehungen. Behandeln Sie Ihre Kunden als Partner, und beziehen Sie sie in die Produktentwicklung ein. Wenn Ihr Unternehmen nicht unmittelbar an die Endverbraucher liefert, konzentrieren Sie sich auf den Aufbau eines starken Markenimages.

- Behandeln Sie die Innovation als »Outside-In«-Prozess, der durch die Erwartungen der Kunden getrieben wird. Im Rahmen dieses Prozesses sind auch »Kauf«-Optionen in Betracht zu ziehen, statt selbst Kompetenz aufzubauen. Falls Ihr Unternehmen eine Akquisitionsstrategie verfolgt, müssen Sie in der Lage sein, übernommene Mitarbeiter und Technologie rasch und effizient zu integrieren.

8.6   Wertschöpfung durch Value Networks

Wie lautet Ihr Rezept für die Wertschöpfung? Was ist ein Value-Center? Wie unterscheidet es sich von der herkömmlichen Geschäftsbereichsstruktur? Wie schafft man Wert mithilfe von Intangible Assets? Die Prinzipien der Wertschöpfung sind klar: Investieren Sie in diejenigen Geschäftsfelder, also in Markt- und Produktsegmente und die entsprechenden Assets, die aus der Sicht der Stakeholder die besten finanziellen und nichtfinanziellen Gewinne abwerfen. Überwinden Sie die bestehenden Beschränkungen und Negativeffekte, und steuern Sie das operative Geschäft und die Geschäftsprozesse so effizient wie möglich.

Traditionell untergliedern Unternehmen die Struktur ihres Berichtswesens entweder in Profit Centers oder in Investment Centers beziehungsweise Kostenstellen. Die Struktur des Finanzkontenplans folgt in der Regel derselben Einteilung. Der Schwerpunkt liegt vornehmlich auf dem Reporting von Umsätzen und Kosten, die normalerweise nach Regionen oder Verantwortungsbereichen abgebildet werden. Die Wertschöpfung durch Value Networks erfordert einen etwas anderen Ansatz: Hierbei liegt der Schwerpunkt nicht auf Umsätzen und Kosten, sondern auf den Auswirkungen von Kapitalinvestitionen, und zwar vor allem von Kapitalinvestitionen in Intangible Assets.

Unternehmen versuchen, das wachsende Spannungsverhältnis zwischen langfristigen Investitionen und kurzfristigem Ergebnis zu beherrschen. Das ist an sich weder auf der Ebene des Konzerns noch auf der Ebene der einzelnen Konzerngesellschaften etwas Neues. Neu ist einzig und allein die Frage, wie weit das Spannungsverhältnis zwischen Kapital und Ergebnis in der Hierarchie des Unternehmens nach unten transportiert werden soll. Am Shareholder Value orientierte Unternehmen, deren Investitionen zu einem großen Teil in Intangible Assets stecken, schreiben ihre Kontenpläne neu und akzeptieren die hieraus resultierenden Veränderungen in Organisation und Verantwortlichkeit. Dieser neue Ansatz wird als *Value-Center-Konzept* bezeichnet. In den Abbildungen 8.7 und 8.8 ist ein Vergleich zwischen dem Value-Center-Ansatz und dem traditionellen Profit-Center-Konzept dargestellt.

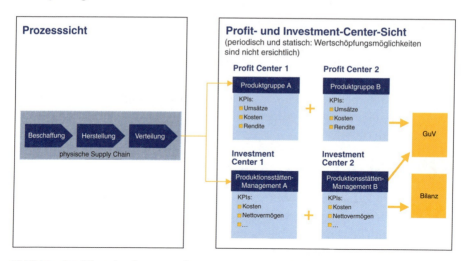

Abbildung 8.7 Wertschöpfung in Profit Centers – traditionelles Modell

Die meisten Top-Manager wissen überraschenderweise nicht, wie in ihren Geschäftsbereichen Wert geschaffen wird. Im Rahmen unserer Untersuchungen fanden wir heraus, dass in den USA jedes zweite Einzelhandelsunternehmen noch nicht einmal seine Kapitalkosten erwirtschaftet. Dennoch sind die Manager vieler Unternehmen geradezu besessen vom Konzept des Wachstums. Doch Wachstum droht Werte zu zerstören, wenn die Kapitalrendite nicht gesteigert wird.

In der Pharma-Industrie beispielsweise, wo die führenden Unternehmen Kapital-renditen von über 30 Prozent nach Steuern erwirtschaften, hat das Wachstum einen viel stärkeren Einfluss auf den Unternehmenswert als die Steigerung der Rendite. Dennoch messen und steuern viele Pharma-Unternehmen den Wert ihrer Forschungs-, Entwicklungs- und Produkteinführungsaktivitäten nicht effektiv genug.

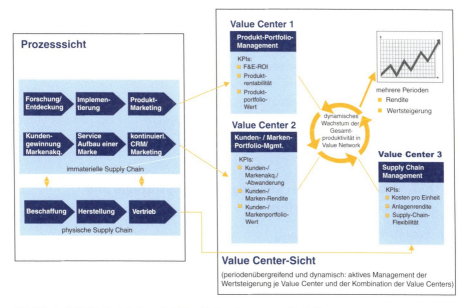

Abbildung 8.8 Wertschöpfung in Value Networks – neues Modell

Fehlt eine starke Führung durch den CFO, konzentrieren sich Top-Manager leicht auf die falschen Wertschöpfungsmaßnahmen. Als die Führungskräfte eines bekannten Unternehmens versuchten, sich auf Lösungen zur Verbesserung der Performance-Messung zu verständigen, war die Produktinnovation ein populäres Thema. Eine Analyse zeigte jedoch, dass Produktinnovation nicht annähernd so viel zur realen Wertschöpfung im Unternehmen beitrug wie der Kundendienst und die Qualität der Geschäftsprozesse. Die unbegründete Fokussierung auf die Produktinnovation lenkte die Verantwortlichen von den wirklichen Chancen zur Wertschöpfung ab.

Die Geschichte eines führenden Konsumgüterherstellers kann ebenfalls als warnendes Beispiel dienen: Einer der erfolgreichsten Geschäftsbereiche des Unternehmens wies Jahr für Jahr erhebliche Zuwachsraten beim Betriebsergebnis aus und erfüllte oder übertraf immer wieder die gesteckten Ziele. Solange in diesem Geschäftsbereich offensichtlich alles in Ordnung war, stellte das Management keinerlei Fragen zur Performance. Erst später stellte sich heraus, dass dieser Bereich seine Gewinne durch Preiserhöhungen erzielt hatte. Im Laufe der Jahre konnten die Mitbewerber daher immer größere Marktanteile erobern. Der Marktanteil des Unternehmens ging schließlich so stark zurück, dass das Betriebsergebnis nicht mehr gesteigert werden konnte. Die daraus resultierende Krise führte zu einem Vertrauensverlust an den Finanzmärkten und machte umfangreiche Restrukturierungsmaßnahmen erforderlich.

Der CEO von BP sagt es in einfachen Worten: »Die Strategie, das sind wir alle.« Das Management von Nokia fasst sich noch kürzer: »Strategie = Struktur = Umsetzung.« Globale Unternehmen glauben heute nicht mehr, dass sie die Zukunft durch eine sorgfältig entwickelte Strategie präzise vorherbestimmen können. Vielmehr ergibt sie sich aus dem komplexen und schwer vorhersehbaren Zusammenspiel von Führern, Geführten und strukturellem Kapital. Die Vorstellung, dass zuerst eine Strategie da ist, nach der sich dann das Unternehmen ausrichtet, entspricht nicht mehr der Realität.

Fallstudie
Die Balance zwischen langfristiger Strategie und kurzfristigem Erfolg

Ein Weltmarktführer im Bereich Softwareentwicklung und -vertrieb stand vor einem großen Problem. Die Quartalsberichte des Unternehmens zeigten, dass das Management im Vertriebsbereich dringend aktiv werden musste.

Globale Informationen mussten unverzüglich gesichtet und die Qualität der Umsatzprognosen überprüft werden. Die Mitglieder des Vorstands verwandten viel Zeit auf Besuche bei strategisch wichtigen Kunden und die abschließenden Verhandlungen für wichtige Verkaufsabschlüsse. Da der Großteil der Erlöse des Unternehmens aus Umsätzen aus Softwarelizenzen, Wartungsverträgen und Beratungsleistungen stammte, waren die betreffenden Betriebskosten relativ leicht vorherzusagen. Die Erlöse variierten mit den vierteljährlichen Schwankungen des Umsatzvolumens und den Preisen, die abhängig von der aktuellen Wettbewerbssituation auf dem Weltmarkt erzielt werden konnten. Vertrieb und Marketing des Unternehmens waren nach geografischen Regionen organisiert, und eine Feldorganisation berichtete an die zuständigen Ansprechpartner im Vorstandsbereich. Es ging darum, die Effizienz des Vertriebs genau zu beobachten.

Um langfristig überleben zu können, müssen Softwareunternehmen jedoch in die Produktentwicklung sowie in Forschung und Entwicklung investieren. Jedes Jahr werden immense Beträge für Entwicklungsprojekte bereitgestellt. Und obwohl einige dieser Projekte erfolgreich sind, kann es viele Jahre dauern, bis sich dieser Erfolg in Erträgen niederschlägt. Andere Projekte geben dem Unternehmen die Möglichkeit, durch kurzfristige Produktverbesserungen auf unvorhergesehene

Wettbewerbsentwicklungen antworten zu können. Tatsächlich ist die Produktentwicklung (ein zentrales Intangible Asset) die wahre Quelle der langfristigen Wertschöpfung.

Die Produktentwicklungsorganisation in unserem Unternehmen wurde ebenfalls global gemanagt, war aber nach Produktgruppen und nicht nach geografischen Regionen aufgestellt. Für den Vorstand war es nicht einfach, die Entwicklung einzelner Produkte zu initiieren oder zu stoppen, der Druck und die Notwendigkeit, hier schneller zu reagieren, wenn sich kein kurzfristiger Gewinn einstellte, waren hingegen enorm. Die Vermittlung zwischen diesen beiden konkurrierenden Ansätzen stellte stets eine schwierige und oft frustrierende Herausforderung dar.

Der CFO berichtet: »Wir benötigten neue Managementprozesse im Finanzwesen, die rollierende Prognosen zur globalen Entwicklung von Umsatz und Betriebskosten liefern konnten. Diese Prognosen mussten mit den Berichten über den langfristigen Fortschritt und Wert von Entwicklungsprojekten in Zusammenhang gebracht werden. Darüber hinaus implementierten wir eine integrierte Balanced Scorecard mit Lead-Indikatoren, der bei der Erstellung von Prognosen zu den strukturellen Veränderungen unserer Kosten und unserer Organisation eine wichtige Rolle zukam. Zu diesen Indikatoren gehören der Marktanteil, das Meilenstein-Reporting zu Projekten und der Customer Management Lifecycle. Die Scorecard ist inzwischen ein fester Bestandteil unserer mittelfristigen Planung und der kurzfristigen Budgetierung.«

Im Unternehmen wird jetzt über die Investition in ein »Management Cockpit« nachgedacht, das die Darstellung durch die Scorecard mit Data Warehouse, ERP und externen Informationsquellen vollständig integriert. Außerdem wird die gesamte globale Unternehmensstruktur permanent überprüft, da sich die Verantwortlichkeiten für Investitionen und Ergebnisse verschieben, wenn Produkte akquiriert werden und sich die schnelllebigen und sehr unterschiedlichen Marktbedingungen ändern.

Vielen Vorstandsmitgliedern ist klar, welchen Einfluss der Druck des Marktes auf die Leistung ihrer Manager haben kann. Durch die Dezentralisierung der Entscheidungsprozesse versuchen sie, Selbstständigkeit, Verantwortungsbewusstsein und unternehmerisches Handeln zu fördern, die Flexibilität im Unternehmen zu erhöhen und Chancen besser zu nutzen. Das wichtigste Ergebnis der Dezentralisierung ist die Übertragung der Entscheidungskompetenz auf die Manager, die mit dem Tagesgeschäft am besten vertraut sind.

Unternehmen können auf unterschiedliche Weise aufgeteilt werden: intern, extern oder in einer Kombination aus beidem. Die interne Aufteilung, bei der die Entscheidungsbefugnis bei den Managern der Geschäftsbereiche liegt, das Anlagevermögen jedoch weiterhin im Besitz des Konzerns verbleibt, ist die konservativste Option.

8.7 Neue Prozesse, neue Fähigkeiten, neue Systeme

Um als Unternehmen in der Wissensgesellschaft erfolgreich sein zu können, benötigt man objektive Informationen zum Prozess- und Marktstatus aller Unternehmensaktivitäten und einen schnellen, effizienten Wissenstransfer zwischen den Managern in Form eines permanenten strategischen Dialogs. Im strategischen Planungsprozess sollten Verfahren wie die Entwicklung alternativer Szenarien zur Identifizierung und Steuerung langfristiger strategischer Risiken, die Realoptionsbewertung zur Steuerung größerer Projekte und Investitionsrisiken und das systemorientierte Denken zur Identifizierung von Wachstumshindernissen verwendet werden.

Budgets sind das zentrale Instrument traditioneller Managementsysteme. Sämtliche Managementprozesse und -methoden sind auf Budgets aufgebaut und mit Budgets abgestimmt – von der strategischen Planung über den Einsatz der Ressourcen und das Controlling bis hin zur monatlichen Leistungsmessung und der Vergabe von Prämien. Das Budget beeinflusst die Entscheidungen des Managements und bestimmt, welche Aktivitäten und Ziele mit Priorität behandelt werden. Das größte Problem in diesem Zusammenhang ist die mangelnde Flexibilität der budgetorientierten Managementsysteme. Ein strategisches Instrument, das die Verantwortlichen an Entscheidungen bindet, die am Ende des zurückliegenden Geschäftsjahres richtig zu sein schienen, kann in einer globalen Wissensökonomie, in der sich die Marktbedingungen von heute auf morgen ändern und in der reaktionsschnelle und bewegliche Wettbewerber operieren, nicht mehr als effizient bezeichnet werden.

Aus diesem Grund setzen die Unternehmen in ihren Managementprozessen mehr und mehr darauf, den Prognoseprozess mithilfe rollierender Prognosen dynamisch zu gestalten. Im Gegensatz zu Plan-Ist-Vergleichen richten rollierende Prognosen finanzieller und nichtfinanzieller Werttreiber den Blick des Managements auf die aktuellen und künftigen Chancen und Risiken, nicht auf die Vergangenheit. Dem Unternehmen insgesamt ermöglicht die Verwendung rollierender Prognosen eine wesentlich realistischere Vorausschau. Die Unternehmensleitung kann sowohl auf negative Entwicklungen als auch auf unerwartete Chancen rechtzeitig reagieren.

Wie bereits in den vorangegangenen Kapiteln anhand des Strategic Enterprise Management (SEM) und der analytischen Anwendungen erläutert wurde, ist die Einführung von IT-Systemen, auf denen diese neuen Managementprozesse aufsetzen können, eine der zentralen Aufgaben des CFO. Dies beinhaltet sowohl den Einsatz neuer analytischer Anwendungen zur Unterstützung von Strategiemanagement, Performance-Management und operativem Management als auch die Implementierung von Internetportalen für Manager und externe Stakeholder.

Die Verwendung einer neuen IT-Infrastruktur mit offenen, flexiblen Schnittstellen ist für den Erfolg von entscheidender Bedeutung. Auf diese Weise können die zur Abwicklung neuer Geschäftsprozesse eingesetzten operativen Systeme an die elektronische Buchhaltung angeschlossen werden. Die benötigten Informationen stehen dem Management dann rund um die Uhr an sieben Tagen in der Woche zur Verfügung. Gemeinsam mit Daten aus anderen Quellen können die Informationen in periodischen Abständen oder in Echtzeit in ein Data-Warehouse-System übertragen werden.

Das Ergebnis ist eine integrierte Sicht auf alle Unternehmensfunktionen und die gesamte Systemlandschaft. Darüber hinaus bieten die Datenstrukturen des Data-Warehouse-Systems die Möglichkeit, mehrdimensionale und zeitorientierte Analysen, ein so genanntes *Online Analytical Processing* (OLAP), durchzuführen. Das Data Warehouse unterstützt analytische Softwareanwendungen, die der Entscheidungsfindung dienen, und sammelt Daten für das Tableau de bord.

8.8 Intern und extern über den Wert berichten

Über ein Managementportal kann der CFO seinem Team per Self-Service-Funktion Zugriff auf neue analytische Werkzeuge und Daten, Frage-und-Antwort-Kataloge und elektronische Diskussionsforen ermöglichen, in denen die Mitarbeiter Fragen klären oder wichtige Themen mit Kollegen aus anderen Bereichen besprechen können.

Mit einem solchen Portal schafft der CFO eine virtuelle Community, die einem frei definierbaren Personenkreis im Geschäftsumfeld des Unternehmens einen permanenten Dialog zu Fragen des Performance-Management ermöglicht. Am Kommunikationsprozess können sich Manager, Controller und Analysten des Unternehmens, aber auch Geschäftspartner, Investoren, Finanzanalysten und andere externe Stakeholder beteiligen. Als Back-Office dieser Community kann das Business Intelligence Center fungieren.

Das externe Reporting und die Kommunikation mit den Stakeholdern sind heute wichtiger denn je. Untersuchungen haben gezeigt, dass Unternehmen, die eine aktive und effiziente Informationspolitik betreiben, an der Börse erfolgreicher sind. Verlässliche Informationen des Managements über das Potenzial des Unternehmens sind wichtig für die Investoren, die versuchen, den Shareholder Value fundiert zu beurteilen. Die externe Kommunikation und die internen Managementprozesse müssen eng miteinander verbunden sein.

Die heute üblichen, gesetzlich geforderten Geschäftsberichte sind zu eng gefasst: Sie bilden die finanziellen Aspekte der ausgeführten Transaktionen ab, enthalten aber keine adäquaten Informationen über die Intangible Assets eines Unternehmens, über seine Risiken oder über künftige Verbindlichkeiten. Darüber hinaus verändern sich die Unternehmen des 21. Jahrhunderts sehr schnell, sie sind eingebunden in ein komplexes Netz aus Allianzen, Joint Ventures, Partnerschaften und anderen Geschäftsverbindungen. Und obwohl dieses Beziehungsnetz gemeinsam mit anderen Intangible Assets eine Quelle von Wert und Wachstum ist, wird es in den herkömmlichen Geschäftsberichten nicht hinreichend berücksichtigt. Schlimmer noch: Es wird häufig einfach ignoriert.

Berichte für die Investoren sollten neben den Informationen über zurückliegende Transaktionen eine umfassende Darstellung des Beziehungsnetzes einschließlich der damit verbundenen bisherigen und zukünftigen Verbindlichkeiten und Risiken enthalten. Ein umfassenderes Berichtssystem wird vor allem die Ressourcensteuerung in der Gesamtwirtschaft verbessern und die Integrität der Kapitalmärkte festigen. Ein weiteres, wenn auch nachgeordnetes Ziel ist es, manipulierte Bilanzen und Betrugsfälle in Zukunft weitgehend ausschließen zu können. Skandia ist ein Unternehmen, das auf all diesen Gebieten neue Wege beschreitet.

 Fallstudie
Die Förderung von Kommunikation und Offenlegung

Der Finanzdienstleister Skandia ist einer der wichtigsten Pioniere, was die Veröffentlichung ergänzender, KPI-basierter Berichte betrifft. Diese Politik wurde von Leif Edvinsson, dem damaligen Direktor für Intellectual Capital Management des Unternehmens, 1997 eingeführt.

Abbildung 8.9 zeigt einen Auszug aus dem »Supplement Report«, dem Zusatzbericht des Unternehmens. Das Konzept ist heute Teil der gesetzlichen Offenlegungsvorschriften für Unternehmen in Dänemark. Seit Januar 2002 sind dänische Unternehmen, die einen »bedeutenden« Teil ihres Wissenskapitals veräußern, verpflichtet, neben den Jahresabschlussberichten ein »Intellectual Capital Statement« zu veröffentlichen.

Leif Edvinsson war in das Unternehmen berufen worden, um eine sehr eingeschränkt operierende Lebensversicherungsgesellschaft in ein erfolgreiches Finanzdienstleistungsunternehmen zu verwandeln. Diesen Prozess beschreibt er hier im Detail:[8]

---

8 Die Fallstudie zu Skandia und die Schilderung Leif Edvinssons wurden zuerst veröffentlicht in: Daum, Jürgen H.: *Intangible Assets oder die Kunst, Mehrwert zu schaffen*. Galileo Business 2002.

»Ein herkömmliches Versicherungsunternehmen verdient sein Geld nicht im Kerngeschäft, in der Beziehung zu den Kunden. Es verdient vielmehr Geld mit Geld. Das bedeutet, dass das gesamte Geschäftsmodell zusammenbrechen kann, wenn sich die Vorschriften für Kapitalerträge ändern. Die interne Effizienz hat wenig Einfluss auf das wirtschaftliche Ergebnis, das mit den externen Entwicklungen am Kapitalmarkt steigt und fällt. Skandia wollte diesen Zustand ändern und stellte die Frage: Wie können wir verlässlichere Ergebnisse erzielen?

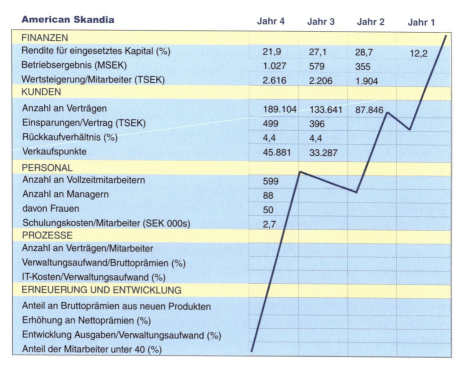

American Skandia	Jahr 4	Jahr 3	Jahr 2	Jahr 1
FINANZEN				
Rendite für eingesetztes Kapital (%)	21,9	27,1	28,7	12,2
Betriebsergebnis (MSEK)	1.027	579	355	
Wertsteigerung/Mitarbeiter (TSEK)	2.616	2.206	1.904	
KUNDEN				
Anzahl an Verträgen	189.104	133.641	87.846	
Einsparungen/Vertrag (TSEK)	499	396		
Rückkaufverhältnis (%)	4,4	4,4		
Verkaufspunkte	45.881	33.287		
PERSONAL				
Anzahl an Vollzeitmitarbeitern	599			
Anzahl an Managern	88			
davon Frauen	50			
Schulungskosten/Mitarbeiter (SEK 000s)	2,7			
PROZESSE				
Anzahl an Verträgen/Mitarbeiter				
Verwaltungsaufwand/Bruttoprämien (%)				
IT-Kosten/Verwaltungsaufwand (%)				
ERNEUERUNG UND ENTWICKLUNG				
Anteil an Bruttoprämien aus neuen Produkten				
Erhöhung an Nettoprämien (%)				
Entwicklung Ausgaben/Verwaltungsaufwand (%)				
Anteil der Mitarbeiter unter 40 (%)				

Abbildung 8.9 Auszug aus dem »Intellectual Capital Report« von Skandia

Unsere neue Geschäftsstrategie konzentrierte sich darauf, mehr Wert aus den Geschäftsprozessen selbst zu gewinnen. Für uns als Dienstleistungsunternehmen bedeutete das, dass wir nach neuen Wegen zur Wertschöpfung für die Kunden suchen mussten. Skandia beschloss daher, sich auf diejenigen Kunden zu konzentrieren, die nach einer Alternative zur traditionellen ›Todesversicherung‹ suchten, die normalerweise als Lebensversicherung bezeichnet wird. Wir fragten uns: Wie können wir für einen Kunden Wert schaffen, der sein Ausscheiden aus dem Arbeitsprozess überleben und seinen Ruhestand genießen möchte? Aus der Perspektive verlässlicher Ergebnisse bedeutete dies langfristige Kundenbeziehungen.

Skandia hat den Schritt von der traditionellen Versicherung zum erfolgreichen Finanzdienstleister durch die Fokussierung auf das Wissenskapital, das Intellectual

Capital (IC), vollzogen. Der IC-Wert, der Wert des Wissenskapitals von Skandia, wuchs von einem zu Anfang der neunziger Jahre sehr geringen auf einen Wert von 15 Milliarden US-Dollar an. Wie wurde das erreicht? Durch die Entwicklung einer Zahlensprache, mit der der Wert und der Status des IC kommuniziert werden konnten.

Mit der Verwendung dieser Zahlen begannen wir, die Wertschöpfungsfaktoren des Geschäfts und den geschaffenen bzw. nicht geschaffenen Wert (z. B. hinsichtlich der Kundenbeziehungen) für die verschiedenen Stakeholder transparent zu machen. Beide, Transparenz und aussagekräftige Daten, ist für das Verständnis des künftigen Gewinnpotenzials, das heißt des quasi ›schlummernden Kapitals‹, unerlässlich. Das Innovationsmanagement konzentriert sich auf die Triebfaktoren künftiger Gewinne, im Gegensatz zum rein finanziell ausgerichteten Management.

Für uns war es eine Herausforderung, die Aufmerksamkeit vom bisherigen finanziellen Ergebnis auf das künftige Erlös- und Gewinnpotenzial zu richten. Das erforderte eine Art mentales Training, das wir ›Wissensnavigation‹ genannt haben. Das übergreifende Ziel besteht darin, Innovationen zu fördern. Und eine entscheidende Innovation beginnt normalerweise mit einer Analyse der vorhandenen Möglichkeiten. Vor der Best Practice geht es um die Best Option. Offenheit ist unbedingt erforderlich. Man muss fragen und zuhören.

Man muss kein Experte sein, um dies umzusetzen. Wichtig ist es, ein Gespür für die Ereignisse und die Dinge, die verbessert werden können, zu entwickeln. Innovative Unternehmenskonzepte basieren oft auf einer geringfügigen Änderung, die einen großen Unterschied ausmacht. In der heutigen wettbewerbsorientierten Wirtschaft kann dieser kleine Unterschied das Geheimnis der Anziehungskraft eines Unternehmens sein, die wiederum die Grundlage seines wirtschaftlichen Erfolgs ist. Fakten sind dabei wie ein Rückspiegel, sie dürfen nicht die Sicht in die Zukunft versperren. Bei Skandia verwenden wir hierfür den ›Navigator‹, eine Art Balanced Scorecard. Der Navigator stellt fünf wertschöpfende Bereiche dar (siehe Abbildung 8.10).

Wenn wir uns die Kategorien des Wissenskapitals als Gebäude vorstellen, würde der finanzielle Aspekt durch das Dach, das obere Dreieck, wiedergegeben. Die externen Kundenbeziehungen und die internen Abläufe entsprächen in diesem Bild den tragenden Wänden. Das Fundament und das Erdgeschoss des ›Navigator-Gebäudes‹ stellten den Aspekt der Erneuerung und Entwicklung dar. Das Zentrum und die Seele dieses Hauses sind natürlich die Mitarbeiter. Der finanzielle Aspekt bildet nur unsere Vergangenheit ab, das wirtschaftliche Ergebnis der von uns erreichten Ziele. Die Mitarbeiter des Unternehmens, seine Kunden und Abläufe sind letztlich das, was ihm Bedeutung verleiht. Deren Kraft zu Innovation und Entwicklung bildet die Grundlage einer künftigen Perspektive, eines neuen Ausgangspunkts.

Der Navigator liefert neben finanziellen Ergebnissen auch Kennzahlen zum Status des Wissenskapitals von Skandia. Hierzu gehören z. B. die Zahl der Kundenverträge, die uns auf den für unsere Kunden geschaffenen Wert hinweist, und die Zahl der Verträge pro Mitarbeiter, die uns Rückschlüsse auf die Effektivität unserer Vorgehensweisen und unserer Gesamtorganisation erlaubt. Ein weiteres Beispiel ist der Anteil der Prämien aus neuen Produkten, der uns einen Einblick in den Erfolg vergangener Produktinnovationen gewährt.

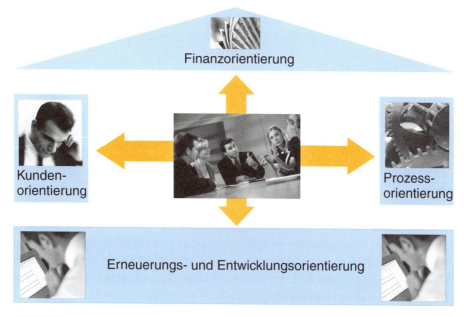

Abbildung 8.10 Der Navigator von Skandia

Der Navigator ermöglicht uns das interne Management unseres Wissenskapitals. Zusätzlich haben wir ein so genanntes Supplement Reporting, eine Ergänzung zu unserem Jahresbericht, entwickelt, um unseren Investoren und den anderen Stakeholdern zu helfen, den tatsächlichen Wert unseres Unternehmens besser zu verstehen. Statt eines Berichts über die Vergangenheit, wie dies bei traditionellen Geschäftsberichten der Fall ist, werden wir einen Bericht über die Zukunft anbieten. Da aufgrund der Börsenvorschriften eine Prognose in Zahlen nicht möglich ist, verwenden wir die Form der Erzählung, um über unsere internen Erneuerungsprozesse zu berichten. Unser Supplement Report kombiniert historische und aktuelle Kennzahlen über den Status der Wertschöpfungsfaktoren, die für die künftigen finanziellen Ergebnisse Werttreiber darstellen. Ein solcher Bericht über die Intangible Assets kann ein Gefühl für das Zukunftspotenzial des Unternehmens vermitteln.

Skandia Future Centers (SFC) ist eine virtuelle Netzwerk-Organisation, die ihren Sitz in Vaxholm hat, einer kleinen Stadt in der Nähe von Stockholm. In einer alten, 1860 erbauten Villa ist dort ein Labor für Organisationsentwicklung untergebracht. Es dient sozusagen als Arena für ›Wissens-Safaris‹, für Treffen, bei denen Strategiewissen ausgetauscht wird, und für komplexe Simulationen. Während der ersten beiden Jahre hatte das Zentrum fast 12000 Besucher. Sie kamen, um beispielsweise innovative Wissensmodelle in einer Umgebung zu testen, die zu neuen Ideen und kreativen Prozessen ermutigt. Nach und nach haben wir auch andere Leute mit Interesse an Zukunftsfragen eingeladen, führende Experten ebenso wie Kunden und Politiker. Heute ist das Skandia Future Center eine Begegnungsstätte von Vergangenheit und Zukunft.

Wie kann man aus der Sicht des Wissenskapitalmanagements die Produktivität messen? Hierzu kann man einen sehr einfachen Stellvertreterwert verwenden, den ich als ›IC-Multiplikator‹ bezeichne. Es ist der Wert des Strukturkapitals geteilt durch den des Humankapitals. Dieser Verhältniswert zeigt, dass der Wert des Strukturkapitals größer sein muss als das Humankapital. Ansonsten besitzen Sie keinen Multiplikator, sondern das Gegenteil, was den Verlust von Humankapital zur Folge haben wird. Wenn Ihr Strukturkapital zu schwach ist, wird es Humankapital nicht in Geschäftskapital und damit in finanziellen Wert transformieren können, und der Wert Ihres unterforderten Humankapitals wird ebenfalls abnehmen. Die wichtigsten Komponenten des Wissenskapitals eines Unternehmens sind also diejenigen, die die Produktivität der Mitarbeiter steigern. Und die Finanzkennzahl, mit der sich dies messen lässt, ist der pro Mitarbeiter erzielte Mehrwert, der uns hilft, den wichtigsten Werttreiber zu erkennen.

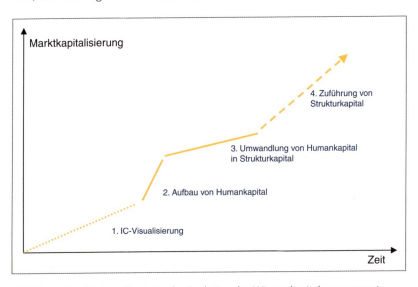

Abbildung 8.11 Die vier Phasen in der Evolution des Wissenskapitalmanagements

In der Entwicklung des Wissenskapitalmanagements eines Unternehmens lassen sich vier Phasen unterscheiden (siehe Abbildung 8.11):

▶ **Phase 1**

In der ersten Phase geht es hauptsächlich um die Visualisierung der Intangible Assets aus der Berichtsperspektive. Dies wurde bei Skandia intern mithilfe des Navigators und extern mithilfe des Supplement Reports erreicht. Einige Organisationen, wie die ›Securities and Exchange Commission‹ (SEC) in den Vereinigten Staaten, haben in diesem Zusammenhang den Begriff ›Supplementary Accounting‹ geprägt.

▶ **Phase 2**

Die zweite Phase konzentriert sich auf den Aufbau von Humankapital, was häufig auch als Kompetenzmanagement oder Wissensmanagement bezeichnet wird. Dabei handelt es sich sowohl um die Suche nach benötigten Fähigkeiten und entsprechend talentierten Mitarbeitern als auch um die Implementierung von Strukturen, Prozessen und IT-Systemen, die die Effektivität des Wissensaustauschs erhöhen sollen.

▶ **Phase 3**

Die dritte Phase besteht aus der systematischen Transformation von Humankapital in Strukturkapital, das als Multiplikator für menschliche Fähigkeiten betrachtet wird. Der Schwerpunkt liegt hierbei auf der Erstellung von ›Wissensrezepten‹, auf die weltweit direkt zugegriffen werden kann. Ein solches Wissensrezept wurde bei Skandia beispielsweise zum Aufbau von Tochtergesellschaften erstellt: Hierdurch konnte die für den Aufbau einer Tochtergesellschaft in einem anderen Land erforderliche Zeit von fünf Jahren auf fünf Wochen verkürzt werden.

▶ **Phase 4**

In der vierten Phase erfolgt eine Zuführung von externem Strukturkapital. Dies hat einen Turbo-Effekt für den IC-Multiplikator, da verschiedene Typen von Strukturkapital unterschiedlicher Unternehmen für die gemeinsame Schaffung neuer Möglichkeiten kombiniert werden. Ein Beispiel hierfür ist Cisco, ein Unternehmen, das eigenes Strukturkapital (seine Kundenbeziehungen und die von ihm kontrollierten Distributions- und Herstellungskapazitäten) mit dem Strukturkapital der kleineren akquirierten Unternehmen, nämlich mit deren Forschungs- und Entwicklungskapazitäten, kombinierte und auf diese Weise einen enormen zusätzlichen Wert für seine Aktionäre geschaffen hat.

Die Herausforderung für das Management von Wissenskapital besteht auf Unternehmensebene darin, den Stakeholdern diese Schritte der Schaffung von Mehrwert durch die Intangibles mitzuteilen. Das traditionelle Rechnungswesen orientiert sich am Finanzkapital – und tatsächlich war die Erfindung der doppelten Buchführung, die sämtliche ökonomischen Informationen in finanziell messbare Begriffe übersetzte, eine brillante soziale Innovation. Jetzt ist es Zeit für Werkzeuge, die sich auf das intellektuelle Kapital konzentrieren.«

Mehr Transparenz mindert das Risiko für die Investoren. Die Kapitalkosten sinken, der Schwellenwert für den erwarteten Shareholder Value Added wird herabgesetzt, und der Marktwert des Unternehmens steigt. Dies gilt besonders für Unternehmen mit beträchtlichen Intangible Assets und einer Art der Wertschöpfung, die vom traditionellen Rechnungswesen und in finanziell ausgerichteten Geschäftsberichten normalerweise nicht dokumentiert wird.

Die tägliche Kommunikation mit einer wachsenden Zahl von Stakeholdern stellt für die meisten Investor-Relations- und PR-Abteilungen eine große Herausforderung dar. In Zukunft werden die Stakeholder von den Unternehmen mehr interaktive Kommunikation über Websites oder E-Mail einfordern, und bei den Unternehmen werden immer mehr Informationsanfragen eingehen. Durch die Verwendung einer gemeinsamen Datenbasis kann sichergestellt werden, dass die Informationen, die den verschiedenen Gruppen von Stakeholdern zur Verfügung gestellt werden, mit den internen Managementinformationen übereinstimmen.

Stakeholder-Relationship-Systeme vereinfachen die Sammlung von Feedback zum Ergebnis und der Strategie des Unternehmens. So können die Stakeholder beispielsweise per E-Mail zum Ausfüllen eines elektronischen Fragebogens im Internet aufgefordert werden. Die Ergebnisse werden automatisch in einer zentralen Datenbank gespeichert, von wo sie in die strategische Planung einfließen.

CFO-Checkliste

▶ **Entdecken Sie die verborgenen Vermögenswerte Ihres Unternehmens.**
Berechnen Sie die Differenz zwischen dem Shareholder Value und den in der Bilanz ausgewiesenen Vermögenswerten. Machen Sie sich ein vollständiges Bild über das Wertpotenzial Ihrer Intangible Assets. Ermitteln Sie das intellektuelle Kapital. Suchen Sie nach Möglichkeiten für Cross-Selling und die Nutzung von immateriellen Werten wie Marken, Patente und Lizenzen, die Sie bisher übersehen haben.

▶ **Nutzen Sie ihre Intangible Assets zur Schaffung von Mehrwert.**
Stellen Sie ein ausgewogenes Verhältnis zwischen materiellen und immateriellen Vermögenswerten her. Trennen Sie sich von materiellen Vermögenswerten, die bei der Wertschöpfung keine Rolle spielen. Richten Sie Ihre gesamte Unternehmenskultur auf die Nutzung der Synergieeffekte aus Investitionen in strategisch wichtige Kunden und Innovation aus. Können Sie den Wertzuwachs Ihrer Intangible Assets verfolgen? Schaffen Sie Prozesse und Verfahren zur Wertplanung und Wertberichterstattung.

▶ **Überwachen Sie Ihre Intangibles mithilfe einer Scorecard.**
Legen Sie Kennzahlen für Produktinnovation, Customer Relationship Management und geistiges Eigentum fest. Weiten Sie das Kennzahlenverfahren auf Kunden- und Produktlebenszyklen aus. Stellen Sie sicher, dass die Kennzahlen transparent und einheitlich sind. Integrieren Sie Ihre Strategie- und Performance-Management-Prozesse.

▶ **Machen Sie die Kunden zu Ihrem wertvollsten Kapital.**
Segmentieren Sie die Kunden, und bestimmen Sie den Wert Ihrer Kundenbeziehungen. Investieren Sie in analytische Anwendungen und integrierte Systeme, die Ihre kundenorientierte Strategie unterstützen. Fördern Sie die Zusammenarbeit und den Austausch zwischen den Geschäftsbereichen. Erweitern Sie das Intranet Ihres Unternehmens um Portale, die Ihnen helfen, Synergieeffekte besser zu nutzen.

▶ **Optimieren Sie Ihr Innovationsportfolio.**
Nehmen Sie Ihre Investitionen für Forschung und Entwicklung in ein strukturiertes Investitionsportfolio auf, überprüfen Sie, an welcher Stelle des Entwicklungszyklus sich diese Investitionen befinden, und überwachen Sie die Zwischenziele mithilfe von Meilensteinen. Bewerten Sie das Portfolio mit adäquaten Methoden wie der Realoptionsbewertung.

▶ **Wandeln Sie Ihre Value Networks in Value-Center um.**
Finden Sie heraus, wo in Ihrer Wertschöpfungskette Werte geschaffen oder vernichtet werden. Definieren Sie ihre Value-Center. Passen Sie die vorhandenen Planungs- und Berichtsprozesse der neuen Value-Center-Struktur an. Stellen Sie sicher, dass die Verantwortlichkeiten der Struktur des neuen Finanzmanagements entsprechen.

▶ **Informieren Sie Ihre Stakeholder über die Intangibles.**
Erstellen Sie einen Wissenskapital-Report. Berichten Sie über Intangible Assets, strategische Allianzen, Haftungsrisiken und zukünftige Verbindlichkeiten. Entwickeln Sie ein System für das Stakeholder Relationship Management. Ziehen Sie die Verwendung von Portalen in Betracht, um die Kommunikation mit den Investoren zu optimieren.

9   Integration fördert Integrität

Balanceakt zwischen Vision und Vorsicht

Thomas Buess, CFO
Zurich Financial Services

Das schweizerische Versicherungsunternehmen Zurich Financial Services ist in mehr als 60 Ländern vertreten, beschäftigt über 70 000 Mitarbeiter und versichert 38 Millionen Kunden. 2002 betrugen die Prämieneinnahmen insgesamt 56 Milliarden Dollar bei einem Börsenwert von rund 18 Milliarden Dollar.

Für den CFO Thomas Buess hat die »Stärkung der Bilanz« oberste Priorität. Die Zürich ist kein Einzelfall, anderen Unternehmen der Branche steht das Gleiche bevor. Nach den Terroranschlägen in den USA am 11. September 2001 und bedingt durch den darauf folgenden Einbruch der Aktienkurse hatte die Gesellschaft 20 Prozent ihres Börsenwerts eingebüßt. Dadurch wurden sowohl die Kapitalstruktur als auch die Bilanz in Mitleidenschaft gezogen. Der CFO und sein Team müssen mehr Kapital beschaffen und über eine Umstrukturierung des Finanz- und Rechnungswesens nachdenken.

Die Gesellschaft ist durch eine Reihe von Fusionen erheblich gewachsen. In den späten Neunzigern übernahm die Zürich eine große Vermögensverwaltung sowie das Finanzdienstleistungsgeschäft von BAT und wurde dadurch zu einem echten Weltkonzern. Vor diesem Hintergrund ist globale Integration ein wichtiges Thema.

Thomas Buess: »Wir waren sehr dezentral organisiert und strukturieren unser Geschäft jetzt in vier starke regionale Organisationen um: eine in Großbritannien, zwei in Amerika und eine auf dem europäischen Festland. Unsere Kunden interessiert die Regionalstruktur jedoch herzlich wenig. Unsere Firmenkunden kaufen zum Beispiel weltweit ein – und deshalb müssen wir Kundendaten aus der ganzen Welt konsolidieren. Wir betrachten unser Geschäft nicht mehr als bloßen Vertrieb einer Reihe von Versicherungsprodukten, wir konzentrieren uns mehr auf die Kunden selbst. Wir bemühen uns, besser zwischen Privatkundengeschäft, mittelständischen Firmenkunden und Großunternehmen zu differenzieren.«

Welche Herausforderung im Finanzwesen erwartet die Zürich in Zukunft? Laut Thomas Buess ist es die Fokussierung auf die Treiber des Shareholder Value. »Wir wollen den Kunden nicht einfach nur Produkte anbieten, sondern Lösungen. Wir suchen nach Synergien und neuen Wegen der Produktpreisgestaltung, die uns durch das Angebot von Komplettlösungen höhere Margen ermöglichen. Die Treiber des Shareholder Value müssen für die einzelnen Geschäftsbereiche analysiert werden. Im Finanzwesen haben wir ein Shareholder-Value-Modell eingeführt, um nicht nur Projekte, sondern auch Kunden bewerten zu können. Unsere Versicherungsmathematiker verwenden für individuelle Kundensituationen die Kennzahl *Real Options Valuation* (ROV). Sie erfasst sehr gut das Wesen unseres Geschäfts – das Abwägen zwischen Wahrscheinlichkeit, Risiko und Rentabilität.«

»Welches die treibenden Größen des Kundenwerts sind? Marke, Preis, die Kosten der Kundenakquise, der Kundenbindung und der Vertriebskanäle. Wir sehen unsere Kunden als Vermögenswerte, als ›Intangible Assets‹, und bestimmen rechnerisch ihren Beitrag zum Shareholder Value.«

»Und wie lässt sich der Wert eines Kunden messen? Dies ist je nach Kundensegment ganz unterschiedlich. Der Wert eines Firmenkunden ist leichter zu bestimmen als der Wert eines Privatkunden. Bei Firmenkunden können wir das Risikokapital umlegen und den Preis von Produkten individuell auf Basis des aktuellen Barwerts festlegen. Um Ansprüchen auf Schadenersatz vorzubeugen oder sie zu begrenzen, bauen wir durch Austausch von Schadensinformationen strategische Partnerschaften mit unseren Firmenkunden auf, die sich an den Risiken beteiligen. Wir gewähren ihnen sogar Zugang zu unseren Schadensstatistiken. Einige Kunden können sich nahezu selbst versichern, indem sie unsere Dienstleistungen und unsere Bilanz nutzen und einige der Verlustrisiken selbst tragen.

Wir nutzen kundengruppenübergreifend Shared Services für die Bereiche Finanzen, IT und Schadensbearbeitung. Bei einigen Produkten macht der Schadenersatz einen Großteil der Kosten aus. Durch Shared Services mit richtiger Dimensionierung und entsprechendem Fokus können wir jedoch Kosten sparen und zum günstigsten Anbieter werden.«

Integration hat für die Zürich ganz klar Priorität. Kundendaten, Geschäftsprozesse, Informationen und – besonders wichtig – die Menschen müssen weltweit mithilfe von Technologie auf eine gemeinsame Plattform gebracht werden. Das Unternehmen arbeitet derzeit an einem Informationsportal, um Daten mit seinen Kunden auszutauschen und um den Anforderungen nach mehr Transparenz zu entsprechen.

»Eine dezentrale Organisationsstruktur wie die unsere verursacht viele Probleme. Zunächst gibt es 30 Hauptbücher, wodurch die Konsolidierung zum Problem wird. Eines unserer Ziele ist es, das Verfahren für den Abschluss zu optimieren. Er dauert zu lange und umfasst über 400 Berichtseinheiten. Der ›Virtual Close‹ hat für uns im Finanz- und Rechnungswesen oberste Priorität.

Wir sind dabei, den Charakter unseres Finanzwesens zu verändern. Ich versuche zu vermitteln, dass wir im Finanz- und Rechnungswesen weder ›Zahlenhüter‹ noch ›Polizisten‹ sind, sondern eher unternehmensinterne Berater. Noch in den achtziger Jahren war das Finanz- und Rechnungswesen sehr groß und aufgebläht. In den neunziger Jahren wurde es dann sehr viel schlanker und konzentrierte sich mehr auf Unternehmenssteuerung und Entscheidungsunterstützung. Unsere Vision für dieses Jahrzehnt ist das virtuelle Finanz- und Rechnungswesen mit dem CFO im Zentrum eines Beziehungsgeflechts von Geschäftspartnern statt isoliert an der Spitze der Konzernzentrale.

Was die Systemseite anbelangt, so nutzen wir im Back-Office eine SAP-Plattform zur Transaktionsverarbeitung. Im Front-Office verwenden wir unterschiedliche Lösungen für Customer Relationship Management und Fakturierung. Informationstechnik dient uns dazu, Kunden als Geschäftspartner zu behandeln. Die Systemintegration ist für uns daher ein wichtiger Aspekt.

Die Beschaffung war die erste Servicefunktion, die weltweit vereinheitlicht wurde und auf einer einzigen SAP-Instanz zusammen mit einem Best-of-Breed-Programm lief. Wir setzen auch eine Portal-Lösung für die Unternehmensleitung ein. Über Single Sign-On stehen alle benötigten Informationen auf Knopfdruck zur Verfügung, beispielsweise tägliche Informationen zu Versicherungsprämien. Unser ERP-System ist mit einem Data Warehouse und dem Portal verknüpft.

Unser Management-Informationssystem ist sehr ausgereift. Wir können Daten mehrdimensional analysieren: nach Kundensegment, Geschäftsbereich, Sparte oder Vertriebskanal. Außerdem fließen externe Informationen in das System ein, zum Beispiel Aktienkurse der Wettbewerber. Das entsprechende Informationsportal heißt ›My Gateway‹. Es vereint Finanzdaten mit anderen Informationen, die interne mit der externen Welt.

Bei der Veränderung des Finanz- und Rechnungswesens stehen für mich an erster Stelle jedoch die Mitarbeiter. Von ihnen werden heutzutage andere Fertigkeiten verlangt. Aus Zahlenjongleuren werden Geschäftspartner. Ich glaube, dass alle diese Veränderungen – Prozesse, Technologie, Effizienz und Fähigkeiten – im Fast Close zusammenfließen.

Wenn die Erstellung des Jahresabschlusses nicht mehr ein ›Ereignis‹ ist, sondern einfach per Knopfdruck erfolgt, dann entfallen unnötige Abstimmungen und Fehlerkorrekturen. Statt auf die Zahlen können wir uns auf das konzentrieren, was dahinter steckt. Wir werden nicht mehr Rückschau halten, sondern nach vorne blicken. Die Finanzdisziplin wird sogar besser, die Transparenz größer werden. Meine Aufgabe ist es, die Balance zwischen Vision und Vorsicht herzustellen.«

Die meisten der für dieses Buch befragten CFOs haben ähnliche Auffassungen wie der CFO von Zurich Financial Services. Thomas Buess sieht seine Rolle darin, die notwendige Kontrollinstanz und so den Gegenpol zur eher visionären, expansiven

Rolle des CEO zu bilden. Einerseits ist es wichtig, das Unternehmen durch Visionen und Ambitionen voranzubringen, andererseits muss die Vision durch Vorsicht gezügelt werden.

Die Zürich hat wie die gesamte Versicherungsbranche und die meisten börsennotierten Unternehmen weltweit unter den jüngsten Einbrüchen am Aktienmarkt gelitten. Dadurch sind Rekapitalisierung, Aktienrückkäufe sowie eine Umstrukturierung notwendig geworden. Die Investoren erwarten vom CFO Sicherheit und Vertrauensbildung durch präzise Basisdaten. Zum Glück haben die meisten CFOs ihren Geschäftsbetrieb gut unter Kontrolle. Doch eine gewisse Strenge und Disziplin haben wieder Priorität. Trotz des Drucks, sich wieder mit den »Wurzeln des Geschäfts« befassen zu müssen, arbeiten die CFOs der weltweit führenden Unternehmen weiterhin entschlossen an der Optimierung des Finanz- und Rechnungswesens, um noch schneller und qualitativ bessere Berichtsdaten zur Verfügung zu stellen. Damit tragen sie erheblich dazu bei, die Performance und strategische Positionierung ihrer Unternehmen zu verbessern.

An dieser Stelle treffen die Kernthemen dieses Buches aufeinander – Integration, Verringerung der Komplexität, optimale Ausschöpfung technischer Möglichkeiten und vor allem der Entwurf einer positiven Vision für die Zukunft des Finanzwesens in unsicheren Zeiten.

Fassen wir zusammen: In den Kapiteln 2, 3 und 4 wurde die Financial Supply Chain behandelt – das optimale Ausnutzen von ERP-Investitionen, Kostensenkung, Beschleunigung und Umstrukturierung. Kapitel 5, 6 und 7 behandelten die Information Supply Chain – strategisches Management (SEM), Analyse und neue Technik wie Portale. In Kapitel 8 haben wir uns mit dem Thema Intangible Assets befasst.

Mit Blick auf die Skandale um Enron und WorldCom beginnt dieses abschließende Kapitel mit einer Betrachtung der aktuellen Diskussion über Rechnungslegungsvorschriften, und es enthält Überlegungen, wie das Vertrauen in Unternehmen und Manager in der Öffentlichkeit wiederhergestellt werden kann – eine Aufgabe, die der Rolle des CFO als neutralem Geschäftspartner zusätzliche Bedeutung verleiht. Wir stellen Ihnen mit der unternehmensinternen Berichtskette (Corporate Reporting Supply Chain) ein neues Konzept vor. Es beschreibt die Anforderungen der Stakeholder und enthält Vorschläge, wie das Konzernberichtswesen verändert werden kann, damit ein optimaler Informationsfluss entsteht. Wir wenden uns der weitgehend ungelösten Frage zu, wie der wahre Wert eines Unternehmens unter Einbeziehung der Intangible Assets ermittelt werden kann. Und schließlich geben wir Hinweise, wie ein beschleunigter Abschluss das Berichtswesen verbessern kann und wie die einzelnen Stränge des Finanz-, Informations- und Berichtssystems zu integrieren sind.

9.1 Einheitliche globale Rechnungslegungsgrundsätze (GAAP) und Verantwortung für den Unternehmenswert

Kapitalgesellschaften sind verpflichtet, Aktionären und anderen Stakeholdern Informationen zur Verfügung zu stellen. Aus verschiedenen Gründen sind diese Informationen aber in den meisten Fällen lückenhaft. Allzu häufig beruhen diese Lücken auf der irrigen Annahme, das Spiel mit Gewinnprognosen – die Manipulation der Markterwartungen bezüglich des Gewinns in der nächsten Periode – würde den Shareholder Value erhöhen. Denken Sie beispielsweise an folgende umstrittenen Vorgänge:

1. Finanzierungs- und Rechnungslegungspraktiken bei Enron unter Umgehung der Bilanz

2. Bilanzierungsmethoden für Firmenübernahmen und Offshore-Steuerpraktiken bei Tyco International

3. Umbuchung von Umlaufvermögen ins Anlagevermögen bei WorldCom

Nur zutreffende Angaben zu machen ist nicht ausreichend. Zu seiner Verantwortung zu stehen ist genauso wichtig. Letztlich ist alles eine Frage der Integrität. Richtlinien und Vorschriften allein erfüllen diesen Anspruch nicht.

Die Autoren dieses Buches sind überzeugt, dass weltweit einheitliche GAAP (Generally Accepted Accounting Principles) eingeführt werden sollten – ein Regelwerk zur Rechnungslegung, das die finanzielle Performance eines Unternehmens innerhalb eines bestimmten Zeitraums darstellt. Heutzutage werden in allen Ländern, in denen ein Kapitalmarkt existiert, entweder nationale Rechnungslegungsvorschriften wie das HGB befolgt oder eine Kombination aus nationalen und internationalen Richtlinien. Nicht nur ist die Qualität dieser Vorschriften von Land zu Land verschieden, auch kann ihre Anwendung und Überprüfung durch Abschlussprüfer von Unternehmen zu Unternehmen beträchtlich variieren.

Das große Problem all dieser Rechnungslegungsvorschriften ist, dass externe und interne Rechnungslegung auf historischen Daten basieren. Am Kapitalmarkt zählt jedoch hauptsächlich der aktuelle Wert eines Unternehmens, und wie wir in Kapitel 8 über Intangible Assets gesehen haben, kann dieser erheblich von den historischen Daten abweichen. Kritiker bemängeln an den bestehenden Rechnungslegungsvorschriften vor allem folgende Punkte:

1. Sie fördern das »Spiel« mit Gewinnprognosen, an dem Management und Märkte gleichermaßen beteiligt sind, da der Gewinn als wichtigster Maßstab für die Unternehmensleistung gilt.

2. Sie erfassen bestimmte Informationen über Intangible Assets nicht oder weisen sie nicht aus.

3. Sie liefern keine ausreichenden Informationen über die Wertschöpfung, da sie eine Mischung aus historischen Anschaffungs- und Herstellungskosten, Abschreibung, Restbuchwert und Marktwert darstellen.

Dadurch sind die CFOs multinationaler Unternehmen mit einigen Problemen konfrontiert. Erstens: Sind die Unternehmen an einer Börse in den USA notiert, müssen sie ihre Abschlüsse entsprechend den Regeln der US-Börsenaufsicht SEC nach US-GAAP erstellen. In anderen Ländern werden sie vermutlich eher nach den International Financial Reporting Standards (IFRS), vormals International Accounting Standards (IAS), berichten.

Das Reporting nach IFRS/IAS betrifft dabei das Gesamtunternehmen, keineswegs nur das Rechnungswesen und die IT-Abteilung. Betroffene Unternehmen müssen mindestens zwei komplette Abschlüsse erstellen, was einen erheblich größeren Zeit- und Kostenaufwand bedeutet.

Das zweite Problem besteht darin, einen Modus zur Abbildung des eigentlichen Marktwerts eines Unternehmens zu finden – der durch IFRS/IAS nicht abgebildet wird – und ihn anschließend den Stakeholdern zu vermitteln. Im Folgenden wird dieses Problem als »Informationslücke« bezeichnet.

 **Fallstudie**
Bedeutung der Transparenz in einem Pharma-Unternehmen

Noch vor kurzem war das Unternehmen dieser Fallstudie mit einem Wert von 20 Milliarden Dollar das am höchsten bewertete Unternehmen eines kleinen Landes, in dem es auch seinen Firmensitz hatte. Mittlerweile ist sein Wert auf einen Bruchteil dieser Summe zusammengeschmolzen. Der CFO, der für das schnelle Wachstum in den letzten sieben Jahren verantwortlich war, stellt fest, dass sich das Unternehmen »in der schwierigsten Phase seit seiner Gründung befindet«. Seine Verpflichtung liege nun darin, »Klarheit und Transparenz durch eine leicht durchschaubare und daher leichter zu bewertende Unternehmensstruktur zu schaffen«.

Der Geschäftsbericht des Unternehmens, der genaue Daten über seine Finanzlage enthalten sollte, gibt jedoch Anlass zu einer Fülle von Zweifeln. In verwirrenden Textpassagen werden ungewöhnliche Transaktionen geschildert, mit denen das Unternehmen die Lizenzrechte für einige seiner besten Produkte an bis dato unbekannte Unternehmen veräußerte, die offenbar nur zu diesem Zweck gegründet wurden.

Die Geldströme zwischen der Muttergesellschaft und den Satellitentöchtern sind kaum nachzuvollziehen. Obwohl die Lizenzrechte veräußert wurden – vermutlich für insgesamt 360 Millionen Dollar; auch das ist nicht klar zu erkennen –, hat sich das Unternehmen eine Rückkaufsoption zu offensichtlich stark überhöhten Preisen gesichert. Es stellt sich die Frage, was der Sinn dieser Transaktionen war.

Die Geschäfte vermitteln den Eindruck, als seien sie eher das Resultat von Schönrechnerei, als dass sie einen wirtschaftlichen Zweck erfüllten. Die zum Unternehmen gehörende Pharma-Marketinggesellschaft verbuchte erhaltene Lizenzgebühren als »Verkaufseinnahmen«, obwohl kein Zusammenhang zum Umsatz aus dem Medikamentenverkauf erkennbar war. Der Abschlussprüfer versicherte den Aktionären, dass der Konzernabschluss »ein zutreffendes Bild der Lage des Unternehmens« vermittelte. Zutreffend? Möglicherweise. Klar und transparent? Ganz sicher nicht!

Der CFO behauptet, das Unternehmen habe stets alle Joint Ventures und Transaktionen vollständig ausgewiesen, nichts sei verschleiert worden. Diese Aussagen passen schlecht zu den jüngsten Enthüllungen. Die Investoren beharren darauf, von den Lizenzgeschäften bis vor kurzem nichts gewusst zu haben. Die Produkte, deren Lizenzrechte verkauft wurden, waren wichtige Garanten für laufende und künftige Erträge. Die Kredite zur Finanzierung der nicht bilanzierten Zweckgesellschaften, die ihrerseits an einer Vielzahl kleinerer Biotechnikunternehmen beteiligt waren, wurden durch Garantien der Muttergesellschaft abgesichert. Das Bekanntwerden dieser Tatsache bei den Investoren löste den ersten Kurseinbruch aus, der die Rückzahlungsfähigkeit für Kredite erheblich beeinträchtigte.

Man könnte nun sagen, das Unternehmen habe seinen Ermessensspielraum in der Rechnungslegung einfach überstrapaziert. Im gegenwärtigen Klima des allgemeinen Misstrauens bleibt bei den Investoren jedoch die Besorgnis, dass die veröffentlichten Zahlen mit der realen Lage des Unternehmens wenig gemein haben.

Zur verbesserten Kommunikation mit den Investoren gehört auch, dass Unternehmen bei der Veröffentlichung negativer Meldungen aktiv werden, bevor sie zur Offenlegung gezwungen werden. So wird sich durch den Übergang zu IFRS/IAS die Bewertung der Vermögensgegenstände im Unternehmen verändern. Dies sollten Sie Ihren Investoren schon jetzt erläutern. Die neuen Rechnungslegungsvorschriften sehen auch vor, dass bereits gemeldete Unterschiedsbeträge und Intangible Assets aus früheren Fusionen und Übernahmen jährlich auf etwaige Wertminderung zu überprüfen sind.

Mitteilungen über Wertminderungen stärken nicht gerade das Vertrauen der Investoren. Unternehmen sollten ihre Websites effektiver nutzen, um Änderungen der Finanzkennzahlen zu erläutern. Bisweilen wird auch gefordert, Unternehmen sollten neue Formen von Unternehmensinformation veröffentlichen, z. B. nicht nur Finanzkennzahlen, sondern auch die Indikatoren des wahren künftigen Unternehmenswerts – die Intangible Assets – kommunizieren. Dieser künftige Unternehmenswert hängt davon ab, ob die Kunden, Mitarbeiter und Lieferanten einem Unternehmen treu bleiben, mehr kaufen, es weiterempfehlen und produktiv mit ihm zusammenarbeiten. Im Folgenden finden Sie einige Vorschläge, wie Sie mehr Transparenz schaffen können:

1. **Information**
   Versorgen Sie die Öffentlichkeit mit aktuellen und relevanten Informationen, und stellen Sie die Informationen in verständlicher Form dar, nicht im Buchhalterjargon. Schlechte Nachrichten sollten Sie nicht beschönigen. Genauigkeit ist entscheidend. Und denken Sie daran: Alle Informationen können wichtig sein, nicht nur Zahlen.

2. **Kommunikation**
   Nutzen Sie mehrere Kommunikationskanäle, zum Beispiel Pressemitteilungen, Aktionärsbriefe, Ihre Website, öffentliche Informationsveranstaltungen.

3. **Zugang**
   Legen Sie fest, wer Zugang zu Informationen erhalten soll, und stellen Sie sicher, dass Sie mit der gewählten Methode alle betroffenen Zielgruppen erreichen.

9.2 Wiederherstellung des Vertrauens der Öffentlichkeit

Ganz gleich, wie in Ihrem Unternehmen Transparenz definiert wird, wahrscheinlich werden Investoren ihr Vertrauen eher in solche Unternehmen setzen, deren Informationen leicht zugänglich sind und als verlässlich eingestuft werden können. Als Beispiel soll das Modell der Bridgestone Corporation dienen, das im Folgenden geschildert wird.

Fallstudie
»Gesundheits-Check«: Wie Bridgestone die Stabilität des Unternehmens sicherstellt

Die Bridgestone Corporation mit Sitz in Japan ist der weltweit größte Hersteller von Reifen und sonstigen Gummi-Erzeugnissen. Markenreifen von Bridgestone und Firestone – der zweiten großen Marke des Konzerns – dominieren die Formel 1 und Indy-Car-Rennen. Inzwischen stellt das Unternehmen auch Baustoffe, Sportartikel und Fahrräder und andere Industrieerzeugnisse her. Der weltweite Jahresumsatz liegt bei 20 Milliarden Dollar. Davon entfallen 43 Prozent auf Nord-, Süd- und Mittelamerika. Obwohl das Geschäft mit den Automobilherstellern wichtig ist, machen auch Reifen, die direkt an den Endverbraucher verkauft werden, einen bedeutenden Anteil am Umsatz aus.

Vor zwei Jahren hatte Bridgestone in den USA Qualitätsprobleme mit der Marke Firestone. Diese Probleme sind inzwischen so gut wie gelöst. Dank der Einführung neuer Produkte steigt der Umsatz von Bridgestone-Reifen in Amerika nun stark an. Zur Umsatzsteigerung trugen in erster Linie die 2 200 unternehmenseigenen Verkaufsstellen – übrigens das weltweit größte Reifen- und Autowerkstattnetz – sowie Tausende unabhängiger Händler bei.

Hiroshi Kanai, Senior Vice President und CFO: »Wir sind ein profitables Unternehmen mit einer Eigenkapitalrendite von 15 Prozent und einem Gewinn nach Steuern von fünf Prozent. Unsere Marktkapitalisierung beträgt rund 12,5 Milliarden Dollar. Unsere vier größten Herausforderungen sind:

1. vollständige Erholung von unserer Rückrufaktion in den USA und Wiederherstellung intakter Kundenbeziehungen

2. Steigerung unseres Marktanteils in Europa von 15 auf 20 Prozent

3. Erschließung neuer Märkte, zum Beispiel in China und Lateinamerika

4. weitere Investition in unsere Kerntechnologie, die in Japan entwickelt wurde und für den weltweiten Einsatz angepasst wird.

Im Wesentlichen sind wir ein japanisches Unternehmen mit Marktschwerpunkt in Nordamerika und einem weit verzweigten internationalen Geschäft. Unsere Unternehmensphilosophie gründet auf Vertrauen und Stolz. Damit meinen wir das Vertrauen unserer Kunden und Partner sowie den Stolz darüber, dass wir dieses Vertrauen erlangt haben. Unsere größten Kunden sind General Motors und Toyota. Unsere stärksten Konkurrenten sind Michelin in Europa und Goodyear in den USA.«

Bridgestone ist international ausgerichtet, nicht nur in Bezug auf Technologie, sondern auch im Verhältnis zu Kunden und Lieferanten. Das Unternehmen legt großen Wert auf Disziplin in der Rechnungslegung und verwendet ein standardisiertes Modell von Bilanzierungsrichtlinien und -systemen. Hiroshi Kanai weiter: »Als Weltkonzern mit Sitz in Japan haben wir folgende Integrationsschwerpunkte:

1. Anwendung japanischer Rechnungslegungsstandards, erweitert um US-GAAP und IFRS/IAS, wo erforderlich

2. Nutzung globaler Bankbeziehungen, Bankingsysteme und Cash-Pools; Einbindung lokaler Bankbeziehungen in das weltweite Netzwerk

3. Bereitstellung schnellerer und genauerer Managementinformationen über das Internet

4. Weltweite Vereinheitlichung der IT-Landschaft auf Basis eines ERP-Systems von SAP

Für mich als CFO ist Risiko das zentrale Thema. Unsere Maßnahmen zur Risikobegrenzung umfassen:

1. Datentransparenz und genaue Kenntnis der Werttreiber

2. automatische Alarmierung der Konzernzentrale bei außergewöhnlichen Ereignissen auf lokaler Ebene (Alarmsystem mit Ampelfunktion) zur Prüfung des Vorfalls und schnellen Einleitung von Maßnahmen; Analysewerkzeuge zur exakten Beurteilung dynamischer Risikosituationen, sobald sie eintreten

3. globale Information über die Produkt- und Servicequalität«

Nach der Antwort auf die Frage, was oberste Priorität für den CFO sein sollte, muss Hiroshi Kanai nicht lange suchen: »Ein gesundes, stabiles Unternehmen auf lange Sicht. Dabei geht es um Durchhaltevermögen und um die Chemie im Unternehmen. Und man muss vorhersehen, was falsch laufen kann, und so früh wie möglich entschlossen gegensteuern. Diese Auffassung hat sich nicht nur durch unsere Krise in Nordamerika bestätigt, sondern auch durch die jüngsten Bilanzierungsskandale bei Unternehmen wie Enron und WorldCom.«

CFOs müssen an ihren Fähigkeiten zur Risikoerkennung und an ihren Managementqualitäten arbeiten. Fördern Sie beim Abschluss und Reporting eine Haltung innerhalb Ihres Unternehmens, die auf nachhaltige Wertschöpfung ausgerichtet ist. Führen Sie Bilanzierungsrichtlinien, Arbeitsabläufe und -methoden ein, die eine langfristige realistische Einschätzung ermöglichen und nicht auf trügerische kurzfristige Erfolgsstorys abzielen.

Nur wenige Unternehmen – meist solche der Finanzwirtschaft – betrachten das Risiko als zentralen Werttreiber. Das ändert sich langsam, und immer mehr Vertreter unterschiedlicher Branchen begreifen die zentrale Bedeutung eines unternehmensweiten Risikomanagements. Unternehmen wie Bridgestone versuchen, ein besseres Verständnis des Zusammenhangs zwischen Entscheidungen und den daraus möglicherweise entstehenden Risiken zu entwickeln.

Die externen Stakeholder – zum Beispiel Aufsichtsbehörden und private Investoren – erwarten zunehmend, dass es im Unternehmen jemanden gibt, der vertrauenswürdig und zuverlässig ist. Die CEOs sind es gewohnt, Abschlüsse zu unterzeichnen, nicht jedoch unter dem Risiko der Strafandrohung. Nach den Skandalen bei Enron und WorldCom wurde in den USA vor kurzem hastig der Sarbanes-Oxley Act verabschiedet. Kernpunkt dieses Gesetzes ist die Verpflichtung für CEOs und CFOs, den Wahrheitsgehalt ihrer Unternehmensabschlüsse durch ihre Unterschrift zu bestätigen. Diese Bestimmung könnte auf alle Aufsichtsrats- und Vorstandsmitglieder eines Unternehmens, sei es in den USA, in Europa oder in Japan, angewandt werden, das in Amerika börsennotiert ist oder auf dem amerikanischen Markt Kapital aufgenommen hat.

In anderen Ländern wurden vergleichbare Regelungen für Corporate Governance schon vor fast zehn Jahren eingeführt, in Deutschland erst am 26. Februar 2002 durch Verabschiedung des »Deutschen Corporate Governance Kodex«. Im Gegensatz zu ihren US-amerikanischen Kollegen unterzeichnen europäische Aufsichtsrats- und Vorstandsmitglieder seit Jahren ihre Abschlüsse und seit 2002 auch die von deutschen Unternehmen. Jan Hommen, stellvertretender Vorstand und CFO des niederländischen Elektronikherstellers Philips, bemerkt hierzu[1]: »Der Sarbanes-Oxley Act bestätigt nur die Richtigkeit unseres bisherigen Verhaltens. Wir reichen unsere Quartalsberichte nach den SEC-Vorschriften ein, und ich bestätige persönlich mit meiner Unterschrift, dass alles seine Richtigkeit hat.« Beim Sarbanes-Oxley Act kommt jedoch die Möglichkeit strafrechtlicher Verfolgung hinzu. Auch CEOs und CFOs ausländischer Unternehmen könnten für lange Zeit in US-Gefängnisse wandern.

Zweifellos ist der CEO gegenüber den Stakeholdern gesamtverantwortlich, die primäre Verantwortung für zeitnahe und exakte Finanzberichterstattung hat jedoch der CFO. Er kann mehr Kontrolle ausüben und eine bessere Finanzdisziplin[2] erreichen, wenn er die folgenden Aktivitäten mit Nachdruck verfolgt:

1. Erstellung der Abschlüsse, der Managementinformationen und Prognosedaten
2. Reporting über die obigen Ergebnisse im Unternehmen und gegenüber den Stakeholdern
3. Kommentierung der bisherigen, gegenwärtigen und erwarteten Performance
4. Bewachung der Vermögenswerte
5. Auftritt als Geschäftspartner, der in Finanzfragen kompetente Antworten und Input für Investitionsbewertung, operative Entscheidungen, Szenarioanalysen und Ergebnisinterpretationen gibt

9.3 Der CFO als neutraler Geschäftspartner

Keine dieser Aufgaben ist neu. Sie sind seit jeher das Fundament dessen, was das Finanzwesen leistet und weiterhin leisten wird. Was sich geändert hat, ist die Bedeutung dieser Rollen. Der CFO darf heute nicht mehr nur Zahlenjongleur sein, er muss die Rolle eines objektiven Geschäftspartners übernehmen. Gespräche mit

---

1 *Financial Times,* September 2002.
2 Harvey, Graham: *Delivering Business Promises.* Whitepaper. Atos KPMG Consulting, 2002.

CFOs haben gezeigt: Die meisten von ihnen sehen sich bereits in dieser neuen Rolle. Die Hauptaufgabe sehen sie jedoch darin, die Interessen der Aktionäre und der Öffentlichkeit zu wahren. Sie sind weiterhin am Prozess der Wertschöpfung beteiligt, legen jedoch neuen Wert auf ihre Funktion als Stimme des Unternehmens nach draußen.

Objektiver Geschäftspartner zu sein heißt, die Basis des internen Zahlenwerks noch kritischer zu betrachten. Dieser Prozess der Infragestellung wird sich auf alle Managementebenen auswirken. Objektiver Geschäftspartner zu sein bedeutet auch, mit den Aktionären und allen anderen betroffenen Stakeholdern über Unternehmenswert und Unternehmensleistung zu kommunizieren (siehe Abbildung 9.1).

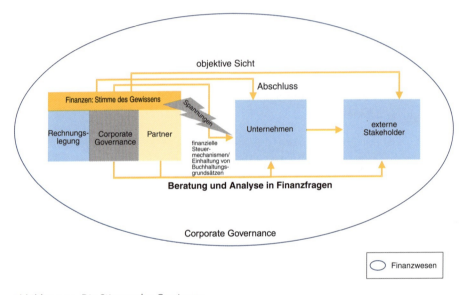

Abbildung 9.1 Die Stimme des Gewissens

Zitieren wir Walter Steidl, CFO der Generali Versicherungen, Österreich:

»Grundsätzlich ist der CFO das betriebswirtschaftliche Gewissen eines Unternehmens. In Zeiten wie diesen sind die Anforderungen aber weitaus höher: Der CFO muss vor allem neue Wege zur Steigerung des Unternehmenswertes aufzeigen. Folgende Erkenntnis sollte sich dabei jeder Manager immer wieder ins Gedächtnis rufen: Jede Veränderung beginnt mit einer Veränderung der Denkweise.«

Die Kapitalmärkte verlangen immer schneller immer mehr Informationen. Sie erwarten Berechenbarkeit. Sie erwarten sowohl eine objektive Darstellung des Unternehmens als auch eine, die seine wirtschaftlichen Chancen beschreibt. Der CFO und das Finanzwesen benötigen ein tief greifendes Verständnis der Zusammenhänge im Unternehmen und seiner Werttreiber. Die neue Rolle des Finanzwesens lässt sich wie folgt zusammenfassen:

1. Es muss seine möglichst objektive Einschätzung direkt den Vorständen, Aktionären, Analysten, Aufsichtsbehörden und weiteren Stakeholdern mitteilen. Nur so kann das Vertrauen aufgebaut werden, dass Fakten, Zahlen und Einschätzungen ein vollständiges und zutreffendes Bild der Unternehmensleistung vermitteln.

2. Das Finanzwesen muss unternehmerische Entscheidungen bewerten und infrage stellen, Geschäftspläne und Finanzprognosen prüfen und dann annehmen oder verwerfen. Es muss die aktuelle Performance messen und dem Vorstand die Informationsgrundlage für sachkundige Entscheidungen liefern.

Zwischen Management und Finanzwesen muss eine gesunde Spannung bestehen. Zunehmend wird der CFO Entscheidungen und Verhaltensweisen des Managements widersprechen müssen, die den Interessen der Investoren zuwiderlaufen. Manfred Gentz, CFO von DaimlerChrysler, bemerkt dazu: »Die Mitarbeiter des Finanzwesens müssen ein hohes Maß an Integrität besitzen und sich an moralische und ethische Normen halten, selbst wenn jemand von ihnen das Gegenteil verlangt. Es muss gewisse Regeln geben, nach denen sich Mitarbeiter im Finanzbereich richten müssen. Nur so kann das Vertrauen der Kapitalmärkte zurückgewonnen werden.«

9.4 Die Corporate Reporting Supply Chain

Als »Außenminister« seines Unternehmens muss der CFO gewährleisten, dass die richtigen Informationen effizient gewonnen und effektiv verbreitet werden. Die Corporate Reporting Supply Chain[3] beginnt bei der Unternehmensleitung, die die Abschlüsse erstellt, die an Investoren und andere Stakeholder übermittelt werden. Diese Abschlüsse werden von einem unabhängigen Aufsichtsrat genehmigt und von einem unabhängigen Wirtschaftsprüfungsunternehmen testiert. Danach folgt die Analyse durch Sell-Side-Analysten (siehe weiter unten) und die Weitergabe durch Informationsdienste, zum Beispiel Wirtschaftsdienste und Medien. Investoren und sonstige Stakeholder treffen auf Basis dieser Informationen ihre Entscheidungen. Standard Setters (siehe weiter unten) und Regulierungsbehörden definieren die Rollenverteilung und Verantwortlichkeiten für viele – wenn auch nicht alle – Glieder in der Corporate Reporting Supply Chain.

Wir sollten nun nochmals überdenken, wie diese Corporate Reporting Supply Chain funktioniert und wie sie verbessert werden kann. Dies kann nur gelingen, wenn wir das gegenwärtige Geschehen außer Acht lassen, jedoch die jüngsten Er-

---

3 DiPiazza, Samuel A. Jr.; Eccles, Robert G.: *Building Public Trust*. Wiley 2002.

eignisse als Katalysator für unsere Überlegungen nutzen. Auf dem freien Kapitalmarkt wird es immer Firmenzusammenbrüche geben, auch die beste Konzernrechnungslegung wird dies nicht verhindern können. Ein verbessertes Berichtswesen kann allerdings die Zahl der Insolvenzen reduzieren und ihre Auswirkungen mildern, wenn es Manager, Vorstand und den Markt zu einer schnelleren Reaktion befähigt. Abbildung 9.2 illustriert, wie sich äußere Zwänge auf die Rolle des CFO und die Abläufe im Finanzwesen auswirken.

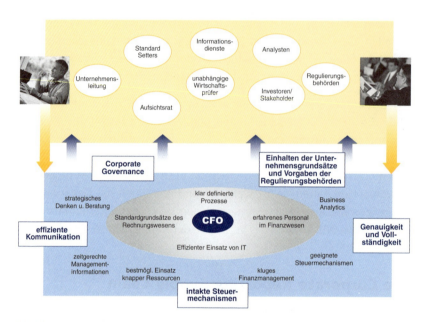

Abbildung 9.2 Das Finanzwesen im Rampenlicht

Top-Manager und Vorstand sind wesentliche Bindeglieder in der Corporate Reporting Supply Chain. Ihre Rollen müssen nicht näher erläutert werden. Die Aufgaben der weiteren an der Reporting Supply Chain beteiligten Personenkreise stellen wir im Folgenden genauer dar:

1. **Unabhängige Wirtschaftsprüfer**
   Diese unabhängigen Unternehmen erteilen den Abschlüssen börsennotierter Unternehmen weltweit Testate.

2. **Informationsdienste**
   Sie konsolidieren die veröffentlichten Informationen und überlassen sie anderen zur Nutzung. Zu den verwendeten Medien gehört auch das Internet.

3. **Analysten**
   Sie verwenden die von Unternehmen veröffentlichten Informationen zur Bewertung der Leistung und des Potenzials von Unternehmen, in der Regel in

Kombination mit weiteren Informationen. In diesem Buch werden unter dem Begriff »Analysten« meist Aktienanalysten verstanden, die Unternehmensberichte verfassen und privaten und institutionellen Anlegern Empfehlungen für Aktienkäufe geben.

4. **Anleger und andere Stakeholder**

    Sie sind die Endverbraucher der veröffentlichten Unternehmensinformationen. »Stakeholder« bezeichnet die Gesamtheit der Interessens- und Anspruchsgruppen: Mitarbeiter, Geschäftspartner, Verkäufer, Lieferanten und so weiter.

5. **Standard Setters**

    Standard Setters sind meist Organisationen, die Standards für Rechnungslegung, Bilanzierung und Wirtschaftsprüfung festlegen, beispielsweise das IASB.

6. **Regulierungsstellen**

    Staatliche Behörden, internationale Organisationen und Börsen legen die Vorschriften zur Unternehmensberichterstattung fest und wachen über deren Einhaltung.

Aufgabe des CFO ist es, die in Kapitel 1 behandelte Information Supply Chain mit der Corporate Reporting Supply Chain in Einklang zu bringen. Die Information Supply Chain, die unternehmensintern orientiert ist, muss externen Investoren fehlerfreie Informationen liefern. Außerdem benötigen auch andere Stakeholder vollständige, exakte und verlässliche Daten.

Alle Glieder in der Corporate Reporting Supply Chain haben ihre eigenen Ziele und Anforderungen. Samuel DiPiazza Jr. und Robert Eccles schlagen in ihrem Buch »Building Public Trust« ein Dreistufenmodell zur Verbesserung der Transparenz von Unternehmen vor:

▶ **Stufe 1** – ein weltweit einheitliches Regelwerk allgemein anerkannter Grundsätze ordnungsgemäßer Rechnungslegung und Bilanzierung (Global GAAP)

▶ **Stufe 2** – von den jeweiligen Branchen entwickelte und angewandte Standards für die Beurteilung und Veröffentlichung branchenspezifischer Informationen

▶ **Stufe 3** – Richtlinien für unternehmensspezifische Informationen wie Strategie, Pläne, Methoden des Risikomanagements, Lohn- und Gehaltsgrundsätze, Corporate Governance und individuelle Kennzahlen für die Performance

Das Dreistufenmodell ist nicht so zu verstehen, dass Unternehmen einfach nur ihre Informationen in drei voneinander unabhängige Ebenen einfließen lassen. Diese drei Stufen müssen integriert werden, wobei der CFO das integrative Element darstellt. Zuerst müssen die historischen Finanzdaten mit den branchenspezifischen Wirtschaftsbedingungen in Bezug gesetzt werden. Danach werden sie mit den

Werttreibern des jeweiligen Unternehmens korreliert. So erhalten die Stakeholder ein Bild von der Performance der Gesellschaft, das

1. den allgemein anerkannten Grundsätzen der Rechnungslegung und Bilanzierung entspricht
2. mit branchenspezifischen Trends verglichen werden kann
3. den unternehmensimmanenten Wert, den Shareholder Value, widerspiegelt

In den USA wurden sehr spezifische Vorschriften zur Rechnungslegung in unterschiedlichen Branchen entwickelt. Nur im Finanzdienstleistungssektor sind diese Vorschriften in größerem Umfang umgesetzt worden. »Value Reporting« gemäß dem Shareholder-Value-Konzept konnte sich noch weniger durchsetzen und ist ein relativ neues Konzept. Die Entscheidung, was und wie berichtet wird, trifft jedes Unternehmen für sich. Es gibt jedoch bemerkenswerte Ausnahmen. So hat zum Beispiel das dänische Ministerium für Handel und Industrie Richtlinien für Bilanzen über intellektuelles Kapital (*Intellectual Capital Statements*) erlassen. Das Ministerium erwartet sich davon, dass den Stakeholdern ein besseres Bild vom Wert der Intangible Assets vermittelt wird.

9.5 Die Informationslücke wird geschlossen

Wir gehen nun davon aus, dass der CFO und die Finanzabteilung bestens gerüstet sind, um den Grundsätzen der Buchführung und den Rechnungslegungsregeln zu entsprechen. Wie in vorangegangenen Kapiteln erörtert, befinden sich die Unternehmen allerdings in einer Übergangsphase, was die Kommunikation über Werttreiber und Messgrößen für Intangibles anbelangt. Es gibt also ein großes Informationsdefizit.

Untersuchungen in verschiedenen Branchen belegen Informationslücken in Bezug auf Marktanteil und -wachstum, Kapital in Form von Kundenstamm und Marken, Produktinnovation und Managementkonzepte. Segmentinformationen, zum Beispiel über Umsatz und Wertschöpfung nach Kundensegmenten und Produktlinien, sind oft nicht vorhanden, werden aber nach US-GAAP und IFRS/IAS gefordert.

 **Fallstudie**
Werttreiber in der Telekommunikationsbranche

Ein Telekommunikationsunternehmen wollte möglichst exakt die Auswirkungen der Deregulierung in seiner Branche auf den Unternehmenswert bestimmen. Künftige Erträge würden hauptsächlich von Wettbewerb und Preisdruck beeinflusst werden. Mithilfe von Wertkennzahlen stellte das Unternehmen fest, dass bis 2001 jedes Prozent Verlust an Marktanteilen den Shareholder Value um 227 Millionen Dollar verringern würde. Eine einprozentige Tarifsenkung würde den Wert um 444

Millionen Dollar verringern. Andererseits brächte eine Senkung der Betriebskosten um ein Prozent beziehungsweise 83 Millionen Dollar pro Jahr einen Wertzuwachs von einer Milliarde. Inzwischen ermittelt das Unternehmen die Priorität aller Umgestaltungsprojekte mithilfe von Wertkennkoeffizienten. Die Implementierung wird anhand operativer Indikatoren und Wertschöpfungskennzahlen überwacht.

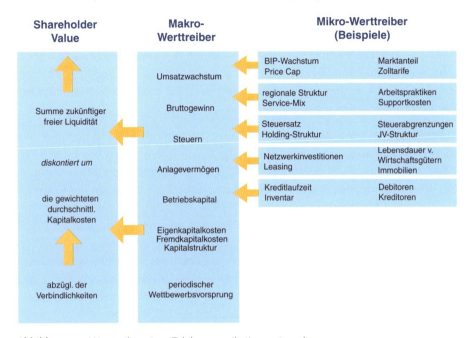

Abbildung 9.3 Werttreiber eines Telekommunikationsunternehmens

Abbildung 9.3 zeigt das Werttreibermodell des Unternehmens.

Im Kapitel 5 über strategische Unternehmensführung haben wir die Frage behandelt, wie man Werttreiber zueinander in Beziehung setzen kann. Eine Möglichkeit besteht darin, Werttreiberbäume aufzubauen, die die Werttreiber zu einem Shareholder-Value-Modell für ein ganzes Unternehmen von unten nach oben verknüpfen. Dem CFO stellt sich zuerst die Frage, wie die Werttreiberbäume für das interne Berichtswesen aufzubauen sind und wie viel von diesen Informationen nach außen kommuniziert werden soll. Eine wachsende Zahl von Unternehmen hat damit begonnen, eine wertorientierte Rechnungslegung und ein an Werttreibern ausgerichtetes Berichtswesen einzuführen.

9.6 Zeitnaher und korrekter Abschluss

Will sich der CFO eines weltweit operierenden Unternehmens dem Trend der Zeit nicht verschließen, muss er in seinen Berichten Zusatzinformationen liefern, zum Beispiel über Marktanteil, Wachstumsraten, Kapital in Form von Kundenstamm und Marken, Produktinnovationen und über die Qualität des Managements. Außerdem hat er gesetzliche Vorschriften wie den Sarbanes-Oxley Act einzuhalten und zu gewährleisten, dass rechtlich relevante Informationen einwandfrei und zuverlässig sind. Die Kombination dieser Anforderungen kann leicht dazu führen, dass der Informationsfluss innerhalb der Corporate Reporting Supply Chain zum Erliegen kommt. Ein effizientes Berichtswesen ist daher von entscheidender Bedeutung.

Schnelle und korrekte Rechnungslegung war schon immer ein wichtiges Ziel. Am Beginn dieses Kapitels verweist der CFO der Zurich Financial Services auf den Fast Close als das Herzstück der Umgestaltung des Finanz- und Rechnungswesens. In der Theorie ist der Abschluss der Bücher eine einfache Aufgabe. In der Praxis erweist sich der Abschlussprozess jedoch oft als extrem komplex und schwierig. Warum? Weil Unternehmen heutzutage größer und komplexer sind. Sie verändern sich schneller: Die Produktpalette ändert sich, die Struktur ändert sich, neue Vertriebskanäle werden erschlossen. Die Rechnungslegungsvorschriften werden komplexer, und in vielen Branchen – etwa im Bankwesen – nehmen die Anforderungen an die Rechnungslegung zu. Viele der CFOs, die für dieses Buch interviewt wurden, sind der Meinung, dass der Fast Close auch Vorteile hat. Eine von KPMG Consulting, heute BearingPoint, im Jahr 2000 durchgeführte Studie bestätigt diese Ansicht durch folgende Argumente:

1. Die Aktionäre profitieren von einer schnelleren Veröffentlichung der Finanzinformationen.

2. Der Vorstand kann die Informationen schneller intern kommunizieren.

3. Es wird Professionalität in der Rechnungslegung demonstriert.

4. Die gewonnene Zeit kann für Analysen verwendet werden, die ihrerseits die Wertschöpfung optimieren.

5. Die Konkurrenz veröffentlicht ihre Zahlen ebenfalls immer früher.

Dieselbe Studie belegt, dass Unternehmen sich auf dem Weg zum Fast Close und somit zur Qualitätsverbesserung des Jahresabschlusses mit folgenden Problemen (in der Reihenfolge ihrer Bedeutung) konfrontiert sahen:

1. schlechte Datenqualität

2. unzureichende Integration der IT-Systeme

3. »Überraschungen« während des Jahresabschlusses

4. große Zahl von Berichtsebenen

5. unzureichende Kontrollen, unklare Arbeitsabläufe im Berichtswesen

6. zu hoher Zeitaufwand durch Wirtschaftsprüfer

7. unzureichender IT-Support für das Reporting

8. unterschiedliche Rechnungslegungsvorschriften

Beim Fast Close geht es nicht so sehr um die Verkürzung des Zyklus durch Einsatz neuer Technik. Es geht vielmehr darum, die Probleme, die zu den Verzögerungen führen, zu analysieren und sie nach und nach zu lösen. Letztlich sollen Geschäftsprozesse verändert werden. Dazu braucht der CFO vor allem Führungsqualitäten und nachhaltiges Engagement.

Ein Sprecher der Finanzabteilung von Motorola kommentiert die Auswirkungen des schnellen Abschlusses und eines gestrafften Berichtswesens in seinem Unternehmen folgendermaßen: »Die interne Revision zeigt, dass sich die Qualität des Abschlusses dank Fast Close beträchtlich verbessert hat. Im Management und in der Verwaltung hat sich der Zeitaufwand für die Mitarbeiter um 33 Prozent reduziert und die Produktivität um mindestens 25 Prozent erhöht.« Motorola erstellt den Monatsabschluss in anderthalb Tagen und den Jahresabschluss in fünf Tagen. Durch folgende Maßnahmen erreichte Motorola dieses Ziel:

1. Performance und Planabweichungen werden laufend bewertet.

2. Umbuchungen im Konzern werden eine Woche vor dem Stichtag besprochen und vorgenommen.

3. Alle Zahlen werden in einer einzigen Berichtswährung vorgelegt, so dass die Ergebnisse direkt miteinander verglichen werden können.

4. Der konzerninterne Zahlungsverkehr wird per EDI abgewickelt, was die Abstimmung der Konzerngesellschaften am Monatsende beschleunigt.

Durch den Fast Close entfallen Tätigkeiten, die nicht zur Wertschöpfung beitragen, und die Mitarbeiter haben mehr Zeit für produktivere Aufgaben. Außerdem liefert der Fast Close bessere, umfassendere und transparentere Zahlen, die die Entscheidungsfindung und die Kommunikation mit externen Stakeholdern erleichtern. Der Fast Close erfordert eine stärkere Standardisierung der Buchführung und Bilanzierung sowie besser koordinierte und straffere Abläufe im Unternehmen.

Zwischen Tochterunternehmen und dem zentralen Konzernrechnungswesen muss für den Fast Close unter anderem geklärt werden, wie die Konten der Konzerngesellschaften abgestimmt werden, wie die Daten im Format lokaler GAAPs in Konzern-GAAPs überführt werden und welche Anforderungen die Tochtergesellschaften bei der Datenerfassung im Reportingformat des Konzerns erfüllen müssen.

Abbildung 9.4 zeigt, dass der Fast Close schon allein durch besseres Prozessmanagement schnelle Erfolge zeitigt. In Kombination mit optimierten Geschäftsprozessen werden weitere Gewinne erzielt. Diese beiden Faktoren in Verbindung mit dem Einsatz neuer Technologie garantieren letztlich die optimale Wirkung.

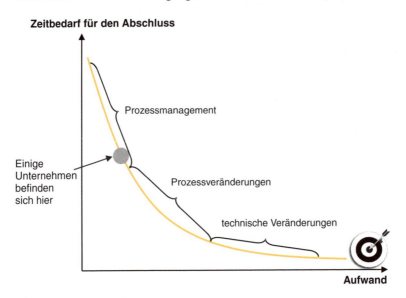

Abbildung 9.4 Schnelle Erfolge durch Fast Close

Die meisten Unternehmen verwenden für ihren Fast Close eine Konsolidierungssoftware, die sich leicht in das vorhandene ERP-System integrieren lässt. Die optimalen Voraussetzungen für den Fast Close: ein einziger Kontenplan, ein einziges Konsolidierungssystem und ein einziger internationaler Rechnungslegungsstandard, nach dem alle Tochterunternehmen an die Zentrale berichten.

Fallstudie
Der Fast Close und seine Qualitäten

Das in dieser Fallstudie vorgestellte Unternehmen benötigte zum Abschluss der Bücher am Monatsende ganze zwölf Tage – viel zu lange. Der CFO initiierte ein Projekt, um den Abschluss auf fünf Tage zu verkürzen. Der erste Schritt war die Umgestaltung des Geschäftsprozesses: Engpässe bei der Dateneingabe, das heißt ineffiziente Abläufe, die vermehrte Journalbuchungen, beträchtlichen manuellen Aufwand und strittige Konzernumlagen zur Folge hatten, wurden aufgedeckt.

Das neue Abschlussverfahren zeichnete sich durch folgende Merkmale aus:

1. Höhere Automatisierung: Zum Beispiel wurden die täglichen Nebenbuchvorgänge in Umsatz- und Kostenberichte integriert.

2. Reduzierte Fehlerquote: Validierungsregeln für das Bebuchen von Sachkonten garantierten fehlerfreie Buchungen; somit entfielen die umfangreichen Korrekturarbeiten am Monatsende.

3. Disziplin: genaue Periodenabgrenzung bei den Konzerntöchtern.

4. Berichtswesen: Die Konsolidierung sowie die monatliche Erstellung interner Abschlüsse und Managementberichte wurden mittels einer integrierten Softwarelösung durchgeführt; dadurch entfielen Tabellenkalkulationen und manuelle Dateneingabe.

Der Fast Close sollte vor allem Verbesserungen für die Konzerntöchter bringen, und diese stellten sich auch bereits in der Anfangsphase des Projekts ein. Ein einheitlicher Kontenplan zusammen mit einem vorgezogenen Monatsabschluss und vorläufigen Saldovortrag sorgte für zusätzliche Erfolge. Jetzt musste auch die Konzernzentrale ihren Abschluss beschleunigen. Dort ging es jedoch nicht nur um das gesetzlich vorgeschriebene Reporting, sondern es mussten auch Schnittstellen zu den Funktionen Treasury, Steuern und Budgetierung geschaffen werden. In einem späteren Schritt wurde das Projekt um ein Managementreporting inklusive nichtfinanzieller Kennzahlen erweitert.

Nach erfolgreichem Hard Close – mit der korrekten Aufzeichnung der Daten an der Quelle, Angleichung des Kontenplans und Reduzierung der Abstimmarbeiten – ging man zum Soft Close über. Nun war ein angemessenes Verhältnis zwischen der Schnelligkeit des Abschlusses und der Exaktheit der Daten herzustellen. Dies wurde erreicht durch einen geringeren Detaillierungsgrad bei den Umlagen, Festlegung der Materialiät für Anpassungsbuchungen, automatische Abgrenzungsbuchungen und wöchentlicher statt monatlicher Berichterstattung.

Zum Fast Close gehören jetzt automatische Schnittstellen zwischen dem System des Finanz- und Rechnungswesens und den operativen Systemen. Die Zahl der manuellen Buchungen wurde drastisch reduziert. Ein umfassendes Review der Daten direkt im System sowie Echtzeitberichte runden das Bild ab. Der Einsatz von Portalen hat sich ebenfalls als sinnvoll erwiesen.

Klare quantitative und qualitative Kennzahlen zur Messung des Projektfortschritts bewirkten eine Konzentration auf das Wesentliche. Besonderes Augenmerk galt dabei dem Veränderungsprozess. Ein exponiertes Mitglied des Vorstands setzte sich besonders für das Projekt ein. Außerdem bemühte man sich, die wichtigsten am Abschluss beteiligten Mitarbeiter für das Projekt zu begeistern. Organisatorische Veränderungen wurden den betroffenen Mitarbeitern so früh wie möglich mitgeteilt, um keine Verunsicherung aufkommen zu lassen.

In den meisten Unternehmen herrscht die Meinung vor, dass qualitativ hochwertige Informationen nicht schnell geliefert werden können. Manfred Gentz (DaimlerChrysler) ist da anderer Auffassung: »Die Qualität hat nicht unter dem verkürzten Prozess gelitten; sie hat sich mit dem Fast Close sogar verbessert.« Unternehmen, die zu viel Zeit für den Abschluss benötigen, haben häufig höhere Grenzkosten bei vergleichsweise geringer Verbesserung der Genauigkeit.

9.7 Integration von Prozessen, Menschen und Technik

In diesem und den vorangegangenen Kapiteln wurde die Bedeutung der Integration der Financial Supply Chain, der Information Supply Chain und der Corporate Reporting Supply Chain behandelt.

In der folgende Fallstudie werden die Möglichkeiten vorgestellt, die die Lösung mySAP Financials zur Integration von Prozessen, Menschen und Technik bietet.

Fallstudie
mySAP Financials: Wertschöpfung für das Unternehmen

Hans-Dieter Scheuermann, ehemaliger Senior Vice President der General Business Unit Financials der SAP AG, beschreibt den strategischen Ansatz bei der Entwicklung von mySAP Financials folgendermaßen: »In der traditionellen ERP-Welt werden Strukturen und ihre Wechselbeziehungen durch ein einheitliches Konzept für Prozesse, Datenbanken und Systeme verkörpert. Moderne Unternehmensmodelle beinhalten zahlreiche komplexe Wechselwirkungen innerhalb und außerhalb der Unternehmen, die in der klassischen ERP-Welt nur eingeschränkt abgebildet werden können. Ein geeignetes IT-System muss daher folgende Merkmale aufweisen:

▶ Anpassungsfähigkeit an komplexe Geschäftsvorfälle und unerwartete Entwicklungen im Unternehmen

▶ Anwenderfreundlichkeit durch rollenspezifische Benutzeroberflächen

▶ Skalierbarkeit, um die Größenvorteile unternehmensweiter Systeme und Prozesse nutzen zu können

CFOs stellen oft fest, dass komplexe Organisationsstrukturen Transparenz und Harmonisierung behindern. Integrierte Systeme wie die von SAP, die Kompatibilität über offene Standards erzielen, sind eine notwendige Voraussetzung für Veränderungen im Unternehmen. Folglich müssen standardisierte Unternehmensprozesse auf einer integrierten IT-Plattform aufsetzen, um so die optimale Verbindung von Prozessen und Technik herzustellen. Der SAP-Ansatz für diese technische Plattform umfasst die Integration vernetzter Prozesse, der Programmarchitektur und von Standards für die Prozesskommunikation. Diese dreistufige Plattform ist in Abbildung 9.5 dargestellt.

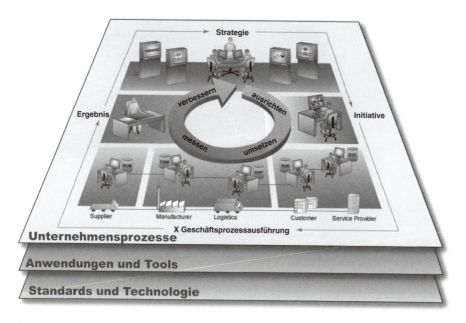

Abbildung 9.5 Größere Flexibilität im Unternehmen durch eine High-Performance-IT-Plattform

SAP hat sich entschieden, diese integrierte IT-Plattform mit einer Webservice-Architektur zu realisieren. Folgende Bausteine gewährleisten Flexibilität und Skalierbarkeit:

▶ Exchange-Technologie zur besseren internen und unternehmensübergreifenden Integration

▶ Tools zur Prozessmodellierung und -überwachung, um konsistente Prozesse sicherzustellen

▶ Werkzeuge zur Verwaltung von Systemlandschaften, um Transparenz und Kontrolle zu ermöglichen

▶ rollenspezifische Portale

▶ semantische Integration und Webservices für einzelne Prozessstufen und -funktionen (zum Beispiel der Webservice »Aktueller Wechselkurs« von Reuters).

»Unsere Softwareentwicklung ist evolutionär angelegt. Sie basiert auf einem soliden Fundament langjähriger Erfahrung und einer Vision künftiger Anforderungen«, so Hans-Dieter Scheuermann. Abbildung 9.6 zeigt die Evolution der dreistufig integrierten Systemplattform.

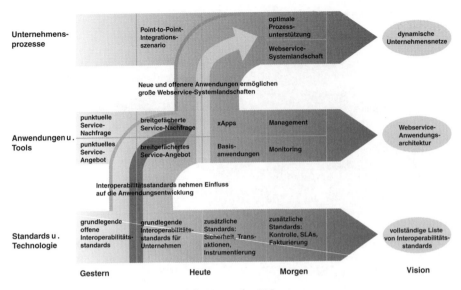

Abbildung 9.6 Softwareevolution und die Vision der SAP

Scheuermann weiter: »Wir haben unsere Lösung stets an den aktuellen Bedarf des Finanzwesens angepasst, an die Rechnungslegungsstandards IFRS/IAS und US-GAAP ebenso wie heute an die Erfordernisse der Bilanzierung und Unternehmensbewertung nach dem Shareholder-Value-Konzept.«

Die Pflicht zur Segmentberichterstattung führt externes und internes Berichtswesen zusammen. Diese Konvergenz erweist sich als Vorteil für die unternehmensinterne Kommunikation, sie kann zu einer Kostenreduktion führen, ermöglicht aussagekräftigere Bilanzen und beschleunigt deren Erstellung.

Der Fast Close motiviert zu Veränderungen, weil er die Bedeutung von Schnelligkeit, Materialität und Transparenz hervorhebt. Unsere Lösung für das Finanz- und Rechnungswesen fördert diese Tendenz durch umfassend automatisierte Funktionen zur Umgruppierung und alternativen Darstellung der Daten. Außerdem berücksichtigt er die neuen Faktoren, die sich auf den externen Abschluss auswirken. Neben den Istdaten erfasst unsere Lösung beispielsweise Intangible Assets (zur Prüfung des Firmenwerts auf Wertminderungen), auditierbare Planzahlen (für die von der SEC vorgeschriebenen Planbilanzen), rollierende Forecasts und ein umfassendes Risikoreporting. Der Fast Close liefert höherwertige Daten zur Unterstützung externer und interner Entscheidungsfindung und stellt damit einen wertvollen Beitrag zum Strategic Enterprise Management dar.

In der Vergangenheit wurden Softwarelösungen entwickelt, um integrierte Transaktionsprozesse abzubilden. Heute steht der integrierte Decision Support im Mittelpunkt:

▶ Beschaffung und Analyse externer Daten

▶ strategische Entscheidungsfindung auf Unternehmens- und Geschäftsbereichsebene

▶ Analyse-Tools zur Optimierung von Geschäftsprozessen

Einer der Gründe für den weltweiten Erfolg der SAP-Lösungen an mehr als 28 000 Kundenstandorten ist das umfassende Integrations- und Prozess-Know-how, das unsere Lösungen prägt. Je schneller sich Unternehmensmodelle ändern, desto wichtiger wird es in Zukunft, dass Prozesse und Daten für den Anwender schnell und flexibel angepasst werden können.

Heute muss jeder Mitarbeiter mehr Informationen verarbeiten und schneller Entscheidungen treffen als je zuvor. Die Gründe hierfür sind die höhere Verantwortung des Einzelnen, die Technisierung und der immer stärkere Trend zum Self-Service. Glücklicherweise gibt es heute Systeme, die Geschäftsprozesse integrieren und den Anwendern die entsprechenden Informationen zur Verfügung stellen. Dadurch verringert sich die Gefahr einer möglichen Informationsüberflutung. Um die Vision des ›neuen‹ Finanz- und Rechnungswesens Realität werden zu lassen, müssen sowohl anwenderbezogene Systemkomponenten wie Portale als auch integrierende Komponenten wie die Exchange-Infrastruktur für unternehmens- und anwendungsübergreifende Geschäftsszenarien genutzt werden.«

Die Verbindung zwischen Portalen, Anwendungen und Kooperationsplattformen ist in Abbildung 9.7 dargestellt.

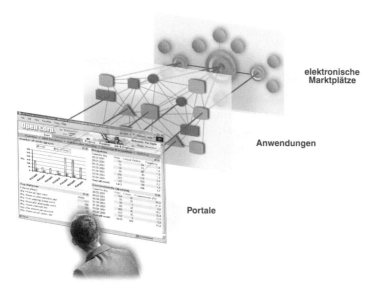

Abbildung 9.7 Anwenderbezogene und prozessbezogene Integration

Nochmals Hans-Dieter Scheuermann: »Portale sind maßgeschneiderte anwenderspezifische Kommunikations- und Arbeitsplätze. Sie sind ergonomisch und effizient und genießen eine hohe Akzeptanz beim Endanwender. Das Unternehmensportal bietet einen zentralen Zugang zu allen für die tägliche Arbeit notwendigen Anwendungen. Wer diese Anwendungen entwickelt hat oder wo sie installiert sind, ist dabei irrelevant. Im Portal sind sie alle nahtlos ineinander integriert. Die Exchange-Infrastruktur verringert die Komplexität, die durch zu viele Schnittstellen zwischen Anwendungen verschiedener Lieferanten, externer Kunden und interner Nutzer entsteht. Eine solche Integration ist heutzutage sehr wichtig für die Kunden. Daher haben wir sie bei SAP sofort verwirklicht.«

Das mySAP Financials Team hat drei wesentliche funktionale Bereiche für seine Softwarelösungen geschaffen:

1. Financial Supply Chain Management ist für die Zusammenarbeit mit Lieferanten, Kunden und Finanzinstituten zuständig.
2. Business Accounting ermöglicht die Integration von Prozessen und Informationen in einer heterogenen Umgebung, zum Beispiel durch einheitliche Bewertungsmethoden.
3. Strategic Enterprise Management und Business Analytics beinhalten Funktionen zur strategischen Führung des Konzerns und einzelner Geschäftsbereiche sowie analytische Anwendungen zur Kontrolle und Optimierung von Geschäftsprozessen.

Abbildung 9.8 veranschaulicht, wie sich Geschäftsprozesse in einer ganzheitlichen Softwarelösung zusammenführen lassen.

Um den Executive Vice President und Representative Director von Hitachi, Yoshiki Yagi, einen SAP-Stammkunden in Sachen Integration von Prozessen und Technik, zu zitieren: »Wir haben das Rechnungswesen im gesamten Unternehmen vereinheitlicht. Auf Basis von SAP R/3 haben wir Shared Services für die Bereiche Zahlungsverkehr, Abrechnung, Anlagevermögen und Abschluss implementiert. Wir nutzen das Business Information Warehouse (SAP BW) zum KPI-Management. Natürlich gibt es noch immer Probleme zu lösen, beispielsweise den Datentransfer zwischen dem neuen Konsolidierungssystem und unseren ›hi-Fronts‹ (Hitachi Financial Realtime Operation Network Systems), aber die Einrichtung der Shared Services und die Standardisierung werden sich enorm auf unser operatives Leistungsvermögen auswirken.«

Hans-Dieter Scheuermann führt weiter aus: »Wir bringen Prozesse, Informationen und die Rolle des Anwenders in betrieblichen Anwendungsszenarien zusammen, um zu veranschaulichen, wie die Technik dem Finanz- und Rechnungswesen hilft, Kosten zu senken und enger mit Geschäftspartnern zu kooperieren. Die Szenarien für Order-to-Cash und Periodenabschluss sind gute Beispiele dafür, was in den transaktionsbezogenen Prozessen und im Berichtswesen machbar ist. Unsere Szenarien zur Entscheidungsunterstützung umfassen sowohl Simulationen für Kosten- und Ergebnisermittlung als auch Risiko-Identifikation, -Messung und -Reporting.

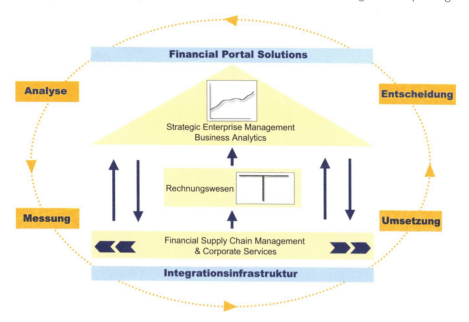

Abbildung 9.8 Integration von Prozessen und Technik

Die Vision von mySAP Financials für das Finanz- und Rechnungswesen vereint drei Schlüsselelemente: genaue Kenntnis der Unternehmenssituation, operative Effizienz und Kooperationsmodelle. Abbildung 9.9 zeigt die Beziehung dieser Elemente zu den Bestandteilen von mySAP Financials.

Eingebettet in das Gerüst von SAP NetWeaver geht mySAP Financials deutlich über das bisherige Konzept von ERP hinaus. Die Financial Supply Chain, die Information Supply Chain und die jetzt neu identifizierte Corporate Reporting Supply Chain erfordern eine neue Anpassungsfähigkeit von Systemen. Wir sind bei SAP bereit, dies in einem evolutionären Prozess in der Entwicklung unserer Lösung umzusetzen – und zwar über Branchengrenzen hinweg und weltweit.«

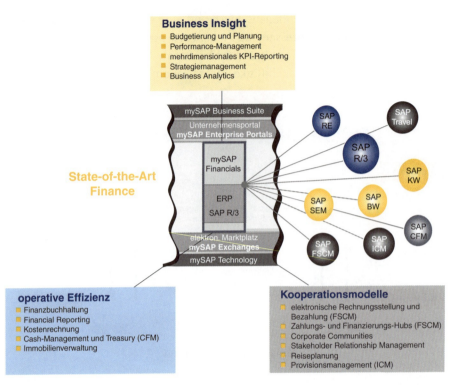

Abbildung 9.9 mySAP Financials: Unterstützung eines Finanzwesens auf der Höhe der Zeit

Dieses Kapitel hat gezeigt, wie die Verantwortung des CFO für die Performance des Unternehmens immer mehr wächst. Früher genügte die Beachtung der Grundsätze für Buchführung und Bilanzierung. Heute werden für das externe Berichtswesen mehr Informationen verlangt. Zunehmend beschäftigt sich der CFO damit, welche Informationen veröffentlicht werden sollen, mit potenziellen Fragen von Investoren und ihren Analysten, und er leistet – wo immer möglich – Unterstützung, um unangenehme Überraschungen zu vermeiden. Die Kapitalmärkte sind heute weniger tolerant und stellen an den CFO mehr Ansprüche. Nicht nur in den USA werden CFOs inzwischen in die Verantwortung für unternehmerische Entscheidungen genommen und dafür haftbar gemacht.

Wir haben uns bemüht, in diesem Buch das Umfeld zu beschreiben, in dem sich CFOs und ihre Finanzabteilungen derzeit bewegen. Wir haben begonnen mit dem Problem der Komplexität und damit, wie Integration das Bemühen um Vereinfachung unterstützen kann. Wie wir gesehen haben, geht es beim Thema Integration nicht nur um Technologie. Es geht auch um Prozesse, organisatorischen Wandel und um Unternehmenskultur. Während der Entstehung des Buches geriet die Welt der Finanzverantwortlichen in Aufruhr. Auslöser waren beträchtliche Verstöße gegen die Grundprinzipien der Rechnungslegung. Es dauerte nicht lange, bis die weltweite Tragweite des Problems sichtbar wurde.

Doch man sollte solche Krisen nicht überbewerten. Viel angebrachter ist es, seinem professionellen Instinkt zu vertrauen. Bei Veränderungen ist es immer wichtig, die eigene Lage und die Position gegenüber den Wettbewerbern realistisch einzuschätzen. Noch wichtiger aber ist es, eine Zukunftsvision zu verfolgen – und diese immer wieder den Verhältnissen anzupassen.

Die Erkenntnisse, die wir im Finanz- und Rechnungswesen einiger der weltgrößten Unternehmen gewinnen konnten, haben wir in diesem Buch zusammengetragen. Dabei haben wir stets versucht, die Balance zwischen dem Praktikablen und dem Visionären zu halten. Wir hoffen, dass dieses Buch Sie als CFO und Ihren Mitarbeiterstab dabei unterstützt, Ihre Unternehmensvision in einer praktikablen, stabilen und nachhaltigen Lösung zu verwirklichen.

CFO-Checkliste

▶ **Testen Sie die Integrität Ihres Unternehmens.**
Fordern Sie von den Managern aller Ebenen eine Überprüfung der Finanzdaten für die externe Rechnungslegung. Prüfen Sie deren Vollständigkeit, Konformität und Konsistenz. Entwerfen Sie Ihr eigenes Dreistufenmodell für die Unternehmenstransparenz: GAAP, branchenspezifische und unternehmensspezifische Standards.

▶ **Machen Sie sich zum objektiven Geschäftspartner.**
Veranschaulichen Sie den Stakeholdern die Zusammenhänge zwischen Marktchancen und Strategie, zwischen Werttreibern und den gemessenen Ergebnissen. Achten Sie mit Ihrem CEO zusammen darauf, dass in Ihrem Unternehmen Best Practices angewandt werden. Nutzen Sie jede sinnvolle Gelegenheit, um Stakeholder zu informieren. Seien Sie präsent, und verbreiten Sie Zuversicht. Schaffen Sie Vertrauen durch konkrete Ergebnisse zu konkreten Themen.

▶ **Entwerfen Sie eine genau abgestimmte Corporate Reporting Supply Chain.**
Überprüfen Sie die Kommunikation mit Ihren Stakeholdern. Stellen Sie sicher, dass die Unternehmenskommunikation ein wahrheitsgetreues Bild vom Wert und der Leistung des Unternehmens vermittelt. Kommentieren Sie Risiken und Unsicherheitsfaktoren.

▶ **Schließen Sie die Informationslücke.**
Identifizieren Sie die Werttreiber. Entwickeln Sie eine Strategie, mit der Sie Werttreiber im gesamten Unternehmen bewerten, zueinander in Bezug setzen und modellieren können. Integrieren Sie die Werttreiber in die Prozesse für Planung, Prognose und Performance-Management. Verknüpfen Sie die Kanäle für die Kommunikation mit den Stakeholdern.

▶ **Führen Sie den Fast Close ein.**
Überprüfen Sie, ob Ihr Berichtswesen zeitnah und exakt genug ist. Evaluieren Sie die Vorteile des Übergangs von einem schnelleren Hard Close zum Soft Close und – letztlich – zum Virtual Close. Messen Sie den damit verbundenen Nutzen.

▶ **Integrieren Sie die Systemlandschaft des Finanz- und Rechnungswesens.**
Überprüfen Sie Ihre Financial Supply Chain und Ihre Information Supply Chain, und identifizieren Sie Schwachpunkte und Verbesserungsmöglichkeiten. Nutzen Sie neueste Technologie für Portale, Daten- und Informationsaustausch und Anwendungsintegration.

▶ **Geben Sie Ihrem Finanzbereich eine Vision.**
Bewerten Sie die heutigen Initiativen Ihrer Abteilung im Hinblick auf zukünftige Anforderungen an Ihr Unternehmen. Entwickeln Sie vor dem Hintergrund der technischen Innovation eine Vision für die Zukunft des Finanz- und Rechnungswesens. Überlegen Sie, ob Sie das Finanzwesen zu einem »Unternehmen im Unternehmen« machen können. Nutzen Sie zukunftsorientierte Methoden zur Bewertung der Wertschöpfungskette, der Ressourcenintergation und des unternehmerischen Risikos.

Epilog

In diesem abschließenden Teil des Buches wollen wir über die Realität von heute hinaus ein Bild des Finanzwesens der Zukunft zeichnen. Viele der von uns interviewten CFOs sich stellen mit Blick auf die Zukunft Fragen wie diese:

Wird die Funktion des CFO, wie wir sie kennen, auch noch im Jahr 2010 existieren? Welche Fähigkeiten werden wichtig sein? Wie wird sich die Rolle der Technik verändern? Werden die Rollen des CFO und des CIO miteinander verschmelzen?

Lassen Sie uns eine Zeitreise ins Jahr 2010 unternehmen.

Vision des Finanzwesens im Jahr 2010

2003: Der CEO von ConsumerCo, einem weltweit agierenden Markenunternehmen, präsentiert dem Vorstand seine Strategie: »Heute ist unser Unternehmen nach Ländern und Lieferketten organisiert. In Zukunft möchten wir als Weltunternehmen dastehen, strukturiert nach einzelnen Marken. Wir werden uns wieder verstärkt auf Innovation konzentrieren. Die jährlichen Zuwachsraten sollen vier Prozent betragen, und wir werden weltweit über standardisierte Geschäftsprozesse verfügen, um unsere Leistungsfähigkeit zu erhöhen.«

Der CFO hat bereits eine Reihe von Initiativen im Finanzbereich gestartet. Es werden Shared Services eingeführt, um einen schnelleren Abschluss zu erreichen, man denkt sogar über ein Outsourcing des Finanz- und Rechnungswesens nach. Während er dem CEO zuhört, fragt sich der CFO, wie der das Unternehmen steuern soll, wenn er nicht über die notwendigen Informationen verfügt. Finanzielle Transparenz und die Einhaltung internationaler Rechnungslegungsstandards sind ihm im Übrigen zunächst wichtiger.

Der CIO hat gerade die Implementierung eines ERP-Systems abgeschlossen und sieht nun Möglichkeiten zur Verringerung der Zahl der Systeminstanzen und zur Einführung eines globalen Prozessmodells. Er hat Ideen für einen Einstieg in den Online-Handel, doch im aktuellen Wirtschaftsklima ist es schwierig, einen solchen Schritt mit Aussichten auf einen schnellen Return on Investment zu begründen.

Der Chief Marketing Officer (CMO) kämpft um das Überleben des Unternehmens auf dem Markt. Er schätzt, dass sich der Marktanteil nur halten lassen wird, wenn mehr Geld für Werbung und verkaufsfördernde Maßnahmen ausgegeben wird. Um die geplanten Ausgaben stichhaltig begründen zu können, benötigt er weltweite Informationen über Kundensegmente und die Wirksamkeit von Werbemaßnahmen. Sein Verhältnis zum CFO und CIO ist daher verständlicherweise gespannt.

2005: Der CEO fährt mit der Umsetzung seiner Strategie fort und weist die Vorstände an, gemeinsam Initiativen zu entwickeln, die die Vorteile technischer Neuerungen nutzen – Portale, elektronische Marktplätze, Webservices. Darauf hat der CIO gewartet. Gemeinsam mit dem CMO initiiert er das Projekt »Smart Items and Agents« zur eindeutigen Produktidentifikation mittels Funketiketten. Ineffizienzen im Lieferprozess werden radikal abgebaut. Automatische Bestandsauffüllung, automatische Fakturierung und neue Diebstahlkontrollen werden eingeführt. Dies alles führt zu einer engeren Bindung zwischen Hersteller, Zwischenhändler und Verbraucher.

Die Funktionen des CMO und des CIO wachsen inzwischen immer mehr zusammen. Der CIO führt eine Spracherkennungs- und Übersetzungslösung im Vertrieb und Berichtswesen ein. Die unternehmensinterne Kommunikation findet nun öfter in gesprochener Sprache als in Textform statt:

Der CFO hat ebenfalls eine Reihe neuer Projekte initiiert.

1. Ein Projekt »Transparenz« soll dem CMO Echtzeitanalysen nach Kundensegmenten ermöglichen. Ziel ist es, Transaktionsprozesse an die Erfordernisse von Informationsprozessen anzupassen. Die Echtzeitverarbeitung großer Datenmengen erfordert Investitionen in neue Informationstechnik: Intelligente Suchmaschinen, hoch entwickelte Analyse-Tools und neue »If-Then«-Sprachen werden eingeführt. Der CMO ist nun in der Lage, das Kundenverhalten genauer vorherzusagen und mit zielgerichteten Kampagnen darauf zu reagieren.

2. Das Projekt »ERP 2« zielt darauf ab, in Zusammenarbeit mit dem CIO, den Lieferanten und den Kunden verbleibende Ineffizienzen in der Struktur der globalen Supply Chain zu beseitigen. Die bisher ungenutzten Möglichkeiten zum Outsourcing im Front-Office und Back-Office werden ausgeschöpft. Ein Geschäftsmodell für Investitionen in elektronische Markplätze und Portale wird erstellt. Das Unternehmen ist auf dem besten Wege zum Aufbau eines virtuellen Finanzwesens.

Wir schreiben das Jahr 2007: Das Unternehmen hat sich völlig gewandelt. Es vertreibt jetzt nur noch 20 Prozent der Produkte von vor fünf Jahren und erzielt ein jährliches Wachstum von acht Prozent mit nur einem Drittel der ursprünglichen Mitarbeiter. Die Warenlieferungen sind vollständig ausgelagert. Das Unternehmen kooperiert sogar bei einzelnen Projekten mit seinen Konkurrenten. Viele Back-Office- und Front-Office-Prozesse werden mit Geschäftspartnern gemeinsam abgewickelt, und für jede der verbliebenen Marken ist je eine virtuelle Organisation weltweit zuständig. Die Mitarbeiter sind in Regionen mit niedrigen Steuern und Arbeitskosten angesiedelt: Die Rechenzentren befinden sich in Indien, die Shared Services des Finanzwesens in Costa Rica.

Das Finanzwesen hat sich bis zur Unkenntlichkeit verändert. Die Transaktionsabwicklung verläuft virtuell und nahtlos. Finanz- und Marketingfachleute sind praktisch nicht zu unterscheiden, und es gibt keine gesonderte IT-Abteilung mehr. Jeder ist ein IT-»Experte«.

Der CFO ist hauptverantwortlich für das operative Geschäft und sieht sich als interner Risikokapitalgeber, dessen Aufgabe darin besteht, Risiken und Erträge neuer Projekte zu evaluieren. Er ist juristisch verantwortlich für die Einhaltung der neuen, weltweit einheitlichen Rechnungslegungsstandards und zuständig für wertorientiertes Managementreporting und Entscheidungsvorbereitung, nicht für die Buchhaltung. Seine Aufgabe ist es, die Fähigkeit zum Umgang mit neuer Informationstechnik im Unternehmen zu entwickeln und sicherzustellen, dass der operative Bereich die vollständig integrierte Information Supply Chain optimal nutzen kann. Da im Unternehmen keine physische Supply Chain mehr existiert, entfällt die Funktion des COO. Der CFO wirkt als integrative Kraft und steuert die Wertschöpfung.

Der CMO dagegen ist dafür zuständig, den Wert der Intangible Assets im Unternehmen zu steigern, der Marken und der Innovation, die die Quellen der Wertschöpfung sind. Zum ersten Mal in seiner Karriere ist er davon überzeugt, für das weltweite Markenmanagement die richtigen Instrumente, Prozesse, Systeme und Messgrößen zur Verfügung zu haben. Er verlässt sich nicht mehr auf den CFO, da die herkömmliche Buchhaltung der Vergangenheit angehört. Ebenso wenig braucht er einen CIO, da IT ein wesentlicher Bestandteil des Produktmarketings und der Supply-Chain-Prozesse ist.

Der CFO plant unterdessen weitere Initiativen im Finanzwesen für die Jahre 2007 bis 2010:

1. Die Finanzabteilung soll ein eigenständiges Unternehmen werden. In einem virtuellen Kontrollraum werden die wenigen Ausnahmefälle behandelt, die in der nahtlosen Verarbeitungsumgebung noch auftreten. Der Finanzbereich kooperiert mit externen Geschäftspartnern über Shared Services.

2. Ein neues globales Corporate-Governance-Konzept soll implementiert werden. Unternehmensweite Integrität lautet nun das Ziel. Deren Einhaltung erfordert neue Prozesse und neue Fähigkeiten.

3. Wieder einmal wird ein neues Unternehmenskonzept am Reißbrett entworfen. Das Verbraucherverhalten ändert sich derart schnell, dass es scheint, als müsse der CFO ständig neue Szenarien und Prognosemodelle erstellen, um auf veränderte Marktbedingungen vorbereitet zu sein. Neue Verfahren zur Steuerung der Value Chain werden getestet, um eine schnellere und effizientere Beschlussfassung zu ermöglichen.

Das Organisationsmodell für das Finanzwesen von 2010 sieht nur drei spezifische Funktionen vor:

1. den Leiter der Unternehmensentwicklung, der kontinuierlich nach neuen Wertschöpfungsquellen sucht
2. den Integrator der Ressourcen, der eine erhöhte Mitarbeiterproduktivität durch Technikeinsatz erzielen will
3. den unternehmensinternen Risikomanager, der sich auf das Kapital und den Schutz der Investoren konzentriert

Das Unternehmen im Jahre 2010 ändert sich ständig, ist flach und nicht hierarchisch organisiert. Abteilungsübergreifende Aufgabenfelder und prozessorientiertes Handeln haben sich etabliert. Silodenken wurde abgeschafft, und es herrscht Transparenz. Unternehmensgrenzen gehören der Vergangenheit an, der Erfolg des erweiterten Unternehmens im Netzwerk mit Partnern ist das Ziel. Die einzigen Beschränkungen sind Gesetze und Vorschriften.

Arbeitsplätze werden nicht länger durch Rollen definiert. Alle arbeiten in Teams, teilen ihr Wissen und bringen es in eine unternehmensweite Wissensplattform ein. Die Teams haben keine feste Struktur, sondern passen sich den Erfordernissen der Arbeitsabläufe an, sobald Unstimmigkeiten, Engpässe und andere Probleme beseitigt werden müssen. Die »Lights-Out«-Ära hat begonnen. Menschliches Eingreifen ist nur noch dann erforderlich, wenn von der Norm abgewichen wird.

Wie wird die Arbeit der Menschen in diesem Unternehmen 2010 aussehen? Sie fühlen sich sicher im Umgang mit Kunden und Lieferanten und können sich gut in die Verbraucher hineinversetzen. Sie sind nicht an traditionelle Unternehmensgrenzen gebunden und bewegen sich frei innerhalb des erweiterten Unternehmens. Sie nutzen intuitiv technische Systeme, um Transaktionen abzuwickeln, neue Geschäfte abzuschließen oder schwierige und komplexe Entscheidungen zu treffen. Diese Entscheidungen treffen sie eigenständig, ohne sich auf eine Hierarchie zu stützen. Individuelle Vergütungen und Prämien werden überflüssig. Der Erfolg des Unternehmens wird als persönlicher Erfolg begriffen.

Biographien

Kapitel 1: Von der Komplexität zur Einfachheit

Cedric Read ist seit einigen Jahren als Strategic Business Consultant für SAP tätig. Hauptthemen seiner Beratungstätigkeit sind die Auswirkungen elektronischer Geschäftsabwicklung und informationstechnischer Neuerungen auf das Finanzwesen. Daneben leitet er seine eigene Unternehmensberatung CCR Partners, die unter anderem Shell, BP, Diageo und GlaxoSmithKline berät. Vor seiner Selbstständigkeit war er 25 Jahre in leitender Position bei KPMG und PricewaterhouseCoopers tätig. Er ist Autor der Bücher *CFO – Architect of the Corporation's Future* und *eCFO: Sustaining Value in the New Corporation*.

Hans-Dieter Scheuermann ist seit Mitte 2003 Senior Vice President der Business Solution Architects Group bei SAP, die die Aufgabe hat, die SAP-Strategie, mögliche Architekturmodelle im Finanzwesen und aktuelle Trends in diesem Bereich mit strategisch wichtigen Kunden zu diskutieren und diese Kunden bei der Umsetzung der Erkenntnisse zu beraten. Scheuermann ist seit 26 Jahren bei SAP und leitete in dieser Zeit unter anderem drei Jahre lang als Senior Vice President die Entwicklung der Anwendungen für das Finanz- und Rechnungswesen (mySAP Financials) und baute die Industry Business Unit Insurance auf.

Kapitel 2: Die effiziente Nutzung der ERP-Investitionen

Michael Sylvester studierte Internationale Beziehungen an der Georgetown-Universität in Washington und erwarb an der Northeastern University in Boston einen Magister im Fach Betriebliches Rechnungswesen. Sylvester ist Certified Public Accountant. Nach Beginn seiner Laufbahn als Experte für internationales Steuerrecht einer Wirtschaftsprüfungsgesellschaft arbeitete Sylvester für verschiedene amerikanische und europäische Unternehmen, bevor er 1999 zur SAP kam. Seitdem ist er als Produktmanager an verschiedenen Softwareentwicklungsprojekten beteiligt. Sein Spezialgebiet ist die Implementierung internationaler Rechnungslegungsvorschriften in Unternehmen.

Kapitel 3: Die Optimierung der Financial Supply Chain

Reiner Wallmeier ist seit 1987 bei SAP als Entwickler, Projektmanager und Entwicklungsleiter beschäftigt. Er ist einer der Begründer von SAP R/3. Schwerpunkt seiner Arbeit in den letzten Jahren war die Architektur eines neuen Business-Accounting-Modells. Derzeit ist er als Senior Solution Architect im Bereich Financial Services für das Thema Enterprise Management zuständig. Vor seiner Zeit bei SAP war er Leiter des Rechnungswesens und Controllings einer japanischen Handelsgesellschaft.

Kapitel 4: Von Shared Services zu Managed Services

Stephen Burns ist Managementberater mit den Fachgebieten Shared Services und Geschäftsprozess-Outsourcing. Er arbeitet für internationale Großkonzerne (ExxonMobil, STMicroelectronics) und Dienstleistungsunternehmen (PricewaterhouseCoopers, SAP). Er hat Arbeiten über so unterschiedliche Themen wie die Innenrevision und das Leben als Ausländer in Asien veröffentlicht. Burns hat am Swarthmore College im US-Bundesstaat Pennsylvania ein Physikstudium abgeschlossen und an der Wharton School der Universität von Pennsylvania den Titel Master of Business Administration erworben.

Kapitel 5: Die Verknüpfung von Strategie und operativem Geschäft

Dr. Karsten Oehler ist Leiter des globalen Marketings für mySAP ERP. Vor seinem Einstieg bei SAP arbeitete er mehr als zehn Jahre bei internationalen Unternehmen als Produktmanager und Softwareberater für das Rechnungswesen. Er hat Bücher und Artikel über IT-Systeme für das Finanzwesen und über OLAP veröffentlicht und spricht häufig auf Konferenzen und Seminaren.

Marcus Wefers ist Leiter des Produktmanagements für SAP Strategic Enterprise Management (SAP SEM). Nach seinem Einstieg bei SAP im Jahr 1990 war er zunächst als Entwickler von Softwareanwendungen für strategische Unternehmensführung und Schnittstellen für SAP-R/3-Anwendungen tätig. Wefers hatte wesentlichen Einfluss auf die Entwicklung von SAP SEM und leitete zahlreiche Entwicklungsprojekte in den USA, Asien und Europa.

Kapitel 6: Analytische Funktionen: Von Daten zu Taten

Jochen Mayerle ist Diplom-Wirtschaftsinformatiker und begann seine Laufbahn bei SAP im Produktmanagement von mySAP Financials. Er verfügt über mehr als zehn Jahre Erfahrung in der Konzeption, Entwicklung und Implementierung von Lösungen für die Kostenrechnung. Mayerle ist Experte auf dem Gebiet der Financial Analytics.

Kapitel 7: Die globale Zusammenarbeit im Unternehmensportal

Markus Kuppe ist seit 1997 bei SAP und hat seitdem verschiedene Entwicklungsprojekte für Unternehmensportale und Anwendungen zum Kostenmanagement geleitet. Derzeit ist er Leiter des Produktmanagements für Portal-Lösungen zu mySAP Financials und arbeitet mit und für Kunden an unternehmensübergreifenden Finanzanwendungen. Kuppe hat einen Abschluss in Mathematik der Technischen Hochschule Darmstadt.

Ariane Skutela ist Produktmanagerin bei SAP. Ihr aktueller Tätigkeitsschwerpunkt liegt auf der Ermittlung von Kundenanforderungen für Portallösungen zu mySAP Financials. Skutela verfügt über mehrjährige Erfahrung in den Bereichen Logistik und IT-Controlling, in Softwareschulungen und in der Unternehmensberatung. Sie hält regelmäßig Vorträge auf SAP-Konferenzen und hat einen Abschluss in Betriebswirtschaftslehre.

Kapitel 8: Managementherausforderung immaterielle Werte

Jürgen Daum ist heute Senior Business Consultant bei der SAP und international anerkannter Experte für Unternehmensmanagementsysteme und das Finanzwesen. Zuvor war er Leiter des Program Management für mySAP Financials und in dieser Funktion für die strategische Positionierung der Lösung verantwortlich. Vor seinem Eintritt bei SAP war er Finanzchef eines mittelständischen deutschen IT-Unternehmens. Er ist Autor des Buches *Intangible Assets oder die Kunst, Mehrwert zu schaffen*.

Kapitel 9: Integration fördert Integrität

Als Leiter des Produktmarketings ist **Kraig Haberer** verantwortlich für die Entwicklung von Produkt-, Marketing- und Vertriebsstrategien für mySAP Financials. Vor seiner Tätigkeit bei SAP hatte er leitende Positionen im Marketing und Produktmanagement führender Anbieter von Software für das Finanzwesen inne, unter anderem bei FiNetrics und Computer Associates. Darüber hinaus hat Haberer als Wirtschaftsprüfer bei PricewaterhouseCoopers und als Finanzcontroller gearbeitet. Er hat einen Abschluss in Betrieblichem Rechnungswesen der Universität von Illinois und ist Certified Public Accountant.

Barbara Dörr ist Mitglied des Produktmanagements für mySAP Financials und war Projektleiterin für die Originalausgabe dieses Buches. Sie beschäftigt sich hauptsächlich mit allgemeinen Finanzthemen wie dem Fast Close. Sie begann ihre Tätigkeit bei SAP 1990 als Schulungsleiterin im Bereich Finanzen mit Schwerpunkt auf Abschlusserstellung und Konsolidierung.

Supportteam

Stephanie Eger ist Managementassistentin im mySAP Financials Team und war an den Schreibsitzungen für dieses Buch beteiligt. Eger kam nach Abschluss ihrer Ausbildung zur Europasekretärin in Mannheim zur SAP.

Ines Luther ist seit 2000 bei SAP. Nach verschiedenen Tätigkeiten im globalen Marketing für SAP Strategic Enterprise Management und mySAP Financials wechselte sie im August 2003 in die Business Solution Architects Group von Hans-Dieter Scheuermann. Sie übernahm die Projektleitung für die deutsche Ausgabe dieses Buches.

Sue Bishop ist Reseach Analyst in Cedric Reads Unternehmensberatung CCR Partners und war an den Schreib- und Redaktionssitzungen für dieses Buch beteiligt. Vor ihrem Einstieg bei CCR Partners arbeitete sie in der Finanzbranche.

Index

Optimieren Sie Ihre Finanzprozesse!

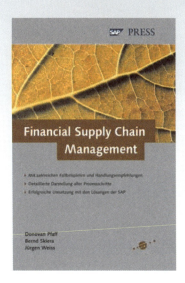

380 S., 2004, 79,90 Euro
ISBN 3-89842-249-6

Financial Supply Chain Management

www.sap-press.de

Donovan Pfaff, Bernd Skiera, Jürgen Weiss

Financial Supply Chain Management

Schritt für Schritt werden Sie entlang der monetären Wertschöpfungskette begleitet und erhalten Informationen für den effizienten und gewinnbringenden Einsatz der SAP-Software. Im Mittelpunkt steht dabei die Optimierung Ihrer betrieblichen Order-to-Cash- sowie Purchase-to-Pay-Prozesse.
Zusätzliche Sicherheitshinweise und Informationen zur Rechtslage machen das Buch zu einem wichtigen Ratgeber auf dem Weg zur optimalen Financial Supply Chain.

Controlling sinnvoll und effizient gestalten

539 S., 2003, 49,90 Euro
ISBN 3-89842-319-0

Praxishandbuch SAP-Controlling

www.sap-press.de

Uwe Brück

Praxishandbuch SAP-Controlling

Einführung in sinnvolles und effizientes Controlling

Wie setze ich SAP CO in produzierenden Unternehmen sinnvoll und praxisnah ein? Was ist für ein effizientes Controlling wirklich notwendig und was nicht? Ob Gemeinkostenrechnung, Produktkostenrechnung oder Ergebnisrechnung - in alle wichtigen Bereiche des Controllings erhalten Sie Einblick. Dabei werden Ihnen sowohl die betriebswirtschaftlichen Grundlagen als auch die CO-Funktionen und ihre Anwendung systematisch nahegebracht und durch Praxisbeispiele illustriert.

Spezialwissen für die
Branche

613 S., 2004, 199,90 Euro
ISBN 3-89842-479-0

SAP Bank Analyzer 3.0

www.sap-press.de

Günther Färber, Julia Kirchner

SAP Bank Analyzer 3.0

Gesamtbankinfrastruktur, IAS- und Basel II-Lösung
der SAP

Ausgehend von den komplexen
betriebswirtschaftlichen Grundlagen und
Anforderungen werden Ihnen die Konzeption und
Architektur der neuen SAP-Software, die
Applikationsnutzung, das Customizing und die
Administration bis hin zur programmiertechnischen
Integration und Erweiterbarkeit erläutert. Der
modulare Aufbau nach Themen und
Interessensschwerpunkten ermöglicht Ihnen einen
punktgenauen Informationsgewinn.

Planungswissen auf neuestem Stand

442 S., 2003, 69,90 Euro
ISBN 3-89842-318-2

Unternehmensplanung mit SAP SEM

www.sap-press.de

Roland Fischer

Unternehmensplanung mit SAP SEM

Operative und strategische Planung mit SEM-BPS

Im Mittelpunkt dieses Buches stehen die Funktionen von SEM-BPS (Release 3.2) sowie die damit zu gestaltenden Prozesse und Szenarien. Aufbauend auf den betriebswirtschaftlichen Grundlagen der Unternehmensplanung wird Ihnen die Umsetzung in der SAP-Software erläutert und deren Anwendung unter Berücksichtigung der verschiedenen Teilpläne (Kurz-, Mittel- und Langfristplanung) sowie deren Wechselbeziehungen vorgestellt. Praxisbeispiele und Grafiken veranschaulichen die einzelnen Kapitel.

Hat Ihnen dieses Buch gefallen?
Hat das Buch einen hohen Nutzwert?

Wir informieren Sie gern über alle
Neuerscheinungen von SAP PRESS.
Abonnieren Sie doch einfach unseren
monatlichen Newsletter:

www.sap-press.de